重庆蓝皮书

BLUE BOOK OF CHONGQING

重庆文化和旅游发展报告（2020）

刘 旗 主编

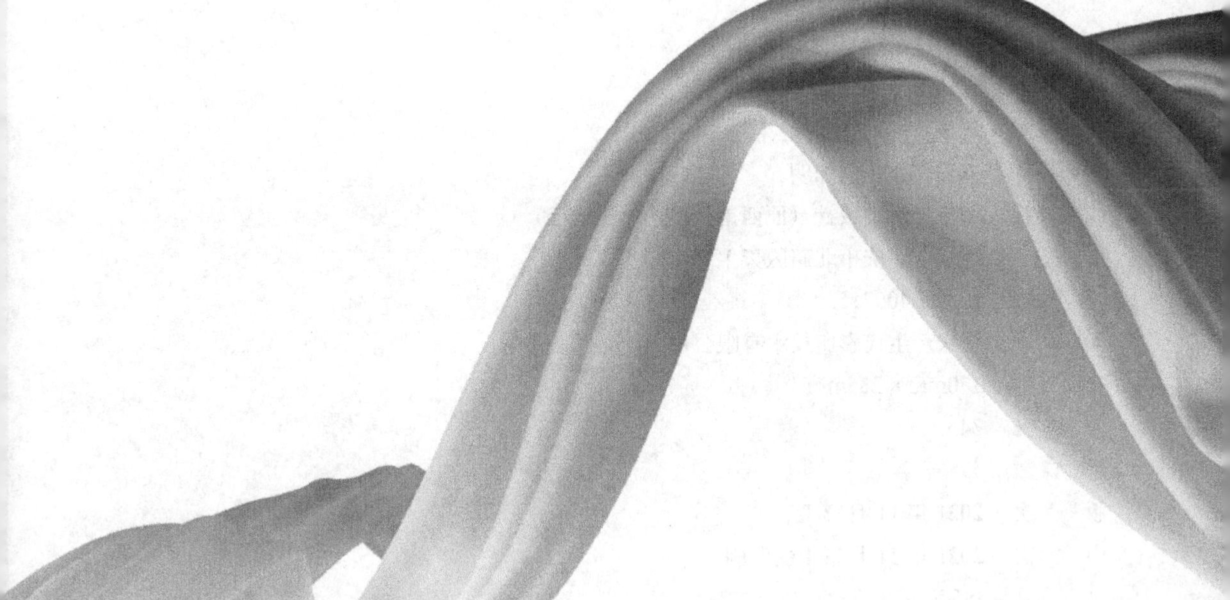

西南大學出版社
SWUP 国家一级出版社 全国百佳图书出版单位

图书在版编目 (CIP) 数据

重庆文化和旅游发展报告 .2020 / 刘旗主编 .-- 重庆 : 西南大学出版社 , 2021.11
ISBN 978-7-5697-1272-8

Ⅰ . ①重… Ⅱ . ①刘… Ⅲ . ①文化产业－产业发展－研究报告－重庆－ 2020 ②地方旅游业－旅游业发展－研究报告－重庆－ 2020 Ⅳ . ① G127.719 ② F592.771.9

中国版本图书馆 CIP 数据核字 (2022) 第 029154 号

重庆蓝皮书

CHONGQING WENHUA HE LÜYOU FAZHAN BAOGAO (2020)

重庆文化和旅游发展报告（2020）

主　　编　刘　旗
出版策划　陈　涌　姚良俊
责任编辑　于诗琦
责任校对　王玉竹
封面设计　双安文化・向加明
出版发行　西南大学出版社（原西南师范大学出版社）
　　　　　地址：重庆市北碚区天生路 2 号
　　　　　邮编：400715
印　　刷　重庆新生代彩印技术有限公司
幅面尺寸　170mm × 235mm
印　　张　34
字　　数　595 千字
版　　次　2021 年 11 月第 1 版
印　　次　2021 年 11 月第 1 次印刷
书　　号　ISBN 978-7-5697-1272-8
定　　价　198.00 元

编委会

序 言

2020年，是全面建成小康社会、实现第一个100年目标的决胜之年，也是“十三五”规划收官之年，重庆市文化和旅游系统坚持以习近平新时代中国特色社会主义思想为指导，认真贯彻落实市委、市政府的工作部署，以建设文化强市和世界知名旅游目的地为目标，以高质量发展为主题，以新发展理念为引领，以改革创新为动力，统筹常态化疫情防控和经济社会发展，抓大文旅促品质化，推动文化旅游融合发展实现新突破，取得新成效。

这一年，重庆文旅重点工作全面落实落地。精心组织开展“重庆‘一区两群’文旅发展战略研究（2021—2035年）”，谋划编制文化旅游“十四五”发展规划，策划推出十大文化设施和旅游重点项目。着力打造大都市、大三峡、大武陵三大旅游品牌，高标准规划“两江四岸”文化旅游产品。巴蜀文化旅游走廊建设全面推进，与四川联合承办“第六届中国诗歌节”，共同开展“巴蜀文化旅游走廊自由行”活动，实施合作事项40项。文化旅游扶贫成效明显，牵头完成酉阳县车田乡脱贫攻坚决战任务，全面推进贫困区县景区提档升级，建成39个非遗扶贫就业工坊，武隆、巫山入选“世界旅游联盟旅游减贫案例100”。这一年，重庆文旅行业战疫成绩卓著。疫情防控安全稳定，全面落实“外防输入、内防扩散”各项措施，实现了全市文旅系统疫情防控零事故。广泛开展文艺助力共同“战疫”，创作推出舞台艺术和广播电视抗疫主题文艺作品4100余件，为助力打赢疫情防控阻击战发挥了重要作用。大力推动文旅市场恢复提振，出台应对新冠肺炎疫情影响、支持文旅企业发展政策，推出疫情期间中小微企业贷款贴息政策，全力帮扶文旅企业渡过难关、复工复产。举办首届山水重庆夜景文化节暨第五届重庆文化旅游惠民消费季活动，2020年重庆继续位列“西部文化消费指数”榜首。这一年，重庆文旅高质量发展收效显著。产业发展提质增效，实施市级重大文旅项目72个，全年完成文化旅游投资1514.51亿元，同口径增长19.5%，全市文化产业实现增加值969.37亿元，同比增长0.3%；旅游产业实现增加值979.18亿元，同比恢复95%。资源开发成果丰硕，全面完成旅游资源普查，全市旅游资源单体达1.5万个。万盛经开区、渝中区成功创建国家全域旅游示范区，彭水阿依河景区、黔江濯水景区成功创建国家5A级景区，丰都南天湖成功创建国家级旅游度假区，石柱、武隆、永川、巴南等地入选第一批国家森林康养基地。旅游营销再开新局，“晒旅游精品·晒文创产品”大型文旅推介活动，在线观看6.2亿人次，全媒体传播受众37亿人次。成功举办中国西部动漫文化节、长江三峡旅游一体化宣传营销大会、中国长江三峡国际旅游节等大型节会活动和“打卡巴渝美景”等全媒体推介活动。这一年，重庆市民文化获得感明显提升。川剧《江姐》、京剧《秦良玉》入选全国舞台艺术重点创作剧目名录，舞剧《杜甫》、歌剧《尘埃落定》等6部剧目入选“庆祝中国共产党成立100周年舞台艺术精品创作工程”重点扶持作品，电视剧《共产党人刘少奇》《绝境铸剑》荣获第32届“飞天奖”优秀电视剧大奖，《魔幻之都——极限快乐show》《扯馆儿》《逗乐坊》等驻场演艺持续火爆。文化保护传承持续加强，实施重点文物保护项目263个，完成考古项目90项，考古发掘2.5万平方米，合川钓鱼城、涪陵白鹤梁题刻进入国家申报世界文化遗产重点培育项目，新增100个市级非遗保护传承基地，9个非遗项目进入第五批国家级非遗代表性项目名录公示名单，新增大足石刻博物馆、三峡移民博物馆两个国家一级博物馆。公共服务效能稳步提升，推动出台《重庆市实施〈中华人民共和国公共文化服务保障法〉办法》，3个区县成功创建第四批国家公共文化服务示范区、示范项目，7个单位成功申报全国文化旅游公共服务融合发展示范点。打造智慧文旅广电云平台，深入实施全媒体传播工程，成功举办第七届戏剧曲艺大赛、第九届乡村文艺会演等群众性文化活动，公共文化服务群众满意度位居全国第五。这一年，重庆文旅发展基础明显增强。全面从严治党纵深推进，风清气正的政治生态持续向好。文旅领域改革稳步推进，“放管服”改革顺利推进，各级财政文化旅游投入稳定增加，人才保障得到增强，国有文艺院团改革稳步推进，有线电视网络整合完成全网股权改造，市文化市场综合行政执法总队完成调整组建，大足石刻研究院升格挂牌。持续抓好文旅行政执法和安全管理，圆满完成广播电视安全播出保障任务，文物安全保障能力稳步提升，全国旅游城市游客满意度评价我市排名第一。

2021 年，是“十四五”开局之年。全市文化旅游系统将坚持以习近平新时代中国特色社会主义思想为指导，深入贯彻党的方针政策和市委、市政府的新决策、新部署，加快推进文化强市和世界旅游目的地建设，以高质量发展为目标，以融合发展为主线，以改革创新为动力，努力推进“一区两群”文化和旅游融合发展，努力打造更多优秀的文化产品和优质旅游产品，全面开创重庆文化建设和旅游发展新气象、新局面、新境界。

郭道荣

目 录

区县篇 /327

ZONGHE PIAN
综合篇 <

BLUE BOOK OF CHONGQING

2020 年重庆文化旅游发展综述

办公室

2020 年，重庆市文化和旅游系统坚持以习近平新时代中国特色社会主义思想为指导，全面贯彻党的十九大和十九届二中、三中、四中、五中全会精神，深入贯彻习近平总书记对重庆提出的营造良好政治生态，坚持“两点”定位、“两地”“两高”目标，发挥“三个作用”和推动成渝地区双城经济圈建设等重要指示要求，以建设文化强市和世界知名旅游目的地为目标，以高质量发展为主题，以新发展理念为引领，以改革创新为动力，统筹常态化疫情防控和经济社会发展，抓大文旅促品质化，推动文化旅游融合发展，实现新突破、取得新成效。

一、主动融入国家战略，推动重点工作落实落地

（一）文旅发展新格局逐步成型

高水平谋划编制文化旅游“十四五”发展规划，策划推出十大文化设施和旅游重点项目，全力构建主客共享、近悦远来的美好生活空间发展格局。持续打好“三峡、山城、人文、温泉、乡村”五张牌，着力打造大都市、大三峡、大武陵三大旅游品牌，高标准规划“两江四岸”文化旅游产品，长嘉汇大景区建设有序推进，长江文化艺术湾区启动建设，加快推动“两江游”提档升级。编制《重庆市温泉旅游发展规划（2020—2035 年）》，打造“世

界温泉谷”康养项目集群。武陵山区（渝东南）土家族苗族文化生态保护实验区建设加快推进，6个文化生态示范点建设项目启动实施，渝东南文旅产业融合发展示范区建设全面启动，乌江画廊旅游示范带、武陵山区民俗风情生态旅游示范区等建设有序推进。

（二）巴蜀文化旅游走廊建设全面推进

认真贯彻落实中央关于成渝地区双城经济圈建设的战略部署，与四川建立“推动巴蜀文化旅游走廊建设工作机制”，在规划编制、广播电视、文物保护、公共服务、市场监管等方面实施合作事项40项。联合承办“第六届中国诗歌节”活动，共同开展“巴蜀文化旅游走廊自由行”活动，联合主办“成渝地·巴蜀情”2020年成渝地区文化和旅游公共服务及产品采购大会，联袂打造“智游天府”和“惠游重庆”公共服务平台，携手打造“双城文创旅游直通车”，发起并成立成渝地区公共图书馆联盟、成渝区域文化馆联盟，巴蜀文化旅游走廊建设全面推进，助推成渝地区双城经济圈建设。

（三）文化旅游扶贫成效明显

推进贫困区县景区提档升级，建成39个非遗扶贫就业工坊，“鲁渝共建非遗扶贫项目”获全国“非遗扶贫品牌行动”荣誉。完成酉阳县车田乡脱贫攻坚普查评估和成效考核问题整改销号，市文化旅游委扶贫集团驻酉阳县驻清明村工作队获评全国脱贫攻坚先进集体。武隆、巫山入选“世界旅游联盟旅游减贫案例100”。武隆、城口文旅扶贫经验分别在全国两会上得到习近平总书记肯定。话剧《薪火》、民族管弦乐《告别千年》入选“全国脱贫攻坚舞台艺术优秀剧目展演”参演剧目。圆满举办“十万山东人游重庆”文旅消费扶贫活动。石柱县中益乡成功植入山东旅游“郝峪模式”，成为重庆鲁渝乡村旅游扶贫协作的重要模式。

二、面对挑战主动作为，确保文旅行业平稳发展

（一）疫情防控安全稳定

坚决贯彻落实党中央、国务院疫情精准防控的决策部署和市委、市政府

的工作要求，及时启动应急响应机制，全面落实“外防输入、内防扩散”各项措施，及时关停景区、文化娱乐、文博院馆等各类文化旅游场所 12238 家，取消营业性演出 2264 场，暂停旅游企业及星级酒店等经营活动，协调保障 6988 名境外重庆籍游客安全返渝，切实做到守土有责、守土负责、守土尽责。截至目前，全市未发生 1 起因文旅场所人员聚集造成的疫情传播，全系统未出现 1 例疑似或确诊病例。

（二）文艺助力共同“战疫”

充分发挥文艺工作在抗击疫情中“举旗帜、聚民心、展形象”的作用，创作推出舞台艺术和广播电视抗疫主题文艺作品 4100 余件。重庆市抗疫群雕《冬去春来》等 5 件作品入选中国国家博物馆抗疫主题美术作品展，央视一套在《新时代最可爱的人》大型特别节目中做了重点推介；重庆市创作推出的主题歌曲《坚信爱会赢》唱遍大江南北，网络点击量超 60 亿人次。组织引导全市广播电视播出机构累计播出抗疫公益广告近 9 万条次，应急广播、“村村响”累计播出时长逾 6 万小时，助力打赢疫情防控阻击战。重庆广电集团（总台）融媒体新闻中心被评为“全国抗击新冠肺炎疫情先进集体”。

（三）文旅市场恢复提振

出台应对新冠肺炎疫情影响、支持文旅企业发展政策，推出疫情期间中小微企业贷款贴息政策，运用信贷、贴息、融资等多种手段，帮助文旅企业获取各类资金近百亿元，大力实施“重庆文旅数字赋能帮扶行动”，全力帮助扶持文旅企业渡过难关、复工复产。举办首届山水重庆夜景文化节暨第五届重庆文化旅游惠民消费季活动，直接拉动文旅消费 2.8 亿元，首届“山水重庆夜景文化节”获评 2020 年度中国旅游影响力节庆活动案例。渝中区荣膺首批国家文化和旅游消费示范城市，沙坪坝区、北碚区入选首批国家文化和旅游消费试点城市。2020 年重庆继续位列“西部文化消费指数”榜首。在文化和旅游部公布的 2020 年国内旅游人次数排各省（区、市）第 5 位，国内游客人均每次旅游花费 902.48 元，高出全国平均水平 128.34 元。

三、立足实现高质量发展，增强文旅融合发展质效

（一）产业发展提质增效

2020年完成文化旅游投资1514.51亿元，同口径增长19.5%。成功举办文化和旅游部产业项目服务平台精品项目交流对接会，推介精品项目186个，签约总额601.5亿元。实施市级重大文旅项目72个，融创文旅城建成开放，重庆青少年活动中心等8个重大项目加快推进，“三峡库心·长江盆景”、开州汉丰湖等项目有序推进。重庆（西永）对外文化贸易基地正式挂牌。南岸区成功创建国家级文化产业示范园区，实现了我市国家级园区零的突破。全市文化产业实现增加值969.37亿元，同比增长0.3%；旅游产业实现增加值979.18亿元，同比恢复95%。

（二）资源开发成果丰硕

全面完成旅游资源普查，全市旅游资源单体达1.5万个。万盛经开区、渝中区成功创建国家全域旅游示范区，彭水阿依河景区、黔江濯水景区成功创建国家AAAAA级景区，丰都南天湖成功创建国家级旅游度假区，石柱、武隆、永川、巴南等地入选第一批国家森林康养基地。全年创建评定A级旅游景区41个、市级旅游度假区6个，推出300个新景区景点、120余条特色旅游线路产品。石柱华溪村、酉阳扎营村、巫溪茶山村、武隆堰塘村、长寿保合村等20个村进入全国第二批乡村旅游重点村名录。

（三）节会宣传推介品牌

会同市委宣传部、市委网信办开展“晒旅游精品·晒文创产品”大型文旅推介活动，区县长“双晒”直播在线观看6.2亿人次，全媒体传播受众37亿人次，实现直接文旅消费上亿元。成功举办中国西部动漫文化节、“舞动山城”国际街舞大赛、“重庆好礼”旅游商品（文创产品）设计大赛等系列活动，举办长江三峡旅游一体化宣传营销大会、中国长江三峡国际旅游节、世界大河歌会等节会活动，举办“打卡巴渝美景”全媒体推介活动，向八方游客全景式、立体化展现重庆新魅力。成功打造全国首家集出境游服务体验、文化旅游宣传展示推广和国际交流交往服务为一体的综合性外宣平台，联合丹麦哥本哈根中国文化中心线上宣传推介重庆美食、云游重庆，

与中国驻新加坡旅游办事处联合开展“双晒”专题展播，川渝联袂参加第八届澳门国际旅展，提升了“山水之城·美丽之地”城市品牌的国际知名度、美誉度。

四、着眼创造高品质生活，提升群众获得感、幸福感

（一）文艺创作精品不断涌现

川剧《江姐》、京剧《秦良玉》入选全国舞台艺术重点创作剧目名录，舞剧《杜甫》、歌剧《尘埃落定》等6部剧目入选“庆祝中国共产党成立100周年舞台艺术精品创作工程”重点扶持作品。“向前进——重庆美术馆藏李少言《一二〇师在华北》木刻组画展”获评2020年全国美术馆馆藏精品展出季活动优秀项目。电视剧《一江水》入选国家广电总局百部重点电视剧规划选题，《重庆谈判》获批正式发行，《共产党人刘少奇》《绝境铸剑》荣获第32届“飞天奖”优秀电视剧大奖。交响乐《重庆组曲》、民族管弦乐《告别千年》成功首演。《魔幻之都——极限快乐show》《扯馆儿》《逗乐坊》等驻场演艺持续火爆，极大丰富了市民和游客的精神文化生活。

（二）文化保护传承持续加强

市委常委会专题听取全市文物工作和红岩文化公园规划建设情况汇报，研究部署文物保护利用工作。实施重点文物保护项目263个，推进“红色三岩”保护提升，启动红岩文化公园建设，完成广阳岛抗战遗址保护修缮。南岸区龙门浩街区、渝中区山城巷、故宫文物南迁纪念馆建成并逐步开放。张自忠烈士陵园、特园入选第三批国家级抗战纪念设施、遗址名录。完成考古项目90项，考古发掘2.5万平方米。合川钓鱼城、涪陵白鹤梁题刻进入国家申报世界文化遗产重点培育项目。新增100个市级非遗保护传承基地，“铜梁龙舞进校园”入选全国“非遗进校园”十大优秀实践案例，9个非遗项目进入第五批国家级非遗代表性项目名录公示名单。新增大足石刻博物馆、三峡移民博物馆两个国家一级博物馆，我市7个博物馆虚拟展作为国家文物局网上展览资源向全国推介。

（三）公共服务效能稳步提升

推动出台《重庆市实施〈中华人民共和国公共文化服务保障法〉办法》，3个区县成功创建第四批国家公共文化服务示范区、示范项目，7个单位成功申报全国文化旅游公共服务融合发展示范点。打造智慧文旅广电云平台，实时接入文旅场景客流信息和视频监控。深入实施全媒体传播工程，利用5G技术首次推出全国两会“云访谈”，形成以“第1眼”为核心的覆盖市、区两级的新媒体传播矩阵，江津区骆崃山广播电视发射台荣获“全国服务农民服务基层文化建设先进集体”称号，潼南区融媒体建设经验获中宣部肯定并向全国推广。成功举办第七届戏剧曲艺大赛、第九届乡村文艺会演等群众性文化活动。公共文化服务群众满意度位居全国第五。

五、全面加强自身建设，着力夯实文旅发展基础

（一）全面从严治党纵深推进

深入贯彻新时期党的建设总体部署要求，把政治建设放在首位，深入学习贯彻习近平新时代中国特色社会主义思想教育，引导全系统各级党员、干部不断提高政治判断力、政治领悟力、政治执行力，增强“四个意识”，坚定“四个自信”，做到“两个维护”。先后召开37次党委会、9次中心组学习会，安排214个议题专题传达学习习近平总书记重要讲话和指示批示精神、中央重大决策部署、市委、市政府工作要求，切实做到用党的创新理论武装头脑、指导实践、推动工作。层层压实全面从严治党主体责任，严格对标市委第九巡视组巡视反馈问题，制定45条措施全面整改，用整改成效推动文化旅游改革发展。创新开展党建“五大引领行动”“三个起来”活动，扎实抓好党风廉政建设，全面彻底干净肃清孙政才恶劣影响和薄熙来、王立军流毒，持续营造风清气正的良好政治生态。

（二）文旅领域改革稳步推进

认真贯彻落实全国人大常委会办公厅、国务院办公厅《关于深化国有文艺院团改革的意见》精神，完善市级文艺院团管理体制、运行机制和利益分配制度，推动设立1亿元市级文艺院团激励引导专项资金，全力支持舞台艺

术精品创作，我市国有文艺院团改革在全国艺术创作工作会上做经验交流。市文化市场综合行政执法总队完成调整组建，大足石刻研究院升格挂牌，与四川美术学院合作举办大足学研究院。有线电视网络整合完成全网股权改造，实现“一市一网”。“放管服”改革顺利推进，54项行政审批事项全部实现全程网办，146项权力事项和20项公共服务事项实现“四个一”运转模式。

（三）文旅行业运行安全有序

深入推进安全生产专项整治三年行动，加强意识形态阵地建设和管理，严格文艺作品、文化和旅游活动意识形态审查，强化对文化和旅游市场重点领域、重要环节的监管引导，圆满完成广播电视安全播出保障任务，确保了文化旅游系统意识形态安全。持续开展打击文物犯罪专项行动，文物安全保障能力稳步提升。持续抓好文化和旅游安全管理，加大执法查处力度，文旅行业治理效能稳步提升，我市旅游执法案件连续三年受到文化和旅游部通报表扬，在2020年全国旅游城市游客满意度评价中我市排名全国第一。我市分别在全国文化和旅游市场秩序整治电视电话会、全国旅游市场整治工作现场会上做经验交流发言。在2020年全国涉疫旅游投诉处理工作中，重庆市投诉处理率、调解成功率、为游客挽回旅游经济损失金额均列全国前十，投诉结案率达100%。

（四）行业发展保障更加有力

强化资金投入保障，争取中央和市级财政对文化旅游行业投入15.54亿元，政府采购、财务监督管理力度进一步加强，国有资产管理进一步规范，资产使用效率进一步提高。全委提案工作在市政协评议中取得99.7分的好成绩，工作成效得到各界充分肯定。加强人才队伍建设，积极争取市委编办、市人力社保局支持，为院团补充高层次人才；全年实施培训项目34个、培训3万余人次；推荐完成百千万人才工程国家级人选、国务院政府特殊津贴、文化和旅游部优秀专家等各类人才99人，评选重庆英才文化旅游名家名师10名，4名执法人员被选入全国文化市场综合执法培训师资库。

2020年文化体制改革发展综述

政策法规处

2020年全市文化旅游改革工作，坚持以习近平新时代中国特色社会主义思想为指导，深入贯彻党的十九大和十九届二中、三中、四中全会精神，全面落实习近平总书记对重庆提出的“两点”定位、“两地”“两高”目标、发挥“三个作用”和营造良好政治生态的重要指示要求，按照中央和市委全面深化改革的工作部署，着力克服疫情影响，立足文旅产业复苏提振和创新发展，突出抓重点、补短板、强弱项，深入推进文化旅游体制机制革故鼎新，积极促进文化和旅游深度融合，加快推动文化事业、文化产业、旅游产业高质量发展，全力建设国际知名文化旅游目的地。

一、深入贯彻落实习近平总书记视察重庆重要讲话精神

根据市委深改委文改小组《贯彻落实习近平总书记视察重庆重要讲话精神实施举措》明确的工作任务，狠抓文化领域重点工作落实，确保习近平总书记重要指示末端落实。一是常态化推进“文化惠民”深入基层，实现区县文化馆图书馆制建设全覆盖。在文化馆图书馆总分馆实现全覆盖的基础上，完善总分馆常态运行机制，进一步建设直属分馆、特色分馆。已建成1455个图书馆分馆、1119个文化馆分馆。开展送流动文化服务进村等文化惠民活动

3万场。正式制发《重庆市关于提高基层文化惠民工程覆盖面和实效性的实施意见》。二是实行文物资产资源报告制度，改革非遗资源调查体制，健全非遗名录体系。按照国家文物局要求，完成2019年度文物统计，全市现有不可移动文物25908处，其中全国重点文物保护单位64处，市级文物保护单位372处。可移动文物藏品数624807件(套),其中珍贵文物32450件(套)。会同市财政局经认真研究，向财政部、国家文物局反馈《国有文物资源资产管理暂行办法（征求意见稿)》意见建议。按照国家文化和旅游部统一部署，完成我市非遗基础数据统计和第六批市级非遗代表性传承人申报人员信用信息筛查工作，完成我市少数民族优秀传统文化保护弘扬工作调研。

二、深入推进重点领域改革工作

一是深化国有文艺院团改革。向市政府报送了《关于报审重庆市市级国有文艺院团深化改革方案（送审稿)》，会同市委宣传部、市财政局向市政府报送了《关于设立市级文艺院团激励引导专项资金有关情况的报告》。推进演艺集团下属子公司演出公司实施混合所有制改革上市工作，完成事业身份人员剥离、组织架构设定、业务功能定位、资产划转、资产评估及审计等工作。深入学习贯彻中办、国办（厅字〔2020〕24号）文件精神，根据文旅部通知要求，积极开展宣讲调研，研究贯彻落实措施，结合实际起草我市实施方案。二是深化文物保护利用改革。完成2020年度文物安全目标责任书签订，开展对区县政府文物保护责任评估，与市公安局刑侦总队、治安总队会商研究落实打击和防范文物犯罪专项行动，联合印发《关于进一步加强文物博物馆单位安全保卫工作的通知》，与市检察院签订了《文化遗产领域检察公益诉讼协作机制》。三是深化文化领域“放管服”改革。完成“好差评”系统建设，健全“在线评价＋现场评价＋电话回访评价”相结合的评价机制，完善评价渠道，持续提升政务服务质量。压缩审批程序。行政许可事项承诺时限在法定时限基础上平均缩减比例由53.33%提升到70.04%，平均跑动次数由0.87次压缩到0.1次以下；即办件比例由0%提升到8.3%；行政许可事项实现全程网办。推进“一件事一次办”。会同市场监管局，梳理了广播电视节目制作经营审批事项“一件事一次办”套餐和办事指南，9月1日正式上线“渝快办”。配合做好重庆自贸试验区“证照分离”改革全覆盖试点工作。对文化旅游类15项、广电类5项、文物类5项共25项许可事项实行全覆盖清单管理，向高新区下放行政权力58项。四是深化文化市场综合执法改革。制定出台《重庆市文化市场综合行政执法重大案件办理流程》《关于规范文化市场综合行政执法有关工作的通知》《关于建立文化市场综合行政执法重大案件案审会议机制的通知》，明确了文化市场综合行政执法有关流程规则，建立了文化市场综合行政执法重大案件案审会议机制。持续跟进《文化市场综合执法管理条例》出台进展情况，待该条例出台后，适时制定我市贯彻实施方案。

三、优化文旅融合发展改革举措

一是扎实开展“双晒”推介活动。开展“晒旅游精品·晒文创产品”大型文旅推介活动，共有41个区县登台亮相，16家媒体集团和网络平台全程集中推介，全媒体传播量超37亿人次，区县长“双晒”直播观看量6.2亿人次。二是扎实推进巴蜀文化旅游走廊建设。会同四川省文旅厅召开2次专项工作联席会议，形成巴蜀文化旅游走廊建设工作方案、2020年工作重点、共同争取国家支持重点事项等机制内容，与四川省文旅厅、四川省广电局签订4项战略合作协议。推动洪崖洞和宽窄巷子、金佛山和都江堰等地标级景区达成战略合作；联合主办“巴蜀文化旅游走廊自由行”活动，两地近200家旅游景区分别面向重庆、四川籍游客推出120万张免费门票和优惠政策。组织我市所有区县分3批深入四川17个地市开展重庆文旅“大篷车”巡游路演。三是扎实做好文化旅游发展“十四五”规划编制工作。对接发展改革部门，将文化旅游发展重点内容纳入成渝地区双城经济圈建设规划纲要，组织开展巴蜀文化旅游走廊建设规划编制和实施方案编制。启动全市文化和旅游发展“十四五”规划编制工作，将打造国际知名文化旅游目的地纳入规划重要板块，持续打好“五张牌”。编制形成重庆渝东南武陵山区文旅融合发展示范区规划初稿。积极推进“两江四岸”治理提升，组织开展长嘉汇大景区规划编制。配合市发展改革委编制《渝东南武陵山区城镇群建设行动方案（2020—2022 年）》，加紧编制《渝东南武陵山区文化产业和旅游产业融合发展示范区规划》。四是积极加强国际国内合作。布局搭建海外工作阵地，先后在新加坡、东京、汉堡等重点客源国家城市设立了 17 个重庆文化旅游境外推广中心，常态化开展国际精准营销。用好 Ichongqing 等多元化宣传平台，在 Ichongqing 英文网站及 Facebook、Twitter 等社交媒体矩阵，面向全球游客和旅游业界发布重庆 144 小时过境免签政策、重庆文旅复工复产等专题宣传片。上传各区县“双晒”视频到文旅部“文旅传播云平台”，与中国驻新加坡旅游办事处联合开展线上“双晒”专题展播；在泰国国家旅游局举办的全球网络视频直播会议上，联动四川省开展巴蜀线上推广活动。五是推进文化旅游产业提质升级。构建“国家、市级、区县、企业”四级联动推广机制，整合资源力量，构建“+ 文化旅游”协同推介机制。开展“晒旅游精品 • 晒文创产品”第五届重庆文化旅游惠民消费季，集中文化、旅游、网络各界人士力量，创新文化旅游推介，建立“线上文旅集市”，发放文旅惠民消费券，开展线上文旅惠民消费直播推介，推介文旅惠民产品。开展首届夜景文化节暨第五届重庆文化旅游惠民消费季，促进夜间经济发展。成功举办“2020 重庆国际文化旅游产业博览会”。协调文化和旅游部组织专家组对南滨路创建国家级文化产业示范园区开展了实地考评。组织修订《重庆市文化产业示范园区评选命名管理办法》和《重庆市文化产业示范基地评选命名管理办法》。

四、着力提升公共服务水平

一是深入推进文化服务数字化社会化。优化升级重庆群众文化云平台，持续完善功能达 25 项。重庆群众文化云平台累计访问量达 5503.5 万次，累计用户数 89.5 万个。在重庆群众文化云“文化志愿配送”板块基础上，增加志愿者组织与管理模块，将全市文化志愿服务纳入数字化服务体系。我市公共文化志愿者（团队）达 3.09 万人（含志愿团队 2063 个，团队成员 2.15 万人），文化服务产品 1.38 万个，群众累计预约申请文化配送 10.74 万次，完成文化配送 10.69 万次，惠及群众 2546.8 万人次。推进旅游“厕所革命”。2020

年旅游厕所共计划建设340座，已完成计划任务。二是深入推进乡村文化振兴和旅游扶贫。扎实开展文化惠民工程，实施送演出进基层、流动文化进村、戏曲进校园、进乡村等服务，举办“阅读之星”市民诵读大赛、“红岩少年”读书活动，开展“成渝巴蜀情”“欢跃四季舞动巴渝”广场舞展演、乡村文艺会演等品牌文化活动，把群众需要的公共文化服务送到身边，进一步增强农村生活的幸福感和获得感。着力打造“一村一品”文化活动品牌，鼓励乡村举办春节联欢晚会，支持区县办好时令节庆、丰收节等活动。支持优秀戏曲、民族文化、民间文化发展，支持各类文化经营主体面向农村提供优质文化产品和多元化文化服务。三是积极应对疫情强化政策支持。根据市委、市政府关于应对疫情支持中小微企业发展有关会议和文件精神指导，形成文旅企业保生存、练内功、振消费、求发展等应对措施，与市委宣传部联合印发《关于应对新冠肺炎疫情影响支持文旅企业平稳健康发展的政策措施》，围绕“推动文旅企业减负稳岗、有序复工”“加大对文旅企业分类指导帮扶力度”“激发文旅消费内在潜力”“培育文旅产业高质量发展的新动能”四个方面共制定15项政策措施。会同市财政局等8部门联合下发了《关于落实新冠肺炎疫情期间中小微企业贷款贴息政策的通知》，指导全市文旅部门帮助企业渡过难关。同时，及时调整旅游发展升级版和旅游公共服务专项资金，将其中一部分用于文化旅游企业贷款贴息，累计发放贷款贴息补助资金894.98万元。四是推进重庆有线电视网络整合发展。完成我市划转股份参与中国广电网络股份公司的发起设立等工作，确定重庆方各股东资产评估结果，并在市文资办备案。按照资产评估结果与各股东沟通，推进实施重庆有线对广电网络、合川公司的股权收购工作。

五、持续完善文艺项目组织策划、社会征集机制

完成了2020年度重庆市文艺创作资助项目的申报和初评工作。围绕决战脱贫攻坚、全面建成小康社会、庆祝中国共产党成立100周年等主题和重要时间节点，推进了大型民族管弦乐音乐会《告别千年》、芭蕾舞剧《归来红菱艳》、舞剧《烈火中·永生》（暂名）、杂技剧《一双绣花鞋》、京剧《陈然》、

川剧《北城天街》、歌剧《一江清水向东流》等重点作品的创作工作。川剧《江姐》、京剧《秦良玉》入选2020年度全国舞台艺术重点创作剧目名录。组织委属艺术单位创作推出了抗疫主题文艺作品1200余件，积极为战胜疫情助力发声，充分展现了重庆文艺工作者高度的文化担当。

下一步，重庆市文化和旅游委员会将持续深化改革成果，切实在服务保障人民工作、生活上见实效。认真梳理2021年度文化体制改革工作要点，积极推进新年度文化体制改革工作，力争取得更大成效。

BLUE BOOK OF CHONGQING

2020年重庆市文化和旅游系统人才队伍建设情况报告

人事处

2020年，重庆市文化和旅游系统人才队伍建设，坚持以习近平新时代中国特色社会主义思想为指导，全面贯彻党的十九大和十九届二中、三中、四中、五中全会精神，深入贯彻习近平总书记关于人才工作的系列重要论述和视察重庆重要讲话精神，严格按照文化和旅游部、广电总局、市委市政府工作部署，始终把人才工作放在更加突出的位置，为文旅事业产业发展提供强有力的智力支持和人才保障。

一、拓宽渠道充实人才队伍

一是强化规划引领。制定印发《市级专业文艺院团2020—2022年创作表演人才引进培养计划》（渝文旅发〔2020〕91号），落实工作任务，创新引才方式，力争用3年时间为市级改制院团引进创作表演人才120余名。二是用好考核招聘。组织市川剧院考核招聘补充中专及以上学历专业人才26人、高层次人才1人，破解川剧人才短缺问题；用活院团改制编制，计划为曲艺团、京剧团考核招聘3名高层次表演人才。三是积极公开招聘。组织重庆图书馆、重庆市文化遗产研究院参加市属事业单位公开招聘，补充工作人员10名，充实图书、文物保护专业人才。重庆文化艺术职业学院用好周转编制，公开招聘48名专业教师。分别参加市公务员局、市委机要局组织的公务员招录、遴选，委机关办公室、综合协调处、资源开发处、国际交流合作处等处室补充涉外语言、密码、公文写作、旅游开发等有专业特长公务员4名。四是规范直接商调。印发《机关及所属事业单位工作人员流动管理办法（暂行)》（渝文旅发〔2020〕15号），规范直接商调条件、程序，重庆艺术学校、重庆市文化遗产研究院等8个事业单位补充13名工作人员。五是严格政策安置。严格执行退役军人安置政策，接收军转干部6名，充实委机关办公室、政策法规处、财务处、文物督察处、机关党委工作力量；重庆艺术学校补充2名退役士兵，市歌舞团补充1名急需紧缺的舞蹈表演人才。

二、精准高效开展人才项目

聚焦高层次、紧缺人才，按照文旅融合要求，将现有人才项目优化整合，梯次培养人才。遴选推荐文化旅游行业领军拔尖人才申报国家级、省部级人才项目，全年推荐百千万人才工程国家级人选1人、国务院政府特殊津贴5人、文化和旅游部优秀专家10人、全国广播电视和网络视听行业领军人才25人、青年创新人才50人、乡村文化和旅游能人8人、重庆市突出贡献中青年专家5人。实施重庆英才计划·名家名师项目（文化旅游领域），评出10名人选，给予科研经费支持其创作研究。推荐5人参评重庆市首届杰出英才奖，沈铁梅、庞茂琨两人最终入选。持续开展旅游博士培养项目，在培博士17人。组织各委属单位申报人才项目，对各类短缺文化人才进行针对性培养，共13个单位21个项目。加大后备人才培养力度，第一批招收并定向培养的川剧、杂技班学员顺利毕业，其中28名优秀川剧学员在市川剧院入编入职。

三、优化资源推进人才培训

一是统筹实施委机关业务培训，创新培训方式，不断提升培训质量。全年实施培训项目34个，培训3万余人次，覆盖乡村文旅融合专题培训、“文旅大咖说”线上公益培训等，为促进文旅融合发展和乡村文化振兴培养高素质专业化干部队伍。赴成都举办2020年乡村文旅融合发展专题培训班，为促进成渝地区双城经济圈建设，加强川渝干部教育培训工作协作，推动资源共享、经验共鉴，进一步提高重庆文化旅游干部队伍素质和政策水平，全面推进干部队伍能力建设。二是组织“巴渝工匠”杯重庆市乡村振兴技能竞赛、第四届文化艺术行业技能竞赛等四项比赛，以赛代训，以赛促训，选拔培养文化和旅游系统高技能人才，拓宽人才发现渠道，丰富人才培养方式。三是选派优秀人员参加调训，拓宽视野增强素质，培养造就忠诚干净担当的高素质专业化文化和旅游干部队伍。共100余人次参加文化和旅游部、广电总局等单位组织的文旅融合产品开发培训、舞美培训、新闻正音培训等。四是严把职业资格管理入口关，组织536人参加2020年全国广播电视编辑记者播音员主持人资格考试，加强广播电视播音员主持人执业注册管理，办理播音主持证160余件。

四、多措并举完善激励体系

一是荣誉激励。开展“推荐抗击新冠肺炎疫情国家级表彰参评对象”等8项评比表彰工作，共推荐先进集体9个、先进个人14名。共获有2019年全国广播电视编辑记者、播音员主持人资格考试组织工作一等奖等5个奖项。二是收入激励。争取市人社部门支持，委属各事业单位超额绩效参考线较去年平均增加5000元，2家单位申报超过超额绩效参考线获市人力社保局、市财政局审核同意。三是评价激励。启动文物博物专业职称申报条件修订工作，优化文博专业人才评价标准，促进人才脱颖而出；完成57人见习期满考核确定专业技术职务（职称）工作；推荐委系统8名专业技术人员申报全市特殊人才职称，5名人员获得高级职称；印发《关于开展2020年度全市文化系列相关专业职称申报评审工作的通知》，圆满完成全市文化旅游系统各专业职称评审工作，全市艺术、图书、文博、群众等专业新增高级职称人员90余人。

五、建章立制强化制度建设

一是印发《机关劳务派遣人员管理办法》《机关上挂锻炼人员管理办法》，对劳务派遣人员和上挂锻炼人员的启动程序、管理考核等方面进行了明确和规范，突出对考核结果的运用。共办理50余名人员上挂锻炼手续。二是印发《机关部分处室工作任务调整优化方案》《机关各处室编制调整方案》，理顺机关处室职能职责和编制配备，提升工作效率。三是规范机关人员交流轮岗工作，开展轮岗4批26人次，根据工作需要和个人专业工作经历，合理调整优化工作力量。四是制定完善公务员年度考核方案，圆满完成公务员年度考核；按规定完成公务员平时考核工作并兑现奖励。五是制定所属文艺院团保留事业身份人员管理办法，明确管理边界、内容等，充分保障其基本权益，激活内生动力。六是印发《关于进一步规范委属事业单位机构编制岗位管理有关工作的通知》（渝文旅党发〔2020〕103号），建立工作长效机制和制度保障。督促各有关单位撤销违规设立的职务，按规定规范调整重庆中国三峡博物馆、重庆红岩联线文化发展管理中心、重庆美术馆、重庆市川剧院等10余个单位内设机构。

2020年中共重庆市文化和旅游发展委员会党建工作总结

组织干部处

2020年，市文化旅游委党委坚持以习近平新时代中国特色社会主义思想为指导，立足在常态化疫情防控下推进文旅事业发展，主动扛起全面从严治党主体责任，深化党建引领，抓基层打基础，抓班子带队伍，抓创新增活力，努力实现“基层组织强起来、党员身份亮起来、文旅品牌立起来”的党建目标，确保党旗在市文化旅游委系统高高飘扬。

一、坚持以党的政治建设为统领，层层压实管党治党责任

（一）旗帜鲜明讲政治

始终将党的政治建设摆在首位，坚定不移向党中央看齐，向党的理论路线方针政策看齐，向党中央决策部署看齐，把准政治方向，认真对标对表，及时校正偏差，严守政治纪律和政治规矩，全面彻底干净肃清孙政才恶劣影响和薄熙来、王立军流毒，纯洁党内政治生态，推动委系统党员干部进一步增强“四个意识”，坚定“四个自信”，做到“两个维护”，在政治立场、政治方向、政治原则、政治道路上始终同以习近平同志为核心的党中央保持高度一致。强化政治引领，坚持把党的领导贯穿文化和旅游工作全过程，肩负好“举旗帜、聚民心、育新人、兴文化、展形象”的使命任务，推动文化和旅游深度融合、高质量发展，确保全市文化旅游工作始终沿着习近平总书记指引的方向前进。

（二）牢固树立主责主业意识

恪守“抓好党建是最大政绩”的理念，坚持将党建工作与业务工作同谋划、同部署、同落实、同检查。深入学习贯彻《党委（党组）落实全面从严治党主体责任规定》，制定印发《落实全面从严治党主体责任清单》，梳理委党委主体责任清单18条、党委主要负责人责任清单9条、党委班子成员责任清单10条，组织10名委党委班子成员开展述责述廉，以明责、履责、考责为重点向委系统各级党组织压实末端责任，组织56名委系统党组织、文旅行业社会组织党组织书记和30名机关党支部书记开展述职评议，打通全面从严治党“最后一千米”，形成“党委书记带头抓，班子成员直接抓，基层组织具体抓”的履职格局。建立党建工作专题会议制度，委党委4次专题听取党建工作情况汇报，分类研究部署机关处室、事业单位、国有企业党建重点任务，督促党建各项工作在基层党组织落地落实。

（三）严格落实意识形态工作责任制

坚持党管意识形态不动摇，印发《落实党委意识形态工作责任制实施方案》《关于进一步加强对论坛、讲坛、讲座、年会、报告会、研讨会等活动管理的实施办法》等，加快构建网上网下一体、内宣外宣联动的主流舆论格局。深化广播电视、文化活动、展览展演、网络视听等阵地管理和文化旅游市场管理，及时纠治歌乐山“黑导游”乱讲红岩精神、戏说红岩英烈等乱象，有力确保文化旅游领域意识形态安全，做到守土有责、守土负责、守土尽责。

二、坚持以党的科学理论武装头脑，筑牢文旅融合发展思想根基

（一）深学笃用习近平新时代中国特色社会主义思想

把学习贯彻习近平新时代中国特色社会主义思想作为主线贯穿始终，坚持党委带头、以上率下，做到学思用贯通、知信行统一。全年召开委党委会37次、党委理论学习中心组学习会9次，集中学习习近平总书记在统筹推进新冠肺炎疫情防控和经济社会发展工作部署会议、决战决胜脱贫攻坚座谈会、全国两会重要讲话精神等214项内容。围绕学习贯彻《习近平谈治国理政》第三卷、党的十九届四中、五中全会精神等，开展集体学习15次，研讨交

流 12 次，党委成员带头上党课、辅导讲座 12 次，引导党员干部自觉做习近平新时代中国特色社会主义思想的坚定信仰者、忠实实践者。

（二）坚持把政治理论学习融入日常、抓在经常

深化巩固“不忘初心、牢记使命”主题教育成果，及时印发《关于进一步加强政治理论学习的通知》《关于认真组织学习〈习近平谈治国理政〉第三卷的通知》《关于传达学习有关会议精神及党内法规的通知》等文件，做到及时跟进学、系统全面学、联系实际学。健全学习指导机制，坚持周发学习数据、月发学习要点、季发指导意见，推动学习活动常态化规范化，实现“四有四落实”，即学习有组织、有计划、有记录、有总结，确保内容落实、时间落实、人员落实、地点落实。建立青年理论学习小组 101 个，涵盖 1200 余人。开展“新时代红岩讲习所”集中讲习。用好用活“学习强国”“干部网络学院”“重庆机关党建”等智慧党建平台，督导党员干部做好线上线下学习，“学习强国”学习活跃度保持在市级部门第一梯队。积极开展“党课开讲啦”活动，委系统 153 个基层党组织参与，讲授党课 306 场，参与党员 3578 人次，2 堂精品党课入选全市宣传思想文化系统优质党课。

三、坚定践行新时代党的组织路线，不断夯实基层基础

（一）抓好领导班子建设

认真贯彻《2019—2023 年全国党政领导班子建设规划纲要》和我市具体措施，突出加强委属单位领导班子政治建设，强化领导干部执政能力建设，注重发挥各个年龄层次干部的积极性，坚持“老中青”相结合，综合考虑年龄、经历、学历、性别、专业、性格、能力等方面因素，推荐 2 名机关干部到厅级委属单位任中层领导干部，同时为 6 个委属单位增配班子成员 8 名，增强班子整体功能。制定《重庆市文化和旅游发展委员会直属单位领导班子和领导干部年度考核办法（试行）》，实行差异化分类考核，优化考核指标体系，发挥考核“指挥棒”作用，形成讲担当、重担当、改革创新、干事创业的鲜明导向。

（二）推进高素质干部队伍建设

坚持新时期好干部标准，树立正确选人用人导向，推荐提任市管领导干部2名，提任委管领导干部9名，10名委管领导干部按期转正，晋升职级公务员35名。加大干部交流力度，按照事业需要、多岗锻炼、发挥专长、人岗相适、人事相宜的原则，接收区县和市属国企领导干部1名，交流轮岗处级领导干部9名、职级公务员21名。搭建干部成长成才平台，注重对年轻干部实行必要的台阶和递进式培养锻炼，组织14名机关干部和委属单位干部进行双向交流锻炼，开展成渝两地干部互派挂职工作。加强干部专业化教育培训，全年实施文旅融合专题培训、“文旅大咖说”线上公益培训等培训项目34个，培训3万余人次；建立川渝干部教育培训协作机制，赴成都举办2020年乡村文旅融合发展专题培训班，推动资源共享、经验共鉴；选派100余人次参加文化和旅游部、广电总局等单位组织的文旅融合产品开发、舞美、新闻正音等专题培训班，夯实专业基础，增强能力才干。落实科教兴市和人才强市行动计划，牵头实施重庆英才计划·名家名师项目（文化旅游领域），评出10名人选，给予科研经费支持其创作研究；推荐百千万人才工程国家级人选1人、国务院政府特殊津贴5人、文化和旅游部优秀专家10人、全国广播电视和网络视听行业领军人才25人、青年创新人才50人、乡村文化和旅游能人8人、重庆市突出贡献中青年专家5人，2人入选重庆市首届杰出英才奖，4名执法人员入选全国文化市场综合执法师资库；制定《市级专业文艺院团2020—2022年创作表演人才引进培养计划》，推进各类紧缺人才引进培养工作，努力营造“近悦远来”人才生态。

（三）建强抓实基层党组织

坚持“一把钥匙开一把锁”，全面加强指导帮带，落实“一岗双责”和党委班子成员联系党支部工作点等制度，委系统8名党委书记、40名党委班子成员定点联系48个基层党支部，帮助所联系党支部厘清工作思路、完善工作措施、解决突出问题。指导25个基层党组织规范设立、按期换届，接收预备党员85名，转正预备党员73名。采取专题讲座与案例教学相结合，培训党务、纪检干部120余人，文化和旅游行业社会组织负责人及党建工作指导员98人，党员发展对象57人，党建管理员30人，选派2名党支部书记参加成渝地区省市机关党支部书记交流培训。开展“赏经典剧目文化育人”活动，推送优秀剧目7台。深化机关党建工作“三基”建设和绿色机关建设，《实施党建引领行动发挥文旅优势助推脱贫攻坚》被评为全市“三基”建设“优秀案例”，《积极开展绿色机关创建活动，努力打造集约化智能化规范化工作环境》被评为全市“绿色机关”建设“最佳案例”。加强行业社会组织党建，成立市文化和旅游行业社会组织综合党委，为71个行业社会组织落实党建工作指导员，推动4个行业社会组织设立党组织，指导11家行业社会组织党组织标准化建设，完成9家行业社会组织脱钩改革。强化党内关怀帮扶，慰问机关困难党员7名、扶贫驻村干部5名，为扶贫患病干部田忠权同志捐款69150元，党内关怀慰问2万元。

（四）坚持党建引领统战群团工作

切实做好统一战线工作，借助委系统抓党建工作的成熟体系和强大合力，将统战工作纳入落实全面从严治党工作一并部署、一并考核。落实委领导联系党外代表人士制度，健全统战工作干部队伍，定期分析研究统战工作形势。组织委属单位和委机关统战工作干部和部分统战人士代表68人开展新机构成立以来首次统战工作培训。成立重庆知联会文旅系统分会，发展首批42名会员，搭建委系统党外知识分子工作重要平台。进一步完善委党委班子成员联系委系统重点统战人士制度，每名党委班子成员每年对口联系2名系统统战人士，开展谈心谈话，做好思想政治、业务指导等工作。健全群团组织架构，选举成立新一届机关工会、妇委会，充分发挥群团组织桥梁和纽带作用，开设绘画、瑜伽、舞蹈等兴趣班，组织开展秋游、文物赏析、登山比赛等群众活动，营造团结和谐、严肃活泼、积极向上的良好氛围。

四、坚持不懈推进全面从严治党，涵养风清气正良好政治生态

（一）加强反腐倡廉教育

注重运用身边正反两面典型案例开展党性教育，积极选树党员先进典型，在全市文化旅游系统广泛开展向坚守扶贫一线的驻村干部田忠权同志学习的活动，激励广大党员干部坚定理想信念、牢记宗旨职责、竭诚为民奉献。召

开“以案四说”警示教育会，以文化旅游系统发生的违纪违法案件为反面典型案例，围绕纪、法、德、责四个方面开展警示教育。主动探索“以案四改”路径方法，印发“以案四改”实施方案。开展《落实中央八项规定精神 30 问》第三辑学习讨论，组织观看《叩问初心》等警示教育片，教育引导党员干部立德修身、遵纪守法、廉洁从业，筑牢拒腐防变思想防线。

（二）深入推进党风廉政建设

认真落实党风廉政例行谈话制度。结合重要时间节点，向党员干部发送廉政提醒信息 4 次，开展明察暗访 4 次。加强廉政风险防控，从“三重一大”等 9 个方面排查委机关廉政风险点 51 个，制定防范措施 128 条；组织委属单位梳理廉政风险点，制定防范措施，增强主动防御能力。实事求是运用监督执纪“四种形态”，抓早抓小，防微杜渐。建立健全巡察工作机制，成立巡察工作领导小组和巡察组，制定巡察工作方案，对 4 个委属单位开展巡察，及时发现问题、形成震慑、推动改革、促进发展，进一步推动委系统政治生态向上向好。

（三）扎实抓好巡视问题整改

坚持把巡视整改工作作为一项重大政治任务来抓，第一时间召开巡视整改动员部署会，及时成立巡视整改工作领导小组，制定巡视整改方案，针对市委巡视反馈的 4 个方面 15 个突出问题，研究制定“1+2”整改方案，梳理 45 条整改措施进行全面整改。扎实推进选人用人和意识形态专项检查整改，梳理形成《选人用人专项检查反馈意见问题清单、任务清单、责任清单》，针对选人用人 4 个方面 14 个问题，研究制定 30 项整改措施，集中攻坚，逐一销号，不断匡正用人导向。研究建立党委落实意识形态工作责任机制，确定每年开展 2 次意识形态专题研判，全面梳理意识形态工作内容，不断加强重点人员管理和重点场所整治，意识形态阵地进一步巩固。检查主持召开 3 次党委会和 4 次专题工作会议，研究整改工作中的重大事项、重要问题，做到委系统上下联动、一体整改。针对文艺精品创作、国有市级文艺院团改革等重难点问题，主持专题会议研究舞台艺术创作工作；积极争取市政府主要领导召开国有市级文艺院团改革专题座谈会，并按照会议精神及时形成《重庆市市级国有文艺院团深化改革方案》。着眼统筹推进和提升文旅产业融合发展质效，委托中国旅游研究院编制《渝东南武陵山区文旅融合发展示范区规划》。围绕整治违反中央八项规定精神等问题，集中开展“三公”经费执行、住房公积金缴存情况专项清查和日常财务跟审，责成委属单位对2016年以来的工程建设项目开展自查自纠，从精简会议、厉行节约等7个方面制定20条措施。同时举一反三，靶向施策，建立整改长效机制，建立完善关于加强政治理论学习、深化落实中央八项规定精神、落实党委意识形态工作责任制等15项制度机制和工作方案，不断推动文化旅游改革发展各项工作提质增效，确保每一项整改任务都经得起群众的监督、历史的检验。

五、坚持围绕中心服务大局，切实发挥基层党组织在重大任务落实中的战斗堡垒作用

（一）发挥疫情防控和复工复产工作中党的组织优势

组织委系统各级党组织深入学习贯彻习近平总书记关于统筹抓好疫情防控与经济社会发展的重要指示精神，充分发挥把方向、管大局、保落实的作用，切实做好应急防护、保障运行、调配资源、宣传引导等工作。第一时间关停各类文化旅游场所、场馆，取消营业性演出2264场，对11109家文化旅游企业、253家A级景区、27艘游轮、676家旅行社及在线旅游企业、173家星级以上酒店暂停经营活动，协调保障6988名境外重庆籍游客安全返渝。开展“艺术抗疫”行动，创作推出舞台艺术和广播电视抗疫主题文艺作品4100余件，我市抗疫群雕《冬去春来》等5件作品入选中国国家博物馆抗疫主题美术作品展，战疫主题歌曲《坚信爱会赢》网络点击量超60亿人次。发动委系统1617名党员志愿捐款309012元。会同市委宣传部出台应对新冠肺炎疫情影响、支持文旅企业发展政策，与市财政局等7部门联合推出疫情期间中小微企业贷款贴息政策。综合运用信贷、贴息、融资等多种手段，帮助文旅企业获取各类扶持资金近百亿元，暂退全市530家旅行社旅游服务质量保证金1.3亿元，全力帮助扶持文旅企业渡过难关、复工复产。全年全市文化产业实现增加值969.37亿元，同比增长0.3%；旅游产业实现增加值979.18亿元，

同比恢复95%以上。全市未发生1起因文旅场所人员聚集造成的疫情传播，全系统未出现1例疑似或确诊病例。

（二）围绕中央和市委重大决策部署谋划推进重点工作

强化党的全面领导，积极主动将党的重大决策部署转化为政策政令，汇聚文旅事业高质量发展的强大合力。认真贯彻落实中央及市委关于成渝地区双城经济圈建设的战略部署，会同四川文旅部门共同建立定期例会制度，在规划编制、广播电视、文物保护、公共服务、市场监管等方面实施合作事项40项。联合承办“第六届中国诗歌节”活动，共同开展“巴蜀文化旅游走廊自由行”、2020重庆文旅大篷车四川巡游营销推广等线上线下活动。联袂打造“智游天府”和“惠游重庆”公共服务平台，携手打造“双城文创旅游直通车”，发起成立成渝地区公共图书馆联盟、成渝区域文化馆联盟，川渝城市群文化旅游合作深入推进。会同市委宣传部、市委网信办开展“晒旅游精品·晒文创产品”大型文旅推介活动，区县长“双晒”直播在线观看超6.2亿人次，全媒体传播受众37亿人次，云上文旅馆展销区县文旅精品2500多种，实现直接文旅消费上亿元，建立起常态化疫情防控条件下重庆文旅推介新机制。

（三）积极助力脱贫攻坚

深化抓党建促脱贫攻坚、促乡村振兴，广泛号召委系统各级党组织和广大党员干部深入扶贫一线，发挥好战斗堡垒和先锋模范作用。制定乡村旅游扶贫专项行动方案，推进贫困区县景区提档升级，建成39个非遗扶贫就业工坊。完成车田乡脱贫攻坚普查评估和脱贫攻坚成效考核问题整改销号。在重庆卫视频道开设《决战决胜脱贫攻坚》专栏，开展脱贫攻坚广播电视公益广告扶持项目，举办“桃源车田、土苗好货”直播带货。成功举办“十万山东人游重庆”文旅消费扶贫活动。组织开展“我看脱贫攻坚新成就”专题调研活动。话剧《薪火》、民族管弦乐《告别千年》入选“全国脱贫攻坚舞台艺术优秀剧目展演”参演剧目。石柱县中益乡华西村等20个村进入全国第二批乡村旅游重点村名录。“鲁渝共建非遗扶贫项目”获全国“非遗扶贫品牌行动”荣誉。

BLUE BOOK OF CHONGQING

2020年重庆市旅游业统计公报

财务处、科技与大数据处

2020年，全市文化旅游系统在市委、市政府的坚强领导下，深入落实习近平总书记视察重庆重要讲话精神，以建设文化强市和世界知名旅游目的地为目标，以高质量发展为主题，以新发展理念为引领，以改革创新为动力，坚持抓大文旅、促品质化，统筹推进常态化疫情防控与文化旅游改革发展，旅游业发展取得新成效。

一、综合

据初步统计测算，全市接待过夜游客6441.48万人次，同比恢复64.5%；A级景区接待游客16114.3万人次，同比恢复59.6%；旅游产业实现增加值979.18亿元，同比恢复95.2%，占全市GDP比重3.9%。（见表1）

表1　2020年重庆市旅游接待及收入情况表

指标	计量单位	绝对值	比上年增长（%）
接待过夜游客人次数	万人次	6441.48	-35.5
A级景区接待游客人次数	万人次	16114.3	-40.4
旅游产业增加值总额	亿元	979.18	-4.8

二、区域旅游

2020 年，“一区两群”各区域旅游业稳定恢复、协同发展。渝东北三峡库区城镇群和渝东南武陵山区城镇群旅游产业增加值恢复快于主城都市区。（见表 2）

表 2 “一区两群”旅游产业增加值情况表

区域	旅游产业增加值（亿元）	增加值增速（%）	占 GDP 比重（%）
主城都市区	712.71	−6.3	3.7
渝东北三峡库区城镇群	166.37	1.0	3.8
渝东南武陵山区城镇群	72.23	−4.3	5.2

三、旅游市场主体

2020 年，尽管受到新冠肺炎疫情影响，全市旅游业却总体呈现出业态体系不断丰富、旅游市场主体更加健全的良好态势。

（一）旅行社

2020 年末，全市共有旅行社 714 家。其中：出境旅行社 94 家（含赴台社 9 家），一般旅行社 620 家。全年新增旅行社 58 家，注销 19 家。

（二）星级旅游饭店

2020 年末，全市拥有星级旅游饭店 163 家，其中：五星级 27 家，四星级 50 家，三星级 72 家，二星级 14 家。

（三）旅游景区

2020 年末，全市拥有国家 A 级旅游景区 262 个，其中：AAAAA 级景区 10 个，AAAA 级景区 121 个，AAA 级景区 81 个，AA 级景区 49 个，A 级景区 1 个。新评定 41 个（其中：AAAAA 级景区 2 个，AAAA 级景区

18 个，AAA 级景区 16 个）。AAAAA 级景区创建工作进展顺利，彭水阿依河景区、黔江濯水景区成功创建国家 AAAAA 级景区，涪陵武陵山大裂谷、奉节白帝城—瞿塘峡景区完成 AAAAA 创建任务，巫山巫峡·神女景区通过国家 AAAAA 级旅游景区景观质量评审，并被列入预备名录。

（四）旅游度假康养

2020 年末，全市拥有市级以上旅游度假区 23 个，含国家级旅游度假区 2 个，即武隆仙女山旅游度假区、丰都南天湖旅游度假区；全国五星级温泉旅游企业 3 家；国家中医药健康旅游示范区 1 个，国家中医药健康旅游示范基地 2 个。

（五）旅游船

2020 年末，全市拥有三峡游轮 32 艘，其中已评五星级游轮 24 艘，五星级标准 6 艘（含正申报评定 2 艘），经济型游轮 2 艘；经营重庆“两江游”企业 3 家，共有“两江游”游船 8 艘。

（六）全域旅游

2020 年末，全市拥有国家级全域旅游示范区 4 个，即武隆区、巫山县、万盛经开区和渝中区；国家级全域旅游示范区创建单位 4 个，即南川区、大足区、奉节县和石柱县；市级全域旅游示范区 3 个，创建单位 17 个。

（七）旅游规划单位

2020 年末，全市共有旅游规划设计资质单位 56 家，其中：甲级旅游规划设计资质单位 2 家，乙级旅游规划设计资质单位 6 家，丙级旅游规划设计资质单位 48 家。

（八）文化和旅游消费示范、试点城市

2020 年，渝中区成功创建为国家文化和旅游消费示范城市，沙坪坝区、北碚区成功创建为国家文化和旅游消费试点城市。

四、乡村旅游

创建全国乡村旅游重点村 29 个、全市乡村旅游重点村 50 个，打造乡村旅游线路 200 余条。全市乡村旅游综合收入 658 亿元，同比恢复 81%。

五、文旅重点项目

实施市级重大文旅项目 72 个，累计完成投资 167 亿元。重庆银行创建全市首家文旅特色支行。举办文化和旅游部产业项目服务平台第二十二期精品项目交流对接会，现场签约项目 20 个，签约总金额达 601.5 亿元。

六、旅游资源开发

全面完成全市旅游资源普查。彭水阿依河景区、黔江濯水景区成功创建国家 AAAAA 级旅游景区，丰都南天湖成功创建国家级旅游度假区。全年创建评定 A 级旅游景区 41 个、市级旅游度假区 6 个。推出 300 个新景区景点、120 余条特色旅游线路产品。

七、旅游从业人员

2020 年末，全市旅游从业人员 292.96 万人，其中：直接从业人员 48.83 万人。全市持有电子导游证导游 11667 人，其中：特级 1 人，高级 41 人，中级 248 人，初级 11377 人。

注释：

1. “一区两群”：“一区”指重庆主城都市区。该区域包括渝中、大渡口、江北、沙坪坝、九龙坡、南岸、北碚、渝北、巴南、涪陵、长寿、江津、合川、永川、南川、綦江、大足、璧山、铜梁、潼南、荣昌 21 个区和万盛经开区，面积 2.9 万平方千米，2019 年常住人口 2027.29 万人。“两群”指渝东北三峡库区城镇群和渝东南武陵山区城镇群。渝东北三峡库区城镇群包括万州、梁平、开州、城口、丰都、垫江、忠县、云阳、奉节、巫山、巫溪 11 个区县，面积 3.4 万平方千米，2019 年常住人口 823.83 万人。渝东南武陵山区城镇群包括黔江、武隆、石柱、秀山、酉阳、彭水 6 个区县（自治县），面积 2.0 万平方千米，2019 年常住人口 273.20 万人。

2. 旅游资源：指凡能对旅游者有吸引力、能激发旅游者的旅游动机，具备一定旅游功能和价值，可以为旅游业所开发利用，并能产生经济效益、社会效益和环境效益的事物和因素。

3. 游客：指任何为观光游览、休闲度假、探亲访友、保健疗养、购物娱乐、学习交流、会议培训或开展经济、文化、体育、宗教等活动，离开常住国（或常住地）到其他国家（或地方），其连续停留时间不超过 12 个月，并且在其他国家（或地方）的主要目的不是通过所从事的活动谋取报酬的人。游客按出游地分入境游客和国内游客；按出游时间分过夜游客和一日游游客。

4. 入境游客：指报告期内中国（大陆）观光游览、休闲度假、探亲访友、保健疗养、购物娱乐、学习交流、会议培训或开展经济、文化、体育、宗教等活动的外国人、港澳台同胞等游客（即入境旅游人数）。入境游客包括入境过夜游客和入境一日游游客。

5. 国内游客：指报告期内在中国（大陆）观光游览、休闲度假、探亲访友、保健疗养、购物娱乐、学习交流、会议培训或开展经济、文化、体育、宗教等活动的中国（大陆）居民，其出游的目的不是通过所从事的活动谋取报酬。国内游客包括国内过夜游客和国内一日游游客。国内过夜游客指中国（大陆）居民离开惯常居住地在境内其他地方的旅游住宿单位内至少停留一夜，最长不超过 12 个月的国内游客；国内一日游游客指国内居民离开惯常居住地 10 千米以上，出游时间超过 6 小时、不足 24 小时，并未在境内其他地方的旅游住宿单位过夜的国内游客。

6. 旅游收入：指游客在旅游过程中（由游客或游客的代表为游客）支付的一切旅游支出。应包括游客在整个游程中行、游、住、食、购、娱，以及为亲友、家人购买纪念品、礼品等方面的支出，不包括以营利为目的的购物，购买房、地、车、船等资本性投资，赠亲友的现金及给公共机构的捐赠。

7. 国际旅游（外汇）收入：指入境游客在中国（大陆）境内旅行、游览过程中用于交通、参观游览、住宿、餐饮、购物、娱乐等全部花费。

8. 国内旅游收入：指国内游客在国内旅行、游览过程中用于交通、参观游览、住宿、餐饮、购物、娱乐等全部花费。

BLUE BOOK OF CHONGQING

2020 年重庆市温泉产业发展情况报告

产业发展处

一、温泉资源情况

全市 8.24 万平方千米范围内，已探明的温泉分布区域有 1 万平方千米，共有温泉资源点 224 处，已经探明的温泉水储量为 5.6 亿吨，日可开采温泉资源量为 121 万吨，呈现“山山有温泉、峡峡有热水”的鲜明特点。

（一）分布广泛，相对集中

全市除渝中区外，所有区县均有资源分布，而主城大都市区有温泉资源点 139 处，占比超过 60%；渝东南地区有温泉资源点 53 处；渝东北地区有温泉资源点 32 处。

（二）温泉为主，冷泉为辅

我市温泉以中高温为主、低温及冷泉为辅。其中，25℃以下冷泉 61 处；25℃以上温泉 163 处。

（三）类型丰富，泉质优良

我市温泉泉质优良，绝大部分为硫酸盐泉，另外还有氯化物型、（重）碳酸盐型温泉、偏硅酸泉等多种类型。

（四）资源点多，出水量大

对全市 224 处资源点出水量的分析统计，出水量在 500 m/d 以下资源点有 32 处；出水量在 500 m/d 以上的资源点有 192 处，占比超过 85%。

二、产业发展现状

我市温泉产业经过多年发展，已初具规模，截至 2020 年底，全市共有温泉企业 45 家，总投资额 92 亿多元；直接就业超过 4000 人，综合带动就业近 2 万人，产业链条初步形成，“世界温泉之都”品牌影响力持续扩大。

（一）旅游市场稳步发展

受新冠肺炎病毒疫情影响，2020 年，全市温泉产业在游客人数、门票收入、综合收入等方面都出现了不同程度的下滑。温泉游客人数约 240 万人次，与 2019 年同期比较，下降 45.835%；2020 年全年营业收入总额 5.88 亿元，与 2019 年同期比较，下降 36.05%；其中温泉企业门票收入约 1.2 亿元，与 2019 年同期比较，下降 37.5%；温泉综合收入约 4.68 亿元，与 2019 年同期比较，下降 35.68%。

（二）全市在建、拟建项目发展明显，重庆温泉产业进入提质增效发展新阶段

全市在建、拟建项目合计 26 个，总投资概算 583.75 亿元，其中在建项目 8 个，储备招商项目 18 个。温泉产业赛道出现多个“新面孔”，长寿、垫江、綦江等区县纷纷加入战团，全新规划设计了盐浴温泉、大洪湖温泉、温泉博物馆、温泉水世界等各具特色的温泉新项目。

（三）客源结构日趋合理

从性别构成看，男女比例为 56% 和 44%；从年龄构成看，26 ～ 55 岁人群成为我市温泉旅游消费的主力军；从客源来源地看，本地消费者占比超过 80%，在外来的消费者中，四川、广东、北京、上海、浙江排名前五，占比分别为 19%、15%、8%、6%、5%，其他省份占比 47%。

（四）产品供给不断丰富

全市温泉旅游产品形态不断丰富，呈现出温泉度假村、温泉景区、温泉酒店、温泉水乐园等百花齐放的发展态势，消费者体验感和好评度不断增加。

（五）产业链条不断延伸

全市在温泉衍生品开发、地热（温泉）梯级利用等方面不断探索，先后研发出温泉美护产品、温泉文创产品、温泉设施设备等各类衍生产品 100 余种，温泉旅游产业链条不断延伸。

三、重点工作梳理

2020 年，主要从以下几个方面推进温泉工作。

（一）加强疫情防控，推动企业复工复产

按照市委、市政府的部署安排，市文化旅游委制定了周密的疫情防控措施以及企业扶持政策，并指导编制《重庆温泉企业疫情防控指南》，促进企业复工复产。

（二）成功举办“重庆文化旅游产业发展大讲坛第二期暨 2020 温泉康养消费年系列活动之‘温泉免疫力讲坛’”

6 月 24 日，由中国旅游协会温泉旅游分会指导，重庆市文化和旅游发展委员会、北碚区人民政府主办，市卫生健康委员会作为支持单位，重庆市文化和旅游教育培训中心、重庆市温泉旅游行业协会、亚太温泉与气候养生旅游研究院联合执行的“重庆文化旅游产业发展大讲坛第二期暨 2020 温泉康养消费年系列活动之‘温泉免疫力讲坛’”在北碚区海宇温泉大酒店顺利举行。本次讲坛以对话形式展开，是我市首次齐聚中西医医学专家、温泉资源专家、温泉康养研究专家和公共健康管理专家的主题活动，线上线下共吸引超过 65 万人次关注，活动取得圆满成功。

（三）编制规划标准，规范行业发展

2020 年，我市启动了《重庆市温泉旅游发展规划（2021–2035）》的编制工作，先后完成《重庆市温泉康养示范基地建设与评定标准》《重庆市温泉康养示范基地产品与服务标准》《重庆市气候康养示范基地建设与评定标准》等系列标准的编制工作。

（四）开展基础研究，推进康养体系建设

2020 年，我市率先在全国开展“温泉对睡眠干预的多组学研究”“温泉对关节疼痛客群的干预研究”“温泉对慢病高危客群的干预研究”“温泉皮肤效应的研究与评定”“温泉与中医的融合研究”等课题研究，为温泉康养产品开发提供了科学支撑。

（五）开展产业交流，推进温泉品牌建设

11月26日，中国第三届温泉与气候养生旅游国际研讨会在北碚区海宇温泉大酒店举行。本次研讨会由重庆市文化和旅游发展委员会、重庆市气象局、北碚区人民政府指导，中国旅游协会温泉旅游分会、重庆市温泉旅游行业协会主办，亚太（重庆）温泉与气候养生旅游研究院、重庆北泉温泉开发有限公司、重庆市曲艺团承办。研讨会以“温泉创新·健康赋能”为主题，以温泉产品、温泉项目的创新发展为重要切入点，邀请国内知名温泉酒店、温泉产品、温泉疗法及温泉运营等领域专家，共同探讨抢抓健康旅游市场机遇，推动温泉与气候康养产业发展。

四、未来发展方向

伴随着我市温泉产业进入提质增效发展的新阶段，我们将紧紧围绕打造“世界一流温泉旅游城市”和“世界一流温泉疗养胜地”总体目标，依托重庆作为全球最大的温泉旅游城市的核心优势，强弱项、补短板，积极探索，不断创新，推动全市温泉产业发展再上新台阶，实现经济效益、社会效益和生态效益的共赢，打造名副其实的“世界温泉之都”。

（一）构建更加均衡的发展格局

重点打造主城温泉都市区，统筹发展渝东北及渝东南两翼温泉群，重点培育六大温泉集聚区，形成“一区两群六集聚”的发展格局。

（二）打造体验多元的产品体系

融合山水都市、长江三峡、世界遗产、红岩联线等特色旅游要素，以温泉旅游为核心，以温泉康养为特色，以温泉医养为引领，构建类型丰富、层次分明、组合优势突出的温泉旅游产品体系。

（三）普及市民温泉康养意识

编制温泉康养手册，开展温泉消费季、市民免费泡温泉等活动，让温泉渗透到市民的日常生活，不断推进温泉生活化。

（四）擦亮“世界温泉之都”品牌

构建多维立体宣传矩阵，号召各区县、各单位统一使用“世界温泉之都”旅游形象标识和推广语，持续举办“中国温泉与气候养生旅游国际研讨会”“世界温泉与气候养生联合会年会”等活动，使温泉真正成为重庆旅游的一张名片。

（五）提高温泉资源综合利用

探索温泉梯级利用，提高单位吨水效益，完善温泉尾水集中处理机制，推动全市温泉旅游产业向绿色低碳、可持续方向发展。

2020 年重庆文旅宣传工作报告

宣传处

一、概述：2020 年全市宣传营销总体情况

2020 年，市文化旅游委创新开展文化和旅游重大主题宣传，开展抗击疫情宣传，助力文旅行业复苏。举办的 2020 年全市区县“晒旅游精品・晒文创产品”大型文旅推介活动受众广，央媒称赞“重庆‘双晒’为中国文旅产业复苏‘打了个样’”；荣获 2020 年“夜间经济二十强城市”称号；“山水重庆夜景文化节”入选 2020 年度中国旅游影响力节庆活动案例；据文旅产业指数实验室发布的《2020 上半年省级文旅新媒体国际传播力指数报告》，重庆的文旅新媒体国际传播力指数位居全国第二。

二、旅游宣传

（一）加强媒体合作，开展宣传，重庆文旅品牌形象传播面广

1. 加强媒体合作，形成常态化报道机制

深化与新闻媒体合作，形成规范化、常态化新闻报道机制。全年在市政府新闻发布厅发布活动 4 次；自主举办新闻发布会活动 16 次。

2. 引导媒体聚焦话题，形成文旅“热点”

一是全年重庆文旅话题 3 次登上新浪微博全国热搜：分别是“重庆夜

景火爆国庆”“打卡风犬少年的天空取景地”“中国诗歌节闪耀山城”。二是携手华龙网策划“成渝 CP 辣么甜 me”大型全媒体活动，阅读量累计超过 3000 万次。

3. 加强对外宣传推广，新媒体国际传播力全国领先

依托重庆文化旅游国际传播中心，持续打造 Ichongqing 对外推广平台。根据文旅产业指数实验室发布的《2020 上半年省级文旅新媒体国际传播力指数报告》，重庆的文旅新媒体国际传播力指数紧随北京，位居全国第二。一是加强原创内容生产。全年生产重庆文旅英文图文稿件 1187 条，英文视频 314 条，海外社交矩阵发布英文推文 8118 条。二是构建以 Facebook 为主，Twitter 和 Instagram、Youtube、Lindedin 配合的海外社交媒体矩阵，推文 8118 条，海外网络曝光 1.74 亿次，Facebook 的粉丝量超过 160 万。

（二）创新开展文化和旅游重大主题宣传

1. 开展全市区县“晒旅游精品·晒文创产品”大型文旅推介活动

按照市委市政府安排，我委会同市委宣传部、市委网信办，在总结 2019 年“晒文化·晒风景”活动经验的基础上，创新开展 2020 年全市区县“晒旅游精品·晒文创产品”大型文旅推介活动。

一是统一策划推出《重庆日报》通版“区县文旅精品荟”、重庆卫视“区长县长晒精品”电视节目和“文旅精品 90 秒”公益短视频。二是创新开展“区长县长‘双晒’直播”，41 名区长县长为当地文旅产业代言，平均每期在线观看 1500 万人次。三是创新打造“云上文旅馆”，综合运用 AR、VR 等技术，数字化呈现各区县文旅精品，集文旅宣传、产品展销、惠民服务、实景体验于一体，展销区文旅精品 2500 多种，吸引 2700 万名网友入馆体验。四是媒体、全平台、全渠道的立体式宣传。16 家媒体集团和网络平台全程集中推介，70 多家市内外媒体参与宣传，数百个知名公众号、网络大 V 参与推广，全媒体传播受众达 37 亿人次。央媒称赞“重庆‘双晒’为中国文旅产业复苏‘打了个样’”。

2. 策划启动“打卡巴渝美景”全媒体推介活动

为接续扩大连续两年的“双晒”活动影响，充分展示巴渝美景，打造互联网时代旅游景点新名片，我委与市委宣传部、市委网信办、市文化旅游委

联合开展“打卡巴渝美景”全媒体推介活动。活动于 2020 年 12 月 24 日起开启集中推介，每周一、四分别集中“打卡”一个景区景点，推出重庆日报“打卡巴渝美景”图文专版、重庆卫视“重庆新闻联播”2 分钟电视打卡体验报道及景区 30 秒短视频三个媒体产品，配套推出打卡、直播、优惠、互动等落地活动。

（三）加强抗击疫情主题宣传，助力文旅行业复苏

1—3 月，积极开展抗疫宣传，组织媒体报道文旅行业的抗疫工作，传播自创的抗疫文艺作品，讲述文旅行业抗疫好人好事，开展线上旅游等活动。联合新华网以无人机航拍短视频形式推出了《春回大地，飞阅“景”绣巴渝》系列新闻报道；联合华龙网推动“现在不约！待春暖花开病毒消去，再一起看最美的风景”及 VR 云游大美重庆，阅读量超过千万次；《上游新闻》推出“抗疫进行时 文旅有担当”主题系列报道等；Ichongqing 推出外籍记者居家 vlog、《一个加拿大人在重庆的抗疫居家日记》连载，并编辑出版。复工复产以后，积极开展系列线上主题活动，助力文旅行业复苏：联合重庆日报报业集团开展了“2020 年重庆春季线上旅游交易会”；联合新华网开展“山水之城·美丽之地——2020 首届重庆文化旅游摄影大赛”；联合腾讯开展“微信时刻·重庆——微信城市创作嘉年华”等。

三、旅游节庆活动

（一）首届山水重庆夜景文化节暨第五届重庆文化旅游惠民消费季（秋冬）启动仪式

活动时间：2020 年 9 月 26 日

活动地点：重庆市渝中区解放碑步行街

活动概况：首届山水重庆夜景文化节暨第五届重庆文化旅游惠民消费季（秋冬）于解放碑十字金街盛大启动。本次文化节开展了“夜游、夜景、夜秀、夜读、夜市、夜娱、夜养”等系列文化、旅游惠民消费活动，总体包含 1 个启动仪式及系列活动、6 大特色主题活动、N 个区县分会场活动，形成“1+6+N”

活动格局。特色主题活动囊括了艺术展演季、非遗展示展演、文艺场馆奇妙夜、夜景主题评选活动等 6 个子活动。

（二）2020 世界大河歌会

活动时间：2020 年 12 月 10 日

活动地点：重庆市万州区三峡文化苑

活动概况：世界大河歌会作为第十一届中国长江三峡国际旅游节的重头活动之一，由重庆市人民政府主办，重庆市文化和旅游发展委员会、万州区人民政府承办。大河歌会大气恢宏、美轮美奂，表达了“人类命运共同体”的核心主题及“包容兼爱”的大河精神，充分彰显了万州厚重的文化底蕴和一江碧水、两岸青山的秀美平湖景观。

四、第六届中国诗歌节闭幕式

活动时间：2020 年 11 月 7 日

活动地点：重庆市南岸区弹子石广场

活动概况：由文化和旅游部、中国作家协会、四川省人民政府、重庆市人民政府共同主办，重庆市文化旅游委、四川省文旅厅、成都市人民政府等承办的第六届中国诗歌节闭幕式在重庆市弹子石广场落下帷幕。闭幕式获得了国内外各大媒体的争相报道，各平台直播累计观看量达 2710.16 万人次，“中国诗歌节”话题还一度上升同城热搜榜，获得了社会的广泛关注。本届诗歌节在成都、重庆两地以双城共办的形式呈现，落实了党中央推动成渝地区双城经济圈建设决策部署，以文化繁荣为经济社会高质量发展赋能助力。

五、第 24 届重庆都市文化旅游节暨城际旅游交易会

活动时间：2020 年 6 月 5 日

活动地点：重庆市解放碑步行街和杨家坪步行街

活动概况：本届“一会一节”以“游山玩城”为主题，组织到日本、英国、

巴基斯坦、斯里兰卡四国以及中国四川、贵州、云南、内蒙古等地逾260家旅游机构、景区景点赴渝参展推广，两地展区共计展出面积15000平方米。同期开展2020年都市文旅产业（重庆）研讨会、地方旅游文化推介／展演、“游山玩城”文旅直播节、“那年·今日好风光”旅行美照征集赛、“年度最低价”旅游采购狂欢等线上线下互动活动20余项。据统计，本届“一会一节”展期3天，共吸引到百余外地旅行商以及市内200多名文旅业内人士齐聚，共同考察重庆景区景点并展开交流、洽谈合作；同时吸引市民近40万人次前往解放碑步行街和杨家坪步行街体验和购买文旅产品。

六、第十一届中国长江三峡国际旅游节

活动时间：2020年11月—12月

活动地点：重庆市万州区等

活动概况：第十一届中国长江三峡国际旅游节于2020年11月—12月在重庆市万州区等有关区县举行。本届旅游节活动类型众多、内容丰富、精彩纷呈，长江三峡沿线区县联动配合，先后在三峡沿线区县开展了26项活动，集中签约三峡影视文化街区、数字乡村、智慧医养等项目19个，协议金额216.8亿元。媒体记者踩线采风活动期间共发布报道150篇，累计阅读量超2000万次。特别是世界大河歌会在全球41个国家、400余家海内外媒体传播，总浏览量逾1.04亿次，旅游节以及三峡旅游的知名度、美誉度和影响力不断扩大，丰富了长江三峡旅游文化内涵，取得了良好的经济效益和社会效益。

BLUE BOOK OF CHONGQING

2020 年重庆市文化和旅游发展委员会脱贫攻坚工作总结

公共服务处

2016 年以来，市文化旅游委认真贯彻落实中央脱贫攻坚决策指示和市委市政府工作部署，全力推进全市文化、旅游产业扶贫，狠抓扶贫集团对口帮扶，创新开展东西部扶贫协作，各项工作扎实推进，取得显著成效。

一、认真学习贯彻中央和市委市政府决策部署

深学笃用习近平新时代中国特色社会主义思想，把脱贫攻坚作为重大任务狠抓落实，深入学习习近平总书记关于脱贫攻坚的一系列重要论述，学习贯彻中央《关于打赢脱贫攻坚战三年行动的指导意见》《重庆市精准脱贫攻坚战实施方案》等文件精神，提高政治站位，增强工作动力。坚持把发展文化、旅游助推脱贫攻坚作为业务工作的重要出发点，成立以刘旗主任为组长的深化脱贫攻坚领导小组，加强组织领导，深入开展思想发动，要求全委干部职工切实增强“四个意识”，紧紧围绕习近平总书记对重庆提出的“两点”定位，“两地”“两高”目标和“四个扎实”要求，紧密结合文化旅游工作实际，举全委之力助推脱贫攻坚工作。坚持委主要领导亲自负责、分管领导具体统筹、责任处室牵头承办、业务处室分工实施，分解细化各处室（单位）对口帮扶责任，确保各项工作协同推进。2016 年以来，召开委党委会、党组会、办公会、专题会、座谈会等研究脱贫攻坚工作 100 余次（含原市文化委及原市旅发委）。刘旗主任累计 21 次赴深度贫困乡镇调研，其中 2020 年先后到酉阳县车田乡、

巫溪县红池坝镇等深度贫困乡镇调研达6次。2016年以来,市文化旅游委(包括原文化委、原旅发委)累计投入13.3亿元用于扶持贫困区县发展。

二、全力抓好文化扶贫

(一)完善扶持性政策

将文化建设纳入全市国民经济和社会发展规划、社会事业发展规划、文化改革发展规划和脱贫攻坚规划,出台《重庆市"十三五"时期贫困地区公共文化服务体系建设实施方案》《重庆市推进贫困地区村综合文化服务中心示范点建设实施方案》《重庆市推进贫困地区民族自治县村综合文化服务中心覆盖工程实施方案》,制定了《深化文化脱贫攻坚行动方案》《深度贫困乡(镇)文化脱贫攻坚行动计划》《深度贫困乡(镇)文化脱贫攻坚重点项目单》,形成了针对贫困区县的"六大攻坚工程",针对深度贫困乡镇的"三建六送行动"和具体的重点项目单,并根据项目清单,落实资金保障。2017年12月,我委专门在石柱县召开了全市深化文化脱贫攻坚现场会,具体部署落实了全市文化系统的脱贫攻坚工作。

(二)切实加快阵地设施建设

坚持把贫困区县阵地建设摆在重中之重,一手抓传统文化阵地提档升级,一手抓数字文化阵地拓展覆盖。近年来,14个贫困区县新建公共图书馆10个、改扩建4个。大力推动基层综合文化服务中心建设,进行查漏补缺和功能整合,截至目前,已建成乡镇(街道)综合性文化服务中心1030个,村(社区)综合性文化服务中心建成11146个,覆盖率均为100%。推动贫困区县电视台标准化建设,完成14个贫困区县制播能力建设项目,实施14个贫困区县的无线发射台站重庆市本地节目无线数字化覆盖工程。贫困区县建成数字图书馆14家、数字文化馆14家。实施贫困地区村文化活动室设备购置项目,实施流动文化车项目,为全市14个国贫县的文化馆配送一辆流动文化车。

(三)丰富服务产品供给

坚持把创作生产作为公共文化服务的龙头,目前已制作完成电视剧《一江水》、纪录片《“村”暖花开——重庆打赢脱贫攻坚战纪实》《夏芳的暑假》，正在加快制作广播剧《重生》、动画片《1992，我出生在中国》，创作大型情景国乐音乐会《告别千年》，积极推荐相关作品参加国家扶持项目申报，话剧《薪火》入选中宣部、文旅部、国扶办展演“全国脱贫攻坚舞台艺术优秀剧目”。开展网络视听等作品大赛，将精准扶贫题材作品纳入参评范围，在评优评先中予以适度倾斜。帮助深度贫困乡镇创作歌曲380首。开展脱贫攻坚广播电视公益广告扶持项目评选，受到社会各界的广泛关注，征集参评作品123件。设立了群众文艺创作扶持经费，向贫困区县倾斜。扶持14个贫困区县创作项目。将社区文化节、乡村文艺会演、戏剧曲艺大赛、美术书法摄影联展、广场舞大赛等市级群众文化品牌活动更多放在贫困区县举办，为贫困区县聚集更多人气，激发了他们持续不断抓创作生产的热情。各贫困区县充分发掘特色文化资源，打造了一批有影响力的作品，万州区川剧《鸣凤》入选全国基层院团戏曲会演参演剧目，主演谭继琼荣获第二十五届中国戏剧梅花奖；川剧《白露为霜》入选国家艺术基金资助项目。精心创作脱贫节目500余个，打造的脱贫攻坚题材方言话剧《薪火》已演出80余场。彭水少数民族表演唱《弯弯号》入围第十七届“群星奖”决赛。黔江区民族歌舞诗《云上太阳》赴巴西巡演。实施流动文化服务进村民生实事，每年开展流动文化服务进村民生3.3万场，博物馆免费开放19家，每年服务群众2500万人次以上。

三、扎实开展旅游产业扶贫

（一）打造丰富的乡村旅游产品及示范项目

大力发展乡村旅游新业态。加快推动乡村旅游由传统的“食宿、观光”为主向“休闲、度假”转变，大力发展贫困区县乡村酒店、特色民宿、自驾露营、养老养生等乡村休闲旅游项目。目前，全市有乡村旅游和休闲农业景区景点3000多个，乡村酒店和乡村民宿2万多家，全市260个A级景区中，70%以上景区与乡村旅游紧密相关；全市有全国休闲农业与乡村旅游示范县

（区）12个、示范点23个；市级休闲农业与乡村旅游示范乡镇139个、示范村（社区）338个、示范点506个；全国首批绿色村庄158个、美丽宜居村庄473个、最美休闲乡村和中国美丽田园23个，中国传统村落74个，全国少数民族特色村寨22个。加快乡村旅游重点村建设。武隆区后坪文凤村、石柱县中益乡华溪村等20个村被文化和旅游部批准为全国第二批乡村旅游重点村，其中贫困区县10个；遴选酉阳县车田乡清明村、城口县河鱼平溪村等市级乡村旅游重点村50个，其中贫困区县22个。据统计，全国及市级乡村旅游重点村（共79个）旅游从业人员达3.41万人，乡村酒店及民宿2000余家，有效推动了老百姓脱贫增收。目前，14个贫困区县2060个村开展乡村旅游接待，占村总数的47%，乡村旅游扶贫基地8730个。18个深度贫困乡镇均发展乡村旅游，共有乡村酒店及民宿接待床位5600余张。2019年，全市乡村旅游收入突破800亿元；2020年，即使受疫情影响，乡村旅游综合收入仍然达658亿元；全市乡村旅游从业人员达130万人，带动33万贫困人口脱贫增收。全市涌现出了一大批通过乡村旅游脱贫致富的典型范例，形成了景区带动型、农园依托型、双创就业型、能人带动型、企业+农户型、移民搬迁型等乡村旅游扶贫的典型模式。

（二）推进乡村旅游消费扶贫

通过“双晒”推介旅游扶贫产品。开展全市“晒文化·晒风景”“晒旅游精品·晒文创产品”大型旅游推介活动，在区县长带货直播活动中将各区县乡村旅游扶贫线路、特色农产品和文创产品作为重点推介，乡村旅游线路及特色产品深受市民喜爱，销售效果良好。活动进一步提高了重庆文化旅游的影响力和美誉度，吸引外地游客来渝旅游消费，助推脱贫攻坚。实施旅游扶贫直通车助推脱贫攻坚、自驾直播带货活动，组织市民及游客到贫困地区旅游，带动当地旅游消费。打造“非遗购物节”促进消费。连续多年举办重庆非遗购物节和重庆非遗暨老字号博览会，广泛发动非遗扶贫就业工坊等积极参加活动，特别是今年线上线下展销非遗产品3600余种，其中80%以上属于有扶贫开发工作任务的区县，截至目前，非遗产品在各电商平台上的销售额达4000多万元。

（三）加大乡村旅游宣传营销力度

持续开展“四季重庆”旅游推广。通过官方微信和网站平台定期收集、发布“四季重庆”自助旅游产品攻略，供广大市民游客出行参考，吸引社会关注。已按照春季踏青赏花、夏季避暑纳凉、秋季收获体验分别每月适时召开新闻发布会，通过网站、微信公众号、广播、电台、电视、报纸等各类媒体进行宣传推广，每年向社会各界推出200余条乡村旅游休闲线路，供市民选择。举办多彩节会活动。支持区县以重要民俗文化活动、节庆和少数民族传统节日等为平台，举办农事娱乐活动，开展主题体验游，力求四季有主题、全年无淡季。形成了渝东南民俗生态旅游节、中国重庆武隆国际山地户外运动公开赛等品牌活动，吸引了本市以及周边省市大量游客。每年，各区县举办各类节会活动达600多个。开展专题营销活动。通过举办文化旅游消费季、周末游、乡村游系列活动，发放惠民消费券，吸引市民出行旅游。以“请进来，走出去”的方式开展旅游宣传营销，组织区县参加市内外各类乡村旅游节会论坛活动，组织旅游大篷车开进四川成都、绵阳、德阳、达州等客源市场，举办旅游推介会，宣传旅游产品，开拓乡村旅游市场。持续打造“十万山东人游重庆”品牌。

四、统筹做好扶贫集团对口扶贫

（一）全力构建帮扶酉阳县车田乡攻坚工作格局

市文化旅游委扶贫集团高度重视车田乡脱贫攻坚工作，2017年以来共计7次召开扶贫集团会议，推进帮扶工作。市政府副市长、车田乡脱贫攻坚指挥长熊雪先后4次到车田乡调研、定点攻坚，研究解决车田乡脱贫攻坚工作中存在的问题，并要求切实解决“两不愁三保障”存在的突出问题，加快项目推进，确保工程质量，高质量打赢脱贫攻坚战。按照扶贫集团联席会议精神，向扶贫集团各成员单位下达分配帮扶任务。2017年以来各成员认真贯彻落实关于开展“下基层、访深贫、促整改”活动相关要求，制定成员单位结对帮扶方案，明确各成员单位“一对一”帮扶走访的任务，开展调研活动，

2017 年帮扶车田乡以来，成员单位累计 1200 多人次到车田乡调研走访，累计走访 8000 多户次，扶贫集团各成员单位主要负责人都到车田乡进行了调研，深入查找车田乡贫困原因和脱贫攻坚工作中存在的问题，全面摸清了车田乡脱贫攻坚工作底数，形成帮扶措施。建立机制督导检查。根据任务分配，要求扶贫集团各成员单位每月报送工作开展情况，通过市文化旅游扶贫集团 QQ 工作群、车田乡脱贫攻坚工作简报等定期进行通报，促进各项工作有序、有效落实。2017 年以来，扶贫集团共筹集帮扶资金 3 亿余元。

（二）切实加快项目建设及产业发展

立足客观实际，坚持尽力而为，指导车田乡将扶贫项目由 141 项调整为 114 项，总投资由原来规划资金 78276 万元调整为 60767 万元，目前已完工项目 113 个。交通方面，全面完成泔溪至车田 27 千米二级公路建设并油化；完成车田至湖北省恩施州百福司镇 12.5 千米三级公路建设并硬化；完成 31 条 98.6 千米“四好农村路”；完成农村客运站 1 座主体工程，4 个行政村客运线路全部开通。水利方面，建成集中式供水厂 1 座、农村人畜饮水池 34 口，贫困群众安全饮水有保障；完成黄坝村、清明村饮水安全工程。电力方面，新增 10 千伏及以下线路 64.9 千米，动力电实现全覆盖。通信方面，实施农村通信覆盖工程，新建 17 座转播基站，基本实现 4G 信号乡域全覆盖。人居环境方面，完成集镇道路黑色化工程，实施管网规范化工程；新建投用集镇污水处理厂 1 座、垃圾中转站 1 座；扎实开展农村污水治理、垃圾治理、“厕所革命”，全力打造干净、整洁、有序的农村人居环境。公共服务方面，中心幼儿园、4 所村小正式投用，完成 4 个村卫生室标准化建设。“两不愁三保障”目标任务全面完成。加强产业发展指导，帮助发展油茶、茶叶、叶用枸杞、中药材等，支持公共文化服务建设、乡村旅游扶贫示范点建设，建成乡村旅游扶贫示范点 4 个，发展桃源人家、森林人家 240 多家。引导市场主体与贫困群众建立利益联结机制，全乡 15400 亩土地实施流转，全覆盖 626 户贫困户。

（三）不遗余力持续帮扶奉节县及兴隆镇

帮助奉节县获得国家全域旅游示范区创建资格。支持白帝城—瞿塘峡创建国家 AAAAA 级景区，已上报国家文化和旅游部。支持奉节巫山巫溪旅游“金三角”区域一体化发展，上升为市级战略。利用集团帮扶资金实施贫困村产业项目 14 个，涉及 16 个乡镇、21 个贫困村。我委累计投资 1000 余万元打造旅游民宿“龙门客栈”。43 个成员单位干部职工“一对一”结对帮扶贫困户 568 户，目前已实现脱贫。

五、创新开展鲁渝文旅扶贫

（一）落实互访机制

先后签订《文化扶贫协作合作框架协议书》（2018—2020 年）、《旅游扶贫协作框架协议（2018—2020 年）》，就加强文化交流、乡村旅游人才培训、开展游客互送、统筹支持区县对口帮扶等措施，积极推进文化和旅游扶贫协作工作达成协议。2018 年以来，两地文化和旅游部门主要负责人和分管负责人互访 10 余次，其中我委刘旗主任与山东省文化和旅游厅厅长王磊互访 5 次。

（二）加强扶贫项目打造和文旅招商引资

山东省文化旅游部门强力支持我市贫困区县扶贫项目建设，打造旅游扶贫示范点，据统计，到目前为止，山东省 14 个市支持援助资金 1.11 亿元，帮助重庆 14 个贫困区县打造乡村旅游扶贫点达 28 个，带动社会资金 5.55 亿元，进一步完善了贫困区县乡村旅游设施，提升了乡村旅游的品质。28 个乡村旅游点年接待游客达 166.95 万人次，实现旅游综合收入 4.08 亿元，较好地带动了当地经济的发展。实施山东省资金援助项目鲁渝文旅扶贫直通车项目，并取得丰硕成果，截至 2020 年 12 月，已通过该文旅扶贫直通车组织游客 8260 人到 14 个贫困区县及 18 个深度贫困乡镇旅游，实现旅游消费近 500 万元，有效带动了贫困群众增收。在鲁渝文化旅游框架协作基础上，双方通过各种方式加强旅游招商引资工作，特别是 2018 年以来，山东省文化和旅游厅多次带领山东知名旅游企业赴重庆考察旅游扶贫项目，达成合作意向的项目总投资规模 200 多亿元，部分项目双方已签署合作协议。

（三）开展文化交流及旅游扶贫人才培养

山东画院“齐鲁画风作品展”16名画界名家100余件新创作品在重庆美术馆免费向公众开放，同时还在渝举办了系列学术交流、推新创作活动，到有关区县开展采风并留画。重庆市群众艺术馆与山东省文化馆、重庆市艺术学校与山东省文化艺术学校签署正式共建协议。由山东省文化馆和重庆市群众艺术馆联合在重庆贫困区县举办群众艺术展演，丰富群众文化生活。

山东省文化和旅游厅坚持把培训乡村旅游从业人员作为鲁渝文旅扶贫的重点，通过送教到贫困区县和深度贫困乡镇、组织乡村旅游带头人到山东、浙江等旅游发达地区培训，目前，已累计培训我市乡村旅游管理及致富带头人2500多人，累计举办各类非遗扶贫培训班49期，培训学员1500余人。通过多种形式的学习培训，更新了学员观念，提高了学员素质，为贫困地区文化乡村旅游发展提供人才保障。

（四）加快山东客源市场开拓

为吸引更多的山东游客来渝旅游，我委每年组织区县赴山东济南、青岛等举办旅游推介会，山东省文化和旅游厅帮助我委邀请当地旅行社参加，并推广重庆旅游线路，给予大力支持。依托山东省14个市“一对一”结对帮扶我市14个区县帮扶机制，组织各区县与山东对口市县开展大型旅游宣传、促销、招商活动。新开通山东到重庆渝东北、渝东南航线4条，创造了便捷的交通条件。加大政策支持力度，制定《鲁渝扶贫协作组织山东游客赴重庆贫困区县旅游奖励办法（试行）》，协调安排山东省扶贫协作援助资金400万元，用于山东旅行商组团赴重庆贫困区县旅游奖励。14个贫困区县国有A级景区针对山东来渝游客实行门票减免政策，充分调动了山东旅行社组团来渝积极性，进一步扩大了山东客源。虽然今年受疫情影响严重，但通过双方努力，2020年1—12月，全市接待山东籍过夜游客121.66万人，同比恢复72.11%，实现旅游消费额29.63亿元。

六、加强项目资金监管

严格落实扶贫领域党风廉政建设要求，制定《关于加强旅游扶贫工作的监督执纪方案（2018年—2020年）》，明确监督执纪要求。按照市文化旅游委《委领导、机关处室、委属单位定点联系18个深度贫困乡镇方案》《关于开展脱贫攻坚资金监督和绩效管理工作的通知》要求，由16名委领导和总工程师、总经济师带领相关处室不定期赴18个深度贫困乡镇对2017年以来的文化旅游项目资金执行情况进行现场督导。印发《关于加大文化旅游专项脱贫攻坚资金预算执行力度的通知》，要求各相关区县文化旅游委抓好文化旅游脱贫攻坚重点项目资金执行工作，建立定期通报制度，进一步督促整改。对城口县、巫溪县等区县开展扶贫工程监管不到位项目进行核查验收并销号。委托会计师事务所对18个深度贫困乡镇文化旅游脱贫攻坚项目专项资金开展审计，确保文化旅游扶贫项目有序推进，保障资金得到有效使用。

BLUE BOOK OF CHONGQING

2020年重庆文化旅游公共服务体系建设报告

公共服务处

2020年是“十三五”规划收官之年。在文化和旅游部及市委、市政府的坚强领导下，全市文化和旅游公共服务工作以习近平新时代中国特色社会主义思想为指引，深入贯彻党的十九大和十九届二中、三中、四中、五中全会精神，贯彻落实《重庆市实施〈中华人民共和国公共文化服务保障法〉办法》，以文旅融合、成渝地区双城经济圈建设等国家重大发展战略为契机，统筹推进城乡公共文化服务体系一体化建设，不断加强公共服务阵地、不断提升公共服务供给、不断扩大公共服务品牌、不断深化公共服务改革、不断完善公共服务制度，取得了实实在在的效果。图书馆、文化馆国家等级率位居全国前列，全市每万人拥有“三馆一中心”面积666.9平方米，超过全国平均水平。基层综合文化服务中心实现全覆盖。与四川省文化和旅游厅签订了《文化和旅游公共服务协同发展合作协议》。南岸、忠县、丰都成功创建第四批国家公共文化服务体系示范区、示范项目，渝中区图书馆等7个单位列入国家文化和旅游公共服务机构功能融合试点名单。全面完成总分馆制和法人治理结构改革。公共文化服务群众满意度居全国第5位。《重庆市实施〈中华人民共和国公共文化服务保障法〉办法》，从2020年8月1日起正式施行。

一、公共服务设施网络不断完善，阵地建设更加夯实

全市以公共图书馆、文化馆、美术馆、基层综合文化服务中心为重点，以流动文化设施和数字文化设施为补充，统筹规划，均衡配置，市、区县、乡镇街道、村社四级公共服务设施网络建设提质增效。

（一）公共文化传统阵地辐射效应显现

截至2020年底，全市共有公共图书馆43个、文化馆41个、公立美术馆11个；基层综合文化服务中心实现全覆盖，其中乡镇（街道）1030个、村（社区）11119个。市少儿图书馆新馆进入EPC总承包项目建设阶段。新建24小时图书馆9个，总量达94个。顺利完成第五次全国文化馆评估定级工作，全市40个文化馆申报参评，向文化和旅游部上报一级馆38个，二级馆2个；较第四次评估定级提升明显，一级馆增加7个，二级馆减少4个，三级馆减少2个。

（二）公共文化数字化智能化发展提速

建成数字图书馆43个、文化馆41个。数字阅读资源总量达1542 TB，新增量达100 TB。搭建公共数字资源联建发布平台，线上推广了600 G项目。重庆市通借通还一卡通平台建设提档升级，在线信用借阅、手机自助借阅、你阅读我买单、街区智能借还书柜等功能建设逐步整合。群众文化云累计访问量7705.1万次；建立公共文化志愿者团队1950个，志愿者3.18万人，文艺演出、展览展示、文艺培训、文化讲座等文化服务产品1.4万个，完成文化配送11.1万次，惠及群众2655.9万人次。“百姓大舞台”群众文化活动网络直播录播6场，在线收看超940万人次。

（三）旅游公共服务持续扩容

建成运营市级旅游集散中心8个，设立区县旅游集散分中心20个。深入推进“旅游厕所革命”，全年新建旅游厕所460座，超计划120座，总数达到4500余座，6年来累计补助旅游厕所建设资金1.7638亿元。

二、公共服务供给能力稳步提升，按需点单更加精准

立足本地实际，优化资源配置，进一步健全城乡公共服务供给机制，为人民群众提供内容丰富、优质高效的产品和服务，推动构建政府、市场和社会共同参与城乡公共文化服务体系建设的格局。

（一）场馆免费开放惠民便民

“三馆一中心”全部面向社会免费开放，年服务群众达7200万人次以上。全市图书馆流通人次1190.15万人次，书刊文献外借400万人次，举办各类讲座1422场、展览1098个、培训班1158个。文化馆举办文化培训班6743次、展览展示活动895场、公益性讲座660场，组织文艺活动2862场。乡镇（街道）综合文化服务中心举办各类文化活动4.54万场，极大丰富了全市人民群众精神文化生活。

（二）抗疫防疫硬核助攻

疫情期间，全市文化旅游公共服务战线“闭馆不闭网，服务不打烊”，迅速搭建“线上矩阵”，为市民“安心宅家”提供“数字集群服务”。图书馆系统开展免费公益课、喜马拉雅VIP会员免费送等线上活动120余项，提供电子书25万本，有声书和视频资源超过30万小时；文化馆系统利用“群众文化云”上线数字资源40.6万个，涉及“网络课堂、网络点播、艺术赏析、数字剧场”等15个板块；开展“万众一心、阻击疫情”主题文艺创作活动，全市创作抗疫文艺作品4691件，包括1528件美术书法作品、2215件摄影作品，338件音乐作品，500件文学作品等，其中，歌曲《白衣天使》等作品还在中宣部“学习强国平台”、文旅中国、国家公共文化云宣传推广。

（三）跨区域合作共享渐入佳境

加快成渝地区文旅公共服务一体化发展进程，两地签署《文化和旅游公共服务协同发展合作协议》，成立成渝地区公共图书馆联盟、成渝区域文化馆联盟，共推重点工程、共育区域品牌。开展“成渝地·巴蜀情”区域文化活动，成功举办2020成都重庆德阳眉山资阳文旅区域联动少儿美术、书

法作品精品展，“川渝乐翻天”——川渝两地幽默喜剧节目交流展演等活动。举办成渝地区文化和旅游公共服务及产品采购大会。打造成渝地区文化旅游公共服务数字化品牌，打通川渝两地数字图书馆、数字文化馆网络，实施“一卡通”服务工程，实现图书“通借通还”。33 家区县公共图书馆与四川省地级市公共图书馆先后开展 48 项合作项目。

（四）乡村振兴扎实推进

依托渝鲁扶贫协作项目，中国孔子基金会在我市 16 家公共文化服务机构成立“孔子学堂”教育基地，联合开展系列优秀传统文化普及交流活动。深入挖掘乡村文化内涵，创建国家级乡村旅游重点村 29 个，评选首批市级乡村旅游重点 50 个，鲁渝协作示范村 28 个，发布乡村旅游精品线路 130 余条。各区县积极发挥本地文化旅游公共服务资源优势，助力乡村振兴战略，大渡口、忠县获全国服务农民、服务基层文化建设先进集体称号，沙坪坝获重庆市乡村振兴贡献奖先进集体称号。

三、公共服务品牌活动精彩纷呈，社会影响更加广泛

以社会主义核心价值观为引领，推动群众文化创作生产与传播，推动全民阅读与全民艺术普及，在全社会汇聚昂扬向上的精神力量。

（一）文化惠民工程扎根基层

常态化开展流动文化进村 4 万场次，戏曲进校园 500 场，优秀文艺演出进基层 1000 场。“阳光工程”志愿服务活动开展 1350 余次，服务学生、社区居民 4.5 万人。7 个区县实施“春雨工程”，送演出活动题材新颖广泛，展现重庆基层公共文化特色。利用互联网、电视、手机等终端推送公共文化服务，年均配送服务 2 万多场次，实现“百姓点单、政府配送”一键搞定。

（二）重点品牌活动精彩纷呈

打造了乡村文艺会演、广场舞大赛、戏剧曲艺大赛、“阅读之星”市民诵读大赛、“红岩少年”读书活动等全市性群众文化品牌。其中，“阅读之

星”市民诵读大赛20万人录音，7.3万人参赛；“红岩少年”读书活动吸引895所中小学、7.7万人参赛，投票及观看人次160万人次。“阅读之星”市民诵读大赛入围国际图书馆协会联合会（IFLA）主办的国际营销大奖，成为全球最富启发性的十大项目之一。2020重庆市广场舞展演开展226场基层海选与区县选拔展演，吸引1842支队伍、近5万名广场舞爱好者参与。“舞动山城”国际街舞大赛，近千名选手参赛，微博话题·中国街舞盛典阅读量超8.4亿次，登上微博热搜榜第三。

四、公共服务改革发展持续深化，创新驱动更加强劲

坚持以人为本，注重服务效能，从供给侧发力推动文化旅游公共服务领域重点改革，努力增强人民群众的获得感和幸福感。

（一）文图两馆总分馆制改革落地见效

我市在全国率先推行文图两馆总分馆制改革，现建成39个图书馆总馆、39个文化馆总馆，1455个图书馆分馆、1119个文化馆分馆，实现进一步激发全覆盖，市级馆龙头、区域联盟以及行业社会的带动作用。如2020年，重庆图书馆·石柱冷水风谷分馆正式揭牌，主打“文化＋交旅”，成为国内高速公路第1座服务区图书馆。长寿打造规模化公共文化服务超市项目，集“公共文化＋文创、文旅＋文体融合”为一体，总投入300万元，现已运营5个，在建14个。

（二）法人治理结构改革稳步推进

在重庆图书馆和涪陵区图书馆2家试点单位取得阶段性成果的基础上，进一步向区级单位辐射拓展。目前，市级文化馆、图书馆、美术馆以及区级文化馆、图书馆已全面完成法人治理结构改革，下一步，还将在有条件的县级“三馆”中推广铺开。

（三）国家示范区（项目）创建圆满收官

我市高标准、高质量推进创建工作，形成可示范、可复制、可推广的地方经验，2020年，南岸区成功创建第四批国家公共文化服务体系建设示范区，

忠县“基层小区文化工程”和丰都县“巾帼夜校全民艺术普及工程”获评国家级示范项目。

（四）文旅融合拓展公共服务新领域

深挖传统文化资源，充实旅游文化内涵，形成文旅融合新亮点，文图美三馆、基层综合文化服务中心以及24小时城市书房等公共文化设施成为网红打卡点；7个全国文化和旅游公共服务机构功能融合试点区县，统筹推进文旅融合，集合特色小镇、美丽乡村、巴渝民居、民俗文化等，规划打造了一批文化旅游设施线路以及惠民文旅演艺节目。

五、公共服务制度体系日趋健全，后续保障更加有力

牢固树立依法依规治理意识，建章立制，规范管理，进一步完善运行保障制度，健全考核评价机制，全面提升公共服务水平。

（一）公共文化法律法规体系逐步建立

历经数年推动，我市公共文化服务法治建设取得突破性进展，《重庆市实施〈中华人民共和国公共文化服务保障法〉办法》于2020年8月1日起正式施行。市区（县）两级积极开展了实施办法的宣传普及和解读释义，在实际工作中认真贯彻落实，并利用各大媒体报道学习亮点和贯彻实效，梳理典型，增强示范引领。

（二）经费保障机制加快建立

认真贯彻《公共文化领域中央与地方财政事权和支出责任划分改革方案》精神，与市财政局联合制定本市实施方案，进一步加大财政转移支付力度，构建公共文化领域权责清晰、财力协调、区域均衡的市与区县财政关系。

（三）监督管理评价体系确立

探索建立基本公共服务绩效动态评价体系，在2020年度“三馆一中心”的免费开放工作绩效考核以及旅游厕所效能督查中推行第三方评估，采用明察和暗访相结合的方式，严格比照服务规范和设施建设指标进行考量，建立以公众参与为基础、群众需求为导向的公共文化服务考核和反馈机制。

2021 年是“十四五”开局之年、全面建设社会主义现代化国家新征程开启之年。公共服务战线将坚持以习近平新时代中国特色社会主义思想为指导，全面贯彻落实《重庆市实施〈中华人民共和国公共文化服务保障法〉办法》等法律法规，提高责任意识和担当精神，围绕庆祝中国共产党建党 100 周年主线，以融合发展为路径，以改革创新为动力，以提供更多元的文化和旅游公共服务为重点，加快推进城乡公共文化服务体系一体化建设，实现公共文化服务高质量发展，努力推动文化和旅游公共服务在新起点上再上新台阶。

2020年重庆舞台艺术发展报告

艺术处

2020年，全市舞台艺术创作工作坚持以习近平新时代中国特色社会主义思想为指导，深入贯彻党的十九届五中全会精神和习近平总书记关于推动成渝地区双城经济圈建设的重要讲话精神，坚持出精品、出力作，努力开创舞台艺术事业新局面，推动舞台艺术健康向上发展，让文化成果惠及广大百姓，进一步满足人民日益增长的美好生活需要。

一、深入挖掘重庆人文资源，推进重点作品创作

坚持把提高质量作为文艺作品的生命线，坚持思想精深、艺术精湛、制作精良相统一，深入挖掘巴渝文化、三峡文化、抗战文化、革命文化、统战文化和移民文化内涵，着力推动一批舞台艺术重点作品创作。一是推进了一批重点作品创作。由重庆市歌剧院（交响乐团）创作的交响乐《重庆组曲》于2020年1月6日成功首演；川剧《江姐》、京剧《秦良玉》入选2020年度全国舞台艺术重点创作剧目名录，歌剧《一江清水向东流》《尘埃落定》、川剧《江姐》、舞剧《杜甫》、杂技《女子集体车技》、交响乐《红岩村》入选由中共中央宣传部、文化和旅游部、中国文学艺术界联合会共同举办的“庆祝中国共产党成立100周年舞台艺术精品创作工程”重点扶持作品，歌剧《一江清水向东流》入选2020—2021年度“中国民族歌剧传承发展工程”重点

扶持剧目，话剧《薪火》、民族管弦乐音乐会《告别千年》入选全国脱贫攻坚题材舞台艺术优秀剧目展演参演剧目。二是艺术战“疫”显担当。新冠肺炎疫情发生后，组织文艺院团发挥专业优势，开展“艺术抗疫”行动，用文艺鼓舞士气，创作推出了抗疫主题文艺作品1200余件，为战胜疫情助力发声，努力汇聚全民一心、共同抗击新冠肺炎疫情的磅礴力量，充分展现了重庆文艺工作者高度的文化担当。

二、聚焦“以艺抗疫”，重振复苏演出市场

2020年突如其来的新冠疫情让我市演艺市场严重受创，疫情之后，重庆文艺院团积极推进复产复工，市级院团累计演出1400余场。一是持续开展驻场演出。重庆杂技团国际马戏城、市川剧院金汤街剧场、市歌剧院艺术厅、市曲艺团山城曲艺场、重庆京剧院巴渝剧场、重庆民乐团国乐故事馆等持续开展驻场演出，坚守文艺阵地，为广大游客奉献了一道道精彩纷呈的艺术盛宴，实现演出社会效益和经济效益双丰收。其中，重庆杂技团推出的《魔幻之都·极限快乐show》全年累计演出206场，创收近500万元；市曲艺团附属山城曲艺场被文化和旅游部授予“全国首批非遗曲艺书场试点书场”称号。二是积极融合教育行业，开展舞台艺术研学项目，为研学学生打造舞台艺术沉浸式体验之旅。三是大力开展惠民演出，重振文旅市场活力。2020年6月，国泰艺术中心举行“泰想念·艺相逢”惠民演出季，包含芭蕾舞剧、音乐会、儿童剧、相声等多个演出类型。2020年国庆中秋假期，10个委系统剧场共演出95场，接待观众4万余人。来自9个市级文艺院团的艺术家在杨家坪步行街等商圈和大足石刻等景区开展公益演出80余场，吸引15万名观众驻足观赏。

三、以“艺”为媒，助推成渝双城经济圈建设

一是成渝双城合力举办第六届中国诗歌节，在四川成都举办“诗与远方”民族管弦乐诗歌音乐朗诵会，在重庆南岸举办“诗梦千年·两江吟咏”活动

和“山水有诗画”音舞诗画品鉴会，为成渝观众献上视听饕餮盛宴。二是川渝两地杂技院团共同举办“技炫巴蜀”川渝杂技魔术展演专场演出，来自宜宾、遂宁、南充、自贡、重庆等6家杂技院团登台炫技，通过座谈交流、战略签约、节目展演等系列活动推进川渝杂技艺术优势互补、资源共享、合作共赢；三是与四川省文化和旅游厅联合举办2020年成渝“双城”演出季活动，《尘埃落定》等多台优秀原创剧目在川渝两地展演。四是重庆市话剧院、重庆歌舞团、重庆民族乐团等多家单位纷纷与四川院团签订合作协议，开展艺术交流活动，合力打造川渝艺术走廊。重庆民族乐团与成都民族乐团共同合作的《巴音蜀韵——成渝双城国乐嘉年华》；重庆市话剧院与四川省人民艺术剧院共同深入推进川渝话剧“双城记”建设，举办“川渝地·巴蜀情——《在希望的田野上》川渝地区脱贫攻坚奔小康大型文艺展演”。

2020年重庆非物质文化遗产保护发展情况报告

非物质文化遗产处

一、2020年非遗保护工作开展情况

2020年是打赢脱贫攻坚战、实现全面建成小康社会的决胜之年。面对突如其来的新冠肺炎疫情，重庆以习近平总书记关于传承弘扬中华优秀传统文化的重要论述作为做好非遗工作的根本遵循，不断增强保护传承文化遗产的责任感、使命感，在严格遵守疫情防控规定的前提下，积极投身抗“疫”斗争，稳妥推动非遗领域复工复产，助力脱贫攻坚和乡村振兴战略，顺利完成全年各项工作任务。

（一）不断夯实基础工作，推进非遗传承发展

全面实施《重庆市非物质文化遗产传承发展工程实施意见》，全市新增100个市级非遗保护传承基地，开展第六批市级代表性传承人评审工作。联合四川美术学院、重庆文化艺术职业学院等4所高校举办中国非遗传承人群研修研培班6期，培训学员160人。推进非遗曲艺书场试点，开展全市曲艺书场情况调研，启动山城书场、巴渝书场、南浦剧场、何代科书场非遗曲艺书场试点工作。重庆非遗博览园被列入“十四五”期间重点建设“十大文化设施”之一。“铜梁龙舞进校园”入选全国非遗进校园十大优秀实践案例，9个非遗项目进入第5批国家级非遗代表性项目公示名单，3人入选中国非遗年度人物候选人名单，非遗传承人群规模不断壮大。

（二）积极抗击新冠疫情，突显非遗抗疫重要作用

疫情防控期间，组织全市165位非遗传承人和非遗企业生产防疫香囊、防疫汤等传统医药产品，创作抗疫作品1492件，捐款捐物价值达2000余万元，发挥了非遗在抗击新冠肺炎疫情中的重要作用。2020年“文化和自然遗产日”期间，组织开展全市非遗优秀抗疫作品评选活动，收到参评作品108件（组），评选出优秀作品56件（组），精选非遗优秀抗疫作品，向市民推出《非遗新力量——优秀抗疫作品展》，受到社会各界肯定和欢迎。

（三）加快振兴传统工艺，非遗助力精准扶贫

印发《关于推进非遗扶贫就业工坊建设的通知》，建立非遗扶贫就业工坊21个，积极争取东西协作扶贫鲁渝共建项目、资金，依托工坊开展非遗扶贫培训，组织扶贫产品进景区进游轮展销，帮助贫困群众695人实现就业，人均月增收500～3000元。组织传统工艺项目、传承人积极参加重庆非遗购物节、第五届重庆非遗暨老字号博览会、“巴渝工匠”杯重庆市第二届非遗技能竞赛以及第六届中国非遗博览会、2020年“薪传奖”传统工艺大展、第四届“中华老字号（山东）博览会”等展会，为振兴传统工艺培养后备力量。2020年度，我市2名非遗传承人获“最美巴渝工匠”称号，3人获“最美巴渝工匠”提名人选，“鲁渝共建非遗扶贫项目”获全国“非遗扶贫品牌行动”荣誉。

（四）加强文化生态整体保护，推动文旅融合发展

武陵山区（渝东南）土家族苗族文化生态保护实验区建设工作取得新突破，市政府正式成立渝东南文化生态保护实验区建设管理工作领导小组，为文化生态保护区建设持续推进提供了组织保障。市财政将国家级文化生态保护区建设资金列入年初预算，加大了对保护区的资金投入。开展文化生态保护示范点建设，濯水古镇、武隆后坪、西沱古镇、秀山西街、龚滩古镇、蚩尤九黎城等6个文化生态示范点建设项目正式启动实施。

（五）保护弘扬民族文化，树牢中华民族共同体意识

高度重视民族优秀传统文化保护工作，2020年会同市人大、市政协开展少数民族优秀传统文化调研，对以少数民族为主体的非遗代表性项目保护情况进行全面评估；完成《市政府关于保护和弘扬我市少数民族优秀传统文化工作情况的报告》起草任务，经市五届人大常委会第二十一次会议审议通过；重点推荐少数民族优秀传统文化申报第五批国家级非遗代表性项目，3 项少数民族传承项目进入公示阶段。目前，我市以少数民族为传承主体的区县级以上非遗项目、传承人占比超过全市总量的四分之一，其中国家级、市级非遗项目达到 11 项、151 项，占全市总量的 25%、21%。

（六）精心策划宣传展示活动，激发传统节日生机活力

时刻绷紧意识形态安全这根弦，做好安全研判和安全预案，有序策划、稳妥实施各项非遗主题活动。“文化和自然遗产日”期间成功举办重庆非遗购物节、第五届重庆非遗暨老字号博览会等活动 200 场次，销售非遗产品 3656 种；在全市“晒旅游精品·晒文创产品”大型文旅推介活动中，将非遗产品纳入各区（县）长网络直播带货重要内容进行推荐宣传；参加第六届中国非遗博览会、全国曲艺周、上海国际手造博览会等重大活动，取得良好效果，全年组织开展传统节日主题活动 500 余场次，吸引群众 800 万人次以上，进一步提高传统节日的社会可见度、群众参与度。

二、工作中存在问题

尽管我市非遗保护工作取得了积极成果，然而面临城市化、工业化的时代背景，修复孕育非遗的整体文化生态、帮助古老非遗在当代社会形成新的传承链条需要长期努力。除自然、社会环境的快速变化，非遗保护同时受到现实工作条件制约。

（一）传承人老龄化趋势明显

城镇化进程加快，劳动力从乡村持续、大规模净流出，作为传承主体的代表性传承人老龄化现象明显。目前，我市国家级代表性传承人已去世 10 人，健在的 49 名传承人平均年龄为 71 岁，其中 60 岁以上有 40 人，占比约为 82%。

（二）经费投入较少

近年来，市级非遗保护专项资金维持在300万元规模，投入与当前非遗保护工作形势和任务的需求相比严重不足。自2015年开始，市财政对国家级传承人在国家给予补助2万元的基础上，给予每人每年3000元配套补助，对市级非遗代表性传承人给予每人每年6000元补助，但多数区县未设立本级非遗保护专项经费和传承人补助经费。

（三）保护机制尚待完善

对非遗的认知还存在误区，把非遗简单地理解为一个物件，把因材料、技术所限形成的生产方式简单地等同于传统的观念仍相当普遍。非遗保护政策及具体工作措施还存在盲点，代表性项目名录退出、代表性传承人评定、代表性项目保护单位申报等制度设计需要深化。

三、2021年工作思路及重点任务

2021年是奋进“十四五”和全面建设社会主义现代化国家的开局之年。重庆将紧紧围绕习近平总书记关于弘扬传承中华优秀传统文化的重要论述以及关于非遗工作的重要指示批示精神，全面落实党中央决策部署，以成渝双城经济圈巴蜀文旅走廊建设和长江流域非物质文化遗产保护为重点，加强非遗系统性保护，以更加饱满的热情开启“十四五”非遗保护事业发展新征程，以优异成绩迎接建党100周年。

（一）健全完善非遗保护制度体系

完成重庆市“十四五”非遗保护规划编制；修订印发《重庆市非物质文化遗产代表性传承人管理办法》；调整认定市级非遗代表性项目保护单位；根据市人大常委会审议意见，加快推进少数民族优秀传统文化保护工作；健全完善渝东南文化生态保护区管理机构和管理制度；指导区县进一步规范非遗调查记录和档案管理工作，认真、全面做好调查、确认、记录、建档、研究等各项基础工作。

（二）充实代表性名录和传承人队伍

根据文化和旅游部第五批国家级非遗代表性项目申报命名工作进度，力争国家级代表性项目数量实现新突破；启动6名国家级代表性传承人抢救性记录工作，完成代表性传承人年度考核工作；完成第六批市级非遗代表性传承人评审公布工作，力争市级非遗代表性传承人新增100人以上。实施非遗传承人群“研培”计划，2021年度计划投入“研培”资金150万元，开设研培班3期，重点面向民族地区非遗项目培训学员70至90名，帮助传承人群增强传承后劲。

（三）全面加强非遗系统性保护

加快推进重庆非遗博览园建设。深入实施传统工艺振兴计划，对传统技艺类非遗项目分类指导，组织传承人和设计、研究人员开展驻站合作，帮助非遗传承人群改进工艺、提升品质，促使传统非遗项目融入现代生活；提升21个非遗扶贫就业工坊品质，新培育一批非遗就业工坊，组织群众参加非遗培训，推动“非遗＋扶贫”产品进入文化旅游市场，巩固脱贫攻坚成果，助力乡村振兴；实施《曲艺传承发展计划》，完成非遗曲艺书场试点任务。积极融入成渝地区双城经济圈建设，积极参与巴蜀文化旅游走廊建设，与四川省加大合作力度，推出成渝非遗主题旅游、非遗研学旅游等活动，促进区域间优秀传统文化资源保护利用。

（四）加快推进文化生态保护区建设

依托渝东南武陵山区文旅产业融合发展示范区建设，加快推进武陵山区（渝东南）土家族苗族文化生态保护区创建工作，全面实施《武陵山区（渝东南）土家族苗族文化生态保护实验区总体规划》，启动“十四五”期间文化生态保护区综合性非遗馆建设，在保护好自然生态和文化生态前提下，推动渝东南区域文化旅游深度融合，带动文旅产业融合高质量发展，力争通过国家级文化生态保护区验收。加强长江流域非物质文化遗产保护，修订《长江三峡流域（重庆）文化生态保护区总体规划》，建设长江三峡流域（重庆）文化生态保护区。

（五）积极开展非遗传承传播实践活动

主动参与非遗传承传播实践活动，积极申办2021中国原生民歌节，为传承中华优秀传统文化贡献力量；积极参加第八届中国成都国际非遗节、全国非遗曲艺周等全国非遗主题活动，确保完成文化和旅游部交办的展演、交流任务；精心筹备第十二届重庆文化遗产宣传月、2021年“文化和自然遗产日”主场活动、第六届重庆非遗暨老字号博览会等市内活动，实施“非遗过大年文化进万家”“非遗进校园”“年画重回春节”等系列活动，营造全社会参与非遗保护传承的良好氛围。

2020年重庆市文化和旅游产业运行报告

产业发展处

2020年，突如其来的新冠肺炎疫情肆虐全球，文化和旅游产业遭受沉重打击，不仅生产、消费陷入停滞，产业链、供应链亦受到巨大冲击。同时，2020年也是“十三五”收官之年和“十四五”谋划之年，面对复杂严峻的形势和艰巨繁重的任务，全市文化和旅游领域坚决贯彻党中央“六稳”“六保”的重大决策部署，组织市场主体抗疫自救、复工复产，多措并举促进消费，有效推动了全市文化和旅游产业逐步复苏回暖。

一、整体走势

由于新冠疫情影响，全年文化产业和旅游产业均呈现“陡降—缓升”的走势。2020年1月底，文化和旅游行业停工停产，导致一季度全市文化产业和旅游产业增加值同比分别下降9.8%、25.6%，降幅为有统计以来最低点。自3月份陆续复工复产后，后三个季度的增加值降幅持续收窄，市场表现出巨大韧性。预计全年实现文化产业增加值969.37亿元，小幅增长0.3%，与2019年基本持平；文化产业增加值占GDP比重较2019年下降两个百分点至3.9%；全年实现文化产业营业收入2532.15亿元，同比增长6.7%；1045家规上文化企业全年营业总收入、总利润、总资产分别增长9.3%、4.22%、7.29%。

旅游产业预计全年实现增加值 979.18 亿元，同比下降 4.8%；旅游产业增加值占 GDP 比重较 2019 年下降 0.5 个百分点至 3.9%；全市接待境内外游客数量和旅游收入仅相当于 2019 年的七成左右；244 家规上文化企业全年营业总收入、总利润、总资产分别下降 26.92%、206.54%、8.46%。

表 1　2020 年 1-4 季度文化、旅游产业增加值整体走势

	1季度		1-2季度		1-3季度		1-4季度	
	绝对值（亿元）	现价增速（%）	绝对值（亿元）	现价增速（%）	绝对值（亿元）	现价增速（%）	绝对值（亿元）	现价增速（%）
文化产业	196.73	−9.8	421.68	−6.2	651.72	−3.5	969.37	0.3
旅游产业	177.39	−25.6	416.01	−14.3	671.91	−9.6	979.18	−4.8

疫情发生以来，因“隔离”产生的临时替代性消费方式有很大一部分转化为常态需求，文化、旅游产业也随之发生转变。一是社交媒体、数字阅读、数字影音、网络游戏等线上数字产业爆棚增长，云演艺、云娱乐、云展览、云旅游等新业态加速普及，大批尝鲜用户被逐渐培养起消费习惯，转变为固定用户。二是小团游、微团游、半自助游、自驾游、房车游等市场占比显著上升，个性化出游需求被加速激发，将有利于激活散落各地的文化、旅游资源，对文旅产业发展意义深远。三是旅游消费由观光览胜向休闲度假发展的趋势明显加速，文旅目的地、业态、产品、服务等加快探索从单一观景功能向一站式复合功能转变。四是游客对文旅消费卫生、环境、体验感等品质化需求明显上升，出游更加理性，追求更好体验；景区流量控制和“预约制”由一时应急之策转变为常态管理手段，将带动文化消费场所相关行业标准的提高。五是多数行业加速了优胜劣汰和行业洗牌，核心实力不强、不能快速适应市场变化、不能精准匹配消费新需求的文旅企业持续面临生存危机；反之，部分能抓住市场新机遇的文旅企业实现了快速成长。

二、重点行业

在疫情影响下，现场消费、劳动密集型行业遭受重创，线上数字型行业逆市上扬，文化和旅游产业结构均发生深刻变化。

（一）文化重点行业

在疫情最为严重的一、二季度，广播电视行业受广告投放量下降影响，收入比2019年同期减少1.38亿元，降幅34.67%；全市各影院营收损失约10.5亿元，数十家影院关闭；全市营业性演出停演2264场次，经济损失超过20亿元；实体书店销售额同比减少65%以上；全市120余家上网服务场所、800余家歌舞娱乐和游戏游艺场所倒闭。上述情况直接导致文化传播渠道和文化娱乐休闲服务两板块全年增加值同比分别下降7%、10.6%。特别是文化娱乐休闲服务板块，不仅规上企业数量减少18家，且规上企业营业总收入、总利润、总资产、从业人员等均大幅下降。文化投资、项目建设计划被推延，园区基地等载体运营方因企业退租和自身慷慨降租而营收锐减，文化投资运营板块增加值同比降低11.2%。内容创作生产和创意设计服务两板块增加值在数字消费需求增长的带动下同比大幅提升8.4%和8.9%，尤其是文化创意设计服务，规上企业营业总收入、总利润、总资产分别提高16.9%、41.04%、20.36%。

表2　2019、2020年全市文化产业分行业增加值

	2019年增加值（万元）	2019年占比(%)	2020年增加值（万元）	2020年占比(%)	2020年同比增速(%)
一、文化核心领域	704.77	72.89	729.47	75.25	3.5
（一）新闻信息服务	25.43	2.63	25.77	2.66	1.3
（二）内容创作生产	150.74	15.59	163.37	16.85	8.4
（三）创意设计服务	327.98	33.92	357.31	36.86	8.9
（四）文化传播渠道	103.69	10.72	96.39	9.94	−7.0
（五）文化投资运营	5.55	0.57	4.93	0.51	−11.2

（续 表）

	2019年增加值（万元）	2019年占比(%)	2020年增加值（万元）	2020年占比(%)	2020年同比增速(%)
（六）文化娱乐休闲服务	91.38	9.45	81.70	8.43	−10.6
二、文化相关领域	262.11	27.11	239.90	24.75	−8.5
（七）文化辅助生产和中介服务	165.88	17.16	147.39	15.20	−11.1
（八）文化装备生产	19.70	2.04	18.61	1.92	−5.5
（九）文化消费终端生产	76.53	7.92	73.90	7.62	−3.4

（二）旅游重点行业

全市共计接待过夜游客6441.48万人次，A级景区接待游客16114.3万人次，同比只相当于2019年的64.5%和59.6%；85家景区运营类规上企业全年营业总收入、总利润分别下降27.78%、133.87%，亏损总计近1.6亿元。旅行社团队游全部暂停、退团退费，跨省团队游更是暂停半年之久，绝大部分旅行社出现经营困难；95家旅行社服务类规上企业全年营业总收入、总利润分别下降29.06%、131.87%，亏损总计达4021.5万元。全市121家星级饭店（共18172个房间）上半年客房出租率不到25%；64家星级酒店规上企业全年营业总收入、总利润分别下降9.61%、42.6%，亏损总计2.5亿元。反应在增加值上，景区、旅行社等服务业增加值全年降幅达5.3%；旅游住宿和餐饮业增加值全年降幅达4.8%；长途旅游的长时间阻隔，导致旅游交通运输业受损最严重，增加值降幅达11.2%。下半年，都市周边的乡村、生态、康养旅游率先复苏，带动旅游农业和渔业增加值增长8%。同时，企业为渡过难关而产生大量融资需求，旅游金融业增加值被直接拉高4.1%。

表3　2019、2020年全市旅游产业分行业增加值

行业分类	2019年增加值（万元）	2019年占比(%)	2020年增加值（万元）	2020年占比(%)	2020年同比增速(%)
旅游及相关产业总计	1028.07	100	979.18	100	−4.8
旅游农业和渔业	17.10	1.66	18.46	1.89	8.0

（续 表）

行业分类	2019年 增加值（万元）	2019年 占比(%)	2020年 增加值（万元）	2020年 占比(%)	2020年 同比增速(%)
旅游零售业	274.95	26.74	273.40	27.92	−0.6
旅游交通运输业	270.29	26.29	239.90	24.50	−11.2
旅游住宿和餐饮业	256.25	24.93	243.96	24.91	−4.8
旅游金融业	54.42	5.29	56.66	5.79	4.1
其他旅游服务业	155.06	15.08	146.80	14.99	−5.3

三、区域发展

（一）主城都市区

2020年，主城都市区数字文化产业的增长拉动有效抵消文化娱乐消费的陡然下滑，文化产业增加值同比小幅增长1.2%，达844.01亿元，在全市的占比由86.28%提升至87.05%，文化产业发展主阵地地位继续得以强化。都市旅游受疫情影响较大，直接造成主城都市区旅游产业增加值下滑6.3%，在全市的占比由78.69%降至72.79%。九龙坡区、渝中区、渝北区、江北区继续巩固文化产业第一集团地位，渝北区、渝中区继续雄踞旅游产业榜首；江北区、南岸区、永川区在文化产业园区、数字文化产业等方面的大力投入和良好成效，拉动文化产业增加值逆市增长6.3%、5.9%和10.6%。江津区、璧山区、大足区、铜梁区、荣昌区从乡村文旅、生态康养中获益匪浅，文化产业和旅游产业均实现正增长。

表4　2020年主城都市区各区县文化和旅游产业增加值情况

	区县	文化产业		旅游产业	
		增加值（万元）	增速（%）	增加值（万元）	增速（%）
主城都市区	渝中区	846600	−0.9	914063	−16.5
	大渡口区	124143	−13.7	51990	−26.4
	江北区	803085	6.3	554088	−0.4

（续 表）

	区县	文化产业		旅游产业	
		增加值（万元）	增速（%）	增加值（万元）	增速（%）
主城都市区	沙坪坝区	459903	−5.7	390252	−10.9
	九龙坡区	1048804	−1.3	679541	0.8
	南岸区	363692	5.9	365226	4.1
	北碚区	391490	−14.8	150360	6.4
	渝北区	819309	−1.8	978039	−19.5
	巴南区	652306	13.3	211250	6.6
	涪陵区	359597	−10.8	279631	−8.2
	长寿区	137190	−6.9	172126	−2.7
	江津区	301605	21.2	193462	6.1
	合川区	319204	−0.2	413404	−4.6
	永川区	288116	10.6	304552	−0.1
	南川区	97493	−11.1	172926	0.3
	綦江区（不含万盛）	111580	−1.7	169396	−1.7
	万盛经开区	70158	−17.5	96528	−10.3
	大足区	212027	9.3	171791	0.7
	璧山区	390869	12.8	220602	6.1
	铜梁区	252404	11.2	207593	0.7
	潼南区	113935	−2.4	220819	−1.1
	荣昌区	276547	9.9	209447	0.3
合计		844.01亿元	1.2	712.71亿元	−6.3

（二）渝东北三峡库区城镇群

渝东北三峡库区城镇群预计实现文化产业增加值90.46亿元，同比下降4.6%，在全市的占比小幅下降。除巫溪外，其余区县均呈下滑态势，文化结构不合理、拳头产品缺乏、抗风险能力弱等问题在疫情下充分暴露。旅游产业增加值预计实现166.37亿元，同比增长1.0%，在全市的占比基本与去年持平。开州区、梁平区、垫江县、云阳县等抓住下半年都市周边短途游复苏机遇，推出一批新产品，加大宣传和优惠力度，实现了旅游产业正增长。

表5　2020 年渝东北三峡库区城镇群各区县文化和旅游产业增加值情况

	区县	文化产业		旅游产业	
		增加值（万元）	增速（%）	增加值（万元）	增速（%）
渝东北三峡库区城镇群	万州区	178237	−8.6	310481	−0.8
	开州区	96938	−8.3	231955	4.1
	梁平区	140981	−2.1	192972	2.7
	城口县	7658	−2.5	22596	−3.0
	丰都县	80191	−6.6	155143	−2.1
	垫江县	126509	−2.8	171368	3.7
	忠县	92413	−0.8	147439	0.1
	云阳县	90720	−0.8	228658	2.2
	奉节县	35006	−9.4	82814	0.1
	巫山县	33113	−1.5	69978	−1.4
	巫溪县	22812	2.2	50289	−2.2
合计		90.46亿元	−4.6	166.37亿元	1.0

（三）渝东南武陵山区城镇群

渝东南武陵山区城镇群预计实现文化产业增加值 35.06 亿元，同比下降 7.8%；旅游产业增加值预计实现 72.23 亿元，同比下降 4.3%。两个产业在全市的占比均小幅下降。六个区县中，有五个区县文化产业呈下降态势，特别是酉阳县，42.8% 的超大降幅值得引起足够重视。旅游产业则全部下滑，以避暑康养旅游为主打的石柱县降幅达 10.5%，产品服务亟待升级。在下一步建设武陵山区文旅产业融合发展示范区的过程中，文化产业和旅游产业主要指标的提升将是不容忽视的重要任务。

表 6　2020 年渝东南武陵山区城镇群各区县文化和旅游产业增加值情况

	区县	文化产业		旅游产业	
		增加值（万元）	增速（%）	增加值（万元）	增速（%）
渝东南武陵山区城镇群	黔江区	59752	−0.1	125228	−7.0
	武隆区	45449	−2.9	162957	−3.8
	石柱县	32211	−12.0	76283	−10.5
	秀山县	132278	0.3	149980	−1.3
	酉阳县	23122	−42.8	100614	−4.8
	彭水县	57816	−10.7	107249	−0.6
合计		35.06亿元	−7.8	72.23亿元	−4.3

四、市场主体

（一）文化市场主体

全年新设立文化市场主体 20803 家，其中公有制企业 100 家，私营企业 11945 家，个体工商户 8758 家。年末总数达 128223 家，其中公有制企业 1505 家，私营企业 63061 家，个体工商户 63657 家。（由于 2020 年调整、规范文化市场主体统计口径和办法，故无法与前几年数据进行纵向比较）

表 7　全市文化市场主体数据表

（单位：家）

	文化市场主体总量	公有制企业	私营企业	个体工商户
2020年新设立	20803	100	11945	8758
2020年底实有	128223	1505	63061	63657

南滨路在 2020 年通过验收，成功创建国家级文化产业示范园区，实现了我市国家级园区零的突破。重庆（西永）对外文化贸易基地正式挂牌。修订完成《市级文化产业示范园区评选命名管理办法》和《市级文化产业示范基地评选命名管理办法》。开展第六批市级文化产业示范园区和示范基地评

选命名，新评市级文化产业示范园区 10 个、市级文化产业基地 7 个。国家级、市级文化产业示范基地分别达 7 家、92 家，已建成 31 个市级文化产业示范园区。

（二）旅游市场主体

全年新设立旅游市场主体 2274 家，其中公有制企业 74 家，私营企业 944 家，个体工商户 1256 家。年末总数达 20527 家，其中公有制企业 830 家，私营企业 6400 家，个体工商户 13297 家。（由于 2020 年调整、规范旅游市场主体统计口径和办法，故无法与前几年数据进行纵向比较）

表 8　全市旅游市场主体数据表

（单位：家）

	旅游市场主体总量	公有制企业	私营企业	个体工商户
2020年新设立	2274	74	944	1256
2020年底实有	20527	830	6400	13297

2020 年，创建评定 A 级旅游景区 41 个，其中 AAA 级景区 16 个，AAAA 级景区 18 个，彭水阿依河景区、黔江濯水景区成功创建国家 AAAAA 级景区；丰都南天湖成功创建国家级旅游度假区；全年新增旅行社 58 家，注销 19 家。截至 2020 年末，全市国家 A 级旅游景区总数达 262 个，其中 AAAAA 级景区 10 个，AAAA 级景区 121 个，AAA 级景区 81 个；市级以上旅游度假区达 23 个，其中国家级旅游度假区 2 个；旅行社 714 家，其中出境旅行社 94 家（含赴台社 9 家）；拥有星级旅游饭店 163 家，其中五星级 27 家，四星级 50 家；五星级温泉旅游企业 3 家；拥有三峡游轮 32 艘，其中已评五星级游轮 24 艘，经营重庆“两江游”企业 3 家，共有“两江游”游船 8 艘；共有旅游规划设计资质单位 56 家；全市持有电子导游证导游 11667 人，其中特级 1 人，高级 41 人。

五、重大项目

在渝中区举办文化和旅游部产业项目服务平台第二十二期精品项目交流对接会，推介精品项目 186 个，现场签约项目 20 个，签约总金额达 601.5 亿元。

市级文化产业专项资金共安排875.5万元，支持50个文旅产业重大项目建设。建立文旅产业招商引资常态机制和重大项目动态管理库，先后与璧山区、巫山县、渝北区、北碚区、永川区、忠县等区县政府共同主办文旅装备、数字文化、文化创意、电子竞技专场招商推介会共10场；规划建设重大文旅项目达142个，推动三千年文旅城、巴国古都、凤凰山寨、中华廉城、巴蜀民俗文化村、三峡老家、天宫小镇等重大项目前期策划和招商落地；全市在建重大文旅项目达143个，十八梯传统风貌街区、金刚碑传统古村落开发、大足石刻文创产业园、洋炮局1862文创园、三峡云端生态康养小镇、涪陵北山康养小镇等加快推进。融创文旅城、丰都南天湖旅游度假区、故宫南迁文物纪念馆、武隆懒坝LAB等项目建成开放，火爆市场。

六、抗疫纾困

疫情发生以来，全市文化和旅游产业领域积极落实各级各类纾困政策，抱团取暖、共渡难关。总体来说，各项纾困政策对文旅企业“保生存”效果明显，有效减缓了企业的资金压力，为产业复苏回暖保存了有生力量、奠定了坚实基础。

一方面，市文化旅游委积极落实党中央、国务院和市委、市政府决策部署、应对措施，迅速推动出台《关于应对新冠肺炎疫情影响恢复提振文旅企业发展的政策措施》（渝文旅发〔2020〕82号），编制并根据疫情形势变化及时更新各重点行业防疫指南；遴选受疫情影响严重并有融资需求的140家规上文旅企业，向金融机构推荐并解决融资难题，与市金融办联合发布《重庆市金融机构支持文旅企业复工复产信贷政策和产品汇编》；对接互联网平台，实施“重庆文旅数字赋能帮扶行动”，免费为全市500多家文旅企业配备“云商城”“云客服”“云直播”“云发布”工具，为企业数字营销长久赋能；强化文旅产业数据季报网络平台和制度机制建设，开展统计基础工作培训，优化完善与市统计局、市市场监管局的产业数据统计合作，坚持每月、每季度开展文旅经济形势研判，细致开展文旅企业受疫情影响情况、复工复产情况和纾困政策情况统计分析，为各级决策提供依据；组织温泉酒店圆满完成接待1636名援鄂医务工作者回渝疗养任务，积极争取市级相关部门每年为温泉企业降低水资源费用约600万元。

另一方面，全市各级文化旅游、发展改革、财政、金融、人力社保、国资等部门采取多种措施为文化和旅游企业缓解资金压力。一是为4370家文旅企业落实金融支持类政策，其中市、区（县）两级财政共为123家文旅企业落实贷款贴息1031.66万元，为207家文旅企业落实地方政府专项债券支持10亿元；各地金融机构共为874家文旅企业新增贷款41.6亿元，为1395家文旅企业续贷续保10.9亿元，为1771家文旅企业降低贷款利息共3.2亿元，并确保了无断贷抽贷。二是为13024家文旅企业落实财税纾困类政策，其中为10440家文旅企业减免税收1.9亿元；为2584家文旅企业延长亏损结转年限。三是为45309家文旅企业落实降低生产经营成本类政策，其中减征15590家文旅企业12.5万名职工的医疗、养老、失业和工伤保险费5.9亿元；为7448家文旅企业减免房屋租金1.1亿元；减收19439家企业水、电、气费9.3亿元；2832家文旅企业缓缴、减免城市基础设施配套费1.4亿元。四是向530余家旅行社退还质量保证金，退还质保金总额1.28亿元。减免410家旅行社2020年旅行社责任保险费用，涉及减免金额200余万元。

七、品牌活动

一是举办2020重庆国际文化旅游产业博览会，展览面积3.5万平方米，首次采用线上线下联动模式，市内各区县、20余个国内城市、7个外国领事馆等组团参展，参展企业达1024家，观展人次达到10.5万人次，现场交易达8845万元。二是在璧山区举办第十二届西部动漫文化节，以“全域动漫、全民动漫”为节展宗旨，共举办四大类14项主题活动，第一次实现全免费开放，短短五天收获上百家媒体的关注，累计到场人数突破30万，全网流量破亿。三是以“温泉创新·健康赋能”为主题，成功举办中温协第七届中国温泉推广季系列活动暨第三届中国重庆温泉国际研讨会，国内外知名专家、各级各省市行业主管部门有关领导、温泉协会和温泉企业代表共近 250 人参会。同时，成功举办中国长江三峡国际旅游节等重大节会，组织重庆文旅交易分团参加第三届进博会并实现采购签约超 1 亿美元。

八、促进消费

制定印发《进一步激发文化和旅游消费的行动计划》。万盛经开区、渝中区成功创建国家全域旅游示范区，国家级全域旅游示范区 4 个，创建单位 4 个；市级全域旅游示范区 3 个，创建单位 17 个。渝中区成功创建国家文化和旅游消费示范城市，沙坪坝区、北碚区成功创建为试点城市。启动市级夜间文旅消费集聚区评选命名，首批命名 7 个集聚区。创建全国乡村旅游重点村 29 个、全市乡村旅游重点村 50 个，打造乡村旅游线路 200 余条。举办第五届重庆文化旅游惠民消费季，其中夏季活动因疫情“转战”线上、推向“云端”，通过“云发布、云直播、云补贴”方式，先后举办了重庆文旅专场推介直播、巴蜀文创潮集专场直播、云上音乐节等活动。秋冬活动以提振夜间经济、促进夜间文旅消费为主题，融合承办文化和旅游部、各省市文化旅游部门参加的全国首次夜间文旅消费考察交流活动，统筹开展 9 项夜间文旅主题活动。全年消费季活动坚持通过“惠游重庆”平台发放线上惠民补贴，逐渐形成“财政补贴＋平台配资＋企业让利”的长效机制，先后开展了线上活动 50 余场次，发放文旅消费抵扣券 137.75 万份，共计优惠补贴 1670.6 万元，其中财政补贴 569.39 万元，带动企业让利 1101.21 万元，拉动文旅消费 5.75 亿元。

九、优化环境

一是深入研究“巴蜀文化旅游走廊”产业板块，与四川方面共同提出打造十大特色产业集群和优势品牌；贯彻落实全市“一区两群”协调发展战略，深度参与“两江四岸”城市提升、国际消费中心城市建设、数字经济创新发展、夜间经济发展等全市重大谋划；深入推进《重庆市“十四五”文化产业发展规划》编制，完成《重庆市文化产业促进条例》立法调研。

二是重庆银行成立重庆首家文旅特色支行，并举办“文旅金融服务推介会”，专门为80家文旅企业开展特色文旅金融产品宣讲和融资辅导，提供乡村旅游贷、精品民宿贷等特色金融产品。三是强化人才培养，与四川共同举办文化和旅游部“高质量产业人才培养扶持项目”——“巴蜀文化和旅游产业人才专题培训班”，围绕“疫情之变”主题，共计培训重庆、四川学员104人；举办八期文化旅游产业发展大讲坛，聚焦当前文旅领域热门话题，近800人线下集中聆听，300万人次在线上收看。

2020 年重庆旅游资源开发情况报告

资源开发处

2020 年，全市文化旅游系统深入学习贯彻习近平新时代中国特色社会主义思想，深入践行新发展理念，“严”抓疫情防控，“密”织六稳六保，围绕中心、服务大局，以资源普查夯实基础，以全域旅游示范引领，以景区创建优化供给，以商品开发助力旅游消费，统筹疫情防控和全市旅游资源开发，推进全市资源开发再上新台阶、再出新成效。

一、坚持“严防控、战复工”，以“六稳”“六保”推动景区酒店邮轮加速复苏

一是落实防控责任坚决有力。第一时间制定专项应急预案，下发紧急通知，全市 245 家 A 级景区和 11 艘游轮暂停经营，173 家星级旅游饭店暂停经营宴会活动。同时，积极协调退改票事宜，积极组织清理排查景区、星级游船关停前接待重点发病地区游客情况，防控工作整体平稳有序，措施落实到位。二是推进复工复产蹄疾步稳。及时组织编制《新冠肺炎疫情防控时期旅游景区有序开放工作指引》，印发《关于做好新冠肺炎疫情防控时期旅游景区疫情防控和有序开放工作的通知》，积极稳妥推进旅游景区疫情防控和有序受控开放工作。突出抓好疫情后救助工作，积极协调兑现中小微企业贷款贴息政策，最大化帮助企业渡过难关。全面深入系统开展星级旅游饭店调

研并形成综合调研报告，组织召开旅游星级饭店纾困振兴及可持续发展支持政策座谈会，为做好星级酒店扶持工作提供决策依据。三是制定扶持政策精准有效。鼓励发放旅游消费券，引导A级景区针对不同游客群体实施差异化门票优惠措施，组织市内景区对全国医护工作者免费开放1年，开展“巴蜀文化旅游自由行——川渝百万市民免费互游百景区”等系列惠民活动，促进旅游市场复苏。大力支持旅游饭店品牌创建，推动住宿餐饮企业复苏，重庆悦来温德姆酒店成功创建五星级旅游饭店。制定实施旅游饭店品牌创建奖励政策，对成功创建五星级旅游饭店企业文化主题旅游饭店和星级旅游民宿企业，整合区县力量并按照相应比例共同进行一次性奖励。

二、坚持“抓重点、补短板”，以一体化发展思路持续打好“三峡牌”

一是高质量推进顶层设计深化细化。编制完成了《“大三峡”旅游一体化发展规划》《“大三峡”旅游一体化发展实施方案》，实施差异化、特色化发展，着力打造“金三角”“三峡库心”等四大旅游区，着力提升世界级内河游轮、峡谷观光探险、平湖休闲度假、高山生态康养、“三峡原乡”旅游品牌，三峡旅游发展大格局正逐步形成。二是高质量推进宣传营销走深走实。成功举办第二届长江三峡旅游一体化宣传营销大会、第十一届中国长江三峡国际旅游节、第三届世界大河歌会，三峡游品牌进一步唱响。制定出台《加快把万州建成“大三峡”旅游集散中心和重要目的地旅游营销奖励办法》，支持万州打造三峡旅游集散中心取得新进展。三是高质量推进旅游供给出奇出新。奉节白帝城·瞿塘峡景区完成AAAAA创建任务，巫山巫峡·神女景区通过国家AAAAA级旅游景区景观质量评审，渝东北三峡库区城镇群A级旅游景区达到78家，其中，AAAAA级2家，准AAAAA级2家。丰都南天湖旅游度假区获评国家级旅游度假区，成功创建巫溪红池坝、梁平百里竹海、开州汉丰湖、云阳清水等6家市级旅游度假区，推出“水上巴士”旅游产品、三峡之巅、明月山旅游民宿等一批新景区新产品。四是高质量推进区域协作不断深化。做实渝东北区域旅游协作组织，成立长江三峡旅游一体化宣传营销联盟。组织召开长江三峡区域旅游协作2020年渝鄂轮值主席会议，强化协同联动，深化互惠合作，签约招商合作项目20个，协议金额达216.8亿元，三峡旅游发展动力进一步增强。

三、坚持“提质量、增效益”，以高质量发展要求引领旅游景区品质发展

一是聚焦品牌创建示范引领。彭水阿依河景区、黔江濯水景区成功获评国家AAAAA级景区，涪陵武陵山大裂谷、奉节白帝城·瞿塘峡景区全面完成国家AAAAA景区创建，巫山巫峡·神女景区通过国家AAAAA级景区景观质量评审、成功入列国家AAAAA景区预备名录；全年成功创建评定A级旅游景区41个，全市旅游景区达到262个，其中AAAAA级景区10个，AAAA级景区121个。二是聚焦品质提升提质增效。组织召开全市旅游景区品质提升工作会议，同期开展景区提升专题培训。建立了“一对一”对接机制。与市教委对接深化合作，纳入A级旅游景区常态化管理体系，持续推进景区文化内涵研究和品质提升，助力全市A级旅游景区高品质发展。三是聚焦智慧旅游提升服务。启动实施了全市A级旅游景区智慧体系建设专项行动，全市AAA级以上旅游景区已实现预约系统和视频监测系统接入，切实提升了旅游景区信息化、智能化、便捷化管理服务水平。四是聚焦安全管理红线底线。严格落实旅游景区“限量、错峰、预约”开放要求，执行旅游景区流量监控制度。严格落实“先巡查、后开园”“不安全、不运行”日常巡查制度。落实意识形态工作责任制，加强意识形态风险研判，加强舆情监测管理和突发事件处置。五是聚焦宣传推广拓展市场。全年推出奉节三峡之巅、酉阳叠石花谷、来福士探索舱观景台、重庆融创文旅城等新景区景点近300个，推出绿色生态游、峡江风光游、红色革命游、人文历史游、温泉体验游等120余条特色旅游线路产品。开展“主城都市区百万市民游渝东南”“对口支援重庆三峡库区省（自治区、市）市民游库区”等系列惠民活动，努力扩大旅游消费市场。

四、坚持“严标准、利转化”，以试点示范高质量推动全市旅游资源普查

一是突出资源单体质量管控。严把“六道关口”，通过区县自评、技术自动筛查、市级初审、专家组复审、区县主要领导审核、市级专家组终审等层层把关，确保普查成果质量。二是突出普查报告成果编制。根据区县报送的最终成果，丰富全市旅游资源数据库，编制《全市旅游资源普查报告》，提出全市旅游资源评价、保护开发措施建议。三是突出普查成果转化利用。我市旅游资源单体数量达15026处，优良级单体3040处，其中五级资源单体128处，四级旅游资源单体601处，三级旅游资源单体2311处。充分利用本次旅游资源普查成果，为《重庆市国土空间规划》《重庆市全域旅游规划》《重庆市文化和旅游产业发展“十四五”规划》《重庆市温泉旅游发展规划》提供数据支撑，为全市文化和旅游发展夯实基础。

五、坚持“强创新、互融合”，以示范创建推动全域旅游纵深发展

坚持改革创新、示范引领，武隆区、巫山县、万盛经开区、渝中区先后被文化和旅游部认定为国家全域旅游示范区，引领各区县在统一规划布局、创新体制机制、推进融合发展、丰富产品供给、优化公共服务等方面引领全国，极具示范意义。黔江区被评为市级全域旅游示范区，新确定“一区两群”中10个区县为第二批市级全域旅游示范创建单位。各创建区县以规划为引导，把旅游产业作为当地经济发展的支柱产业，围绕旅游业发展要求配置各类产业要素和公共服务设施，科学推进全域旅游创建工作，为继续加大我市国家级全域旅游示范区创建，引领推动全市旅游业创新发展，为后续国家级全域旅游示范区认定工作打下坚实基础。

六、坚持“提质量、树品牌”，以助力消费推动旅游商品迅猛发展

一是品牌创建再攀高峰。组织参加中国特色旅游商品大赛及中国旅游商

品大赛，荣获金奖 1 个，银奖 11 个，铜奖 7 个，为历年最佳。组织 70 余家旅游商品（文创产品）企业参加全国文化和旅游创意产品开发推进活动，一大批资源好、潜力大的旅游商品纷纷涌现，推动旅游购物消费规模持续扩大。二是全市整合集成效果再创佳绩。坚持创意赋能、品质兴旅，成功举办 2020“重庆好礼”旅游商品文创产品设计大赛，优秀商品大赛、外事礼品评选、产业发展论坛、旅游商品展示展销及直播带货等系列活动精彩纷呈。共有 500 余套 1000 余件旅游商品文创产品参加优秀商品大赛、320 余套 600 余件设计作品参加设计大赛、400 余件“重庆好礼”参加外事好礼评选，产品范围包含 19 个类别，参赛品类历年最多。评选出设计大赛银奖 5 个、铜牌 10 个；优秀商品大赛金奖 10 个、银奖 20 个、铜奖 50 个、优秀组织奖 20 个。80 件旅游商品文创产品成功入选 2020 外事礼品名单，并在重庆两路寸滩保税港区“一带一路”商品展示交易中心陈列展示；部分精品作为“重庆好礼”——外交外事特色礼品推送外交部。“重庆好礼”系列产品还通过线上展示销售，线下实体店运营，惠及广大消费者，取得良好市场反响。

七、坚持“惠民生、增福祉”，以脱贫攻坚推动民生持续改善

一是重点支持双龙镇发展。制定实施《2020 年双龙镇对口帮扶工作方案》，形成文化旅游系统帮扶合力。已累计协调落实 1000 万元支持双龙镇文化旅游扶贫工作。重点支持安静村神鱼谷生态社区建设，支持民宿改造、小三峡自然展示文旅体验中心建设、文化服务中心和活动广场建设。支持安静村红叶雕刻文创产品纳入“重庆好礼”旅游商品体系，并协调三峡博物馆将其纳入文创开发计划。二是推进贫困区县景区提档升级。深度挖掘贫困乡镇旅游资源，编制完成车田乡桃源娲洞景区提升规划方案。支持奉节三峡之巅景区、茅草坝滑雪场、彭水周家寨旅游区、泉水渔都景区、罗家坨苗寨景区、黔江官村等一批贫困区县景区成功评定为 A 级旅游景区。新推出特色扶贫旅游线路 18 条，新推出贫困区县景区景点 90 余个。

八、坚持“夯基础、抓重点”，以重点事项驱动资源开发整体向好

重点事项得以高质量推进。承接办理并如期完成市委、市政府主要领导交办事项 21 件，三峡库区长江盆景规划建设，长嘉汇大景区、歌乐山、磁器口 AAAAA 级景区创建，利用存量房发展旅游民宿等重点事项加快推进。办理人大建议政协提案 56 件，其中主办件 27 件，协办件 29 件。办理各类市长公开信箱、文旅信箱回复 47 件。与“去哪儿网”达成战略合作协议，合力推进文旅产品提升。切实抓好红色旅游各项工作，重庆红岩红色旅游发展典型案例入选全国“红色旅游发展典型案例”，我市 3 名讲解员入选 2020 年全国红色旅游五好讲解员培养项目。协调旅游交通工作，指导各区县旅游营地的建设，冷水风谷休闲度假营地被认定为 4C 级自驾车旅居车营地。秉持“生态优先，绿色发展”理念，突出抓好景区、旅游星级饭店、全域旅游示范区的评定生态环保工作。铜锣山林长制试点工作创新推进，试点工作成效良好。

BLUE BOOK OF CHONGQING

2020年重庆旅游市场拓展情况报告

市场拓展处

2020年，市场拓展处认真贯彻落实委党委的各项工作部署，积极克服疫情影响，创新思路，务实谋划，紧紧围绕唱响“山水之城·美丽之地，行千里·致广大”文旅品牌，采取线上线下相结合的方式，不断强化精准营销、主题营销和整合营销，圆满完成了各项任务。

一、总体情况

（一）瞄准市场需求，精准营销推广

一是主动“走出去”，赴重要客源地开展营销活动。全年组织区域旅游协作组织、区县文旅委、有关文旅企业等单位共计500余人次，分赴济南、青岛、成都、乐山等地开展“山水之城 美丽之地”重庆文旅推介活动，参加第七届四川国际旅游交易博览会、第八届成都国际旅游展及“巴蜀世界遗产联盟”“巴蜀石窟文化旅游走廊联盟”成立大会等节会活动。组织我市各区县举办2020重庆文旅“大篷车”四川巡游营销推广活动，分3条线路深入四川省17个地市开展重庆文旅“大篷车”巡游路演。二是积极“请进来”，邀请媒体旅行商来渝采风踩线。组织开展“十万山东人游重庆”《国学小名士》研学旅游勘线调研活动，邀请山东广播电视台栏目编创人员等深入我市各区县勘线调研，以新闻报道、视频直播、节目连线、短视频形式宣传重庆文化旅游资源，助推鲁渝扶贫协作走向深入。三是创新营销推广模式，策划

组织线上文旅推广活动。组织参加第十六届中国（深圳）国际文化产业博览交易会（云上文博会），我市18家重点文旅企业首次以线上云布展的方式参展，共搭建1500平方米的虚拟3D展馆。组织参加2020年中国品牌日活动，我市26家品牌企业亮相云上中国自主品牌博览会。联合天津航空开展“云游重庆”网络直播等活动，积极推介我市特色文化旅游资源以及特惠航线等。四是出台扶持政策，助力企业疫后复工复产。印发《关于激励旅行社疫情期间开展在渝旅游活动的通知（渝文旅发〔2020〕144 号)》，指导旅行社有序恢复经营跨省（市、区）组团旅游，并及时兑付52家旅游企业2019年旅游营销奖励资金，共计1065万元。

（二）深化区域协作，促进优势互补

一是全面启动巴蜀文化旅游走廊建设。会同四川文旅厅相关处室建立了共推巴蜀文化旅游走廊建设专项工作组，定期召开联席会议，研究推进相关工作，全年共召开2次专项工作组联席会议和2次成渝地区双城经济圈广播电视联席会议。积极恳请文化和旅游部等相关部委支持，配合启动了巴蜀文化旅游走廊建设规划编制，并及时制定年度工作方案，联合开展“巴蜀文化旅游走廊自由行”、2020重庆文旅大篷车四川巡游营销推广等线上线下活动，组织全市40个区县深入四川17个地市开展“大篷车”巡游路演，吸引川渝200多家景区推出120万张免费门票及优惠政策，提振了两地文化旅游市场，有力助推川渝城市群文旅合作走向深入。二是加快推动渝东南文旅融合发展。完成渝东南武陵山区文旅融合发展示范区领导架构搭建工作，编制送审了《渝东南武陵山区文旅融合发展示范区规划》。会同市发展改革委等市级部门起草了《渝东南武陵山区城镇群建设行动方案（2020—2022年)》，并配合市政协领导调研形成了《渝东南建设武陵山区文旅融合示范区调研报告》。三是有序推进渝东南区域旅游协作。组织召开3次渝东南区域旅游协作工作会议，开展重庆（渝东南）文旅上海推介会暨重庆“渝生有你”婚旅真人秀项目启动仪式，邀请川渝主流媒体和网络大咖来渝进行“助力双城经济圈，秋冬畅游渝东南”大型媒体采风活动，深入渝东南6区县做深度采写报道。

（三）优化管理服务，从严防控疫情

一是持续优化旅行社管理服务工作，配合重庆旅游集团开发了与文化和旅游部共享数据的重庆旅行社管理系统，已于2021年1月1日投入使用，并通过电视电话会方式对各区县文旅委、重点旅行社开展了系统使用培训，同时将区县监管平台使用情况纳入考核范围。据统计，全年累计新办旅行社58家，注销旅行社19家，目前共有旅行社714家，其中出境社94家。二是提升旅游从业人员素质，举办2020年全市出境领队素质提升培训班、2020年全市骨干导游培训班，开展4次金牌导游网络直播培训，线上线下累计培训导游、领队共计3.5万人次。成功推荐我市3名导游成为文化和旅游部"金牌导游"培养对象。配合市委宣传部举办了重庆市"山水之城·美丽之地"导游词讲解大赛暨第五届全国导游大赛重庆选拔赛活动。三是认真贯彻落实国家和市里关于疫情精准防控的工作要求，从严落实各项防控措施，及时停止676家旅行社及在线旅游企业组团业务，取消赴市外旅游团队游客66832人，协调保障6988名境外重庆籍游客安全返渝，同时积极协调做好疫情期间游客退团退费工作，协助处理涉疫团队旅游投诉4500余个，涉及游客1.2万余人，涉及合同金额1.3亿余元。全力引导旅行社复工复产，及时出台《重庆市旅行社企业复工工作指南》，开展"文旅大咖说"系列线上培训，暂退全市530家旅行社旅游服务质量保证金1.3亿元，推动减免410家旅行社停业期间责任险费用200万元。

（四）旅游有序恢复，市场稳定向好

2020年全市接待过夜游客6441.48万人次，同比恢复64.5%；A级景区接待游客16114.3万人次，同比恢复59.6%；旅游产业实现增加值979.18亿元，同比恢复95.2%，占全市GDP比重3.9%（见表1）。

表1　2020年重庆市旅游接待及收入情况表

指标	计量单位	绝对值	比上年增长（%）
接待过夜游客人次数	万人次	6441.48	−35.5
A级景区接待游客人次数	万人次	16114.3	−40.4
旅游产业增加值总额	亿元	979.18	−4.8
旅游产业增加值占GDP比重	%	3.9	下降0.5个百分点

1. 区域旅游

2020年，“一区两群”各区域旅游业稳定恢复、协同发展。渝东北三峡库区城镇群和渝东南武陵山区城镇群旅游接待及收入恢复快于主城都市区(见表2)。

表2　“一区两群”旅游接待及收入情况表

区域	接待人数		旅游收入	
	人数(万人次)	比上年增长(%)	金额(亿元)	比上年增长(%)
全市	44333.45	−32.5	4007.11	−30.2
主城都市区	27468.59	−34.3	2410.16	−31.1
渝东北三峡库区城镇群	8552.92	−30.7	792.22	−29.7
渝东南武陵山区城镇群	8311.94	−28.1	804.73	−27.9

2. 假日旅游

“春节”“国庆和中秋”两个长假和“元旦”“清明”“五一”“端午”四个小长假，全市共接待游客6743.27万人次，占全年接待游客总量的15.2%；实现旅游收入437.32亿元，占全年旅游总收入的10.9%（见表3)。

表3　2020年节假日旅游接待及收入情况表

项目	接待人数		旅游收入	
	人数(万人次)	比上年增长(%)	金额(亿元)	比上年增长(%)
合计	6743.27	−31.6	437.32	−27.9
长假小计	3624.06	−17.8	223.23	4.1
春节	受疫情影响未统计			
国庆和中秋	3624.06	−17.8	223.23	4.1
小长假小计	3119.21	−40.3	214.09	−41.5
元旦	439.36	11.3	33.40	28.2
清明	518.81	−61.9	42.55	−57.8
五一	1612.63	−49.6	108.05	−56.8
端午	548.41	−47.6	30.09	−53.1

注：比上年增长按同口径统计测算。

二、下一步工作思路

为下好重庆旅游市场高质量发展一盘棋，下一步，我们将持续加大跨界整合营销资源力度，加强与其他行业的交流合作，不断创新文化旅游营销推广理念，提高营销推广效益。

（一）持续抓好营销推广

一是创新文旅融合推广模式。将旅游营销与文化、文物展览和文化演艺活动有机结合，形成多元的营销方式，助力重庆的城市形象。在四川、山东、广东等重要客源地策划一些影响力大、创新性强的重庆文化旅游专题营销推广活动。二是跨界整合资源扩大活动效果。创新文化旅游营销推广理念，在对外推介中，加强与其他行业的交流合作和资源整合力度，与航空公司、重庆机场、高速铁路、高速公路、旅游游轮、重庆旅投等大型企业合作，共同办好重庆文博会、重庆火锅节、重庆晒秋节等节会活动，对重点景区，重庆川剧、杂技、芭蕾、民乐等艺术院团，重庆火锅、重庆小面等特色资源加大营销宣传力度，不断提高营销效益。三是积极组织开展宣传营销。组织重点企业单位参加中国旅游产业博览会、中国（深圳）国际文化产业博览会交易会等知名文化旅游展会，邀请境内知名旅行商、旅游达人、自媒体大V等来渝采风踩线，集中推介重庆精品旅游线路及景区。四是加大奖励激发市场活力。编制实施《重庆“十四五”旅游营销奖励办法》，继续加大重庆旅游营销奖励工作力度，助力旅游企业生产经营秩序全面恢复。

（二）强化提升服务质量

指导行业做好复工复产工作，为旅游企业纾困解忧；健全完善重庆旅行社管理系统建设，加强全国旅游监管服务平台的使用推广；建立完善校企合作培训机制，设立一批旅行社管理人员、导游和领队常态化培训基地，持续强化旅游从业人员培训；广泛开展重点区县、重点旅行社调研，规范旅行社经营活动等措施，不断创新旅游服务方式，提升服务质量，增强服务实效。

（三）深化文旅区域合作

一是强化顶层设计。会同相关文旅部门及重点文旅企业，联合发起成立“巴蜀文化旅游推广联盟”，共同搭建川渝文旅发展一体化新平台，积极配合文化和旅游部编制印发《巴蜀文化旅游走廊建设规划》，送审《重庆渝东南武陵山区文化和旅游产业融合发展示范区规划》。二是深化品牌打造。培育“成渝地·巴蜀情”区域文化品牌，联动开展文化交流展演活动，共同打造成渝地区精品旅游线路和舞台艺术精品，丰富巴蜀文旅产品。三是加快渝东南示范区建设。协助组建渝东南文旅融合发展平台公司，筹备成立渝东南武陵山区文旅融合发展联盟，开展渝东南武陵山区文化和旅游产业融合发展示范区建设。

BLUE BOOK OF CHONGQING

2020年重庆文化旅游市场发展报告

市场管理处

2020年，面对严峻复杂的发展形势和新冠肺炎疫情的严重冲击，全市文化旅游系统在市委、市政府的正确领导下，坚持以习近平新时代中国特色社会主义思想为指导，深入学习贯彻党的十九大和十九届二中、三中、四中、五中全会精神，认真落实习近平总书记视察重庆重要讲话精神，以建设文化强市和世界知名旅游目的地为目标，以高质量发展为主题，以新发展理念为引领，以改革创新为动力，紧紧围绕市场管理重点难点，深化“放管服”改革，推进源头治理，提高监管效能，大力规范旅游市场秩序，优化文旅市场环境，不断提升旅游服务水平，文化旅游行业整体呈现出业态体系不断丰富、市场主体更加健全的良好态势。

一、文化旅游市场基本情况

截至2020年底，全市有文化旅游市场经营单位7256家，从业人员64.97万人（文化16.14万人、旅游48.83万人）。其中，文化市场经营单位6117家，包括文艺演出团体1264家、娱乐场所经营单位1543家、互联网上网服务营业场所2746家、演出场所经营单位44家、演出经纪机构70家、经营性互联网文化单位397家和艺术品经营机构53家，全年营业收入超过87.9亿元，同比恢复86.7%。旅行社714家，包括出境旅行社94家（含赴台社 9 家)，一般旅行社 620 家，持有电子导游证导游 11667 人；星级饭店 163 家，包括五星级 27 家，四星级 50 家，三星级 72 家，二星级 14 家；A 级景区 262 个（AAAAA 级 10 个，AAAA 级 121 个，AAA 级 81 个，AA 级 49 个，A 级 1 个）；有五星级游轮 24 艘，“两江游”游船 8 艘。全市接待过夜游客 6441.48 万人次，同比恢复 64.5%；旅游产业实现增加值 979.18 亿，同比恢复 95.2%。

2020 年以来，文化旅游市场坚持以新冠肺炎疫情防控为主线，不断提高管理和服务水平，积极推动行业复苏，大力规范市场秩序。全市文化旅游行业系统实现疫情“零感染”、安全“零事故”、舆情“零事件”、意识形态“零事件”目标，文化旅游市场平稳有序。

二、文化旅游市场管理工作情况

（一）完善市场监管制度机制，不断压实监管责任

完善考核通报机制，制定《2020 年度全市文化和旅游市场督查通报方案》，将文化市场有关内容纳入方案，推进了文旅融合；委托第三方机构对全市文化旅游市场乱象进行“体检式”暗访拍摄，并在市政府常务会上曝光、点评、督促整改，并将文化旅游市场管理水平纳入区县经济社会发展实绩考评指标，进一步压实了区县政府、市级部门推进文化旅游市场乱象治理的主体责任，有效形成全市文化旅游市场整治齐抓共管的工作格局，为文化旅游市场有序发展提供了根本保障。

（二）深化文化执法改革，规范执法办案机制

深入推进文化市场综合行政执法改革工作，先后印发《关于规范文化市场综合行政执法有关工作的通知》《重庆市文化市场综合行政执法重大案件办理流程》《重庆市文化市场综合行政执法重大案件案审委员会方案》，修订完善《重庆市文化市场行政处罚裁量基准》，制定完善了抽查事项清单、联合抽查事项清单和随机抽查“两库”，开展“双随机、一公开”抽查，监管措施进一步完善优化，增强行业危机意识，促进行业活力。积极推动综合执法改革，市文化综合行政执法总队和全市 38 个区县制定出台相关改革实施

意见，印发了“三定”方案和挂牌运行，除5个区外，其余区县将体育市场行政执法职责一并纳入整合范围，基本完成改革任务，执法监管能力和服务水平得到进一步提高，有效保护了文化旅游市场经营环境。

（三）推进“放管服”改革，营造良好营商环境

全面实施审批事项清单管理和事项在线办理，重新梳理行政审批（备案）事项，强力压缩审批办理时限75%，牵头推进文化市场12345网络平台整合。充分利用全国文化市场技术监管与服务平台、市电子政务平台等，全面实施审批事项清单管理和事项在线办理，顺利完成全市文化市场年度统计工作。积极向文旅部汇报请示推动部、市平台融合，实施数据共享。认真承接文旅部下放全市及自由贸易区文化市场行政审批事项。在常态化疫情防控下，全委谨慎审批办理行政许可2089件，其中市场管理办结率100%。

（四）持续推进信用体系建设，构建新型监管体系

结合文旅行业特点，系统谋划、统筹推进、梳理完善，完成2020年信用体系建设重点工作。一年来，组织开展委系统信用体系建设工作培训，3次下发专项工作通知，落实“逢办必查、触发反馈、联合奖惩”原则和“双公示”要求。全年共实施信用查询14280件/次、触发反馈640件/次、联合惩戒执行措施253件/次、27家经营单位被纳入“黑名单”管理，信易游、信易住、信易阅建设和试点社会反响积极，信用体系建设工作取得了良好成效。

（五）强化环境治理，市场秩序全面规范

坚持以完善政策为支撑，以加强监管为手段，扭住具有引领性、牵引性、带动性的重点工作不放松，全面促进文化旅游市场健康规范发展。联合检查整治，实现上下联动长效化、联合执法规范化、假日市场管理机制化。与多个管理部门联动，在“元旦”“春节”“清明”“五一”“国庆”“中秋”等重要时间节点，以维护市场秩序、服务质量和安全管理等为目标，开展文旅系统视频调度和工作部署，督促指导和加强执法检查。坚持以“扫黑除恶”专项斗争和“利剑行动”为依托，大力开展“不合理低价”整治、“百日整治”、“暑期专项整治”、“在线旅游平台专项整治”，涉旅购物乱象等文化和旅游市场秩序整治，重拳整治歌乐山烈士陵园景区、洪崖洞、磁器口古镇景区等市场秩序，实施长江索道、两江游、歌乐山烈士陵园景区实名购票，游客体验度大幅提高，有效杜绝“黄牛”“羊儿客”拉客现象，有力维护游客权益和旅游秩序。推进数字文化旅游建设，将网吧视频监控接入全国文化市场技术监管与服务平台，演出经营场所、文博和旅游单位等数据系统逐步接入智慧旅游系统，实施动态监管。目前，全市179家AAA级以上的景区接入并实施智慧旅游在线平台监管（其中，AAAAA级10家、AAAA级108家、AAA级61家），500余家网吧接入全国文化市场技术监管平台并纳入在线视频常态化监控，提高非现场执法监管能力，进一步打造良好的文旅市场秩序。2020年全国游客满意度调查，在全国抽样的60个旅游城市中位列首位。

（六）疫情防控和复工复产取得实效

全面落实疫情防控措施和要求，通过各种方式，督促即时暂停举办群众性文化活动，落实日报制度，开展明察暗访督查检查，确保防控要求和措施落实到位。全面加强巡查检查和执法督导，文化市场综合执法机构出动执法人员4.2万人次，巡查经营主体14.2万余家次，查处擅自营业违规行为71起，积极协调并保障6988名境外重庆籍游客安全返渝，处置投诉4000余个，合同金额1.3亿元；妥善处理信访、集访、负面舆情200多件次，实现疫情“零感染”、安全“零事故”、舆情“零事件”、意识形态“零事件”。常态化防控后，下发系列指南指导企业复工复产，协调出台上网服务营业场所宽带使用费减免措施，直接减免费用2100余万元。全市文化市场经营单位开放率达到95.2%。

（七）着眼游客权益，及时高效回应群众反映

充分利用“12318”“96111”文化旅游投诉热线和各区县投诉举报电话，以及市长信箱等有关渠道和投诉问题，及时处置违法违规线索和群众投诉，确保文化旅游投诉办理工作运行规范高效。及时处置违法违规线索、负面舆情和群众投诉，梳理研判矛盾纠纷问题3个，成功化解率达到100%。处理网络舆情投诉65条、实施“诉转案”29件，及时回复市长信箱各种信访投诉63件，有力保障了群众权益。中国旅游研究院最新调查数据显示，后疫情时代，中国人最想去的城市旅游目的地，重庆位居第一。

三、主要困难和问题

（一）市场监管力量薄弱

随着社会经济的发展，文化和旅游行业也迅猛发展，而市场发展监管队伍的建设却远远跟不上行业发展速度，监管执法队伍无论是从规模、数量上讲，还是从素质、能力上看，以及监管技术措施等都远远不能满足文化和旅游行业快速增长的需要。从实际情况来看，人员编制、人才培养和监测监管手段与设施设备等都有短板。

（二）权责不一合力不足

文化和旅游市场监管工作上与公安、交通、工商、环保、卫生、住建等多个部门管理职责上有交叉，存在界限不清晰、权责不一、合力不足的问题。对同一主体分头监管时，易造成责任不清、推脱监管的情况。同时，随着改革的不断深入和提速，行业管理的法律法规政策等颁布与实施不一，或先或后，监管范围、对象、方式、执行和职责等统筹协调难度大。

（三）行业协会作用未能充分发挥

虽然文化和旅游行业普遍建立了行业协会和自律制度，在一定程度上加强了行业自律管理，但不可否认，行业协会在组织运行上号召力不强，在行业标准制定与落实、行业准入、行业退出等方面发言权极弱。一些真正可以通过行业内部解决的困难和问题，不能得到及时解决，造成资源浪费。

四、下一步工作思路

2021 年，以迎接庆祝建党 100 周年为契机，深入贯彻落实习近平新时代中国特色社会主义思想，以党的十九大和十九届二中、三中、四中、五中全会精神为指导，深入贯彻党中央、国务院总体部署，全面落实文化和旅游部、市委、市政府工作要求，切实加强文化旅游市场监管基础性工作，着力开展以下几方面的工作。

（一）强化思想认识，狠抓意识形态管控

以内容监管为核心，以营业性演出、网络文化和旅游在线经营内容监管为重点，抓牢抓实涉外演出审批与监管，推进落实农村演出市场“七个必须”管理等制度，深入开展“扫黄打非”、网络直播及网络表演、在线旅游等专项整治行动和乱象问题治理，依法处置未经审批的讲座、论坛、报告会、分享会等活动，全力以赴清扫文化垃圾、净化文化生态，确保文化市场政治安全。

（二）深入推进“放管服”和综合执法改革

推进12345网络平台整合，充分利用全国文化市场技术监管与服务平台、市电子政务平台等，缩短办结时间，提高行政审批办理和投诉服务效率，进一步巩固便民成果。按照要求及时报送我市改革工作台账。继续深化文化市场执法队伍改革，持续完善行政执法案件分级分类管理制度机制，指导办理办好重大行政处罚案件。

（三）进一步完善制度措施，强化市场监管

持续开展全市文化旅游市场管理“月点评、季通报、年考核”，建立新闻媒体通报监管机制，推进“体检式”暗访评估常态化开展，进一步压实主体责任。加大执法检查力度，聚焦重点地区、重点领域、重点场所，持续开展文化旅游市场专项整治，及时处置、严格查处各类文化旅游市场违法违规行为，形成强有力震慑效应。坚持部门协作，进一步完善部门联动、信息共享、执法协作等工作机制，持续推进上网服务营业场所视频监控接入工作，配合开展文旅智慧系统平台建设，提升综合监管效能，确保全市文化市场健康平稳、有序可控。

（四）深化社会信用体系建设

推进信用体系建设与行政审批办理、行政执法和“双随机、一公开”“双公示”紧密结合，落实文化市场、旅游市场黑名单管理办法，做好信用信息查询、反馈、公示和联合惩戒等基础工作，推动落实信用承诺、信用修复、信用评价应用，加大对文化和旅游市场失信责任主体的联合惩戒力度。营造公平竞争的市场环境和诚实守信的营商环境，进一步净化文化市场环境，促进文化旅游市场健康发展。

（五）持续开展疫情防控常态化工作

疫情防控与经济复苏矛盾和风险交织，做到防控工作常态化。严格落实防控《指南》要求，压实企业主体责任，督促全市文化旅游经营单位严格按照“限量、预约、错峰”要求，对人员密集场所和景区加大检查力度，落实防控要求，坚决避免人群聚集形成疫情传播风险，确保全市文化旅游行业安全、平稳、有序。

（六）加强协会建设，充分发挥行业自律作用

继续组织协调和指导开展全市文化娱乐行业协会成立和市演出行业协会、市网吧行业协会年度审核工作。指导完善行业协会体系建设，鼓励行业协会建立健全各项自律性规范，充分发挥行业协会在自律、诚信建设、协调服务等方面的作用，激发行业内生动力，推动行业健康繁荣发展，促进服务品质提升，共同维护市场秩序。

2020 年重庆文化旅游发展安全工作报告

安全应急处

2020 年，市文化旅游委始终坚持以习近平新时代中国特色社会主义思想为指导，全面落实习近平总书记“从根本上消除事故隐患”和防灾减灾救灾“两坚持、三转变”重要指示要求，认真贯彻市委、市政府关于安全稳定工作的重要部署，以安全生产专项整治三年行动为主要抓手，狠抓预防治本、深化源头管控，依法推进各级安全生产责任落实，全市文化旅游安全生产形势平稳有序，圆满经受住了疫情防控和统筹经济社会发展、极端恶劣天气增加等多种因素叠加考验。

一、基本面发展趋势

（一）旅行社

截至 2020 年底，全市共有旅行社 714 家，其中出境旅行社 94 家，一般旅行社 620 家。持有电子导游证导游 11667 人。

（二）星级饭店

截至 2020 年底，全市共有星级饭店 163 家，其中五星级 27 家，四星级 50 家，三星级 72 家。旅游星级饭店共拥有客房 23520 间，床位 38080 张。

（三）A 级景区

截至 2020 年底，全市共有 A 级景区 262 个，其中：AAAAA 级 10 个，

AAAA 级 121 个，AAA 级及以下 131 个。

（四）星级游轮及“两江游”游船

截至 2020 年底，全市拥有五星级长江游轮 24 艘，“两江游”游船 8 艘。

（五）娱乐场所

截至 2020 年底，全市共有娱乐场所经营单位 1392 家。

（六）互联网上网服务营业场所

截至 2020 年底，全市共有互联网上网服务营业场所 2146 家。

（七）博物馆

截至 2020 年底，全市共有博物馆 105 家，其中国有 81 家，非国有 24 家。

二、事故（灾害）防控绩效

（一）全年生产安全责任事故（灾害）总体情况

全年全市文化旅游行业发生安全生产责任事故（灾害）0 起，死亡 0 人。

（二）特点分析

虽然文化旅游行业未发生一起生产安全事故，但我委本着“人民至上、生命至上、安全第一”的原则，以江泰保险经纪股份有限公司重庆分公司数据为依托，结合全市行业领域具体情况，对 2020 年旅行社责任保险统保示范项目（简称“旅责险示范项目”）突发事件报案情况进行了分析研究。

1. 总体情况

2020 年旅责险示范项目接到的重庆地区突发事件报案数为 148 件，较 2019 年相比减少 243 件，降幅为 62.15%。

2. 类型分布情况

旅责险示范项目突发事件案件中，意外伤害类案件占比最高，占案件总数的 60.14%；排在第二位的为旅程取消类案件，占 18.92%；排在第三位的为交通事故类案件，占 6.76%。

3. 游客伤亡整体情况

2020 年旅责险示范项目突发事件报案中共有 7 人死亡，160 人受伤。其中，突发疾病造成 8 人发病，2 人猝死；意外伤害造成 2 人死亡，86 人受伤；动物咬伤12人；疑似食物中毒造成45人受伤；交通意外造成2人死亡，8人受伤。从数据上来看，人伤致死风险主要包括突发疾病、交通事故和意外事故，致伤风险主要是意外伤害。

4. 人的不安全行为是造成伤亡的重要原因

2020年造成游客死亡的风险主要包括猝死、溺水及交通事故等，其中猝死造成2人死亡，意外事故造成2人死亡，交通事故造成2人死亡，溺水造成1人死亡；造成人员受伤的原因中，意外摔倒是风险的主要原因，占比高达80.23%，其次是意外扭伤，占12.79%。总体上看，人的因素是主要的风险因素，包括游客、车辆驾驶员等人员，大多数的案件都是人的不安全行为造成的。游客安全意识薄弱，对自身的身体状况及相关的旅游安全知识没有基本掌握，游客在陌生的环境中，再加之自身安全意识不到位且应急能力较差，加大了风险事件发生的概率；驾驶员安全意识不强、疲劳驾驶等也极易造成事故。

三、主要工作成效和亮点收获

2020年，市文化旅游委坚持疫情防控和安全生产两手抓，扎实推进安全生产三年专项行动，开展了系列整治，严厉查办了一批重大案件，全市文化旅游安全管理进一步规范，文化旅游环境进一步优化，中国旅游研究院公布的2020年全国游客满意度评价重庆排名全国第一。我市分别在全国文化和旅游市场秩序整治电视电话会、全国旅游市场整治工作现场会上做了经验交流发言。我委被市委、市政府表彰为“重庆市抗击新冠肺炎疫情先进集体”，被市总工会评为“工人先锋号”，被市安委会评定为一类单位先进等次。5名执法队员被文化和旅游部评选为第四届全国师资储备人才。另有一批先进集体和个人被各级表彰通报。

（一）大文旅大安全格局基本形成

以健全制度机制为抓手，强化旅游服务质量提升保障。成立以19个市级部门为成员单位的市安委会旅游安全办公室，明确职责分工，建立工作例会、专题会议、督查巡查、工作报告机制，统筹协调文化旅游安全工作，先后召开3次全体成员会议，分析研判形势，研究部署工作，协调解决重点难点问题。建立健全全市文化和旅游市场“月点评、季通报、年考核”管理机制；委托第三方机构对全市文化旅游市场秩序和安全问题进行“体检式”暗访，并在市政府常务会上视频曝光，市政府主要领导对暗访视频中发现的问题现场点评、督促整改；将文化旅游安全工作纳入区县经济社会发展实绩考评指标。各区县和委属各单位认真落实“党政同责、一岗双责”和“三个必须”要求，扎实履行属地责任、主体责任和行业监管责任，督导企业较好落实主体责任。协调配合、齐抓共管的大文旅大安全管理格局基本形成。

（二）**文化旅游安全基础更加牢固**

建立全市文化旅游安全专家库，首批入库专家52人，为全市旅游行业系统安全管理提供技术支撑和专业咨询。4名文化旅游执法人员入选全国文化市场综合执法师资库。加快推进旅行社、星级饭店、旅游景区、娱乐场所等安全生产技术规范地方标准编制，已发布实施2项，全市文化旅游市场服务类标准建设内涵不断丰富。严格依据标准加强A级旅游景区评定复核，今年以来，先后责成景区限期整改16家。认真组织安全应急培训，先后召开文化旅游安全管理、市场管理、文物安全和旅游质监执法等培训会，组织了疫情防控、防灾减灾、消防安全等应急演练。推进智慧监管，建设“渝云景安”“文旅口袋云”，全市152家AAA级及以上景区完成视频监测系统建设，上报530余家上网服务营业场所视频监控系统接入数据至全国文化市场技术监管与服务平台，实现实时监测和调度。

（三）**文化旅游依法执法更加规范**

加强制度体系建设。动态调整《文化市场行政处罚裁量基准》，梳理确定权力事项252项。成立重庆市文化市场综合行政执法重大案件案审委员会，建立完善《全面推行行政执法公示制度、执法全过程记录制度、重大执法决定法制审核制度实施方案》《重大案件分级分类管理办法》《重大案件办理流程》《行政执法过错责任追究制度》等执法制度体系。印发《关于规范文化市场综合行政执法有关工作的通知》，全面规范新版执法文书和证据规则，不断提高执法权威性和公信力。加强立法调研，启动《重庆市文化和旅游市场监管办法》（市政府规章）立法调研，目前取得积极进展。加强执法协作配合，与四川省文化和旅游厅、山东省文化和旅游厅建立了文旅执法协作机制。全年共出动执法人员7.78万多人次，检查文化旅游经营场所3.19万多家次，共立案查处案件780件起，罚款金额230多万元。办理的案件连续五届被文化和旅游部评为年度重大案件、十佳案卷。

（四）文化旅游监管治理成效明显

成立安全生产专项整治三年行动工作领导小组，各区县、各单位对应成立了工作专班，强力推进挂图作战任务，市区（县）两级文化旅游部门和所有委属单位均制定《安全生产专项整治三年行动挂图作战任务（问题）清单》。下发通知督导落实，形成了“1+1”文件体系，全面推进消防、道路、交通等行业专项整治行动。深入推进信用体系建设，累计实施信用查询14280件／次、触发反馈640件／次、联合惩戒执行措施253件／次、27家经营单位被纳入“黑名单”管理。深入开展大排查大整治大执法，统筹推进重点时段、重点区县、重点场所的明察暗访，组织各区县和委属单位成立21个交叉检查组进行交叉检查；暑期，成立10个安全检查组，进行明察暗访；结合A级景区复核，开展安全工作检查。积极配合协同市道安办、市消安办以及公安、交通、市场监管等部门，节日期间和重点时段，均派出联合检查组；突出抓好全市文物单位、博物馆安全隐患排查整改，市、区县文物部门共出动5222人次，排查文物、博物馆单位3052处（家），查出火灾隐患818项，建立隐患整改责任清单，逐项落实整改责任、措施，已督促整改543项。针对不合理低价游、擅改行程、强迫购物、非法经营旅行社业务以及“四黑”等突出问题，依法立案27件、责令整改问题220个；联合相关部门开展热门景区景点“灰色产业”扰乱市场秩序综合整治，对朝天门、洪崖洞、歌乐山等重点区域“票串串”“黑车”“带路党”等旅游乱象进行集中整顿，取得较好效果。一年来，通过各种渠道受理涉及文化旅游有效投诉7090个，涉及游客1.2万余人、合同金额约1.3亿元，各类投诉均妥善处理完毕，全市未发生一起群体性事件、集体上访和重大负面舆情。游客满意度2020年排名全国第一。

（五）防范各类自然灾害能力稳步提升

坚持以防为主、防抗救相结合，预防预备和应急处突相结合，修订出台《重庆市旅游景区地质灾害防治工作方案》《重庆市文化和旅游发展委员会防汛抗旱综合应对工作方案》等预案方案。建立“市—区县—文旅单位”汛期应急响应机制和 24 小时值班制度，落实专人分片区指导防汛救灾。突出加强汛情监测预报预警，坚持急事急办、特事特办，应急广播与工作群相结合，迅速发出预警，指导相关各区县分析研判水情，做好应急防护。严格落实汛期“三查”制度，加强重点时段重点地段监管，以汛期、暑期、法定节日等特定时期为重点，以高风险项目为抓手，重点对峡谷型景区、漂流旅游项目开展排查整治。文化旅游行业领域自然灾害防范能力得到稳步提升。

（六）统筹推进疫情防控和经济社会发展取得实效

疫情暴发初期，指导全市文化执法机构落实防控要求，紧急关闭、暂停营业经营性文化场所 21054 家，成立专项检查组，对全市文化市场经营场所暂停营业情况进行督导检查，全市累计出动执法人员 1.7 万余人次，对全市文化经营场所进行了 9 轮次全覆盖巡查，坚决避免人群聚集形成疫情传播风险。妥善处置 4500 余起因疫情引发的投诉纠纷，化解涉疫矛盾纠纷风险隐患 3 个，处置违规经营行为 71 起，稳定了相关从业主体。有序推进复工复产，协调暂退旅行社保证金 1.8 亿余元，联合相关部门出台贷款贴息等政策措施，文旅重点在建项目复工率 100%。精准推进常态化防控，完善“限量、预约、错峰”机制，圆满经受住了市场复苏、游客暴增的考验，全市未发生一起因文旅场所人员聚集造成的疫情传播，全系统未出现一例疑似或确诊病例。

四、面临的主要问题

文化旅游行业点多面广、业态多样，各类人员聚集、各种矛盾交织，涉及部门多，管理难度大。

（一）游客自身安全意识仍需进一步加强

由于安全意识淡薄、安全知识匮乏、追求低价产品、忽视旅游保险等主观意识的缺失，部分游客在旅行过程中不遵守相关安全规定，不顾各种安全警示跨越安全栏、随意攀爬、接近危险水源，不顾及生命安全刻意追求刺激的高风险旅游行为，对旅游活动中存在的各类风险缺乏足够的认识和警惕，对自身驾驭旅游活动的能力缺乏清醒的判断，造成人员伤亡。

（二）涉文旅部门安全管理责任还需进一步压实

虽然《关于推进安全生产领域改革发展的实施意见》(渝委发〔2017〕15 号)明确了各部门安全监管职责，但部分区县对涉旅场所特别是各类景区景点的主管部门未依法明确，“谁主管谁负责、谁审批谁负责”安全监管主体责任落实不到位。

（三）涉文涉旅“真空地带”监管亟待规范

目前，全市有 270 多个高风险娱乐项目，高风险项目及锅炉、电梯、客运索道、非公路用旅游观光车等特种设备数量庞大，很多并未纳入国家特种设备名录，没有明确的国家质量认证标准，也没有明确具体的审批许可单位，安全风险较高；民宿、网约房等监管责任尚不明确；AR、VR 等新兴业态监管还没有全面覆盖。

五、2021 年风险趋势简要分析

随着疫情缓解，市民参与文化旅游活动的意愿和动机不断增强，出游人数急速上升，这将为文化旅游安全管理带来更多的风险。初步分析，2021 年旅行社责任保险统保示范项目突发事件案件数量将有所上升，突发疾病、交通意外、摔倒扭伤、食物中毒等是主要突发事件类型，文化旅游行业领域安全压力仍然较大。

（一）总体形势预判

纵观近 5 年的数据，旅游风险增加的同时，旅游风险管理水平与应急能力也在不断提升，全市文化旅游行业领域将持续保持安全稳定的总体态势。

（二）主要风险分析

一是新冠肺炎疫情风险。文化旅游行业多为人员密集场所，局部感染和暴发疫情的风险较高。同时，个别企业为了找回疫情损失，片面追求经济效益或者赶工期赶进度，忽略了安全方面的硬件投入，在管理上松懈，带来安全风险。二是消防安全风险。全市文化旅游行业领域，多高楼古镇深宅，文博、林草资源丰富，防火形势不容乐观。文化经营场所点多面广，网吧、KTV等文化娱乐场所人员密集，且多采用易燃装修材料，火灾风险隐患较高。三是旅游交通安全风险。我市多数地区特别是渝东南、渝东北地区山高路陡、路况复杂，加之个别驾驶人员安全意识不强、驾驶技能不精、驾驶习惯不好，极易引发交通事故。此外，个别旅行社违规租用无客运资质车辆，游客身份散客化，自驾游、驴游增多也存在较大隐患。四是自然灾害风险。文物建筑、高山峡谷景区、水上游乐项目等发生自然灾害的风险较高，高山峡谷类景区发生泥石流、滑坡等地灾风险较大。强降雨、洪峰、大雾浓雾、突发性大风等极端气候和洪水给长江游轮、“两江游”游船等带来较大风险。五是高风险项目及特种设备安全风险。目前，高风险游乐项目深受青年群体青睐，项目自身风险和特种设施设备风险叠加，该风险管控压力较大。

六、2021 年主要工作思路

2021 年，我们将坚持以防为主、防抗救相结合，坚持常态减灾和非常态救灾相统一，重点做好四个方面工作。

（一）学深悟透习近平总书记重要论述

通过党委会、主任办公会、支部党员大会等形式，认真学习习近平总书记关于安全生产重要论述，严格落实“一把手”责任和“一岗双责”，压实文旅单位全员责任制，发挥好旅游安全办公室作用，定期分析安全形势，协调解决当前旅游安全困难和问题。

（二）守住安全生产底线

清单化、项目化推进文化旅游行业安全生产专项整治三年行动，重新梳理“挂图作战”任务（问题）清单，形成解决问题的关键举措，重点关注改善安全基本面，解决消防、电气、交通等领域突出问题。加强安全风险研判，抓好防范化解重大风险各项工作，坚决防止出现较大及以上安全事故。继续抓好“平安景区”建设。

（三）加强自然灾害防范治理

重视防大汛、抗大旱，做好自然灾害预报预防工作，以涉水旅游景区、低洼地区、山洪易发区为重点，抓好汛前检查、汛中巡查、汛后复查和专项督查，对重大隐患挂牌督办。

（四）提升应急管理能力和水平

督导区县和委属单位及时修订完善文化旅游安全管理制度和应急预案，开展安全生产、防灾减灾、避险自救等培训宣讲，针对性开展“双盲”演练，提高全行业全系统防范灾害的能力和水平。

BLUE BOOK OF CHONGQING

2020年重庆广播电视业发展报告

传媒机构管理处

一、新闻宣传与舆论引导

圆满完成全国全市两会、成渝地区双城经济圈建设、抗击新冠肺炎疫情、总书记来渝考察一周年、脱贫攻坚、“双晒”等各项宣传报道任务，多次受到各级表扬，其中2020全国两会报道得到中宣部6次点名表扬。共发布疫情相关报道8872条，央视播发重庆有关防控疫情等相关新闻122条，各区县广播电视台开设《抗击疫情》专题栏目33个，制作抗击疫情主题广播、电视公益广告193个，累计播出83792条次，57283分钟。推出纪录片《今日龙抬头》、广播剧《安安》等抗疫题材作品。重庆广电集团（总台）融媒体新闻中心荣获“全国抗击新冠肺炎疫情先进集体”称号。共播发成渝地区双城经济圈建设相关报道450条，制作节目时长674分钟，播出脱贫攻坚相关新闻约600条，新媒体推送4000多条次，网站播发转载约7800条次，取得了良好的宣传效果。

二、精品创作与创新创优

编发《收听收看简报》26期，“山城视听”微信公众号刊发收听收看评议文章31篇。加强重大时间节点广播电视和网络视听文艺创作规划，围绕全面建成小康社会、建党100周年等，推动编制和实施了重大时间节点广播电视和网络视听文艺创作选题规划。共备案公示电视剧 8 部 211 集，审查发行电视剧《一江水》等 5 部 179 集，备案公示动画片 16 部 6185 分钟，审查发行动画片《梦舟少年志——西汉公主》等 5 部 938 分钟。网络纪录类节目《国难之士》获评国家广播电视总局 2020 年第一季度优秀作品。完成重点网络影视剧信息规划备案作品 185 部、节目规划备案 52 部、成片审核 11 部，上线 9 部。电视剧《一江水》入选总局第三批 2018—2022 年重点电视剧规划选题。《共产党人刘少奇》《绝境铸剑》获“飞天奖”优秀电视剧大奖。动画片《1992,我出生在中国》入选总局 2020 年第一批重点动画片选题。纪录片《城门几丈高》获总局 2019 年度国产纪录片及创作人才扶持项目“优秀系列片”称号。《夏芳的暑假》《大头小当家》入选总局 2019 年度少儿节目精品发展专项资金扶持项目。巫溪台《陡崖植树人：森林“长”在肩背上》和重庆广电集团《环保回头看上演“甩锅”大战》分别入选“2017—2018 年度中国广播电视大奖·广播电视节目奖”电视节目大奖和广播节目大奖。网络纪录类节目《国难之士》获评国家广电总局 2020 年第一季度优秀作品。

加大精品创作引导力度。开展重庆市广播电视创新创优节目引导扶持，重点扶持《江山故人》等 6 档广播电视节目。开展重庆市脱贫攻坚公益广告扶持项目、重庆市公益广告扶持项目，对 22 件优秀广播电视公益广告作品予以扶持。重庆电视台《守护长江清水绿岸》获得国家广播电视总局 2019 年度广播电视公益广告扶持项目电视类二类扶持，重庆市文化和旅游发展委员会获得优秀组织机构表彰。开展 2019 年度重庆市广播电视新闻类优秀作品评选，评选出 110 个优秀作品，推荐 12 个作品参加中国广播电视奖·广播电视节目奖评选。开展重庆视听作品大赛，共有视频类作品 402 部、音频类作品 46 部参加初审。

三、媒体融合发展和新型主流媒体建设

频率频道建设持续提升，重庆卫视高清频道登陆全国直播卫星平台，新增 4 个区县主频道实现高清化。在进一步规范电视专业频道设置和管理方面

细化管理措施，推进精简精办和特色化品牌化发展，出台《关于规范县级广播电视频率频道设置的通知》并全面贯彻落实国家广播电视总局《关于进一步加强专业电视频道建设管理的意见》。

40 个区县融媒体中心挂牌。建成以“第 1 眼”为龙头的覆盖市、区两级的移动传播矩阵。重庆广电第 1 眼 App 下载量达 800 万次，新媒体矩阵用户超 3000 万名，成为重庆本土最具影响力的视频新闻手机客户端。《谢谢你来了》《特勤精英》《幸福马上来》《黄土高天》《中国机长》《麦香》等取得“两个效益”的双丰收。在“晒文化 · 晒风景”大型文旅推介活动中，《区长县长晒精品》《文旅精品 90 秒》等类优质长短视频产品在电视大屏、新媒体矩阵推送，受到网民追捧，增强了媒体聚合能力，在丰富政务、民生信息和服务、社交功能的同时，用鲜明特色、高质量服务吸引更多用户。

四、科技创新与智慧广电

加快广播电视迭代升级，将大数据、人工智能等先进技术融入广播电视内容生成、传播服务全过程。重点打造“两江上游云”市级融媒体技术平台、车载 4K 融合生产中心，实现市、区县两级的内容监管、舆情监测、数据可视化等功能，为广播电视媒体融合提供技术支撑和运营维护，有效提升采编工作效率。围绕媒体融合延伸产业的转型和突破，从单纯新闻宣传向公共服务领域拓展，深度挖掘媒体服务功能，主动对接智慧城市、智慧社区、智慧旅游、乡村振兴建设，推进“媒体 + 文旅”“媒体 + 政务”“媒体 + 教育”“媒体 + 健康”“媒体 + 商务”等，为市民、机关企业提供办事、查询、审批等多样化服务，增强用户黏性，把广播电视媒体融合平台打造成信息服务综合体。

开工建设重庆广播电视发射新塔。开工建设重庆有线智慧广电数据中心，启动业务平台 IP 化改造、云化迁移。启动 5G 承载网、IP 城域网、IP 组播网建设，完成主城区和部分区县全光接入网改造。在渝中区、大足石刻景区等区域部署 5G 网络，建成“大足石刻千手观音 5G+4K 景点视频实时回传”和“5G+VR 重庆景点宣传”等一大批具有重庆及广电特色的 5G 示范应用试点。

以技术创新为引领，通过技术系统研发，着力提升监测监管能力和效率。一是研发“黑广播”监测系统。创新引入“互联网 +”思维，提出了革新性的“轻前端一重中心”架构，自主研发 App 完成黑广播的信号分析、检测和存储，从而实现“黑广播”实时动态监测预警、智能化语音识别、大数据挖掘与管理等功能，该项目被列为 2020 年国家广播电视总局智慧广电示范案例。二是研发“境外卫星电视监测系统”。该系统采用分期部署方式，2020 年已顺利完成项目第一期建设，建成后具备将市内各酒店的自建平台纳入监测监管范围，实现了对酒店境外卫星电视节目的可管可控，在全国广电行业具有较高的推广价值。

五、产业建设与发展

开展“台网融合”跨媒体跨平台合作，用好自主可控、传播力强的“台”“网”平台（电台、电视台，有线电视网、互联网），“i12 亲子社区”年销售套餐 14.5 万套。自主开发集 IPTV 电视、电脑、手机和便携式 4G/5G 盒子于一体的全媒体传播体系，IPTV 产品线上内容进一步丰富，基础和增值业务实际结算用户数达到 570 万户。加快谋划布局网络新应用新业态，携手商业平台媒体，增强内容的传播力和影响力，推动主流舆论占领新兴传播阵地。重庆广电集团与腾讯、百度、抖音、人人视频等签署战略合作协议、组建联合工作室、打造媒体号及衍生自媒体矩阵，实现资源共享。

制定了《重庆有线电视网络整合发展工作方案》，组织重庆有线出资 3.47 亿元完成股权收购，统一规范了全网经营主体，实现了真正意义的“一市一网”，解决了多年的历史遗留问题。确定全国一网发起人，推动重庆有线电视网络成功并入“全国一网”股份公司。

坚持以项目库建设为抓手，把培育项目推进事业和产业发展的常态化工作来抓，按照策划一批、储备一批、建设一批的思路推进项目建设，组织开展 2020 年度广播电视媒体融合典型案例、先导单位、成长项目征集和评选工作，征集 17 个项目，向广电总局申报推荐 13 个项目。重庆广电・重视传媒 MCN 机构从全国 339 个项目中脱颖而出，入选 2020 年度广播电视媒体融合成长项目，重庆有线电视网络股份有限公司入围2020年度广播电视媒体融合先导单位终评，为全市媒体深度融合发展发挥示范和引领效应。

六、国际传播与交流

国际频道在长城平台省级成员台中排名靠前，最高排名第二位。建立电视剧与重点网络影视剧拍摄制作服务办公室，为在渝拍摄电视剧、网络影视剧剧组提供综合性“一站式”服务。稳步推进影视项目深入南美，推进10个南美国家电视台与重庆克莱斯克有限公司签订协议。包括与哥伦比亚国家广播电视台就中国影视作品在哥伦比亚落地播放及未来合作达成协议，向哥伦比亚公众播出纪录片《习近平治国方略》、电视剧《推拿》《李小龙传奇》等多部影视作品。目前，正遴选适合对外推广的电视剧项目进行译配，向东盟、南美等地区国家输出播映版权。市文化旅游委报送的《重庆探索之旅Vlog》等3个视听节目入选广电总局“视听中国·美丽中国”优秀节目。

七、公共服务行业治理

全面推进地面数字电视700兆赫频率迁移工作，关停地面模拟电视发射机81部，开展50个发射台站重庆本地电视节目数字化覆盖频率迁移。印发《重庆市开展智慧广电专项扶贫行动实施方案》，实施全市智慧广电专项扶贫行动。江津区骆崃山广播电视发射台荣获第八届全国服务农民、服务基层文化建设基层广播电视传输覆盖机构先进集体称号。全市现有中短波发射台5座，调频、电视发射台55座，微波站27座，有线广播电视传输干线长度6750千米。有线电视覆盖用户数达1014万户、有线电视实际用户数达606万户；有线电视光缆新通达506个行政村，累计实现了6707个行政村光纤到村，行政村光缆通达率达到82%。15套中央和重庆本地数字电视节目通过50座无线发射台站播出，市级6套广播节目在31个无线发射台站播出，无线电视覆盖率达到93.57%。全面完成“十三五”期间直播卫星户户通、广播电视直播卫星户户通用户达414万户，重庆卫视高清频道登录全国直播卫星平台。

全市应急广播体系建设取得阶段性成果，各级财政投入1.42亿元开展应急广播体系建设，16个区县基本建成应急广播系统，18个区县正在开展建设，应急广播系统覆盖645个乡镇（街道）、6840个行政村（社区），区县、乡镇、村三级全年累计播发140万条次信息，在新冠肺炎疫情宣传防控和防汛抗灾等工作中发挥了显著作用。市人大常委会通过《重庆市实施〈中华人民共和国公共文化服务保障法〉办法》，2020年8月1日施行，其中包括广播电视公共服务内容。

八、安全播出与传输覆盖

完成“春节”、全国两会、“十一”、抗击疫情表彰大会等累计18天的重要保障任务；全市停播总次数、总时长分别较去年同期下降33.33%和92.97%，重大停播事故次数持平，安全播出态势持续向好，未发生重大网络安全事件和设施破坏事件。建立健全5G信号干扰广播电视卫星接收台站协调机制，推进完成284个卫星接收台站防5G干扰技术改造。向公安机关和无线电管理部门提供“黑广播”线索74条。

查处5个市级频率违规更改呼号的行为。部署开展养生类节目专项整治、保健品广告专项整治等，发布全市广告电视违法违规广告通报17次，共责令整改、停播违规广告264条、未备案养生类节目3档，对违规主体开展诫勉谈话3次，召开专题工作会5次。开展广播电视节目制作经营许可证、网络文化单位审批工作，新审批201家、1239家持证单位，同比增长79%、280%，为文化市场引入注册资本金18.8亿元。开展网络视听节目监测工作，共监测网站1.6万余家，审核疑似网络有害信息5300余条，报送违规视听网站22家。持续推进打击非法安装地面卫星接收设施行动，共出动监管执法人员189人，车辆12台次，发放宣传材料约2万份，检查酒店用户53家，保持了稳定持续的执法力度。开展区县自办广播频率整治，完成广电节目无线传输覆盖业务许可25个。推进中国视听大数据系统扩容，完成重庆电视台，万州区、涪陵区、黔江区广播电视台数据对接。完成IPTV集成播控分平台与电信传输平台对接和408万户迁移工作。加大对违规视听网站的查处力度，组织开展排查违规使用境外音视频制作播出、网络秀场直播和电商直播管理、网络视听节目违规广告集中整治等专项整治及检查，移送查处违规视听网站 22 家。

九、体制机制改革与制度建设

印发《重庆市文化和旅游发展委员会 2020 年广播电视和网络视听工作要点》,对全市广电工作加强统筹谋划,促进行业持续健康发展。严格执行《广播电视行业统计管理规定》《广播电视和网络视听统计调查制度》，做好指标解释、数据解读，加强统计全过程质量管理。重庆市文化和旅游发展委员会传媒机构管理处、重庆广电集团计划财务中心获得国家广电总局统计工作优秀基层单位表彰。出台《关于印发〈应对新冠肺炎疫情影响重庆影视拍摄管理服务措施〉的通知》，推动我市影视行业尽快恢复生产。

十、人才队伍建设

举办 2020 年全国广播电视编辑记者、播音员主持人资格考试教育培训班。加强广播电视播音员主持人执业注册管理，组织 536 人参加 2020 年全国广播电视编辑记者播音员主持人资格考试（重庆考区）。市文化旅游委被评为 2019 年国家广电总局广电资格考试组织工作一等奖。举办 2020 年全市广播电视专业技术技能竞赛，在全国同类比赛中率先取得政策突破，竞赛获奖选手将享受评定职称不做论文要求、最高提前两年申报评定职称，以及推荐参评“重庆五一劳动奖章”等优惠政策，2019 年参赛获奖选手获评重庆五一劳动奖；2020 年 2 名选手荣获全国广播电视技术能手竞赛一等奖。开展 2020 年度全国广播电视和网络视听行业领军人才工程、青年创新人才工程推荐选拔工作，推荐 25 人为全国广播电视和网络视听行业领军人才工程参评对象，50 人为全国广播电视和网络视听行业青年创新人才工程参评对象。推荐 6 人进入广播电视工程建设标准评审专家候选名单。开展全市播音专业职称评审工作，申报播音专业 5 人，评审获副高级职称 4 人。

BLUE BOOK OF CHONGQING

2020年度重庆市广播电视传输保障工作报告

传输保障处

2020年，按照国家广电总局和市文化旅游委工作部署，全市广播电视行业深入实施“六大工程”，广播电视传输保障工作紧紧围绕“智慧广电”“安全播出”“管理优化”等工程，圆满完成安全播出保障、传输覆盖优化、公共服务提质等工作，有力服务了全市广播电视和文化旅游工作大局。

一、深入实施“安全播出”工程，守住底线、筑牢防线，圆满完成安全播出保障任务

安全播出是广播电视工作的生命线，广播电视安全播出工作的成效关系着党的喉舌作用发挥，关系着国家的政治安全、文化安全和信息安全。2020年，经过全市广电系统的不懈努力，圆满完成“春节”、全国两会、“十一”、抗击疫情表彰大会等累计23天的重保期安全保障任务。重大活动、重点时段、重要节目广播电视播出传输实现“零差错、零失误、零事故”。全市停播总次数、总时长分别较去年同期下降14.29%和91.93%，重大停播事故次数持平，安全播出态势持续向好，未发生重大网络安全事件和设施破坏事件。

（一）圆满完成全年重要保障期安全播出保障工作

围绕全年各项重要保障期，从加强组织领导、应急能力提升、指挥调度、

监测监听等各方面入手，确保了各时段重要保障期的广播电视安全播出。一是优化领导管理体制。高度重视广播电视安全播出工作，并纳入市委、市政府对区县党委、政府领导班子年度工作考核内容，纳入全市宣传思想文化工作重要内容；建立健全全市广播电视安全播出指挥部，委主要领导任总指挥，分管领导任副总指挥，相关职能处室、委属单位负责人为成员，统筹抓好全市安全播出调度指挥和应急保障工作；重要保障期，委领导多次批示并现场检查指导安全播出工作。二是强化应急防范措施。修订完善《安全播出应急专项预案》《网络安全事件应急预案》，明晰应急流程、应急响应和应急管理，组织完成市级广电播出传输单位全系统、全业务、全流程应急演练，全市各级安全播出责任单位开展应急演练 500 余次，全面提升应急处置能力。三是加强调度指挥和监测值守。重要保障期期间，全市广电系统严格实行领导一线带班、值班员 24 小时值班、重要保障时段双人双岗的三级值班制度，严格履行“在岗在位在状态”值班要求，全市参与节日安全播出值班值守保障总人数达 27000 余人，发送安全播出预警信息 300 余条。重要保障期全市广播电视播出传输情况良好，未发生安全播出事故及非法干扰和破坏事件，重大活动、重点时段、重要频道实现安全优质播出。

（二）切实加强广播电视传输保障行业监管

全力做好广播电视卫星信号接收免受 5G 基站信号干扰协调和应对工作，建立健全协调机制，完成 284 个卫星接收台站防 5G 信号干扰技术改造。积极履行监听监测、线索通报、提供证据等职能，配合公安机关和无线电管理部门开展“黑广播”打击工作，累计集中开展“黑广播”监听监测 16 次，向公安机关和无线电管理部门提供“黑广播”线索 74 条，无线电管理部门查处黑广播设备 64 台。开展区县自办广播节目无线电频率清理整顿，处理违规用频 9 个。完成传输覆盖网行政许可 36 项，新发放频率使用许可 5 个。深入开展设施保护工作，全市发生广电设施破坏事件同比下降 8%。完成重庆广播电视监测台机房升级改造、大屏幕电视墙升级改造项目。

二、深入实施“管理优化”工程，持续优化传输覆盖体系，提高广播电视公共服务质量

2020 年，全市实现广播电视“村村通”向数字电视“户户通”的升级。全市广播、电视人口综合覆盖率稳步提升，分别达到 99.42%、99.51%。有线广播电视传输干线长度达 6750 千米，行政村有线电视达 82%，有线电视覆盖用户数达到 1014 万户，有线电视实际用户数达到 606 万户，其中有线数字电视实际用户数达 548 万户。广播电视直播卫星户户通用户达 414 万户。交互式网络电视(IPTV)用户数达 471 万户。全市应急广播体系建设全面推进，取得阶段性成果。

一是持续推进有线电视进村入户。有线电视光缆新通达 506 个行政村，累计实现了 6707 个行政村光纤到村，行政村光缆通达率达到 82%。二是开展重庆本地节目无线数字化升级改造。关停地面模拟电视发射机 81 部，15 套中央和重庆本地数字电视节目通过 50 座无线发射台站播出，市级 6 套广播节目在 31 个无线发射台站播出，无线广播、电视人口覆盖率分别达到 94.8%、93.57%。三是全面推进地面数字电视 700 兆赫频率迁移。完成全市地面数字电视台站信息核查，向总局成功申请重庆本地地面数字电视规划频率，争取市级资金 630 万元支持区县迁移改造。四是继续推进直播卫星公共服务。重庆卫视高清频道登录全国直播卫星平台，广播电视直播卫星户户通用户达 414 万户。五是全面完成广播电视无线发射台站基础设施改造。“十三五”期间累计完成 51 座台站改造。六是全市应急广播体系建设取得阶段性成果。各级财政投入 1.42 亿元开展应急广播体系建设，16 个区县基本建成应急广播系统，18 个区县实施建设，应急广播系统覆盖 645 个乡镇(街道)、6840 个行政村（社区），区县、乡镇、村三级全年累计播发 140 万条次信息，在新冠肺炎疫情宣传防控和防汛抗灾等工作中发挥了显著作用，受到各方高度评价。七是市级广播电视重点基础设施建设项目重庆广播电视发射新塔（一期工程）动工建设。

三、深入实施“智慧广电”工程，提升广播电视智慧化水平

推进全市广播电视播出机构高清、超高清技术建设，新增4个区县主频道实现高清化，全市50%区县主频道实现高清化。支持重庆广电集团（总台）开展4K超高清电视频道建设，重庆广电集团（总台）完成车载4K融合生产中心建设。定位为智慧广电西南数据中心、中国广播电视网络有限公司西部枢纽基地、大数据开发与应用中心、智慧互联研发中心及业务展示中心、产业链创新孵化中心、“巴渝文化云”创意文化中心等6大功能的重庆有线智慧广电数据中心一期项目完成项目主体建设，将建成面积约为2万平方米、容纳1500个机柜的最新国标A级数据中心及其配套数据实验用房的高等级智能计算基础设施，可安装约18000台服务器。重庆有线完成云安全平台和全IP视频能力平台建设并启动运营，启动5G承载网、IP城域网、IP组播网建设，完成主城区和部分区县全光接入网改造，智慧社区项目完成全市40个区县的覆盖。重庆广播电视监测台研发“黑广播”监测系统，实现“黑广播”实时动态监测预警、智能化语音识别、大数据挖掘与管理等功能，入选2020年国家广播电视总局智慧广电示范案例。印发《重庆市开展智慧广电专项扶贫行动实施方案》，从智慧广电消费扶贫、教育扶贫、健康扶贫、人才扶贫、公共服务等方面充分发挥广播电视和网络视听行业优势，助推全市打赢脱贫攻坚战。

四、成功举办重庆市广播电视技术能手竞赛，加强广播电视技术人才队伍建设

成功举办2020年全市广播电视专业技术技能竞赛，积极争取人力社保局和市总工会支持，在全国同类比赛中率先取得政策突破，竞赛获奖选手将享受评定职称不做论文要求、最高提前两年申报评定职称，以及推荐参评“重庆五一劳动奖章”等优惠政策，部分优惠政策在全国同行业竞赛中具有唯一

性，2019年参赛获奖选手获评重庆五一劳动奖。选拔并培训4名选手参加全国广播电视技术能手竞赛分获2个一等奖、1个二等奖、1个三等奖，获奖情况位居全国各省、直辖市、自治区之首，创下全国广播电视技术能手竞赛举办25届以来重庆市的最好成绩，市文化旅游委在国家广电总局表彰的全国广播电视技术能手竞赛优秀组织奖中排位第一。江津区骆崃山广播电视发射台荣获“第八届全国服务农民、服务基层文化建设基层广播电视传输覆盖机构先进集体”称号。重庆有线职工在第四届全国有线广播电视机线员职业技能竞赛中取得优异成绩，被国家广电总局授予“全国广播电视行业技术能手”荣誉称号。

2020年度重庆市电视剧产业发展报告

广电节目内容管理处

以习近平同志为核心的党中央高度重视文艺工作，十八大以来，习近平总书记发表一系列重要论述，深刻阐明文艺工作的地位作用、方向目标、原则要求、使命任务、工作重点，为我们做好新时代的电视剧工作指明了努力方向、提供了行动指南。电视剧作为受众最多、覆盖面最广、人民群众最喜闻乐见的大众艺术形式，在文艺作品“为时代画像、为时代立传、为时代明德”中发挥了重要作用。

2020年度，我市电视剧按照“找准选题、讲好故事、拍出精品”的要求，坚持思想精深、艺术精湛、制作精良相统一，建立健全题材规划、创作引导、内容监管、扶持支持的全流程管理体系。结合全面建成小康社会、庆祝中国共产党成立100周年等重要时间节点加强选题策划，深入挖掘重庆厚重的历史文化旅游资源，着力抓好重大革命历史题材和现实题材创作，推动重庆电视剧高质量发展。

一、2020年全市电视剧产业发展情况

（一）全国情况

2020年全年全国生产完成并获得国产电视剧发行许可证的剧目共202部

7450集，部数和集数较2019年254部10646集分别下降20.47%和30.02%。其中，现实题材剧目共计144部5027集，分别占总部、集数的71.29%、67.48%；历史题材剧目共计52部2147集，分别占总部、集数的25.74%、28.82%；重大题材共计6部276集，分别占总部、集数的2.97%、3.70%。

从电视剧备案数量来看，2020年，我国电视剧备案数量为670部23519集，较2019年全国备案公示数量905部和2018年的1163部分别下降25.97%和42.39%。

从上星播出及收视上看，据广电总局“中国视听大数据”（CVB）系统统计，2020年，全年黄金时段播出342部（689部次）电视剧，CCTV-1、CCTV-8、北京卫视、吉林卫视、黑龙江卫视、东方卫视、江苏卫视、浙江卫视、安徽卫视、江西卫视、山东卫视、湖北卫视、湖南卫视、广东卫视、重庆卫视、贵州卫视、云南卫视、深圳卫视和湖南金鹰卡通19个频道共播出116部（148部次）首播剧，其余为重播剧集。2020年黄金时段电视剧中，当代都市、近代革命题材剧目播出量最高，共184部，占全年黄金时段电视剧播出部数的53.8%。两题材电视剧播出时长占黄金时段电视剧播出时长的50.7%。全年共 41部黄金时段电视剧平均收视率破1，共有81部（93部次）黄金时段电视剧每集平均收视率超过0.5%，主要由CCTV-1、CCTV-8、北京卫视、东方卫视、浙江卫视和湖南卫视等频道播出。其中，《安家》《跨过鸭绿江》《装台》《奋进的旋律》《最美的乡村》《一诺无悔》《远方的山楂树》《我哥我嫂》《谷文昌》《大侠霍元甲》分别斩获收视排行前十位。

2020年是全面建成小康社会的关键之年，也是我国取得抗击新冠肺炎疫情、保卫人民群众生命健康安全的史诗般胜利的重要一年，涌现了一批优秀的脱贫攻坚题材、抗疫题材电视剧，取得了广大观众的认可和称赞。其中，广电总局重点指导的时代报告剧《在一起》《石头开花》分别围绕防疫抗疫、脱贫攻坚主题，采用集中播出、多频道联合播出方式，高效提升剧目影响力。《在一起》在东方卫视、江苏卫视、浙江卫视、广东卫视首播后，在湖北卫视、吉林卫视、辽宁卫视等频道重播11次，每集平均综合收视率2.531%，全剧综合到达率 28.520%；《石头开花》继在江苏卫视、东方卫视和浙江卫视黄金时段联合首播后，北京卫视、安徽卫视、湖南卫视、广东卫视接续重播，每集平均综合收视率 1.320%，全剧综合到达率 17.576%。

（二）我市情况

2020 年，我市坚持以习近平新时代中国特色社会主义思想为指导，坚持以人民为中心的创作导向，以重大革命历史题材、现实题材为引领，全年共备案公示电视剧《朝天门》《晚安，亲爱的你》《新大楼里的年轻人》《曙光之裔》《娥媚》《我家就在岸上住》《屠户家的小娘子》《咱村有支部》《我的长征》等 9 部 231 集，审查发行电视剧《烈火战马》《晚安，亲爱的你》《一江水》《勇者无惧》《重庆谈判》《深潜》等 6 部 229 集。截至目前，反映长江经济带发展的现实题材电视剧《一江水》、反映重庆谈判这段历史的重大革命题材电视剧《重庆谈判》、以重庆市公安局缉毒民警为原型的涉案剧《勇者无惧》以及近代革命题材电视剧《烈火战马》等优秀剧目正在协调上星播出事宜。

1. 规划一批重点项目

2020 年，立足重庆实际，围绕建党 100 周年、乡村振兴等重要时间节点和主题，坚持与时代同步伐、以人民为中心、以精品奉献人民、用明德引领风尚，突出前瞻性和引领性，抓好项目统筹规划，加强重大时间节点广播电视文艺创作规划，出台《重庆市加强重大时间节点广播电视和网络视听文艺创作规划实施方案》，重点推进一批讴歌党、讴歌祖国、讴歌人民、讴歌英雄的优秀电视剧。

2. 着力扶持重点作品

会同市委宣传部开展 2020 年度重庆市文艺创作项目广播电视类资助工作，电视剧方面，共扶持《共产党人刘少奇》《勇者无惧》《绝境铸剑》《浴血十四年》《烈火战马》《晚安，亲爱的你》等 6 部完成片，以及《曙光之裔》《幸福中路》等 2 部剧本，共拨付扶持资金 730 万元，有力引导了重点电视剧创作方向。积极扶持电视剧《特勤精英》《娘亲舅大》《棒棒的幸福生活》《回家的路有多远》参加第32届中国电视剧“飞天奖”评奖工作；支持电视剧《曙光之裔》参加2020年度电视剧引导扶持专项资金剧本扶持项目申报；支持电视剧《特勤精英》参加总局优秀电视作品译制资助申报；支持电视剧《一江水》参加总局广播电视和网络视听产业发展项目库入库申报。

3. 全力投入抗击疫情

新冠肺炎疫情期间，我市全力支持帮助在渝影视摄制组有序恢复正常拍摄工作，并配合做好中小微文化旅游企业贷款贴息申报工作，推动我市影视行业尽快恢复生产。我委会同市电影局、市民宗委等相关部门联合印发了《应对新冠肺炎疫情影响优化重庆影视拍摄管理服务措施》，加强来渝返渝影视摄制组拍摄管理，落实影视拍摄优惠措施，提供影视拍摄一站式优质服务。国家广播电视总局紧急协调15部优秀电视剧捐赠给湖北省各级广播电视播出机构播出，由重庆笛女阿瑞斯影视传媒有限公司出品的电视剧《娘亲舅大》位列其中。重庆重视传媒有限责任公司拍摄制作的16集抗疫题材电视剧《晚安，亲爱的你》登陆重庆卫视播出。

4. 优秀剧目不断涌现

播出方面，我市参投的重大题材电视剧《共产党人刘少奇》于2020年3月19日登陆CCTV-1黄金时段播出，收视率和口碑节节攀升，创同时段收视率第一的佳绩。《麦香》于5月18日登陆CCTV-1黄金时段播出。电视剧《绝境铸剑》于12月26日在央视一套黄金时段播出，《陪读妈妈》在浙江卫视播出。《一路上有你》《幸福约定》《烈火战马》等即将上星播出。获奖方面，电视剧《一江水》入选总局第三批2018—2022年重点电视剧规划选题。《共产党人刘少奇》《绝境铸剑》获第32届电视剧“飞天奖”优秀电视剧大奖。

5. 打造“成渝影视双引擎”

重庆影视城（江津白沙）与成都影视城正式签署成渝影视双引擎战略合作框架协议，以推动西南地区影视文化全产业链高质量发展。根据协议，重庆影视城和成都影视城将坚持“依法依规、优势互补、平等互利、合作互惠、发展共赢”的原则，加强影视产业规划协同、探索影视新兴产业互补发展机制、打通西南地区影视文化一站式服务渠道、延伸双方现有影视项目阵地、凝聚影视人才资源、建立共商共建共享机制等6方面合作，共同构建成渝影视“双引擎”。特别是在服务平台方面，双方整合各自的拍摄景点、服装道具、影视器材、酒店餐厅等资源，为影视企业、影视剧组提供落地保障，打通西南地区影视文化一站式服务渠道。

6. 构建影视拍摄服务产业体系

重庆已经具备接待和协拍影视作品的较强能力，已建立影视拍摄一站式服务平台，为剧组和企业提供政策咨询、政企协调、版权登记、场景拍摄、器材租赁、项目推介等数十项一条龙服务。目前，我市正在编制《重庆市影视拍摄服务资源指南》，建立覆盖全市的“文旅融合”影视拍摄服务资源平台，以统筹整合我市文化旅游资源，打造以“一核两带”为中心的全域影视基地，吸引优秀创作者和影视企业落地重庆，抓好优质内容创作生产，构建一体化的影视拍摄服务产业体系，推动文旅融合发展。

7. 推进影视项目走出去

近两年来，我市以建设内陆开放高地、打造世界旅游目的地为目标，推动影视文化走进南美取得零的突破，赴秘鲁、智利开展重庆文化旅游宣传推广活动。分别与秘鲁库斯科省、秘鲁国家电视台等签订友好合作备忘录，达成在智利每年举办影视文化展播周、合作拍摄影视作品、通过媒体播放城市宣传片等若干合作意向，分别向秘鲁、智利等有影响力的电视台进行优秀影视作品版权输出。2020年又与哥伦比亚国家广播电视台就中国影视作品在哥伦比亚落地播放及未来合作达成协议，授权哥伦比亚国家电视台在两年内通过该台电视频道免费向哥伦比亚公众播出包括电视剧《推拿》《李小龙传奇》在内的多部影视作品。所有作品均由中方译制为西班牙语供对方播出。迄今为止已与11个南美国家电视台签订协议。

二、2021年全市电视剧产业发展思路

2021年是中国共产党成立100周年，也是“十四五”开局之年，这对于全党全社会都是极其重要的一个年份。值此重要历史节点，2021年，重庆

电视剧业界要继续以深入学习贯彻习近平新时代中国特色社会主义思想为主线，深入学习贯彻习近平总书记系列重要讲话精神，坚持以人民为中心的创作导向，加强创作规划，聚焦现实题材，尤其是重庆本土题材和农村题材作品创作，根据“找准选题、讲好故事、拍出精品”的要求，不断优化提升我市电视剧产业发展水平。

（一）抓好建党100周年主题创作

为建党百年奉献精品力作，是电视剧的光荣使命和责任担当。围绕庆祝中国共产党成立100周年，打造一批思想精深、艺术精湛、制作精良的好剧，推进《一江水》《重庆谈判》《勇者无惧》《烈火战马》等重点电视剧的播出，充分展示中国共产党的伟大成就和宝贵经验，深刻阐释中国共产党领导是中国特色社会主义最本质的特征，聚焦我党百年征程中的重要历史阶段，用电视剧的形式共同绘就中国共产党带领中国人民从站起来、富起来到强起来的恢宏画卷。

（二）谋划“十四五”重点创作规划

做好未来五年重点电视剧选题规划，强化以人民为中心的导向，坚持现实主义的方向，以人民为主角，以立足生活接地气为标准，把选题目光投射到最广大人民群众身上。组织召开2021年重庆市电视剧管理工作会，传达学习总局电视剧管理有关精神，开展电视剧“十四五”重点选题调研，做到选题策划与国家发展布局相协调、与经济社会发展同频共振，并以题材规划为起点，引领带动电视剧精品创作生产机制升级、能力水平升级、供给结构和质量升级，切实履行好新时代电视剧的政治责任和文化使命。备案公示一批庆祝建党100周年题材的优秀电视剧，稳步推进《智能大时代》《中国军医》《曙光之裔》等重点项目进展，形成推出一批、储备一批、创作一批、谋划一批的电视剧创作生产格局。

（三）优化完善扶持政策

不断优化完善相关扶持政策，充分发挥重庆市文艺创作项目资助的杠杆作用，创新机制，优化程序，重点扶持在央视和省级卫视等重要平台播出的具有重庆元素的优秀作品，以及获得“五个一工程”奖等重要奖项的作品；创新社会投入机制，建立鼓励社会资本参与电视剧的投资保障机制和相关优惠政策，引导有实力的社会资本落地生根。会同市电影局协调推进《重庆市影视示范基地申报命名管理暂行办法》的出台。积极宣传推介重庆景区资源，形成宣传重庆城市形象，剧组、景区“双赢”的良好局面。

（四）深入挖掘本土资源

深入挖掘提炼巴渝文化、三峡文化、抗战文化、革命文化、统战文化、移民文化等题材资源，进一步加强市内制作机构、知名编剧与市作协、重庆出版集团等单位以及各区县的沟通和协调，促进优秀小说、优秀历史文化故事积极向电视剧转化。引导区县与市内电视剧制作机构加强合作交流，通过电视剧等艺术形式宣传地方历史、文化、名人、景色等历史文化旅游资源，加强创作引导，努力创作生产弘扬社会主义核心价值观、群众喜闻乐见、生活气息浓厚、能够留下时代精神印记的优秀剧作，绘就展现建党百年恢宏成就、记录人民群众多彩生活的荧屏画卷。

（五）切实加强创作生产全流程管理

建立健全电视剧创作生产全流程质量管理体系。建立严格的编审制度，对出品剧目内容实行总编审负责制，由机构主要负责人任总编审，对所制作剧目内容负直接责任。切实强化电视剧细节把关，全面强化文字、图形、道具等特定画面，特定人文、宗教景观，主题曲、插曲、背景音乐及歌词等音乐，少数民族或其他国家或地区的语言文字、特定符号与标识、典型人物形象等译文译注等服化道景及细节内容的严格把关。强化对重大革命历史题材立项、摄制以及对国安、民族、宗教、公安等特殊题材电视剧的管理，反对内容“注水”，坚决纠正高价邀请明星、竞逐明星的不良现象，杜绝违法违规劣迹艺人出演电视剧。

（六）推动完善文旅融合影视拍摄资源数据库建设

建立完善文旅影视融合服务机制，不断完善集旅游景区、影视基地、文化艺术单位、文博单位为一体的全国首个文旅融合影视拍摄资源数据库，整合文旅影视服务信息资源，形成资源互补、合作互建、互动交流与公共服务为一体的文旅影视融合的信息服务平台，吸引来渝开展拍摄的各类剧组。推动我市影视服务规范化发展，为重庆影视产业发展营造良好氛围。

（七）持续推动重庆电视剧“走出去”

以建设内陆开放高地、打造世界旅游目的地为目标，以影视文化产品走出去助力我市提升文化旅游对外影响力和国际传播力。在中国影视文化走向秘鲁、智利、哥伦比亚等南美洲 11 个国家的基础上，我市将遴选适合对外推广的电视剧项目进行译配，向东盟、南美等地区国家持续输出播映版权，向全球推广展示重庆深厚的历史文化底蕴，让中华文化、中国声音、重庆印象通过电视剧这一大众媒介“走出去”并形成持续影响。

BLUE BOOK OF CHONGQING

2020 年重庆视听新媒体发展报告

网络视听节目管理处

2020 年以来，重庆视听新媒体行业严格落实中央和市委有关网络安全和信息化工作、宣传思想工作会议精神，积极围绕中心、服务大局，以深入贯彻习近平新时代中国特色社会主义思想和党的十九大、十九届二中、三中、四中、五中全会精神为主题，以规范为基础，以发展为重点，继续保持健康有序发展的良好态势。

一、全市视听新媒体发展的总体情况

2020 年，全市视听新媒体行业发展活力显著，发展基础进一步夯实，各项工作取得了明显成效。

（一）唱响网上主旋律

1. 拓展“首页首屏首条建设”

围绕深入学习宣传贯彻习近平新时代中国特色社会主义思想，十九届五中全会、纪念抗美援朝 70 周年等主题主线，重庆 IPTV、有线视频点播和视界网推出《推动重庆各项事业沿着习近平总书记指引的方面奋力前行》《纪念抗美援朝 70 周年》专栏，华龙网推出《把习近平总书记的殷殷嘱托全面落实在重庆大地上》专栏，红岩网推出《不忘初心、牢记使命》学习专栏。及时转载和精心策划推出重点报道、新闻评论等，华龙网、视界网等推出《唱好双城记 建好经济圈》《晒旅游精品 • 晒文创产品大型文旅推介活动》等报道栏目。切实加强意识形态管理，督促各持证机构全面从严落实节目播前审核制、节目三审制等内部管理制度。

2. 做好疫情防控宣传

指导重庆 IPTV、有线视频点播和视界网、华龙网、爱看网等视听网站发布疫情防控权威信息，华龙网评论《疫情面前 每个人都是防线》被中央网信办全网推荐，重庆有线点播平台开辟《坚决打赢疫情防控阻击战》专区，IPTV 每天滚动播放各类防疫宣传片 300 余次、游走字幕 2000 次，市群众文化云发布疫情实时动态及辟谣信息 500 余条。《他在火神山医院苦战了 36 小时》等 71 部作品被中宣部“学习强国”在 PC 端、App 首页“推荐”推送。

（二）丰富网络视听内容供给

1. 加强网络影视剧创作引导

优化重点网络影视剧规划审核流程，通过 QQ、微信、百度网盘等方式，提高重点网络影视剧审核进度，促进网络视听节目创作生产。全年完成重点网络影视剧信息规划备案 220 部，其中通过备案 63 部；成片审核 14 部，其中上线 13 部，包含都市、科幻、武打、传奇等题材，为广大网民提供更加丰富的视听内容。其中，网络动画片《民调局异闻录》《一念永恒》观看次数超过 1 亿次，累计收益均超过 1000 万元；网络电影《九叔归来 1》观看次数达到 7000 万次，累计收益 916 万元。

2. 提升网络原创视听节目质量

积极参加国家广播电视总局组织的 2020 年网络视听节目季度推优、“网络视听节目精品创作传播工程”扶持项目参评、“弘扬社会主义核心价值观 共筑中国梦”主题原创网络视听节目推选参评等工作，大力提升网络视听节目内容质量。累计遴选推荐了《茶王在勐海》等 56 部原创网络视听作品参加广电总局评审。网络纪录类节目《国难之士》获评总局 2020 年第一季度优秀作品。

3. 积极开展视听作品大赛

市文化旅游委与市委宣传部联合下发《关于开展 2020 年重庆视听作品大赛的通知》，组织开展了渝西和渝东南片区部分区县采风调研活动。各区县结合实际，根据大赛相关要求开展了属地初选、初审活动，积极向大赛推荐优秀原创作品。大赛共收到区县及相关单位选送的参赛作品453部，评选出获奖优秀作品59部，其中荣昌区委组织部、区融媒体中心报送的作品《援藏夫妻》获得一等奖。

（三）扩大视听新媒体影响力

重庆IPTV电视端、视界网PC端、重庆手机台移动端及第三方平台账号用户规模达1000万+，日均访问者人数（活跃用户）达500万+，日均点击量超过1亿次。重数传媒建设了集电视端（IPTV）、电脑端（视界网）、手机端（强国号）于一体的全媒体传播矩阵，于2020年4月23日同步上线运行，月均推送惠农政策资讯、农业科技科普视频、优秀电子图书、示范中小学优秀慕课、电影电视剧作品1400部，累计浏览量达9100万次（不含手机端强国号）。

中国广电重庆网络股份有限公司视频点播业务产品（来点播视频VIP）新增订购数93.8万笔，互动业务在线用户117万户；视频专区产品新增订购数86.9万笔；大网月均点播总量2.44亿次；每户月均点播频次288.4次。

华龙网加快推进“1+41重庆客户端集群联盟”矩阵平台优势，让传播效应和传播量级呈几何倍增长，全年共计426件作品浏览量超过100万次、23件作品浏览量超过1000万次、3件作品浏览量超过亿次。

（四）强化网络视听内容监管

1. 完善行业管理体制机制

强化顶层设计，按照“谁主管谁负责”“谁主办谁负责”和属地管理的原则，联合市委宣传部、网信办印发了《关于进一步促进网络视听行业发展和管理工作的通知》，梳理中央和市有关网络视听行业发展和管理方面的政策措施，指导区县行业主管部门进一步厘清市和区县行业主管部门的职责及权限，强化属地管理责任和单位主体责任。

2. 持续规范重庆IPTV发展

按照国家广播电视总局网络视听节目管理司《关于不得在IPTV中安装“奇异果TV”等App的通知》《关于对IPTV集成播控分平台开展年度内容安全检查的通知》等文件要求，及时下发《关于对IPTV点播节目不良内容进行整改的通知》，组织开展对重庆IPTV集成播控分平台年度内容安全检查，清理违规安装的"奇异果TV"等App，及时清除IPTV点播节目不良内容，进一步完善我市IPTV管理制度。

3. 加强网络视听内容监管力度

加强对视听网站、IPTV和有线点播内容监看，圆满完成春节、全国两会、重庆两会等重保期及敏感日的监管任务，开展了4月4日全国哀悼日、"纪念抗美援朝70周年"等重保期专项监测，对防范新型冠状病毒肺炎疫情宣传情况、"弘扬社会主义核心价值观 共筑中国梦"主题优秀网络视听节目展播情况进行跟踪监测。监测网站10000余家，审核疑似有害信息4000余条。

二、视听新媒体行业发展的形势

今年，我市网络视听行业发展取得明显成效，但在发展中也还存在一些不足和薄弱环节，面临着一些困难和挑战：

一是网络视听内容创作有"高原"缺"高峰"的现象明显存在，网络视听文艺精品打造乏力，网络视听产业发展规模小、影响弱，和北京、广东、上海等先进发达地区相比，差距还比较大。

二是部分持证网站存在制度建设薄弱，日常管理不够精细，意识形态管理责任落实不够等问题。

这些问题和不足，迫切需要全行业高度重视、勇于面对、着力解决，积极顺应网络视听新的发展态势，努力在发展中寻求破解途径，加快推动网络视听高质量发展，为丰富人民精神文化生活、满足人民美好生活新期待发挥更大作用。

三、视听新媒体工作展望

2021年是"十四五"规划实施的开局之年，将以进一步贯彻落实党的十九届五中全会精神，特别是习近平总书记重要讲话精神和全会通过的《中共中央关于制定国民经济和社会发展第十四个五年规划和二〇三五年远景目标的建议》精神为契机，严格对照2021年度目标任务和委党委工作重点，进一步加大工作落实落地力度，谋划好、推进好我市网络视听行业发展和管理工作。

（一）做好建党100周年主题宣传

围绕建党100周年主题，加强网络视听媒体“首页首屏首条建设”，开设《辉煌100年》专题专栏，着力推送庆祝建党100周年主题优秀网络视听作品；开展“理想照耀中国”精品视听节目展播，播放建党100周年内容的精品电视剧、网络影视剧、纪录片、动画片。

（二）严格阵地管理繁荣内容生产

以举办视听作品大赛和剧本征集为抓手，加强网络视听精品创作规划，完善网络视听精品扶持引导机制，丰富原创网络视听作品征集推选和展播活动的形式及渠道，努力创作生产更多反映时代主旋律的网络视听作品。围绕重要敏感时间节点，做好预警监测、分析研判和风险防控工作。

（三）狠抓发展和管理措施落实

按照我委与市委宣传部、网信办联合印发的《关于进一步促进网络视听行业发展和管理工作的通知》精神，指导、督促区县行业主管部门和行业服务机构，狠抓职能职责、政策措施、体制机制等工作举措的落地落实，确保行业发展和管理工作取得实效。

（四）加强队伍建设促进行业管理

采取以会代训形式，加强行业队伍建设，壮大从业人员队伍；加强视听新媒体监管机制建设，提升监管中心监测监管能力，持续治理网络视听领域突出问题。密切与市网信办、执法总队等单位的联系，畅通联动机制，加大违规视听网站查处力度。

（五）加强成渝双城视听行业交流

鼓励支持我市视听网站开办成渝地区双城经济圈主题专题专栏，推出系列专题报道。鼓励支持成渝地区视听节目制作机构开展合作，创作生产更多的优秀网络视听作品。

2020 年重庆文物业发展报告

文物保护与考古处

2020 年，全市文物系统坚持以习近平新时代中国特色社会主义思想为指导，全面贯彻落实党的十九大和十九届二中、三中、四中、五中全会精神，准确把握全面建成小康社会和“十三五”规划收官之年的历史使命，紧扣习近平总书记对重庆提出的营造良好政治生态，坚持“两点”定位、“两地”“两高”目标、发挥“三个作用”和推动成渝地区双城经济圈建设等重要指示要求，深入落实中办、国办《关于加强文物保护利用改革的若干意见》《关于实施革命文物保护利用工程（2018—2022 年）的意见》，按照市委、市政府和国家文物局工作部署，统筹疫情防控与文物事业发展，守正创新，担当作为，全面开启全市文物事业高质量发展新征程，为“十四五”开篇奠定坚实基础。

一、2020 年全市文物业发展概况

（一）历史文化遗产资源情况

截至 2020 年 12 月底，全市共有不可移动文物 25908 处（见表 1），位列全国第 13 位。市级以上文物保护单位 436 处，其中全国重点文物保护单位 64 处（包括世界文化遗产 1 处，列入中国世界文化遗产预备名单 2 处），市级文物保护单位 372 处，区县级文物保护单位 1999 处。现有中国历史文化

名镇 23 个、历史文化街区 1 个、历史文化名村 1 个，中国传统村落 110 个，市级历史文化名镇 53 个、名村 46 个、街区 11 个、传统风貌区 23 个，历史建筑 644 处。

表 1　2018—2020 年全市市级以上文物保护单位情况

（单位：处）

文物级别	2018 年	2019 年	2020 年
全国重点文物保护单位	55	64	64
市级文物保护单位	282	372	372
总计	337	436	436

新增一批市级历史文化街区、传统风貌区、优秀历史建筑。配合市规划自然资源局申报公布第四批历史文化街区 2 处，第三批传统风貌区 3 处，第四、五批历史建筑 168 处。市级优秀历史建筑涵盖居住建筑、商业建筑、公共服务建筑、宗教及祠庙会馆建筑、工业仓储建筑、军事防御设施、市政水利设施、其他等 8 类建筑类型，其中居住建筑、公共服务建筑占比较大，从建造时期来看，解放后期的优秀历史建筑增幅明显，反映了我市一定时期城市文脉和历史风貌，具有较高的历史文化和科学艺术价值。

（二）文物保护资金投入情况

2020 年，中央财政和市级财政安排文物保护专项资金 24639.8 万元，比 2019 年增加 5.6%，其中中央资金 14267 万元，市级专项资金 2296.8 万元。从近三年看，除 2018 年三峡后续资金因国家水利资金调整，出现较大减幅外，中央、市级文物保护专项资金投入实现常态化，总量较为稳定（见表 2）。

表 2　2018—2020 年全市文物保护专项资金投入情况

（单位：万元）

年 度	全国重点文保专项	市级文保专项	三峡后续经费	小计
2018 年	13803	2950	3000	19753
2019 年	13539	2600	7200	23339
2020 年	14267	2296.8	8076	24639.8
总计	41609	7846.8	18276	67731.8

文物保护资金仍以中央投入为主。2018—2020 年，中央资金投入分别占比 85.1%、88.9%、90.7%，成为文物保护经费的主要来源，且所占比重略有增长。2018—2020 年，市级财政投入金额基本持平，投入分别占比 14.9%、11.1%、9.3%，所占比重略有下降。

（三）文物保护利用工程实施情况

全年实施文物保护工程 263 个，完工 152 个，其余正在实施。从保护级别看，各级别文物保护项目占比较均衡，市保以上项目 147 个、区县级及以下文物保护项目 116 个，占比分别为 55.9%、44.1%。从工程类型看，本体维护项目占比较大，共 189 个，占比达 71.9%，另外，实施文物保护三防项目（安防、消防、防雷）47 个，环境整治项目 8 个，其他设施配套、日常保养等项目 19 个（见图 1）。

表 3　2019—2020 年文物保护工程实施情况表

（单位：个）

年 度	项目分级统计				完工数量
	国保项目	市保项目	区县级及以下项目	小计	
2019 年	111	71	69	251	131
2020 年	87	60	116	263	152

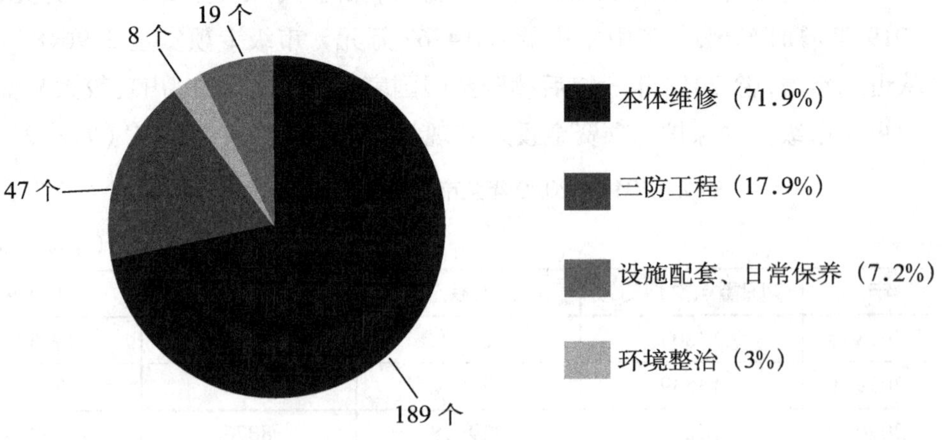

图 1　2020 年文物保护工程类型统计（单位：个）

区县级以下文物保护项目占比明显提高。2020年，实施区县级及以下文物保护项目116个，占比44.1%，相比2019年69个（占比27.5%），增幅明显，各区县主动作为、加大投入、加强保护的趋势增强。

二、主要成效

（一）世界文化遗产申报实现新进展

钓鱼城遗址、白鹤梁题刻的申遗文本、管理办法、保护规划等申遗要件更加完善，进入国家申遗重点培育项目。钓鱼城遗址考古工作五年计划获国家文物局批准，考古新发现的薄刀岭宋城墙遗址为钓鱼城遗址功能分区、结构布局和综合防御体系研究提供了重要支撑，组织北京大学、复旦大学等开展课题研究，出版《钓鱼城遗址申遗系列丛书》，完成钓鱼城悬空卧佛保护修缮项目，范家堰衙署遗址保护展示工程加快推进，始关门城墙遗址保护展示项目开工建设，钓鱼城遗址的考古、研究与保护工作得到全面提升。加强白鹤梁题刻保护与研究，完成白鹤梁题刻文物本体和环境监测项目，举办“白鹤梁·世界文化遗产可持续发展”学术研讨会、白鹤梁题刻研究课题专家咨询会，完成“白鹤梁题刻摹录校论”“白鹤梁题刻比较研究”等重点课题。

（二）考古工作取得新成果

全年完成考古项目90项，完成考古发掘面积2.5万平方米、线性考古调查522.38千米、区域考古调查62.93平方千米。市文化遗产研究院考古队荣获“2020年感动重庆十大人物”特别奖。主动考古发掘取得系列重要发现，“考古中国”项目巴蜀文明进程研究——九龙坡冬笋坝遗址，自1957年以来首次集中出土船棺葬，合川钓鱼城遗址考古有力促进申遗，忠县皇华城发现川渝地区结构最完整、保存最完好的南宋城址，奉节白帝城遗址考古实证子阳城始建于东汉，天生城遗址出土宋代遗物200余件，进一步增强了历史信度、丰富了历史内涵、还原了历史场景。完成基建考古项目81项，发现各类文物点620余处，抢救发掘文物点121处，有效保障江北机场T3B航站楼、轨道交通第四期建设规划、渝遂高速扩能工程等一批市级重大项目顺利实施。

出版《重庆古代城址考古》《重庆三峡后续工作考古报告集（第二辑）》《走近西伯利亚》等一批研究成果。

（三）石窟寺保护迈上新台阶

川渝石窟建设国家遗址公园列入国办《关于加强石窟寺保护利用工作的指导意见》重点任务。市政府办公厅印发《重庆市加强石窟寺保护利用工作方案》，市文化旅游会同市科技局等11家市级部门联合印发《大足石刻研究院建设世界知名研究院实施方案》。扎实开展石窟寺专项调查，全面摸清石窟寺家底共计716处。全年实施合川涞滩二佛寺摩崖造像修缮保护、潼南千佛崖抢险加固、南岸弹子石大佛修缮保护等石窟寺保护项目25项。推进《大足石刻保护利用总体规划》编制工作，挂牌成立市文化旅游委直属副厅级事业单位大足石刻研究院，完成大足石刻监测系统建设、大足石刻宝顶山大佛湾数字化项目，大足石刻宝顶山卧佛小佛湾摩崖造像修缮、宝顶山大佛湾水害治理二期等重点工程进展顺利，《大足石刻监测年度报告》连续三年获评“中国世界文化遗产优秀监测报告”，出版《大足石刻千手观音造像保护修复工程报告》。

（四）革命文物保护焕发新活力

出台《红岩革命文物保护传承工程实施方案》，启动红岩文化公园建设，八路军重庆办事处旧址、渣滓洞等26处红岩革命旧址保护修缮进度过半，完成桂园、中共中央西南局缙云山旧址保护展示提升；推进长征国家文化公园重庆段建设，成立领导小组，出台建设方案，编制建设规划，启动红一军团司令部旧址等长征文物保护修缮；开展“寻找红岩发声人”、红色革命故事展演、“小萝卜头进校园”、重走红军长征路等主题宣传活动，“重庆宋庆龄旧居特色社教活动”入围全国2020年革命文物保护利用十佳案例初评，完成国家文物局“革命历史类博物馆教育进校园示范项目”10个子项目策划，《歌乐忠魂》实景演艺正式开演。

（五）长江文化保护传承展现新面貌

奉节白帝城遗址、万州天生城遗址等三峡考古遗址公园群建设快速推进。“长江风景眼、重庆生态岛”广阳岛抗战遗址保护利用取得社会广泛好评。渝中区老鼓楼衙署遗址公园建设、大田湾体育场修缮、南岸区弹子石大佛修复等“两江四岸”重大文物保护项目相继开工。完成长江文物系统梳理，出版《重庆古代城址考古》《重庆三峡后续工作考古出土文物图集》等研究成果。龙门浩街区、山城巷传统风貌区陆续对外开放。十八梯传统风貌区、金刚碑街区、磁器口街区、丰盛镇、木洞镇等保护工程加快推进。推动石柱西沱镇、合川涞滩镇、江津白沙镇等重点名镇整体保护利用，强化长江文化成片集中保护。

（六）服务经济社会发展实现新提升

着力推进文物活化利用，通过自主申报、资料审查、专家评审，选评2020年度湖广会馆、法国水师兵营旧址、曾家岩书院等6个文物利用优秀项目，发挥示范带动作用。全市新增开放南岸区广阳岛抗战遗址、綦江东溪古建筑群、石柱西沱古建筑群等文物建筑50处。不断深化文物“放管服”改革，将建设工程文物保护和考古许可纳入重庆市工程建设项目审批一站式服务，在全国率先开展区域文物影响整体评价。及时转变服务方式，加快复工复产，确保全市38个市级重大项目按期开工。

（七）成渝交流合作形成新机制

联合四川文物部门签订《推动成渝地区双城经济圈文物保护利用战略合作协议》，推进革命文物保护利用、巴蜀考古、石窟保护、博物馆协同发展、巴蜀文化研学旅游品牌打造等重点合作。共同推进川陕苏区红军文化公园、长征国家文化公园建设，推动成渝地区17个革命纪念馆结成合作发展联盟。共同举办中国石窟（南方）保护学术研讨会，开展成渝古驿道研究与保护，打造巴蜀世界遗产联盟，推出《巴蜀地区石窟与摩崖造像艺术展》。大足石刻研究院在成都金沙遗址博物馆举办《天下大足——大足石刻的发现与传承》展览。

三、主要问题

（一）文物保护工作不平衡

近年来，不同级别、不同区域、不同类型文物保护不平衡问题突出。从级别来看，市级以上文物保护单位总体保存情况较好，而区县级文物保护单位数量多、保护难度大，所需文物修缮资金量大，加之区县财力有限，大量区县级文物以下的不可移动文物保护任务十分繁重；从区域来看，经济发展条件较好的区县对文物保护力度更大；从文物类型来看，对具有直接使用价值的建筑类文物保护项目重视程度更高。

（二）文物活化利用创新性不够

对文物的价值研究阐释不足，仍有部分文物修缮后长期处于闲置状态，对文物的利用形式单一，促进文物活化的体制机制创新性不足。

（三）文物保护社会力量参与度不够

现阶段文物保护主要依靠各级政府，社会力量参与不够，参与途径不多，社会资金投入有限。

四、对策和建议

（一）以安全为首要，筑牢文物保护安全防线

深入贯彻落实习近平总书记加强文物安全、严厉打击文物犯罪的重要指示批示精神，深刻汲取市内外重大文物灾害事故教训，出台文物安全事故案件约谈办法和责任调查办法，完善文物安全直接责任人公告公示制度；持续推进文物平安工程，提高文物单位消防安防能力，加强文物安全巡查检查和重要时段、重点单位、重点区域的专项督查；聚焦法人违法、盗窃盗掘、火灾事故三大风险，落实文物督察检查制度，加大整治力度，严厉打击文物犯罪。

（二）以改革促发展，不断深化文物领域改革

全面深化文物领域各项改革，加强基层文物保护力量建设，强化各级文物部门、专业研究机构队伍建设，着力解决“小马拉大车”的问题。完善文物工作体制机制，推动考古研究机构和重点文博单位参照科研机构管理。制定文物领域人才培养提升计划，选拔培养一批文物名家名师及领军人才、中青年骨干人才，壮大我市文物保护人才中坚力量。完善文物工作考核督查机制，建立文物保护工程管理制度体系，优化区域文物保护利用协作机制，推动文物事业高质量发展。

（三）以科技促保护，强化文物事业科技支撑

加强大足石刻研究院与浙江大学、重庆大学等高等院校的技术合作，联合攻关文物保护关键技术，提升我市文物保护科技水平。努力创建文物保护科技平台，加快推动大足石刻研究院创建中国南方石质文物保护重点科研基地、国家文化和科技融合示范基地，建设辐射西南地区的石窟寺保护重要科研机构。不断创新保护技术，通过多领域研究机构合作、多学科专家联合攻关，不断创新我市文物保护技术手段，为让陈列在大地上的遗产活起来打下坚实基础。

（四）以研究促传承，推进文物价值挖掘

强化考古工作，加大“考古中国”巴蜀文明进程重大项目实施力度，进一步加强忠县皇华城等三峡大遗址考古，丰富重庆历史文化内涵，充分运用现代科学技术和信息化手段，提高出土文物和遗址保护能力。推出一批重大考古研究成果，让文物说话、让历史说话，更加清晰全面地展现巴渝文化，以及对中华文明的重要贡献。强化文物资源价值研究，让其优秀传统文化和时代价值系统展现出来，让文物赋能经济社会发展更加生动、更加活跃。

（五）以创新促活化，探索文物保护利用途径

系统总结我市在重庆故宫南迁纪念馆等文物活化利用的成功经验，总结一批可复制可推广的做法和途径。借鉴兄弟省市文物建筑活化利用办法，通过公开透明的招标方式，促进文物建筑活化利用，实现从“闭门保文物”到“开门用文物”的转变。

2020年重庆博物馆事业发展报告

博物馆与社会文物处

2020年是极不平凡的一年，面对突如其来的新冠疫情与百年不遇的洪涝灾害，全市博物馆系统的广大干部职工在市文化旅游委（市文物局）的坚强领导下，深入学习贯彻习近平总书记关于文物工作的系列指示、批示精神，按照市委市政府的决策部署，在做好疫情防控、抗洪救灾、脱贫攻坚的同时，艰苦奋斗、开拓创新、积极作为、保质保量地完成了博物馆公共文化服务工作。

一、2020年发展概况

（一）博物馆建设数质双增

截至2020年12月31日，全市有博物馆105家（含分馆，按法人登记为92家），其中国有博物馆81个（文物系统53个，行业性博物馆28个），非国有博物馆24个。国家等级博物馆从16个增加到23个(一级博物馆5个、二级博物馆7个、三级博物馆11个)。按类型划分，综合类24个，历史纪念类55个，艺术类9个，自然类4个，其他类13个。利用文保单位建成开放的博物馆46个。全市免费开放博物馆、纪念馆共86个。现有博物馆主要分布在35个区县，覆盖率89.7%。已有27个区县建成综合性博物馆27个，在建6个，拟新建或改扩建5个。

（二）公共文化服务更加精细

2020年受疫情防控需要，全市博物馆按照正常接待量的1/2控制入馆参观人流量，实行预约参观和入馆前体温测量等防控措施，到目前为止全市博物馆未出现一例传染病例，坚决守护好观众健康，全市博物馆推出了289个临时展览，开展4498场社教活动，举办流动展览1188场次，网上展览和各类互动活动400多项，入馆参观量达到1754万人次（其中未成年人329万余人次），网上观众达到2亿多人次。

工业博物馆《百年风华——重庆工业发展史》获第十七届全国博物馆十大陈列展览精品奖。白鹤梁水下博物馆和民主党派历史陈列馆展览入选国家文物局2020年度100个“弘扬优秀传统文化、培育社会主义核心价值观”主题展览推介项目。三峡博物馆《重博文物会说话》系列荣获“中华文物全媒体传播精品（新媒体）”全国十佳称号。“重庆白鹤梁水下博物馆陈列展览”荣获全国水利博物馆联盟第一届十大陈列展览精品称号。“时代小先生”系列社教活动被推介为2020年全国革命文物保护利用十佳案例之一。特园民主党派历史陈列馆成为“民革党员教育基地”“中国民主促进会会史教育基地”和民建中央“爱国主义教育基地”。重庆科技馆“科普大篷车”被中国科协授予全国科普大篷车项目“明星车队”称号。

（三）社会教育功能更加突显

全市博物馆深入学习习近平总书记关于“一座博物馆就是一所大学校”的指示精神，市文化旅游委会同市教委联合发布关于《教育部国家文物局关于利用博物馆资源开展中小学教育教学的意见》的实施通知，明确了利用博物馆资源开展中小学教育教学工作的责任主体，明确了市级文物主管部门将博物馆开展中小学教育工作与博物馆定级评估、年度绩效考核和免费开放考核奖励直接挂钩等具体实施办法、量化指标和考评要求，为下一步深化和落实博物馆进校园工作奠定了基础及政策法律保障。红岩革命历史博物馆作为博物馆进校园全国三家试点单位之一，完成合同项目成果7项，提交“九个一”进校园框架和10个示范活动项目成果，圆满完成国家文物局交办的试点任务。

全市博物馆结合新冠疫情防控形势，依托微信公众号及博物馆官网等平台，以“云展览”“云课堂”“微播录”等形式服务社会公众，让广大市民足不出户用一部手机就可以逛博物馆。全年网上观众突破2亿人次，创历史最高水平。

（四）博物馆安全保障有力

全市博物馆按照《〈重庆市文物火灾隐患整治和消防能力提升三年行动实施方案〉的通知》《关于进一步加强文物博物馆单位安全保卫工作的通知》等文件，与当地政府和相关直接管理部门签订文物安全责任书。

2020年夏季特大洪涝灾害期，灾区博物馆全力做好文物保护转移工作，灾后又自力更生艰苦奋斗开展生产自救，保证了文物安全。2020年我市实施可移动文物保护项目12个，下达资金3455万元；完成并验收可移动文物保护项目6个；配备珍贵文物柜架囊匣2100个。博物馆藏品技防能力得到进一步提升；开展打击文物犯罪专项行动，破案14件，抓获嫌疑人26人，查获三级文物5件、一般文物82件。配合司法机关开展涉案文物鉴定24次，鉴定涉案物品748件（套）、墓葬及遗址17处。开展馆藏文物鉴定10次，鉴定藏品4298件(套)。2021年开展涉案文物鉴定25次，鉴定物品766件(套)，墓葬12处。开展文物艺术品拍卖会审核3次，审核拍卖标的1651件（套），撤拍2件。

（五）巴蜀文化旅游走廊建设成效显著

重庆市博物馆与四川省博物馆联合举办展览5个，签订合作协议7个。三峡博物馆、大足石刻博物馆、钓鱼城古战场遗址博物馆等5家博物馆荣获“巴蜀文化旅游走廊新地标”称号，重庆科技馆、白鹤梁水下博物馆荣获“成渝潮流新地标”称号，程武彦馆长摘得“成渝十大文旅领军人物”头衔。

大足石刻与峨眉山—乐山大佛、青城山—都江堰、武隆、金佛山联合成立“巴蜀世界遗产联盟”。大足石刻博物馆在成都金沙遗址博物馆举办了“天下大足——大足石刻的发现与传承”展；红岩革命历史博物馆与四川大学、自贡市联合举办“江竹筠生平事迹展”，与成渝两地16个革命旧址纪念馆签订合作发展协议；酉阳土家族苗族自治县与四川省高县人民政府签订了两地烈士纪念馆交流合作框架协议，赵世炎烈士纪念馆与川渝两地17个革命纪念馆（陈列馆）签订成渝地区双城经济圈革命旧址纪念馆合作发展协议；忠州博物馆与四川省达州市博物馆签署《忠州博物馆达州博物馆馆际交流合作框架协议》，举办《翰墨遗珍——达州博物馆精品书画展》《点透云心——忠州博物馆佛教拓片展》。

（六）博物馆科研成绩斐然

2020年，我市博物馆工作人员共发表各类论文1182篇，同比增长67.37%，承办或参加各级各类学术会议474场次，同比增加92.59%。三峡博物馆全年发表知网收录论文108篇，其中CSCD 1篇、SCI 2篇、北大核心6篇、万方核心4篇；出版《白鹤梁题刻史料辑录》《重庆抗战遗址基础研究史料汇编》等图书著作9部，科研项目结项《抗战时期重庆同乡会组织研究》等2个，成功立项《巴蜀历史地图集》等10项。成功举办2020白鹤梁·世界文化遗产可持续发展学术研讨会。编辑出版《长江文明》4辑，编辑印刷《重庆历史与文化》2期。《巴渝文库》专家委员会办公室工作有序推动。承担社会委托展览《重庆开埠史陈列》《梁平双桂堂展览》《广阳岛抗战文化园历史陈列》等项目展览策划与内容设计14个。

红岩革命历史纪念馆扎实推进课题研究，新获批研究课题7个（省部级课题5个，其中1项省级重点）。推进编辑《红岩家风》等图书7部，编辑出版《红岩精神研究》4期；公开发表文章105篇，完成史料翻译12万余字。召开红岩精神研究专家咨询会5次，整理19篇文章在《重庆日报》发表；12人次参加全国性学术交流会6次；与重庆大学、四川外国语大学、重庆邮电大学等共建红岩精神研究中心。

大足石刻博物馆在四川美术学院成立了大足学研究院，并计划2021年在四川大学设立大足学研究院。完成大足区146处石窟寺野外专项调查。完成省部级科研项目4项，正在开展国家级科研项目2项、省部级科研项目3项；新立项国家级科研项目1项、省部级科研项目4项。

全市其他博物馆公开发表论文近百篇，如梁平区博物馆编写著作《都梁春秋缤纷非遗梁平博物馆基本陈列精选》和《梁平博物馆文物藏品选粹》，公开发表论文4篇,参加了巴文化研究会、西南博物馆联盟2020年年会暨“后疫情时代的博物馆发展及区域特色文化”学术研讨会及渝南黔北历史文化研讨会等等。

（七）非国有博物馆发展日新月异

2020年我市非国有博物馆发展取得可喜成绩，新备案一家非国有博物馆——合川三江民俗博物馆，非国有博物馆总数达到24家，其中巴渝名匾文化艺术博物馆和大圆祥博物馆成功晋级国家三级博物馆行列，填补我市非国有博物馆无国家等级博物馆的空白。2020年全市非国有博物馆接待游客200多万人次，成为我市公共文化服务体系的有益补充。国有与非国有博物馆积极开展馆际合作，巴人博物馆与南川蝶语昆虫博物馆联合推出《“虫”此遇见你——蝶语昆虫世界走进重庆巴人博物馆展览》，梁平区博物馆与渝北巴渝民俗博物馆联合推出《碑石遗韵——梁平渝北精品拓片展》等，为我市的馆际交流合作提供了很好的范例。

（八）博物馆为旅游业贡献突出

截至2020年12月31日，全市共有34家博物馆成为A级景区，其中AAAAA级1个，AAAA级23个，AAA级6个，AA级4个。很多博物馆已经成为游客必去网红打卡地和旅游热点，5·18国际博物馆日和重庆都市旅游节期间，主城及部分区县博物馆实行了夜间开放和延迟闭馆，助推了旅游业发展。

全年各博物馆共开发文创产品2754种，文创收入8975.1万元，同比增长83.24%。参加国内文创展会9次,文创大赛4次,共计荣获27项荣誉。“盛筵系列”“溯源系列”“琼楼金阙系列”被评选为2020“重庆好礼”外事礼物；“三峡渝礼”系列产品初评入围全国文化创意产品推介活动，“遇见溪奇”系列产品入围第七届“紫金奖”博物馆文化创意设计赛。

二、事业发展状况分析

（一）基础建设不断完善

目前，全市登记备案博物馆105家，基本形成历史、革命、抗战、工业、自然“五大博物馆群”。分布在 35 个区县，区县覆盖率 89.7%，博物馆建筑总面积 72.2 万平方米，全市博物馆体系日趋完整。

（二）藏品数量日益增长

目前全市国有可移动文物总量 1482489 件，其中珍贵文物 42172 件（一级文物 2374 件、二级文物 5784 件、三级文物 34014 件）。全市博物馆藏品总量 893730 件，其中珍贵文物 41193 件（一级文物 2395 件，二级文物 5580 件，三级文物 33218 件），一般文物 257708 件。“十三五”期间，博物馆藏品增加总量为 83052 件。

（三）人才队伍逐步壮大

全市博物馆现有编制人数 1410 人，实有人数 2989 人。专技人员 1120 人，其中，高级职称 204 人、占比 18.2%，中级职称 333 人、占比 29.7%。全国首个文物保护装备产业基地基本建成。三峡博物馆获评国家文化和科技融合示范基地、西南地区首个国家文物局重点科研基地。

三、存在的主要问题

（一）博物馆建设数量不足，分布区域不均衡，藏品利用率不高

全市 105 家登记备案的博物馆有 53 家博物馆集中在主城 9 区，其中渝中区最多有 14 家，而长寿、丰都、垫江、彭水 4 个区县暂无博物馆、纪念馆，这些区域的公共文化服务职能不完善。

（二）博物馆办馆条件差距较大，公共服务功能发挥参差不齐

国有博物馆经费、人员、馆舍条件总体较好，但仍然存在纳入免开补助范围的博物馆运行较好，未纳入的地方财政保障不足，运行较困难。大部分非国有博物馆存在馆舍条件差，办馆经费不足，内部管理不规范，专业人员匮乏，博物馆功能作用发挥不够等问题。

（三）博物馆人才队伍梯次结构不完善，高层次专业人才匮乏，存在引进不了、留不住的问题

市级直属馆缺乏高知名度的业内领军人才，专家级人才青黄不接，大部分区县博物馆缺少专业人员，缺乏高技能人才引进和培养的机制。

四、推动博物馆高质量发展的思考

下一步，全市博物馆要立足新发展阶段，贯彻新发展理念，构建新发展格局，全面提升博物馆发展水平，进一步形成布局合理、结构优化、特色鲜明、体制完善、功能完备的博物馆体系，激发博物馆创新活力，提升博物馆公共文化服务效能，进一步释放博物馆发展活力。

（一）优化博物馆体系布局

支持重庆博物馆新馆、重庆自然博物馆园区、中国民主党派陈列馆升级改造、中国水文博物馆、重庆革命军事馆等市级重要博物馆建设。促进专题特色博物馆建设，鼓励自然类、科技类、考古遗址类、工业遗产类、生态类、社区类等专题馆建设。引导行业博物馆、非国有博物馆规范建设发展。促进博物馆基本公共文化服务均等化，按照行政区划，公共博物馆覆盖率100%，鼓励并支持乡镇博物馆、纪念馆、文化综合体等建设，鼓励乡村特色博物馆建设。加强博物馆建设指导和积案服务工作，引导已经建成开放，但条件不足的博物馆提升品质，备案登记，纳入规范管理，增加博物馆实际数量。

（二）提升藏品保护管理研究能力

支持博物馆制定收藏规划、规范藏品征集程序，加强抢救性保护与预防性保护有机结合，提高馆藏文物风险预控能力。实施馆藏珍贵濒危文物、脆弱性文物保护修复计划。建立文物修复资质单位评估与退出机制。健全博物馆公共安全应急预案，完善安全应急措施。推动研究型博物馆建设，鼓励有条件的博物馆纳入科研事业单位管理。

（三）提高博物馆公共文化服务效能

实现全市博物馆总数、免费开放博物馆总数、公共文化服务人群覆盖率、举办陈列展览数量、开展教育活动数量、参观人数、云展览数量稳步增长。提升博物馆展陈质量，探索策展人制度，鼓励原创性展览。深入实施博物馆云展览建设工程。进一步发挥教育功能，完善大中小学生利用博物馆学习长效机制，推进博物馆教育规范化标准化，推动博物馆文化进教材。大力发展智慧博物馆，推进博物馆大数据体系建设。补齐短板、提升效能，推进博物馆资源共享化、服务网络化、运行一体化，实现博物馆由设施建设为主向效能建设为主的转变。

（四）进一步释放博物馆发展活力

推进博物馆理事会制度建设，逐步完成博物馆法人治理结构改革任务。落实文物博物专业人员职称制度改革。完善财政对博物馆免费开放的支持机制，强化绩效考核和动态管理。配合国家文物局开展博物馆科技成果转化收益分配试点。推进陈列展览策划、教育项目设计、文创产品研发成果转化所得收入用于藏品征集、事业发展和绩效奖励试点。充分发挥行业协会决策咨询和桥梁纽带作用，完善博物馆运行绩效评估管理制度。鼓励社会力量参与博物馆展览、教育和文创开发。

2020 年重庆文物安全工作报告

文物督察处

2020 年，全市文物系统深入学习贯彻习近平总书记关于加强文物安全工作的重要指示批示精神，坚决落实党中央、国务院有关文物安全工作的部署，按照《国务院办公厅关于进一步加强文物安全工作的实施意见》和《重庆市人民政府办公厅关于切实加强文物安全工作的实施意见》要求，坚持底线思维和问题导向，强化责任落实。在做好新冠肺炎疫情防控的同时，持续开展文物安全监管工作，依法督办、查处文物违法案件和安全事故，积极配合公安机关严厉打击文物犯罪，全市文物安全状况总体向好发展，未发生大的文物安全事故和违法犯罪案件。现将有关情况报告如下：

一、2020 年工作措施

（一）压实文物安全责任

1. 签订文物安全目标责任书

按照属地管理原则，继续深入开展文物安全目标责任书签订工作。38 个区县政府分别与 1116 个乡镇（街道），23188 处不可移动文物和 83 家博物馆的管理使用单位签订了文物安全责任书，逐处落实了文物安全直接责任人。同时，各区县还落实文物安全巡查员 3813 名，签订文物安全巡查协议，保证每处不可移动文物都有人负责、有人巡查、有人看管。

2. 落实巡查看护人员和经费

对无专门管理机构的不可移动文物全部落实文物安全巡查看护人员，全市除文物部门管理人员外，通过聘请附近村民、村社干部、文物志愿者等方式，落实了3813名文物巡查看护，加强对不可移动文物尤其是田野文物的日常巡查看护。市级财政专门列支经费33万元，对无专门管理机构管理的175处市级以上文物保护单位的文物安全巡查员的电话费、交通费进行补助。

3. 开展文物安全直接责任人公告公示

2020年，我市在全国率先探索开展文物安全责任公告公示制度，各区县文物行政部门通过发布公告、新闻媒体、官方网站等途径向社会公告公示。在文物和博物馆单位出入口等明显位置设置公告公示牌，将责任单位、直接责任人姓名、电话，监管部门电话、违法举报电话等向社会公示，接受全社会群众监督。全市共投入经费103余万元，制作文物安全直接责任人公告公示牌8224块，对除不便公告公示的古墓葬外的其他不可移动文物和博物馆的文物安全直接责任人进行挂牌公告公示。

4. 组织开展文物保护责任评估

为贯彻落实《国务院关于进一步加强文物工作的指导意见》（国发〔2016〕17号），2020年4月至12月，市文化旅游通过购买服务，委托重庆师范大学对38个区县（自治县）政府及两江新区、万盛经开区管委会2018—2019年度履行文物保护责任情况开展检查评估，并对市级以上文物保护单位的保存状况开展调查评估。从评估结果看，所有区县均达到80分以上，其中政府责任、文物行政部门责任较首次评估有很大提升。同时，将全市的评估结果报告市政府，并通报各区县政府，有效促进了文物保护政府主体责任落到实处。

（二）强化文物日常安全监管

1. 规范文物安全日常巡查检查

为加强文物安全检查规范化、制度化，市文化旅游委制定印发《重庆市文物安全检查督察办法》，对文物部门和文物管理使用单位开展安全检查程序、内容进行规范和明确。结合不可移动文物、博物馆安全检查的重点，统一印制了文物行政部门、文物保护单位、博物馆三种类型的文物安全检查记录本，分别交由各区县和文物、博物馆单位检查使用，填写检查记录，促进日常安全检查工作规范落实。

2. 严格开展日常巡查检查

市、区县两级文物行政部门开展文物安全巡查检查 7247 处次，巡查各级各类不可移动文物 26483 处次，发现各类安全隐患 2703 项，整改 2002 项；检查文物收藏单位 208 次，发现安全隐患 307 项，整改 259 项。聘请文物安全巡查员开展巡查检查 58779 处次，发现安全隐患 5990 项，整改 5069 项。

3. 突出抓好文物安全专项检查

一是组织开展文物火灾隐患排查整治和消防能力提升三年行动。根据国务院安全生产委员会统一部署，按照国家文物局《全国文物火灾隐患整治和消防能力提升三年行动实施方案》要求，制定了《重庆市文物火灾隐患整治和消防能力提升三年行动实施方案》，成立了刘旗主任为组长的重庆市文物火灾隐患整治和消防能力提升三年行动工作领导小组。自 2020 年 6 月开始至 2022 年 12 月结束，开展为期三年的专项行动。2020 年，全市已完成动员部署和排查整治阶段工作，市、区县文物部门共出动 5222 人次，排查文物、博物馆单位 3052 处（家），查出火灾隐患 818 项，建立隐患整改责任清单，逐项落实整改责任、措施，督促整改 543 项。市文物行政部门组织专项工作检查组，抽查了 32 个区县三年行动开展情况，实地检查了 36 处全国重点文物保护单位和 23 家三级以上博物馆，督促整改隐患 46 项。二是组织开展博物馆“双随机一公开”专项检查。按照《国家文物局关于在博物馆领域落实“双随机一公开”监管的指导意见》和《重庆市文化旅游委、重庆市公安局关于进一步加强文物博物馆单位安全保卫工作的通知》要求，市文化旅游委抽调 8 名文博专家组成 4 个检查组，会同当地公安机关、消防救援机构专业人员，对 22 个区县的 30 家博物馆的安全保卫、消防安全、馆藏文物安全管理进行抽查检查，指导督促基层文物部门抓好隐患整改和安全防范，提升文博单位日常安全监管水平。

（三）加强突发事件应急管理

市、区县文物部门制定了灭火救援、反恐防暴、防汛等各类突发情况应急预案，并督促文物博物馆单位按照预案做好训练演练，加强指导监督，有效降低突发事件对文物安全的影响。特别是2020年夏季，重庆遭受1981年以来最大过境洪峰，潼南区、铜梁区、合川区、南岸区、长寿区等区县文物部门按照应急预案，提前预警。渝中区、南岸区、綦江区、南岸区、红岩联线等单位，积极组织人员转移、抢救物资、设置警戒线、设置防护栏（网）、包裹文物本体等措施，全力做好文物保护和防洪工作。洪水退后，立即对受淹文物进行洗消、擦拭、清淤，快速恢复对外开放。争取50万元救灾补助资金，对受灾严重的文物单位进行灾后保护维修。

（四）加强文物安全工作督察

1. 强化文物保护责任督察

市级文物行政部门加大对区县文物保护与文物安全检查督察力度，对文物安全隐患较多、日常管理不到位、文物保护利用不足的渝中区、奉节县、巫山县、綦江区、忠县等10个区县文物部门发出《文物安全督察意见》，并抄送当地人民政府，督促整改落实。同时，还对发生文物违法行为的城口县政府、城口县文化旅游委、沙坪坝区城市管理局、红岩联线等4个单位相关负责人进行约谈，责令改正，依法履行保护责任。

2. 严查文物违法犯罪案件

2020年，全市文物行政执法机构立案查处未批先建、违法施工的法人违法案件3起，其中1起正在查处中。发生文物火灾事故1起。公安机关立文物犯罪案件26起，破案21起，其中盗掘案件7起，盗窃案件7起，倒卖案件7起。抓获犯罪嫌疑人48人，查扣涉案文物126件，打掉文物犯罪团伙7个。市文物局专门设立文物违法线索举报电话，受理违法举报线索5条，其中市文物局直接核实处理2条，督办、转办3条。

3. 协作推进文化遗产领域公益诉讼

2020年，有1个县政府、12个乡镇政府因文物保护不力，4个区县文物行政部门因未认真履行文物保护属地管理责任、监管责任，收到检察机关检察建议书，城口县、涪陵区、合川区、綦江区、荣昌区等区县均按照检察建议书要求完成整改，大足区还在整改中，秀山县文化旅游委被检察机关提起行政公益诉讼后才落实整改。

（五）强化文物安全防护能力提升

以安全风险为导向，加强具有重大安全风险的古遗址古墓葬石窟寺石刻安防和古建筑消防设施建设，努力构建人防物防技防有机结合的文物安全防控体系。2020年，国家文物局确定我市30个全国重点文物保护单位安全防护工程项目计划，共安排资金2702万元。先后完成了云阳张桓侯庙安防和消防、忠县石宝寨消防升级改造、潼南大佛寺摩崖造像消防和防雷、奉节白帝城安防等10项文物安全技术防护工程。同时，随着市级、区县级文物保护单位安防、消防工程系统的投入使用，全市文物整体技术防护能力得到较大提升。

（六）完善文物安全协作机制

1. 完善打击查处文物违法犯罪联合机制

为贯彻落实全国打击文物犯罪专项行动总署电视电话会议精神，推进我市防范和打击文物犯罪工作。市文化旅游委、市公安局相关处室（支队）多次召开专题研讨会，研究部署防范和打击文物犯罪专项行动工作，联合印发《关于进一步加强文物博物馆单位安全保卫工作的通知》。全市各级文物部门积极配合公安机关打击查处文物犯罪，做好涉案文物鉴定，2020年共开展鉴定17次，鉴定涉案物品732件（套），其中珍贵文物17件（套）；鉴定墓葬和古遗址7处。为鼓励全社会群众共同参与打击文物违法犯罪，市文化旅游委还专门出台了《重庆市文物局对提供文物违法线索奖励办法》，对提供11种文物违法行为线索进行精神和物质奖励。

2. 建立文化遗产领域检察公益诉讼协作机制

为认真落实党的十九届四中全会关于“拓展公益诉讼案件范围”要求，充分发挥检察机关法律监督职能和文物行政部门监管职能，加大文化遗产保护工作力度。7月30日，重庆市文化和旅游发展委员会与重庆市人民检察院共同签署《文化遗产领域检察公益诉讼协作协议》。建立了对口联系、信息通报、线索移送、联合开展专项行动、双出现场、办案协作、专业支持、人才交流和联合宣传等机制，并互聘6名检察官助理和6名文化遗产保护专员。

二、安全形势分析

（一）当前面临的安全形势

2020年，全市文物安全监管工作取得了一些成效，未发生较大文物安全事故案件，但安全形势依然严峻，文物安全呈现出一些新趋向、新问题、新特点：个别文物管理使用单位文物安全责任意识不强，巡查、检查工作不落实；工程建设中还存在法人违法行为；盗掘古墓葬、盗窃文物案件时有发生；文物建筑依然存在电气线路铺设和电气设备安装不规范、消防安全管理松懈、责任不落实、制度执行不力；文物保护工程施工现场安全措施不足，施工人员安全意识不强等问题。

（二）当前文物安全工作面临的主要矛盾

当前文物安全还存在经济社会建设与文物保护之间的矛盾，新形势下安全防护设施建设需要与经费投入不足之间的矛盾，文物安全工作高要求与从业人员能力不足之间的矛盾等。

三、2021年文物安全工作计划

2021年，全市文物系统要深入贯彻习近平总书记关于文物安全工作重要指示批示精神，坚决落实党中央、国务院决策部署，落实国务院、重庆市安全生产委员会安全生产要求，有序推进新冠肺炎疫情防控期间文博单位开放参观，聚焦法人违法、盗窃盗掘、火灾事故三大风险，完善防控体系，加大执法督察力度，强化文物安全底线意识、红线意识和生命线意识，不断提升文物安全监管水平，防范文物安全和违法犯罪能力。

(一) 进一步打牢文物安全基础

1. 强化文物安全责任

继续实施文物安全责任书签订工作，进一步完善文物安全直接责任人公告公示制度,明确岗位责任。按照当地新冠肺炎疫情防控要求,增强安全意识,落实安全责任，有效防范化解各种安全风险，确保人员和文物安全。

2. 加强文物安全规范化建设

严格抓好《重庆市文物安全检查督察办法》的落实，严格执法巡查、案件督察、督办约谈和信息公开制度，加大专业能力培训、考核，确保巡查检查到位、整改到位。同时，对照国家文物局有关规章制度，结合文物安全工作中遇到的实际问题，拟出台重庆市重大文物案件和安全事故行政责任追究办法及重庆市文物局文物违法案件督察办法等规范性文件,确保工作有章可循。

(二) 进一步织牢文物安全防线

1. 加强文物消防安全源头治理

坚持“以防为主，防消结合”的方针，始终把防火作为文物消防工作的重中之重。强化风险意识，加强监督管理。按照《重庆市文物火灾隐患整治和消防能力提升三年行动方案》部署，联合当地消防救援机构扎实开展火灾隐患排查整改和消防能力提升三年行动，将电气线路整改、生产生活用火、违规用火用电、违规燃香烧纸等作为整治重点，加大火灾隐患排查力度，提升源头治理和火灾风险防控水平。

2. 严打文物违法犯罪

贯彻落实全国打击文物犯罪电视电话会议精神，按照《关于进一步加强文物博物馆单位安全保卫工作的通知》要求，会同公安机关定期分析研判辖区内文物安全风险，加强文物博物馆单位的安全防范工作，重点加大对石窟寺、石刻、古遗址、古墓葬等田野文物巡查、防范；配合公安机关开展打击文物犯罪专项行动，做好涉案文物鉴定、移交、保管等工作，始终保持高压态势。

（三）进一步提升安全管理能力

1. 强化文物安全管理制度

建立健全安全制度，明确安全职责，实施规范化、精准化、网格化管理，增强文物安全治理能力。深入推进文物平安工程，完善文物安全防护设施，推进文物安全监管平台建设，推动文物安全防护与现代科技融合创新，进一步提升文物安全防护能力。

2. 完善文物安全工作长效机制

加强与公安、检察、应急、消防救援、规划、城乡建设、宗教、市场监管等部门密切协作，推动市政府建立全市文物安全工作联席会议制度，以解决涉及跨部门文物安全重点难点问题。加大对文物违法线索举报奖励的宣传力度，积极引导和鼓励社会力量参与文物安全工作。

2020年重庆对外和对港澳台文化和旅游工作报告

国际交流合作处

一、总体情况和数据统计

2020年，完成对外对港澳台文化交流项目共计54项，其中因公出访4批74人次，出访希腊、新西兰和中国台湾、澳门地区；来访商业演出23批283人次；涉外涉港澳台展览展示活动11场，其他对外交流活动16项。

二、工作特点

（一）分类打造国际文旅交流交往平台

统筹工作资源，强化能力建设，分别按照出境游服务、国际研学、政府间交流交往的功能设置，有序推进和拓展“重庆国际文化旅游之窗”、重庆国际青少年研学旅游基地、重庆文化旅游国际研究中心以及重庆文化和旅游国际交流中心的建设及功能布局，积极推动重庆中西部国际交往中心建设。

（二）充分发挥重庆文化旅游境外推广中心宣传作用

切实发挥17个重庆文化旅游境外推广中心及境外合作单位驻地推广优势，强化重庆文旅境外宣传推介。会同重庆文化旅游华盛顿推广中心参加了美国上半年规模最大旅展——纽约时报旅展，依托菲律宾华达旅行社参加菲律宾国际旅展，与伦敦推广中心和中国驻英国大使馆协办“英伦最强音”网络歌唱比赛，提供了长江三峡游轮游、伦敦至重庆往返机票等重庆好礼；指导温迪吴旅游集团创始人及负责人借助 BBC 电视台世界新闻频道和世界商业访谈频道直播采访契机，向世界游客积极宣传传播中国入境旅游正能量；支持并指导东京、首尔、汉堡、悉尼等推广中心陆续开展以重庆入境游为核心的市场营销活动。

（三）稳步开展对外对港澳台文旅交流活动

面对疫情，及时与日本伊豆地域富士山静冈机场利用促进联络会、意大利威尼托大区文化遗产产业集群、孔子学院杜塞尔多夫分院等境外友好合作单位，通过互寄口罩、互致慰问信、慰问视频等形式互帮互助，体现出了守望相助、共克时艰的深厚情谊。引入波兰籍编剧来渝编创指导原创芭蕾舞剧《归来红菱艳》。支持匈牙利、日本、意大利、埃塞俄比亚驻重庆总领馆、秘鲁驻华大使馆在渝举办文化文博展览活动；与意大利驻重庆总领事、法国驻成都总领事、上合组织副秘书长、迪拜商会负责人、立陶宛驻华商务参赞、马来西亚驻昆明总领事等交流座谈，深入交换合作意见。

三、重点工作

（一）论坛会议

于 2020 年 6 月举办 2020 年中国（重庆）第三届温泉与气候养生旅游专家顾问年会视频会议，来自意大利、波兰、匈牙利、日本的 10 名温泉领域知名专家顾问，代表世界温泉与气候养生联合会、波兰浴疗与物理医学协会、匈牙利浴疗协会、意大利米兰大学运动科学院、波兰浴疗、日本森林医学研究会、瑞士温泉医疗、意大利帕多瓦大学物理及康复医学院参加会议，就温泉康养、温泉与免疫力、温泉与中医结合调理人体体质等主题交流发言，充分发挥国际智囊作用，助推重庆世界温泉谷建设。

（二）大型节会

于 2020 年 11 月至 12 月第十一届中国长江三峡国际旅游节期间，举办了 2020 长江三峡旅游发展论坛、世界大河歌会等主要活动，及长江三峡（巫山）国际红叶节、中国·白帝城国际诗歌节等配套活动。联合市政府外办邀请几内亚比绍、老挝驻华使馆官员，及柬埔寨、韩国、日本、新加坡、泰国、巴基斯坦、乌拉圭、匈牙利、埃塞俄比亚、意大利等驻渝蓉使领馆代表一行30余人，出席第十四届中国·重庆长江三峡（巫山）国际红叶节并乘船考察沿线旅游资源，寻求合作交往新机遇。

（三）友城合作

持续深耕友城合作，疫情暴发后第一时间向白俄罗斯、泰国、日本等重庆友好城市合作单位捐赠口罩等防护物资，驰援友城抗击疫情。借助重庆市与韩国釜山市建立友好合作城市关系十周年、与日本水户市缔结友好交流关系20周年之际，联合特别举办釜山城市图片展、水户城市线上图片展等友好交流活动。

（四）欢乐春节、美丽中国

积极参与国家“欢乐春节”品牌文化活动，精心组织重庆优秀演出团队赴希腊、新西兰，重庆杂技表演精品项目赴中国台湾执行“欢乐春节”演出任务，并开展了“山水之城·美丽之地”重庆旅游推广活动，与海外华人华侨及国际友人共庆中华传统佳节、共鉴中华壮丽山河，传播中华友谊与文明。

（五）特色品牌

坚持资源特色化、活动品牌化，持续打好重庆三峡、都市、人文、温泉、乡村“五张牌”，继续做大做强重庆文化旅游境外推广中心海外平台阵地，做响“重庆文化旅游周”特色品牌活动。结合成渝地区双城经济圈建设，全力打造“巴蜀文化旅游走廊”，于11月联合四川省赴中国澳门参加第八届澳门国际旅游博览会，采取“联合设展、共同网宣、合作推介”的川渝文旅境外宣传推广新模式，有效推进了巴蜀文化旅游走廊建设。

（六）线上传播

面对疫情阻困，及时转变思路重点，突出线上传播策略。先后与部省合作项目——丹麦文化中心合作策划“云游重庆”线上宣传活动，专题推出重庆美食、温泉、长江三峡等系列推广活动；与中国驻英国大使馆共同指导支持“英伦最强音”网络歌唱比赛，提供了长江三峡游轮游、伦敦至重庆往返机票等重庆好礼；在泰国国家旅游局主办的全球网络视频会议上，播放我委制作的《重庆·繁华依然》宣传短片；依托文旅部“云游中国”线上平台上传重庆“晒文化、晒风景”大型文旅营销活动图片视频成果，与中国驻新加坡旅游办事处联合开展“双晒”专题展播，在新加坡掀起“重庆热”。重点依托我委与市委宣传部共建的IChongqing海外媒体平台及Facebook、Twitter等社交媒体矩阵，开展多形式重庆文旅线上宣传，特别推出的144小时过境免签政策专题宣传视频，海外媒体曝光量和点击量分别超过500万次和60万次，反响热烈。我委报送的Ichongqing3个视听节目入选广电总局“视听中国·美丽中国”优秀节目。

（七）产业合作

加大政府引导扶持力度，促进国际产业合作。支持重庆克莱斯克影视传播有限公司与哥伦比亚国家广播电视台深度合作，由该公司译制的纪录片《习近平治国方略》、电视剧《推拿》《李小龙传奇》等多部影视作品在哥伦比亚热播，作为该台庆祝中哥建交40周年的国庆献礼片之一，引发热烈反响。积极推动促进该公司与另外10个南美国家电视台签订的合作协议落地见效。

（八）对港澳台工作

持续巩固渝港、渝澳、渝台一家亲情谊。今年9月联合香港特区政府重庆联络处共同举办“缤纷港·美丽渝”大型线下活动，利用漫画形式串联出香港、重庆的不同场景，展示两地美食美景及经济社会发展成就。今年1月，派出杂技艺术团20人赴中国台湾参加台湾佛光山春节平安灯会，表演大型杂技秀《魔幻之都·极限快乐SHOW》27场次，累计接待观众近3万名，获得台湾观众高度认可；6月举办“一带一路·宝岛情诗·敦煌冥想——洪政东的油画世界”台湾画家洪政东大陆巡回展，加强渝台两地艺术家互动交流；配合市委台办开展第十二届“重庆·台湾周”活动，指导泓艺九洲国际文化艺术中心与台湾华夏艺术学院主办“同绘——第二届渝台美术作品联展”，吸引了大批台湾同胞关注重庆文旅发展。在第八届澳门国际旅游博览会的渝、川特色展馆及精彩的推介活动引得澳门同胞赞叹不已。

ZHUANTI PIAN
专题篇 <

BLUE BOOK OF CHONGQING

文化旅游业“十三五”期间和2020年工作亮点及“十四五”期间和2021年工作思路

综合协调处

“十三五”时期是全面建成小康社会、实现第一个百年奋斗目标的决胜阶段，文旅产业呈现出消费大众化、需求品质化、竞争国际化、发展全域化、产业现代化的发展趋势。全市文化旅游系统以习近平新时代中国特色社会主义思想为指导，深入贯彻党的十八大、十九大和十九届二中、三中、四中全会精神，深化落实习近平总书记对重庆提出的“两点”定位、“两地”“两高”目标、发挥“三个作用”和营造良好政治生态的重要指示要求，统筹常态化疫情防控和经济社会发展，大力推动成渝地区双城经济圈建设，促进“一区两群”协调发展，坚持抓大文旅、促品质化，全市文化旅游业持续保持良好发展态势，主要目标指标和重点任务基本完成，实现了全面推进与重点突破相结合、速度规模与质量效益相统一。今年虽受疫情影响严重，但随着“后疫情”时代到来，全市文旅行业呈现回稳向上的复苏态势，内生向上的趋势正在显现。

一、“十三五”期间和2020年工作亮点

（一）文化事业和文化产业持续发力

文化产业增加值从2015年的全国第24位上升至2019年第13位，初步预测，2020年文化产业增加值较2015年增长77.1%。文化市场主体从8万

余个增加到 12.8 万个，全市已建有 7 个国家级、85 个市级文化产业示范基地，南岸区南滨路创建国家级文化产业示范园区进入最后冲刺。重庆市被列入首批扩大城乡居民文化消费试点城市名单，先后四次在全国文化产业会议上做经验介绍，牵头组织 2019 年深圳文博会扩大文化消费试点成果展。先后成功举办 4 期全国文化产业精品项目交流对接会、中国西部动漫文化节，首次承办“第十三届全国美术作品展览油画、雕塑展区展览”，举办全国首期文化产业品牌建设培训班和西部文化产业经营管理人才培训班，联合四川共同举办第六届中国诗歌节。城市恋链文创衍生品研发和推广项目入选 2019 年度“一带一路”文化产业和旅游产业国际合作重点项目。舞剧《杜甫》荣获第十届中国舞蹈“荷花奖”舞剧奖，四川竹琴演员何菊芳荣获第十届中国曲艺牡丹奖表演奖，评书演员吴文荣获第九届中国曲艺牡丹奖表演奖，四川评书演员袁国虎荣获第十届中国曲艺牡丹奖新人奖，芭蕾舞剧《追寻香格里拉》荣获第五届全国少数民族文艺会演剧目银奖，魔术《幻影飞鸽》荣获第十届中国杂技金菊奖魔术节目奖，魔术《仙人摘豆》获第十三届“金手杖”魔术大会金奖，魔术《伞丛扇影》荣膺 IBM 国际魔术大赛金牌、金奖和最受观众欢迎奖三项大奖，杂技节目《星空下的女孩——舞流星》获第 17 届莫斯科国际青少年马戏节银象奖，雕塑《烈焰青春》荣获第三届“中国美术奖”金奖，雕塑《为新中国雕塑》、油画《家庭系列之花样年华》荣获第三届“中国美术奖”铜奖；谐剧《一分不能少》、小品《占座》、舞蹈《龙把子》获“群星奖”，获奖总数居全国前列；完成庆祝新中国成立 70 周年国庆彩车巡游文艺表演，被评为国庆 70 周年重庆晋京游行展演先进集体。魁星楼团场完工并投入使用，重庆国际马戏城一期主要工程顺利完成，二期工程已正式启动，文化艺术职业学院一期工程建成投用。全国公共文化领域重点改革任务暨旅游厕所革命工作现场推进会在渝召开；全市公共图书馆、文化馆达国家等级馆率分别为 100%、95.12%，国家等级率位居全国前列，中国高速公路首座服务区图书馆在 G50 沪渝高速建成使用。

（二）旅游影响力不断扩大

全市接待游客人次数从 2015 年起一直位列全国城市排名榜首，接待入境过夜游客人次数从 2015 年全国排名第 18 位上升至 2019 年第 15 位，2019

年，文旅部首次公布全国各省（直辖市）国内旅游人次排位，我市位列全国第四。初步预测，2020 年旅游总收入较 2015 年增长 116.8%。全市资源单体数达到 15020 个，其中五级资源单体 128 个。全市 A 级旅游景区进一步增加，达到 260 个，较 2015 年底增加 62 个，其中 AAAAA 级旅游景区 9 个，较 2015 年底增加 2 个。文化和旅游部数据中心重庆分中心、重庆智慧旅游研究院挂牌成立。武隆区、巫山县成功创建国家全域旅游示范区。现有全国休闲农业与乡村旅游示范县 12 个、示范点 23 个；全国特色景观旅游名镇 14 个、名村 7 个，全国绿色村庄 158 个，中国生态文化村 25 个、全国森林康养基地试点建设单位 8 家，武隆、江津、南川、巫山被命名为全国森林旅游示范县。建成全国“景区带村”旅游扶贫示范项目 3 个，武隆入选《世界旅游联盟减贫案例 2018》中国 12 个旅游减贫典型案例。成功举办第二届中匈温泉产业发展高峰论坛、中国第二届温泉与气候养生旅游国际研讨会，引入世界级温泉康养品牌与产品体系“黑维兹”，全力打造重庆“世界温泉谷”，重庆荣获中国温泉之都和世界温泉之都称号。《2016 年中国旅游城市吸引力排行榜》重庆居第三位，列上海、北京之后。世界旅游业理事会（WTTC）发布《2018 年城市旅游和旅游业影响》，重庆为全球旅游增长最快城市。重庆在“世界旅游城市景气指数排行榜”中名列 16 名，被国际权威旅行杂志评为“世界十大旅游目的地”“全球十大最具发展潜力的旅行地”，我市荣登《2018 年城市旅游度假指数报告》网红城市排行榜榜首，连续三年在界面新闻“中国旅游业最发达城市排行榜”位列第二，荣获 2019 年全国夜间经济十强城市、2019 年度中国城市旅游品牌第二名，荣获 2019 年亚洲旅游“红珊瑚”奖——十大最受欢迎文旅目的地，“壮丽 70 周年·最具影响力会展目的地金手指奖”“十大工业旅游城市”，成为全国首个播放量过百亿级的“抖音之城”。央视新闻报道重庆是“最宠游客的城市”，《2019 年中国大陆民宿业发展数据报告》显示，我市民宿数量全国第一、好评率进入全国省级行政区前十位。

（三）文旅融合取得阶段性成效

2018 年 10 月，重庆市文化和旅游发展委员会正式挂牌成立，各区县文化旅游部门按时改革到位，文旅融合发展进入新阶段。“十三五”以来，全市先后出台《关于加快全域旅游发展的意见》《关于推动文化产业高质量发展的意见》《重庆市实施〈中华人民共和国公共文化服务保障法〉办法》《重庆市历史文化名城名镇名村保护条例》《重庆市大足石刻保护条例》等一揽子意见条例，为推动文旅融合发展提供了有力支撑。巴蜀文化旅游走廊建设稳步推进，联合四川召开2次专项工作联席会议，围绕文化、旅游、广电、文物、市场监管等领域达成5项战略合作和多个协作机制。成功推出两季"双晒"大型文旅推介活动，其中"晒文化·晒风景"活动持续半年之久，相关图文、视频累计阅读量25.5亿人次；第二季"晒旅游精品·晒文创产品"活动从今年6月份启动以来，全媒体传播量超27亿人次，稿件阅读总量9.3亿人次，区县长"双晒"直播观看量3.5亿人次。创新推出"丽人行"西安快闪活动，活动视频连续三天成为全国热搜，IP裂变式曝光超10亿次。世界大河歌会、长江三峡国际旅游节、中国西部旅游博览会等重要节会高质量举办。《印象武隆》《天上黄水》《梦幻桃园》《烽烟三国》等文旅演艺陆续改版提质，《归来三峡》等文旅演艺陆续上演，舞剧《杜甫》赴韩国成功商演并开创重庆大型舞剧走出国门商演先河，杂技秀《魔幻之都·极限快乐SHOW》正式在重庆国际马戏城开展驻场演出，填补主城无驻场旅游演艺的空白。着力健全完善"1+N+X"的旅游外宣平台，先后成立重庆文化旅游国际传播中心、美中友协重庆办事处、白俄罗斯文化旅游商品中心，以及17个重庆文化旅游境外推广中心。大力加强文化和旅游市场综合执法，先后承办文化和旅游部法治联络员培训班、"全国文化市场技术监管与服务平台"开展旅游"诉转案"试点，"港中旅重庆分社不合理低价游案"作为全国旅游业唯一案例入选中国法律服务网案例库；原市旅游监察执法总队被表彰为"全国文化市场十大案件办案单位"，办理案卷获评"全国文化市场综合执法九大最佳案卷"，是全国省级旅游执法机构连续两年唯一入选单位。建立"车田乡脱贫攻坚调度指挥系统"，协调扶贫集团21个成员单位筹集扶贫资金1.18亿元，举办"十万山东人游重庆"旅游营销系列活动，文旅扶贫成效逐步凸显，市文化旅游委先后被国务院授予"全国民族团结进步模范集体"称号，被全国妇联授予"全国巾帼建功先进集体"荣誉。

（四）广电发展进一步提升

"十三五"期间，充分发挥广电、媒体、网络等行业优势，扎实抓好习近平新时代中国特色社会主义思想学习宣传贯彻，着力唱好主旋律，巩固主阵地，全行业未发生一起意识形态事件。我市成功入选国家广电总局全国16个首批5G试点建设城市，全国首个过江索道5G网络建设项目在长江索道投入商用，中国西南地区媒体App总下载量排名第1名，广播电视发射新塔等一批重点项目顺利推进。电视剧《海棠依旧》《绝命后卫师》《热血军旗》获“飞天奖”“金鹰奖”。电视剧《共产党人刘少奇》《麦香》《绝命后卫师》、广播剧《“事儿妈”宋小娥》《宝贝回家》、电影《血战湘江》荣获中宣部第十四届精神文明建设“五个一工程”优秀作品奖。电视剧《毛泽东》《原乡》《聂荣臻》获第30届“飞天奖”,纪录片《记住乡愁（第三季）》获得“星光奖”纪录片大奖，纪录片《最后的棒棒》获得首届金树国际纪录片节最佳短纪录片奖,纪录片《城门几丈高》入选2019年度国产纪录片及创作人才扶持项目，并获“2019年中国十大纪录片”入围作品奖，纪录片选题《破晓》入选总局2019年重点纪录片创意选题并入选总局庆祝新中国成立70周年纪录片展播名单,《中俄书途》在中国国际电视台俄语频道播出，并获中国新闻奖国际传播类三等奖。全国基层应急广播工作推进会在渝召开。全市广播人口综合覆盖率达99.1%，电视人口综合覆盖率达99.4%。建成IPTV集成播控平台，完成90万户直播卫星“户户通”。

（五）文博事业得到持续发展

全国重点文物保护单位64处，较2015年底新增9处，中国历史文化名镇23个,较2015年底新增5个,中国传统村落110个,较2015年底新增47个,现有博物馆105个,较2015年底新增24个。国家级非遗代表性传承人60名，较2015年底新增20名，8个重庆非遗项目列入首批国家传统工艺振兴目录，9个区县被纳入国家首批革命文物保护利用片区分县名单。大足石刻研究院升格为副厅级，编撰出版《大足石刻全集》，填补了国内大型石窟寺编写出版系列考古报告的空白。钓鱼城遗址、白鹤梁题刻成功入选全国5个申遗重点培育项目，红岩革命文物保护传承工程被纳入全国革命文物保护利用工程实施，长征国家文化公园、武陵山区（渝东南）国家级文化生态保护实验区建设稳步推进。钓鱼城范家堰南宋衙署遗址荣获“全国十大考古新发现”称号。《盛筵——见证〈史记〉中的大西南》获第十六届全国博物馆十大陈列展览精品奖。全国首个文物保护装备产业基地落户重庆，三峡博物馆成为国家文化和科技融合示范基地及西南首个国家文物局重点科研基地，国家文物进出境审核重庆管理处挂牌，智慧文博展区和智慧博物馆高峰论坛作为国家文物局重点展会项目连续两届亮相“智博会”。重庆三峡移民纪念馆入选全国爱国主义教育示范基地，红岩干部党性教育基地入选中央国家机关党校首批党性教育基地。大足石刻博物馆、自然博物馆新馆、重庆工业博物馆相继开馆。重庆三峡移民纪念馆试运行，重庆青少年活动中心（市少年儿童图书馆）、三峡文物保护基地等一批重点项目顺利推进。

二、“十四五”期间、2021年目标思路和重点任务

“十四五”时期，围绕建设“文化强市”“世界知名旅游目的地”的总体定位，着力打好“五张牌”，推动建设大都市、大三峡、大武陵世界旅游目的地，力争到2025年，把重庆建设成为文化艺术繁荣、城市魅力独特、产品业态丰富、品牌形象显著、服务功能完善、环境安全友好、主客共享、近悦远来的文化强市和国际知名旅游目的地。推动全市文化旅游综合实力进一步提升：文化产业增加值占GDP比重达5%，旅游产业增加值占GDP比重超过5%。

（一）进一步促进理念融合，推动“十四五”规划高水平编制

抢抓“成渝地区双城经济圈建设”和“一区两群”发展战略机遇，争取国家层面《巴蜀文化旅游走廊建设规划》出台，联合开展巴蜀文化旅游营销推广，共同培育巴蜀文化旅游品牌。按国际一流标准打造大都市、大三峡、大武陵三大旅游目的地产品体系和服务体系。把长嘉汇大景区建设成为全球都市旅游的超级IP和“网红”打卡核心区，围绕长嘉汇大景区打造演艺集聚区，大力推动长江音乐厅、红岩公园、开埠文化遗址公园等十大文化设施项目建设。

（二）进一步促进业态融合，推动文旅产业加速转型

大力发展温泉康养、气候养生、休闲度假、房车露营、体育健身、乡村民宿等新业态。推动创建一批市级和国家级旅游度假区、国家AAAAA级旅游景区、国家全域旅游示范区。重点打造十大旅游重点项目。推动建设一

批数字文化产业园区和文化与科技融合发展示范基地，引进、培育和扶持一批数字文创企业创新发展。以街舞、广场舞、国际舞、现代舞为重点，大力发展舞蹈产业，打造“舞动山城”国际品牌，建设国际舞蹈中心和中国街舞联盟总部基地。

（三）进一步促进品牌融合，推动塑立重庆新形象

大力发展文旅节会和会展，推进已有节会活动品牌化打造和市场化运营，新打造重庆市夜景文化节、重庆文创设计周等节会，恢复重庆艺术节。推进国际文旅之窗项目走深走实，助力重庆国际化再上新台阶。创建武陵山区（渝东南）土家族苗族国家文化生态保护区和长江三峡（重庆）国家文化生态保护实验区。建成重庆非遗博物馆。助推“重庆好礼”品牌化、产业化发展。全力推进石窟保护、考古研究，创响大足学品牌，建设世界知名研究院。

（四）进一步促进市场融合，推动文旅高质量发展

重点围绕主体气候和温泉资源布局开发康养度假区，加大招商引资和项目投资力度，全方位升级打造“世界温泉谷”。深化国有文艺院团改革和发展，重点推进 1 ～ 2 家市级国有文艺院团改股上市。努力将抗建堂打造成中国话剧的“圣殿”。设立舞台艺术创作扶持基金，推动舞台艺术从作品创作、生产、演出全过程市场化改革及流程再造，努力攀登舞台艺术作品创作高峰。积极开展经典剧目的复牌和展演工作，力争在文华奖、荷花奖等全国重要评比中取得优异成绩，结合全面建成小康社会、中国共产党成立 100 周年、打赢脱贫攻坚战等重要时间节点和主题创作新作品。

（五）进一步促进服务融合，推动游客体验感全面升级

推进公共文化服务均等化、智慧化，开工建设重庆博物馆、重庆第二图书馆、重庆美术馆等重大公共文化设施项目。加快建设重庆市青少年活动中心、重庆国际马戏城二期、重庆市红色旅游系列景区基础设施升级改造建设工程、开埠文化遗址公园等已开工项目。全面完成基于 5G 网络的旅游产业数字化、智慧化转型升级。进一步制定扶持行业企业发展的政策措施，推动和促进行业企业全面复产和发展；进一步深化“放管服”改革，建立良好的营商环境。

新冠疫情对我市文旅企业影响概述

办公室

为深入了解新冠疫情对重庆文旅企业的影响程度，准确掌握我市文旅企业受疫情影响后的具体困难与诉求，切实做好疫情防控和我市文旅产业恢复发展工作，市文化旅游委会同市委宣传部、西南大学在全市38个区县范围内开展了新冠疫情影响调查工作，从全市13410家文旅企业分层随机抽样1537家调研样本，涉及文化和旅游产业共计13个门类。调研发现，新冠疫情对重庆文旅企业发展产生了三个方面影响：

一、营收下滑现象较为突出，文旅产业损失较为严重

接近95%的文旅企业营收同比呈下降趋势，从整体影响程度看，48.17%的企业经营出现部分困难，但能勉强维持；14.84%的企业经营暂时停顿；26.96%的企业面临倒闭风险，以广播影视放映为代表的文化传播渠道类企业和旅行社受疫情影响时间最长，规模越小的文旅企业复工率越低。流动资金紧缺（64.80%）、庞大的房租税费支出（63.64%）和市场订单减少（54.47%）是当前文旅企业面临的主要困难。除此之外，债务偿还难度大（39.86%）、经营成本提高（35.56%）以及人员流失（26.65%）是文旅企业关注的重点问题；融资难（19.11%）、经营项目亏损以及订单合同难以履行（16.12%）加大了文旅企业经营难度。

二、流动资金需求强烈，降低生产经营成本是最主要的政策诉求

绝大部分企业储备资金在50万元以下，48.7%的企业不具备储备资金，反映出文旅企业资金抗风险能力较弱。疫情的暴发加剧了企业的资金需求，据测算总体资金需求在30亿元以上。所需资金主要用于缴纳税费、房租、水电（73.66%），员工工资（69.00%）和维持现有项目运营（55.40%）等生产运营成本支出。目前已享受金融类、财税类和生产经营类扶持政策的文旅企业平均占比分别为5.49%、28.59%和28.22%。另外，除本身不具备申报资格（如并非中小困难企业），也有政策因素导致企业无法享受相应政策：如贷款担保等政策对成立时间、企业产值、营业额等门槛限定较高，经营网吧等企业无法取得银行贷款。企业对提供房租、水电费等补贴（77.00%），给予企业员工稳岗补贴（70.24%）占据政策诉求比例最高。加强生产经营类政策扶持仍是缓解企业复工复产的重点工作。

三、文旅企业通过不同方式积极自救，在疫情压力下坚强求存

降低除人力之外的生产成本、减少开支（61.46%）是疫情后重庆文旅企业最主要的应对方式，另有29.4%的企业通过降薪裁员减少资金压力。与此同时，企业通过积极拓展营销渠道、创新营销方式（32.25%），实行弹性工作制、增加线上办公（21.52%），研究消费新热点、布局新市场（19.97%），调整年度目标（24.55%），加强客户管理（28.05%），优化内部治理结构（15.62%），积极申请政府资金（12.28%）和向银行、民间等借贷融资（17.48%）等方式加强自救。疫情也同步推动文旅企业转型发展，31%的企业有企业转型计划，包括转向线上营销（20.44%）、引入资本或企业合作（16.16%）、转向轻资产投资（12.12%）、利用数字技术提档升级产品和服务（10.41%）、拓展国际市场（5.59%）和重视IP建设（4.66%）等。

市文化旅游委扶贫集团对口帮扶酉阳县车田乡工作情况

公共服务处

近年来，在市委、市政府的坚强领导下，在市扶贫办的大力支持下，市文化旅游委扶贫集团坚持以习近平新时代中国特色社会主义思想为指导，深学笃用习近平总书记关于扶贫工作的重要论述和在解决“两不愁三保障”突出问题座谈会上的重要讲话精神，以高度的思想自觉、政治自觉、行动自觉投身酉阳县车田乡脱贫攻坚帮扶工作，狠抓调查研究、力量整合、问题整改，工作成效明显。

一、建立工作机制

（一）发挥脱贫攻坚指挥部的组织领导机制，突出“两力”，着力增强工作的凝聚力和贯彻力

熊雪副市长高度重视车田乡镇脱贫攻坚工作，先后5次深入车田乡调研、蹲点督导，研究解决车田乡脱贫攻坚工作中存在的突出问题，加快项目推进，确保工程质量，高质量打赢脱贫攻坚战。常务副指挥长刘旗先后10次实地调研、指导、督战车田乡脱贫攻坚工作，解决难点问题。以如期高质量打赢脱贫攻坚战为首要目标，以解决“两不愁三保障”突出问题为重点，坚持五项工作制度，在解决凝聚力和贯彻力上下功夫。即坚持指挥部的工作联席会及任务部署制度，坚持邀请乡主要领导参加的驻乡工作队月度例会

制度，坚持驻村工作队的工作周报制度，坚持扶贫工作信息报送制度，坚持与指挥部、扶贫集团和县乡的汇报协调、沟通推动机制。2017 年下半年以来，市文化旅游委扶贫集团成员单位累计筹措扶贫资金 3.01 亿元，有力助推了车田乡脱贫攻坚。

（二）发挥集团和扶贫工作队的统筹协调机制，突出“两点”，着力找准帮扶的结合点和切入点

市文化旅游委扶贫集团每年定期组织召开联席会议，熊雪副市长亲自主持召开扶贫集团联席会议，把脉定向，安排任务，制定措施，谋划脱贫攻坚，解决“两不愁三保障”突出问题，构建起“市—县—乡—村”四级联动的帮扶责任体系。扶贫集团驻乡工作队对标对表落实组织、指导、协调、督促乡党委政府开展脱贫攻坚工作职责。市文化旅游委扶贫集团各成员单位与车田乡 22 个村民小组结成对子，在县乡精准帮扶的基础上叠加开展点对点帮扶工作。按照“集中力量办大事、办难事、办急事”的思路，通过“掌握情况、沟通对接、调研论证、协力推动、成效反馈”的工作机制，架起成员单位与县乡的沟通桥、连心桥，使各单位发挥所长，找到工作结合点、找准工作切入点。每个成员单位都有村组户的结对帮扶任务，市文化旅游委推动各村旅游示范点建设和原始村落危旧房保护改造，为村集体经济造血，招收贫困家庭子女进入重庆艺术学校、市杂技团学习就业；林业局开展叶用枸杞产学研基地建设及系列产品开发等，使扶贫成员单位迅速进入角色，迅即开展工作，逐步取得成效。

（三）发挥扶贫集团成员单位的帮扶助推机制，突出“两性”，着力发挥单位的主体性和能动性

各成员单位及其下属单位充分发挥职能职责，落实帮扶任务。2017 年帮扶车田乡以来，成员单位累计 1200 多人次到车田乡调研走访，累计走访 8000 多户次，扶贫集团各成员单位主要负责人都多次到车田乡进行调研，深入查找车田乡贫困原因和脱贫攻坚工作中存在的问题，全面摸清车田乡脱贫攻坚工作底数，制定帮扶措施，形成帮扶特色。市文化旅游委建乡文化活动中心和电影院，市林业局开发森林人家和护林公益岗位，市道路运输事务中心建乡客运站和村招呼站，市公路事务中心帮助乡村道路改建，市人防办、市税务局、重庆高新区、西永微电园公司、重庆医科大学等单位积极参与人居环境改造、基础设施建设、教育卫生扶贫等，充分体现了制度优势和政治优势。

二、主要做法

（一）三个规划发动，为脱贫攻坚谋划，做好发展规划蓝图

市县乡共同制定车田乡《脱贫攻坚三年发展规划》《旅游度假区规划》和《集镇风貌改造规划》，立足解决“两不愁三保障”突出问题，着眼产业发展和乡村振兴，围绕“游客为什么来？怎样来？来干什么？”等系列问题，为脱贫攻坚装上“加速器”，使发展步入快车道。

（二）四村示范带动，为集体经济造血，解决两不愁三保障

建成 4 个“村级旅游示范点”和自驾露营基地，作为村集体资产，辅以土苗民居旧危房保护改造和人居环境打造，带动全乡“桃源人家”民宿发展 233 家、其中贫困户 70 多户，带动村民就业、产业发展和农产品销售。

（三）六项文化驱动，为旅游产业夯基，促进发展行稳致远

通过保护一座天龙山、挖掘一个 lia 娲洞、呈现一座土司城、建设一个文化中心、建立一个苗绣非遗扶贫工坊、原创一首《lia 娲她是谁》歌曲等文化驱动工程，挖掘整理车田乡的历史文化资源，为旅游发展提供文化支撑、讲述历史故事、提供参与场所，使车田的旅游立得住、走得远。

（四）三项融合联动，为产业发展赋能，践行两山论两化路

市、县、乡、村四级联动，农文旅融合联动，各部门单位合力联动，着力在 4 个村分别形成生态康养、田园综合、农林观光、农耕体验的特色化、差异化发展格局。在车田乡既望得见山、看得到水、记得住乡愁，还可采茶泡、品茶油，摘草莓、葡萄和桃李，采蜂蜜、选药材，采摘枸杞芽菜、品茗杞枸芽茶等。

（五）三变改革推动，为三农改革加速，探索三变三金模式

在文旅融合中“政府搭台、市场运作、群众参与”，引入国有和民营主体，以“市场主体 + 专业合作社 + 农户”的方式，探索“三变”改革和“租金 +

薪金＋股金”的“三金”模式，加强集体经济与农户、贫困户的利益联结，力求脱贫后稳得住、不返贫、能致富。

三、工作成效

（一）对标“两不愁三保障”目标任务，突出问题得到有效解决

“两不愁”方面，精准落实各项到户到人帮扶措施，实施产业扶持、土地流转覆盖全乡全部625户贫困群众，建立村级集体经济组织＋合作社或企业＋村民（含贫困户）利润共享机制，带动贫困群众长效增收。利用金融扶贫政策惠及323户贫困群众。全乡共有贫困劳动力1359人，实现就业1327人，就业率97.65%。用足用好公益性岗位开发政策，合理开发公益性岗位数399人。基本实现了吃不愁、穿不愁。“三保障”方面，落实义务教育有保障，全乡义务教育阶段学生1363人，其中义务教育阶段贫困学生468人，入学率达到100%。落实基本医疗有保障，全乡贫困群众2797人，贫困户目录报销比例达90%。落实住房安全有保障，全乡累计搬迁306户，搬迁入住率100%，旧房处置率100%；坚持住房安全有保障底线红线原则，实施C、D级危房改造220户。

（二）对标农村基础设施建设要求，群众生活质量得到显著提升

立足客观实际，坚持尽力而为，车田乡扶贫项目共114项，总投资6.07亿元。交通方面，建成沺溪至车田二级道路27千米；完成集镇至湖北百福司镇道路扩宽工程12.5千米；全面启动车田至兴隆大桥建设；全乡建成投用“四好农村路”27条100.5千米，10户以上院落通畅率达100%；建成农村招呼站80个；建成中心客运站1座。水利方面，严守安全饮水底线标准，坚持集中供水与分散供水相结合，建成安全饮水池37口，建成集中供水厂3座，铺设饮水管道60余千米，实现户户喝上健康水；彻底消除洪涝隐患，整治泄洪渠5千米。通信网络方面。实施农村通信覆盖工程，建成转播基站17座，基本实现4G信号乡域全覆盖；新增10千伏及以下线路64.9千米，增加变压器21台，全乡通上了动力电，正有序推动625户贫困户节能设备安装。人居环境方面，坚持干净、整洁、有序的基本要求，以改善群众生活条件为

出发点，提升院落整体形象面貌为落脚点，整合美丽乡村、扶贫集团成员单位帮扶资金、县级融资资金，实施房屋周边人居环境整治1000余栋；全面完成集镇管网规范化、道路黑色化工程；建成投用集镇污水处理厂1座、垃圾中转站1座；开展“洁美人家”“评乡贤”等活动,评比“洁美人家”88家、“乡贤”1人。公共服务方面，建成投用4个村的便民服务中心，完成文化服务中心、电影院主体建设，建成投用中心幼儿园1所，完成改扩建村小4所，基本完成车田中心校建设任务，有序推进车田乡中心卫生院建设，完成4个村卫生室标准化建设。

（三）**对标农业产业发展的标准目的，贫困群众的利益联结得到充分保证**

结合车田乡地理环境等实际情况，指导车田乡大力发展现代山地特色高效农业、电商销售和乡村旅游。科学确立以油茶、茶叶、中药材和乡村旅游为主攻方向，以叶用枸杞、土鸡、蜂蜜、经果林等小品种产业为有效补充的扶贫产业发展思路，现已发展油茶25000亩、茶叶2000亩、叶用枸杞300亩、生态山羊存栏5000余只、吊瓜300亩、经果林1400亩、中药材4000亩、大豆2000亩，全乡产业户均达13亩，油茶产业人均达3亩，有效带动贫困户增收。实施“筑巢引凤”工程，引进山东省中郝峪乡村旅游发展模式，建成乡村旅游示范点4个，建成露营基地1个，建成桃源人家233家，森林人家16家，建成采摘、农耕体验园5600亩，增加旅游从业人员300人，能够同时满足1300余人的入住需求，带动乡村旅游发展。深入实施“三变改革”，扶持和引导4家村集体经济组织、26家农民专业合作社，建立“租金＋薪金＋股金”利益联结机制，全覆盖625户贫困户。引进4家龙头企业投资发展产业，带动户均增收1.5万元／年。

下一步，市文化旅游委扶贫集团将继续深入学习贯彻习近平总书记关于扶贫工作重要论述和视察重庆重要讲话精神，严格按照“四个不摘”要求，进一步对接帮扶需求，继续发挥各成员单位职能优势，强化责任落实，研究制定更加务实管用的帮扶举措，加快车田乡项目建设、产业发展、人居环境整治、就业帮扶、消费扶贫等，巩固脱贫成果，建立健全防止返贫机制，充分激发群众内生动力，确保持续稳定脱贫，实现巩固拓展脱贫攻坚成果同乡村振兴有效衔接。

以非物质文化遗产有形化为载体助推渝东南武陵山区文旅产业融合发展示范区建设

综合协调处

非物质文化遗产（以下简称非遗）作为传统文化的重要组成部分，是“民族记忆的背影”和历史文物的“活化石”，以其丰富的文化内涵延续至今，逐渐融入人们的日常生活，焕发出新的光彩。渝东南作为重庆市唯一的少数民族集聚地区，具有丰富的非物质文化遗产资源。近年来，通过建设武陵山区（渝东南）土家族苗族文化生态保护实验区，区域内非遗保护和发展取得了明显成效，但如何通过将无形的非遗资源有形化，发挥好“非遗＋”这个原动力，加快建设武陵山区（渝东南）土家族苗族文化生态保护实验区，促进渝东南武陵山区文旅产业融合发展示范区建设，助推“巴蜀文化旅游走廊”和“一区两群”发展有待解决。

一、渝东南非遗现状及存在问题

渝东南涵盖黔江区、武隆区、石柱县、秀山县、酉阳县、彭水县6个区县，拥有苗族、土家族等少数民族48个，作为重庆市唯一的少数民族集聚地区，是国家重点生态功能区和重要生物多样性保护区，也是文化旅游资源十分富集的区域。2014年8月，“武陵山区（渝东南）土家族苗族文化生态保护实验区”被批准为第18个国家级文化生态保护实验区。自文化和旅游部建立第一批国家级非物质文化遗产代表名录以来，渝东南地区累计命名11项国家级非遗项目、13 名国家级传承人；166 项市级非遗项目、162 名市级传承人；984 项区县级非遗项目，955 名区县级传承人，市非遗生产性保护示范基地 15 个、市非遗传承教育基地 15 个、全国重点文物保护单位 4 个、市级重点文物保护单位 41 个、中国历史文化名镇 3 个、重庆历史文化名镇 5 个、中国传统村落 45 个（见表 1）。近年来，渝东南地区通过不断地发展，已经形成了较大规模的非物质文化遗产体系，取得了一些成绩：

表 1　渝东南非遗数据汇总表

序号	区县／单位	代表性项目（项）			代表性传承人（人）			市非遗生产性保护示范基地	市非遗传承教育基地
		国家级	市级	区县级	国家级	市级	区县级		
1	黔江区	1. 南溪号子	33	146	1	25	146	4	2
2	武隆区		26	161	0	17	206	3	4
3	石柱县	1. 石柱土家啰儿调；2. 土家族吊脚楼营造技艺；3. 玩牛	22	146	4	26	219	0	1
4	秀山县	1. 秀山民歌；2. 秀山花灯	22	88	2	15	22	2	1
5	酉阳县	1. 酉阳古歌；2. 酉阳民歌；3. 土家族摆手舞（酉阳摆手舞）	28	198	4	46	255	4	2
6	彭水县	1. 苗族民歌；2. 狮舞（高台狮舞）	35	245	2	33	107	2	5
合计		11	166	984	13	162	955	15	15

一是非遗代表性项目实现较快增长。2019 年，全市新增 196 项市级非遗项目，渝东南地区 51 项入选。除国家级、市级非遗项目，渝东南地区区县级非遗项目、传承人数量分别为 691 个、708 人，约占全市总数的 30%。

二是特色节庆节会活动影响力逐步扩大。发挥渝东南地区多民族聚居、文化多样性的优势，把渝东南生态民族旅游文化节、武隆仙女山国际风筝节、秀山花灯文化艺术节、石柱土家民俗文化节、彭水娇阿依民族文化艺术节、酉阳桃花源土家摆手舞节等项活动培育成为有广泛影响力的品牌活动，其中黔江区“中国武陵山民族文化节”、酉阳县“土家摆手舞邀请赛”已多次成功举办，产生较大影响力。

三是文化展演项目品牌逐渐形成。“舞悦黔江”音画诗、“云上太阳”歌舞诗、“太阳出来喜洋洋”音乐剧、“梦幻桃源”实景剧、仡佬族特色舞台剧、“娇阿依”“濯水谣”及“印象武隆”等大型民族歌舞精品剧目实现经常性演出，非遗项目在市级以上展演活动中荣获奖项近百个，20 余个项目受邀参加上海世博会、法国电影节、中国巴西文化月等重要活动。

四是传统工艺振兴计划有序实施。近年来，各区县开发了具有地域特色、民族特色、市场潜力的产品和服务，如黔江区扶持西兰卡普、土家绣花鞋、黔江鸡杂等项目，涌现“珍珠兰”“蓬江”等非遗品牌。秀山县依托秀山花灯、秀山竹编、苗绣、土家织锦、龙凤花烛等非遗项目开发的文创产品实现上线经营。据不完全统计，2019 年，渝东南地区依托非遗项目开展旅游商品加工、演出服务，带动就业超过 1 万人，销售额过亿元，实现社会效益和经济效益双丰收。

五是重点建设项目加快推进。秀山县完成黑虎寨、西村等 10 余处传统村落、历史文化街区风貌修复工作，坚持在古村落和老街改造中保留原有居民，保护原有居民的生活方式，避免传统村落、老街变成只有建筑和商铺、没有原有居民的空心村落。武隆区开发出“天坑寨子”民俗文化旅游景区，打造了非物质文化遗产主题酒店，推出非遗系列菜品，把非遗慢工出细活的匠心理念延伸到度假生活体验中。石柱县重点打造“巴盐古道”文化生态景区、龙河流域土家传统民族文化生态景区等文化生态景区。酉阳县规划建设非物质文化遗产特色小镇，在小城镇整体性保护开发中纳入非遗表演、美食、民族服饰、传统工艺及传统民俗节会等项目，加强非遗生产性保护利用，促进文化和旅游的有机融合。截至目前，六区县已启动实施阿蓬江流域民俗文化生态景区、“巴盐古道”文化生态景区、郁江盐丹文化生态景区等11个重大文旅项目，在保护民族传统建筑风貌的同时，促进了当地人居环境的改善。

但在取得成绩的同时，当前渝东南非遗资源的保护和发展仍存在以下问题：

一是非遗有形化利用欠缺。渝东南地区多数非遗产品及衍生品在实用性、观赏性的结合上有待加强，特别是通过有效载体和手段，把可有形化的非遗资源转变成可复制、生产和发表的具体事物，从而实现技术技艺的传承和推广不够。

二是非遗保护投入不够。从2014年至今，中央财政累计投入渝东南文化生态保护区建设资金2345万元，但市级财政没有按照《国家级文化生态保护区管理办法》要求设立国家级文化生态保护区建设资金；渝东南六个区县也未按照《重庆市非遗条例》相关要求，设立本级非遗保护专项资金，区县级非遗代表性传承人没有年度传习补助经费。

三是非遗本土人才供需不平衡。渝东南地区仅石柱县单独设立了非遗保护中心，其余五个区县的非遗保护中心挂靠文化馆，工作人员大多是兼职从事非遗保护，老龄化、低学历的非遗传承人众多，对非遗产品的保护、传承以及创新知识了解甚少。

为此，我们按照国家级非物质文化遗产名录分类（民间文学；传统音乐；传统舞蹈；传统戏剧；曲艺；传统体育、游艺与杂技；传统美术；传统技艺；传统医药；民俗十大类）统计出渝东南地区的非遗项目在传统技艺、传统音乐、传统舞蹈、传统戏剧等类别上有着较高的比重（见表2），这些项目都有着极高的有形化价值，对于发挥好“非遗+”这个原动力，加快建设武陵山区（渝东南）土家族苗族文化生态保护实验区，促进渝东南武陵山区文旅产业融合发展示范区建设有着积极作用。

表2 渝东南非遗项目分类数量表

区县	传统技艺	传统音乐	民俗	传统舞蹈	传统戏剧	传统医药	传统美术	传统体育、游艺与杂技	民间文学	曲艺	合计	其中	
												国家级	市级
武隆	13	6	3	1	0	0	1	1	1	0	26	0	26
石柱	5	4	3	3	1	2	1	1	2	0	22	3	22
秀山	5	3	6	1	5	0	1	1	0	0	22	2	22
酉阳	11	6	1	3	3	1	1	1	1	0	28	3	28
彭水	16	7	3	5	1	2	1	0	0	0	35	2	35
黔江	15	8	4	0	1	2	1	1	1	0	33	1	33
占比	39%	20%	12%	8%	7%	4%	4%	3%	3%	0	100%	—	—
合计	65	34	20	13	11	7	6	5	5	0	166	11	166

二、非遗有形化概念及国内外非遗有形化经验做法

无形的非物质文化与有形的物质文化具有非常紧密的内在联系，无形文化较之有形文化更抽象，较难把握和认识，而有形文化则比较具体、稳定，容易被把握和认识。无形文化是核心，决定着有形文化的内容和方向；有形文化是基础，体现和反映着无形文化。在此基础上无形与有形达成统一，使实现非物质文化遗产有形化利用成为可能。

（一）非遗有形化概念

非物质文化遗产有形化利用具体是指，将非物质文化遗产借助于一定的方法和手段、寻求特定的有形化载体或者形式对非物质文化遗产的内涵、外延进行生动形象的表达，使之具体形象化，便于人们通过各种感官加以感知，从而获得相关的非物质文化遗产内涵、外延的信息，引起心理上、行为上的反应，加深体验和认知。

（二）国内外经验做法

一是以物质载体与非物质文化内涵有机结合实现巨大的经济效益。好莱坞“花木兰”和“功夫熊猫”系列电影风靡全球，其中的中国传统文化元素

从无形化为有形，同时背后也形成了的巨大产业效益。英国本土文学作品——《哈利·波特》，不仅票房收入高达74亿美元，而且周边产业如电脑游戏软件、文化衫等也屡破销售纪录。同样的例子还有由英国作家托尔金所著的《霍比特人》（即《魔戒》）的史诗奇幻小说系列，被搬上荧幕的《魔戒》第三部票房突破了10亿美元，并在后期产业化运作过程中衍生了一系列周边产业，如电脑游戏、音乐剧、电视节目、艺术品及文学作品等。此外，早在2013年，一盒由中国台北故宫博物院出品的“朕知道了”纸胶带以当时200新台币（约合人民币42元）一盒的原价被炒到人民币98元。事实上，北京故宫博物院的文创产品同样也做得毫不逊色，经过7年院藏文物清理，25大类180余万件文物藏品得以呈现，成为文化创意研发最宝贵的文化资源。2017年，故宫文创产品已经突破10000种，年销售额超过15亿元。

二是以非遗有形化促进文旅产业融合。7月15日，习近平总书记在内蒙古考察调研时，观看了古典民族史诗《格萨（斯）尔》说唱展示。巴林右旗为《格斯尔》文化的主要发祥地之一，被文化和旅游部命名为“格斯尔文化之乡”。巴林右旗《格斯尔》具有数百年的传统，历史上形成了聚合史诗演述、神话传说、祭祀民俗、歌谣、那达慕、群众文化、生态保护为一体的《格斯尔》活态文化系统。巴林右旗委、旗政府通过强化规划指导、加大资金投入、提供政策优惠、注重传承保护等方式，累计投入资金5000余万元，以100余处《格斯尔》传说风物遗址等旅游资源为载体，展现了格斯尔王降伏妖魔、抑强扶弱，各民族和谐相处、建设美好家园的故事。此外，2008年的北京奥运会开幕式上，泉州提线木偶戏为全世界观众奉献了一场视觉的饕餮盛宴，精彩绝伦的表演将这一古老戏曲的艺术魅力诠释得淋漓尽致。泉州提线木偶戏已走过全球70多个国家和地区，到世界各地交流展演250多次，成为我国对外文化交流的一张闪亮名片。一方面泉州通过将提线木偶戏纳入泉州旅游线路之中，以提线木偶戏展演、研学的方式，作为文化旅游体验的补充；另一方面通过加强戏曲文创产品开发，将木偶进行创意设计，衍生出一些便于游客携带且富于装饰的文创产品，形成了一个庞大的文旅产业链。

三是重视非遗数字化保护。2016年，联合国教科文组织联合永新华韵发起共建非物质文化遗产大数据平台项目，旨在建设世界领先的标准化、数字化、智慧化、开放化的非遗大数据平台。目前国际非物质文化遗产大数据平台已搜集了超过3万项非遗项目，收录传承人3000余人，覆盖了105个国家和地区。数字化平台传播更多促进了非遗产品走向市场，获得了巨大经济利益。此外，新媒体时代给可视化信息及短视频产业提供了良好的发展空间。2018年以来，抖音App以其迅猛的发展速度成为短视频产业的后起之秀，成为目前最火的短视频平台。2019年4月16日，抖音正式宣布推出“非遗合伙人”计划，通过加强流量扶持、提高变现能力、打造非遗开放平台及开展城市合作等方式，培养年轻一代对非遗的了解，帮助发掘非遗的文化和市场价值，这无疑给处于生命脆弱之际的非物质文化遗产带来了新的发展机遇。截至2019年4月，1372项国家级非遗代表项目中，有1214项在抖音上都有相关内容的传播，覆盖率高达88.4%。从某种意义上来说，抖音已经成为非遗传播的视频版百科全书。平台上关于非遗相关内容的视频共有2400万条，播放次数为1065亿次，获得了31亿次点赞。这也意味着诸如古琴、盘纸、皮影戏、川剧等原本小众的传统文化，在短视频平台上成为新晋的网红代表。例如“油纸伞大师”账号中的非遗传承人余万伦上传了制作油纸伞的片段剪辑后，2019年第二季度累计粉丝量超37万名，比第一季度增加了59%；2019年第一季度的所售产品中，来自抖音的订单占到60%，一些油纸伞的款式订单排到了2020年。同样在另一个账号“闻叔的伞”中传播推广的富阳油纸伞也成了现象级的产品，在2019年第一季度的销售中，创造了一晚营业额达6万元的奇迹。

三、渝东南非遗有形化相关建议

为充分发挥非遗资源在“巴蜀文化旅游走廊”“一区两群”建设中的比较优势，对以非物质文化遗产有形化为载体助推渝东南武陵山区文旅产业融合发展示范区建设，提出以下建议：

（一）加强对渝东南非遗有形化的可行性评价

通过对有形化利用的可行性进行科学评价，在传承其非物质文化遗产的原真性基础上，使物质载体与非物质文化的内涵有机结合，实现将无形—载体—有形联结（具体模式见图 1）。

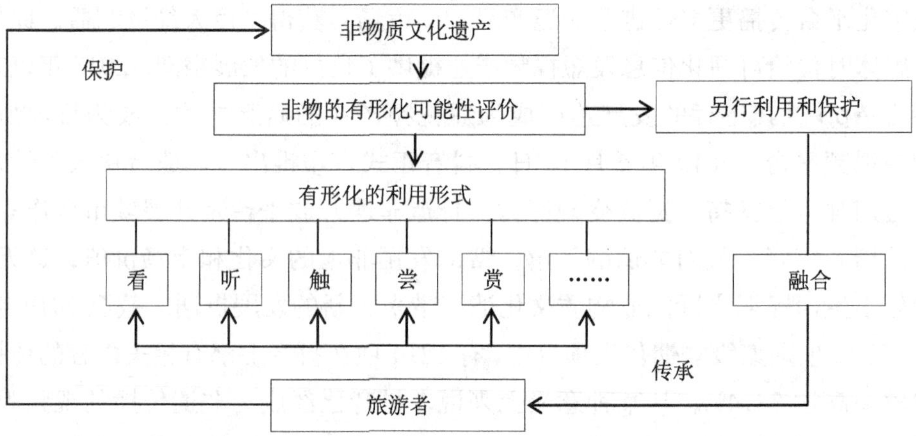

图 1

（二）加快完善政策和法规出台

高质量完成《渝东南武陵山区文旅产业融合发展示范区规划》编制，引领武陵山文化旅游创新融合、一体推进。在《国家级文化生态保护区管理办法》的基础上，推动非遗保护地方立法工作，对区域内文化遗产实施分类保护，加快形成完善的政策法规体系。

（三）精心打造非遗文化创意产业园示范点

以《渝东南武陵山区文旅产业融合发展示范区规划》《武陵山区（渝东南）土家族苗族文化生态保护实验区总体规划》为统领，整合政策、金融、教育、交通等资源，在渝东南各区县打造一个以“非遗 +”为核心的非遗文化创意产业园作为示范点，以文旅品牌跨界及非遗创新为园区特色，带动文创、旅游、演艺、娱乐、研学等领域融合发展，形成以“非遗 +”为超级 IP 的文创跨界度假区和旅游目的地，为渝东南武陵山区文旅产业融合发展示范区建设提供示范引领作用。

（四）将非遗元素融入精品旅游路线

坚持文化和旅游深度融合发展，在景区打造、景点开发中融入相关非遗项目如传统音乐、传统舞蹈、传统戏剧等类别的非遗项目，可以演出、比赛等形式展现给游客（具体模式见图 2）；传统技艺、传统美术等类别的非遗项目，可以研学、产品等形式展现给游客（具体模式见图 3），这既丰富了旅游体验的多样性，也有效促进了非遗资源的保护和发展。

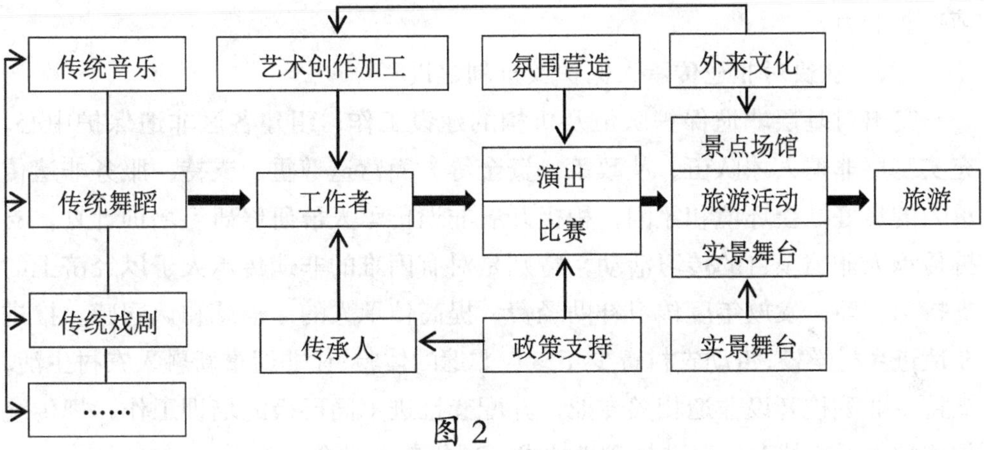

图 2

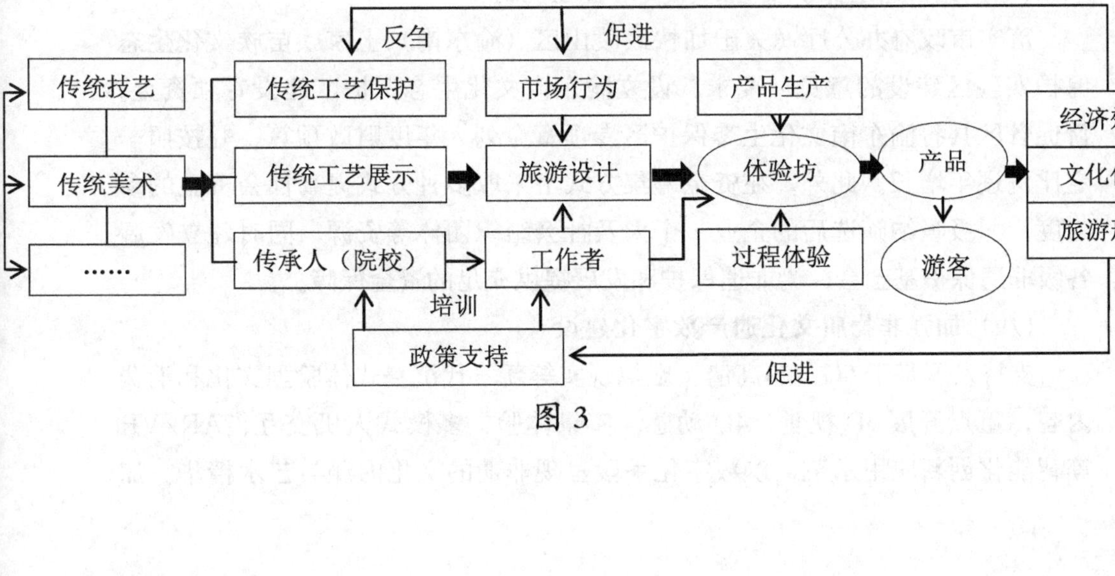

图 3

（五）深入挖掘非遗重点项目品牌效应

实施“品牌＋非遗”“企业＋非遗”等发展模式，对黔江南溪号子、石柱土家啰儿调、玩牛、秀山花灯、秀山民歌、酉阳民歌、土家族摆手舞、彭水高台狮舞、苗族民歌等国家级非遗项目进行升级打造。进一步发掘和整理西兰卡普、后坝山歌、马喇号子、帅氏莽号、濯水后河戏等市级非遗项目的内涵和价值。通过举办特色节庆节会、大型展演活动，推出非遗主题旅游产品等方式，发挥渝东南地区多民族聚居、文化多样性的优势，扩大非遗品牌项目影响力。

（六）加快对非遗传承人保护及机制建设

突出对基层非遗保护队伍及机构的建设工作，组建各区非遗保护中心，充实基层非遗人才队伍。从政策、资金等方面营造尊重、支持、服务非遗传承人的良好社会环境和氛围，积极开展非遗传承人群研修研习培训计划，支持传承人非遗项目的传习活动，特别是对有困难的非遗传承人予以经济上的支持与保障，发放年度传习补助经费，提高传承人的幸福感和认同感。推进非遗进乡村学校，带动农村青少年参与非遗的体验，让非遗重新融入农村生活。支持专业院校开设非遗相关专业，并配套推进不同层级的培训工作，把传统技艺纳入现代教育，促进与现代技术、现代艺术融合。

（七）完善非遗保护资金的投资与管理机制

落实市政府办公厅《关于加快武陵山区（渝东南）土家族苗族文化生态保护实验区建设的意见》要求，设立渝东南文化生态保护区建设专项资金。督促各区县将渝东南文化生态保护区专项资金列入年度财政预算，并按照一定比例逐年增长。此外，在资金筹集方式上采取多种方式提高社会资金的参与度，积极吸纳筛选后的企业、个人及社会组织团体等资源，同时建立发展各级非遗保护基金会，为非遗保护和发展提供充足的资金保障。

（八）加强非物质文化遗产数字化建设

支持发展基于5G、超高清、虚拟现实等新一代沉浸式体验型文化和消费内容，重点开展3D视觉、4D动感、实景体验、多模式人机交互、AR/VR等智能化创新应用示范，以数字化手段呈现非遗的文化内涵与艺术精华。加强与抖音、快手、哔哩哔哩、今日头条等网络平台合作，以短视频、直播等形式向网友展示非遗特色。同时，通过数字化手段将丰富非物质文化遗产的“活化”利用到影视作品、电脑游戏软件、文化衫等产品中，增加非遗的新活力。

（九）促进文旅融合和乡村振兴

将渝东南作为传统工艺振兴计划实施重点地区，加大非遗就业工坊和非遗培训投入力度，带动就业，助力乡村振兴；支持渝东南区县依托区域内独特的文化生态资源，开展观光游、体验游、休闲游、研学游，让非遗融入现代生活，更好地服务于当地经济社会发展。

关于打造长嘉汇演艺集聚区的调研报告

综合协调处

“表演艺术”是人类文明和城市文化的重要组成部分，是一种最直观的艺术表现形式，随着公众对于精神产品的需求越来越旺盛，演艺产业跃升为文化产业发展中的重点关注行业。2012年，文化部发布《“十二五”时期文化产业倍增计划》，“演艺集聚区”建设成为许多城市发展的重要选择，北京、上海纷纷利用地标型建筑和具有文化底蕴的场所强化地方文化品牌，积极建设文艺演出设施，组织各类文艺活动，进一步提升了城市魅力形象与综合竞争力。近日，中央深改委在第14次会议上审议通过了《关于深化国有文艺院团改革的实施意见》，会议强调要以演出为中心环节，激发国有文艺院团生机活力，创作生产思想精深、艺术精湛、制作精良的舞台艺术佳作，满足人民向往美好生活的精神文化需求。为深入推进我市文化强市建设，深化国有文艺院团改革，进一步激活底蕴、盘活资源，充分释放出演艺产业的新活力，助推我市高质量发展、创造高品质生活。为此，我们对长嘉汇大景区的演艺产业进行了调研并结合国内外演艺集聚区发展经验，提出打造长嘉汇演艺集聚区。

一、演艺集聚区概述

演艺集聚区是指演艺产业链中从剧场、音乐厅、酒吧、咖啡店等演艺场所，到创作、表演、制作等方面的艺术团体和个人，再到专属服务于演艺产业各环节的宣传媒体、法律咨询、票务代理、剧场维修、物流仓储、舞台装卸等公司，各个环节集聚在一个特定的区域，使人才得到汇集，资源得到整合，实现整体效益最大化的功能区。相关资料显示，一个城市的文化结构大概由四个板块组成，即演出文化板块、公益文化板块、娱乐文化板块、民俗文化板块。其中，演出文化板块通常以各种表演艺术如戏剧、歌剧、音乐、舞蹈等为代表；公益文化板块通常以各类图书馆、博物馆、纪念馆、文化馆、美术馆、科技馆为代表；娱乐文化板块通常以公园、酒吧、影视、电子游戏、卡拉 OK 厅以及各类体育场馆为代表；民俗文化则由具有民族特色的节庆、展演等文化活动组成。当前，许多国家把以演艺为主导形态的文化产业视为核心产业，通过打造演艺集聚区，将城市文化空间进行重组和整合，盘活和释放了城市文化活力，提升了城市品牌效应和综合竞争力。目前在国外有代表性的有纽约百老汇演艺集聚区、伦敦西区演艺集聚区、首尔大学路演艺集聚区；同时国内不少省市也有成功经验，如上海打造的亚洲演艺之都。在文化软实力竞争日益激烈的今天，伦敦西区和纽约百老汇分别作为伦敦、纽约重要的旅游目的地，其演艺产业给城市带来巨大的经济和文化效益，已成为当今世界文化产业运营的成功范例。这些成熟的世界级演艺产业集聚区的典型特点非常值得我们积极借鉴。

（一）商业剧院与非商业剧院并存

西区核心剧院共 49 家，包括大部分规模较小、商业化运作的营利性剧院以及以上演具有较高审美价值和艺术水准的剧目及富于探索性的作品为主的皇家歌剧院、皇家剧场等 5 家接受政府补贴的国家级的非营利性剧院，“试演”成功后再转入商业性剧院演出，有效控制了戏剧投资风险。西区外的周边地区还存在大量实验性剧院和演艺空间，以政府补贴、票房收入、企业赞助、公益捐赠等来维持日常运营。

百老汇剧院区主要由“内百老汇”“外百老汇”和“外外百老汇”三大剧场群构成。“内百老汇”包括众多以上映大制作商业演出为主的营利性剧院，席位数为600个以上；“外百老汇”和“外外百老汇”多为以小制作的实验和先锋戏剧演出为主的非营利性剧院，风格多样，实验性和探索性较强。

（二）政府引导、社会化管理

西区采用分权式行政管理体制，政府不直接干预文化产业公司和组织运行，而是通过建立不属于官方的中间组织，由一些中立的艺术或文化事业的专家为政府提供指导意见并负责文化经费的具体划拨，监管主要依靠行业委员会和完善的法律体系。

美国政府没有专门管理文化的部门，采用间接管理方式。设立国家艺术基金会、人文基金会用以扶持公益性文化发展，对非营利性的文化产业免税，这种支持是自下而上从文化需求本身出发的，政府只提供宽松的外部环境和严格的法律保障。百老汇鼓励非文化部门和外来资金投入，政府直接拨款一般不会超过全部资金来源的四分之一，为了鼓励个人与企业捐助设有大量税收优惠政策。百老汇戏剧产业由演出场所经营、演出内容制作商和演出经纪商三部分构成。百老汇剧院由舒伯特集团等几家大型剧院集团公司负责运营管理，为产业的大规模发展提供了技术和资金保证。演员、导演、编剧、舞台美术有专属工会，严格执行行业规范，保护创作者个人利益。

（三）以经典名剧带动剧场效益

百老汇和伦敦西区的核心剧院持续上演数千场《猫》《歌剧魅影》《悲惨世界》等经典名剧，很多上演20年之久，全球总票房收入均超过20亿美元。经典名剧的连续演出，能够有效地保证剧院上座率。这不仅带来丰厚的利润，而且产生了巨大的文化效益，成为向世界推广西方戏剧和音乐的载体。驻场演出也是伦敦西区剧院的一大特色和取胜秘诀。有规律、有系统的循环式驻场演出，降低了戏剧的风险成本，确保了盈利，锻炼了演员队伍，也造就了一批经久不衰的经典剧目。经典的内容创造是百老汇永远的生命力。虽然几经战火的洗礼、经济危机的冲击和电视等新媒体的挑战，但20世纪70年代以来不断创新的优秀剧目推动了音乐剧市场的复苏，一些具有自主开发能力的剧院管理公司开始获取丰厚的利润。在此基础上，内容的输出和以内容为核心的资本聚集激活了许多老旧剧院。

（四）宣传推广多渠道并行

西区充分运用线下传统营销手段，在重要公共场所广泛张贴戏剧演出海报，发放各类宣传册；在主流报纸的文化版面，发布新上演剧目剧评和评分；每年夏天，举办“西区现场”音乐会，向公众免费演出各类剧目的经典片段。广泛借助线上的网络和新媒体进行宣传，剧院协会通过官网，将最新演出信息传递给观众。同时，官方网站还提供剧院查询、售票服务、视频浏览等与演出相关的各类信息，让消费者对演出剧目剧院有所了解。

百老汇则以会员制为营销模式，逐步形成了戏剧行业的“成瘾性消费”习惯，促进了观众数量的增长和观剧频次的增多，培养了大量的忠实观众。百老汇拥有专业的观众管理体系——粉丝俱乐部。俱乐部会员享有非会员所没有的特殊待遇，票价优惠、周年庆活动、邮件问卷反馈等，粉丝俱乐部网站构建了百老汇线上数据库，帮助观众轻松查询纽约百老汇本地及海外巡演所涉及的剧目、剧院、演员、获奖情况等诸多信息。

（五）拥有完整的产业生态系统

西区和百老汇都是以音乐剧和戏剧为主，演艺人员聚集在区域内碰撞产生更多艺术灵感，产业链各方协作，产生价值支持演艺群体及制作公司，不仅为戏剧产业发展提供了政策支持和资金保障，也提供了宽松多元的创作环境，促使戏剧产业成为大众的普遍娱乐方式，扩大有效市场需求。西区除大量剧院外，汇集了众多演艺群体、戏剧制作人、经纪人等，带动了戏剧制作、表演以及相关发行出版行业的繁荣，上、下游行业之间形成互补，构成完整的产业链。完整的百老汇孵化体系以校园戏剧和社区戏剧作为“预孵器”，储备人才，培养观众；以非营利性剧场“外百老汇”及“外外百老汇”作为“孵化器”打磨剧本，扩大戏剧受众；以集团公司投资和管理作为“加速器”，帮助戏剧作品扩大规模和影响力。打造了链条式、渐进式的创新孵化体系，层级助推文化艺术活动的发展，最终形成完整健康发展的百老汇戏剧生态。

二、长嘉汇大景区周边剧场现状及问题

长嘉汇位于长江与嘉陵江交汇之处，按照重庆市委市政府城市品质提升行动，将按照国家AAAAA级景区标准打造长嘉汇大景区，该景区是两江四岸的核心区，作为重庆城市新名片，该景区总面积约16.2平方千米，围绕“历史人文景观眼、山水都市会客室、商务活动中心区”的目标定位，精心塑造朝天门为“山水景观门、人文景观门、开放景观门”，全力推进南岸起景，深入展示江北的记忆之城、未来之城，打造都市会客室、滨江人文景观岸、生态水岸，该景区将作为“近者悦，远者来”的旅游胜地，集中展示重庆“山水之城，美景之地”的城市名片。

（一）长嘉汇大景区周边剧场现状

在长嘉汇大景区及周边范围，现有重庆大剧院、重庆国泰艺术中心、重庆国际马戏城、巴渝剧院、施光南大剧院、重庆群星剧院、重庆川剧艺术中心、重庆人民大礼堂、重庆市劳动人民文化宫剧院、市歌剧院艺术厅、抗建堂剧场、拾楼小剧场、山城曲艺场、重演时代艺术中心、南岸区文化艺术中心等剧场20个。其中：渝中区13个、江北区2个、南岸区4个、渝北区1个。以上20个剧场共有观众座位数1.8万余个（具体如下）。

表　2020年1—4季度文化、旅游产业增加值整体走势

<table>
<tr><th>序号</th><th colspan="2">单位名称</th><th>观众座位（个）</th></tr>
<tr><td colspan="4">渝中区（13个）</td></tr>
<tr><td rowspan="3">1</td><td rowspan="3">重庆国泰艺术中心</td><td>大剧场</td><td>917</td></tr>
<tr><td>云瑚音乐厅</td><td>275</td></tr>
<tr><td>云卫剧场</td><td>330</td></tr>
<tr><td>2</td><td colspan="2">巴渝剧院</td><td>850</td></tr>
<tr><td>3</td><td colspan="2">重演时代艺术中心</td><td>521</td></tr>
<tr><td>4</td><td colspan="2">市歌剧院艺术厅</td><td>418</td></tr>
<tr><td>5</td><td colspan="2">山城曲艺场</td><td>228</td></tr>
</table>

（续 表）

<table>
<tr><th>序号</th><th colspan="2">单位名称</th><th>观众座位（个）</th></tr>
<tr><td>6</td><td colspan="2">抗建堂剧场</td><td>322</td></tr>
<tr><td>7</td><td colspan="2">拾楼小剧场</td><td>290</td></tr>
<tr><td>8</td><td colspan="2">市京剧团小剧场</td><td>280</td></tr>
<tr><td>9</td><td colspan="2">市川剧院金汤街剧场</td><td>211</td></tr>
<tr><td>10</td><td colspan="2">重庆市人民大礼堂</td><td>3388</td></tr>
<tr><td>11</td><td colspan="2">重庆文化宫大剧院</td><td>1096</td></tr>
<tr><td>12</td><td colspan="2">白象 303 城市剧场</td><td>280</td></tr>
<tr><td>13</td><td colspan="2">市少年宫剧场</td><td>200</td></tr>
<tr><td>小计</td><td colspan="2"></td><td>9606</td></tr>
<tr><td colspan="4">江北区（2 个）</td></tr>
<tr><td rowspan="3">14</td><td rowspan="3">重庆大剧院</td><td>大剧场</td><td>1826</td></tr>
<tr><td>中剧场</td><td>938</td></tr>
<tr><td>儿童微剧场</td><td>150</td></tr>
<tr><td>15</td><td colspan="2">重庆群星剧院</td><td>1182</td></tr>
<tr><td>小计</td><td colspan="2"></td><td>4096</td></tr>
<tr><td colspan="4">南岸区（4 个）</td></tr>
<tr><td>16</td><td colspan="2">重庆国际马戏城</td><td>1498</td></tr>
<tr><td>17</td><td colspan="2">施光南大剧院</td><td>1171</td></tr>
<tr><td>18</td><td colspan="2">南岸区文化艺术中心剧院</td><td>752</td></tr>
<tr><td rowspan="2">19</td><td rowspan="2">国瑞 303 艺术剧场</td><td>中场</td><td>350</td></tr>
<tr><td>小场</td><td>180</td></tr>
<tr><td>小计</td><td colspan="2"></td><td>3951</td></tr>
<tr><td colspan="4">渝北区（1 个）</td></tr>
<tr><td rowspan="2">20</td><td rowspan="2">重庆川剧艺术中心</td><td>大剧院</td><td>722</td></tr>
<tr><td>小剧场</td><td>288</td></tr>
<tr><td>小计</td><td colspan="2"></td><td>1010</td></tr>
<tr><td>合计</td><td colspan="2"></td><td>18663</td></tr>
</table>

（二）存在的主要问题

近年来，重庆市深入挖掘巴渝文化、三峡文化、抗战文化、革命文化、统战文化和移民文化内涵，先后创作推出了川剧《江姐》、京剧《大梦长歌》《张露萍》、话剧《幸存者》《朝天门》《红岩魂》、歌剧《钓鱼城》《尘埃落定》、舞剧《杜甫》、芭蕾舞剧《追寻香格里拉》、杂技剧《大禹》、曲艺剧《啼笑因缘》、民族管弦乐《山水重庆》《思君不见下渝州》等颇具巴渝特色和重庆风格的优秀作品，获得了较好的口碑。歌剧《钓鱼城》、话剧《幸存者》荣获中宣部“五个一工程”优秀作品奖，舞剧《杜甫》荣获文华大奖——提名剧目奖、中国舞蹈“荷花奖”舞剧奖。同时将结合全面建成小康社会、中国共产党成立100周年等重要时间节点，推进交响乐《重庆组曲》、京剧《陈然》、芭蕾舞剧《归来红菱艳》等作品的创排工作；抓好川剧《江姐》、话剧《红岩魂》、歌剧《尘埃落定》、舞剧《杜甫》等优秀原创剧目的展演工作。但和坚持以演出为中心环节，充分利用演出剧场，搭建艺术交流、体验、鉴赏平台，打造品牌化、特色化、大众化、市场化、常态化的精品艺术驻场演出，为广大游客奉献一道道精彩纷呈的艺术盛宴，让专业艺术院团的演出吸引广大游客走进剧场，实现社会效益和经济效益的双丰收还存在一些差距。特别是长嘉汇大景区周边20个剧场的分布位置虽然比较集中，但在实际运营过程中仍存在以下几个方面的问题。

一是无统一的演艺品牌。以上剧场分别根据自己的年度计划策划和开展演出活动，缺乏统一的包装和宣传，票务销售渠道也未有效整合，没有品牌效应。

二是演出场次参差不齐。以2019年为例，20个剧场共开展各类演出1600余场，其中：重庆大剧院、重庆国泰艺术中心各演出了约300场，重庆国际马戏城演出了约200场，重庆群星剧院、重庆川剧艺术中心、文化宫大剧院各演出了100余场；50%的剧场演出场次低于50场。

三是服务质量和水平各异。各剧场未建立起统一的服务标准和制度，部分剧场的观演体验相对欠佳。

三、打造“长嘉汇演艺集聚区”建议

重庆市作为国家历史文化名城，既拥有川剧等优秀的传统演艺资源，也拥有抗战时期作为全国话剧运动中心的现代演艺基底，随着文化体制改革和院团改革逐渐深化，群众对优质演艺产品的市场需求随生活水平逐步提高，如何坚持以演出为中心环节，牢牢抓住剧场这个艺术表演事业发展的重要载体，统筹利用，盘活资源，依托重庆主城区高度聚集的演艺资源和巨大的旅游市场优势，着力打造富有巴渝文化特色、传导重庆人文气质的“长嘉汇演艺集聚区”，培养“游重庆、看演出”的文化旅游消费习惯，将演艺资源优势转变为文旅产业优势，做到“天天有演出、月月有活动”，让市民游客在游览重庆都市山水的同时，欣赏到精彩的文艺演出，进一步提升重庆城市人文内涵和国际化形象。目前重庆的各项规划和实施的城市品质提升行动等良好的基础已足以支撑我市打造长嘉汇演艺集聚区这一城市文化地标，绽放重庆魅力。因此提出以下建议：

（一）实施长嘉汇演艺集聚区品牌化战略

城市文化战略的主要目的是塑造国际化大都市形象，发展文化经济，追求实现社会目标和经济目标的统一，成为全球文化服务网络中的重要枢纽城市。品牌化战略正是城市文化战略中不可或缺的一环，它代表了一座城市对自身的精准定位与追求目标，向消费者传递了形象感知、精神感知、价值感知，品牌的成功就是城市的成功，二者相辅相成。上海以“亚洲演艺之都”为品牌目标，规划形成了 8 个演艺集聚区的经验值得我市借鉴，因此建议我市也以类似的城市演艺品牌为目标，优先集中打造长嘉汇演艺集聚区。现阶段对城市整体品牌目标打造要举重若轻，对长嘉汇演艺集聚区建设要举轻若重。结合线上媒体宣传和线下节庆活动组织相结合的途径加强对长嘉汇演艺集聚区的推广营销，结合 5G 和大数据智能化的技术革新建立对观众的智慧服务体系，结合惠游重庆公共服务平台建立与电影院线类似的网络票务系统，一站查询、一键购买、全民点评全城演出剧目。未来可根据长嘉汇演艺集聚区的经验规划更多差异化演艺集聚区，共同为城市品牌战略锦上添花。

（二）**规划“一核三岸演艺湾区”的集聚区格局**

合理的规划是成功的基础。我市在长嘉汇演艺集聚区建设规划中应充分借鉴国外成功经验，发挥后发优势，考虑居民交通便利的地理优势和历史形成的成熟观众群的集中度等因素，合理布局以大剧场为中心，中小剧场群错落有致、星罗棋布的格局。因此建议以重庆大剧院、国泰艺术中心、国际马戏城三个大型演艺场所为支点，构筑起长嘉汇演艺集聚区的核心区域，核心区域辐射渝中半岛、江北嘴、长嘉汇三岸区域，文艺院团、CBD、景区、居民区汇集于此的同时，也为核心区提供了丰富的演艺资源、良好的基础配套设施和大量的潜在观众。核心区内不再盲目兴建大型剧场，而是针对已有的三大剧场规划、修建、改造大量中小剧场，提升剧场密度，营造文艺氛围。按演艺产品类别划分功能区，并鼓励社会资本和民间演艺团体进驻，从而形成长嘉汇演艺集聚区内的圈层结构，发挥“聚散效应”。

（三）**完善长嘉汇演艺集聚区建设的政策支持体系**

当前世界上最知名的几大演艺集聚区，无不在发展初期受到了当地政府的大力支持。我市也应借鉴韩国政府支持大学路演艺集聚区发展的政策措施建立健全完善的政策支持体系。一是运用技术、资金、税收、人才等优惠政策措施吸引演艺产业链上下各环节、相关各大要素资源进驻集聚区，形成专业化、规模化的集聚效应。二是深化文化“放管服”，转变政府角色，由生产者和管理者向助推者和协调者转变，鼓励创作演艺精品、市场爆品，把院团自身能办的交给院团，市场自身能办的交给市场。三是加强演艺产业专业人才培育和引进，建设一支以编剧创作、舞台导演和演艺经纪、演艺产业管理等领域人才为重点的演艺人才队伍，注重培养技术人才，尤其加大演艺内容数字化和传播网络化人才的培养力度。四是加强对演艺业知识产权的保护，进一步强化版权意识，运用法律手段严厉打击盗版和未经授权许可的录播视频在网上流传，保护演艺产业良性发展。

（四）**推动演艺市场体制机制改革**

以往演艺市场的发展成绩得益于文化体制改革，今后促进演艺市场发展也离不开深化改革。一方面，要转变演艺业运作管理方式。集聚区要实现艺术资源重新组合、形成新的产业优势，重要途径就是按照艺术生产、经营的内在要求，锻造出符合市场化运作规律的、科学的产业化链条。剧场、表演团体、经纪公司是一种产业链条，演艺产品与其衍生的数字化产品、周边产品也是一种产业链条。更广泛地看，通过演艺活动带动旅游、服装、餐饮等地方经济的发展，这种发展又反过来给艺术创造和艺术经营提供新的机会与活力，二者间的良性互动也是一种产业链条。演艺业的产业化运作是当代科技、现代管理融入艺术生产过程所带来的必然结果，也是我们当下追求的目标。另一方面，要推动演艺业投融资体系改革。演艺业的发展需要大量资金支持，而我市国有院团的财政支持资金仍处于保证基本运转的程度，建立多渠道的投资体制和有效的筹资体制，是支持演艺业发展壮大的重要课题，可以探索以文化产业基金帮助院团融资，同时鼓励社会资本投入演艺业的模式，盘活存量、扩大增量。

（五）重视市场培育

演艺业良好生态的养成，除了成熟完备的供应产业链，也离不开一个受众广泛的演艺消费市场。注重对观众良好文化消费习惯的培育，才有演艺业长足发展的可能。一是支持非营利性剧团或剧目的培育。值得一提的是，即使是在商业化程度较高的纽约百老汇和伦敦西区，都存在为数众多的非营利性剧团，这既是对艺术的坚持与探索，也是对营利性剧团的有力补充，有大量的优秀剧目和演艺人才都是在“非营利剧目”里被发现，然后再投资包装上商业舞台并实现市场价值的。二是加大公共艺术服务供给。可通过政府购买非营利剧团的服务，推出高艺术价值的演艺剧目，为更多的公众提供演艺服务，培育消费者对演艺产品的艺术感知和消费需求。三是以票价补贴强化观众消费习惯。将对演艺院团的运营补贴转变为对观众的购票补贴，既能吸引更多的观众走进剧场，也能激励院团的创作和演出热情，从而实现市场与消费的良性循环。

突出市区联动 强化成果运用 高质量推进全市旅游资源普查工作

资源开发处

市文化旅游委深学笃用习近平总书记关于文化旅游工作的重要论述，认真贯彻落实市委、市政府部署要求，按照陈敏尔书记在全市旅游发展大会上对旅游资源普查工作的指示精神，迅速厘清工作思路、创新工作举措、制定工作标准，高质量推进全市旅游资源普查工作。

一、品类多、覆盖广，精准摸清全市旅游资源底数

通过组织全市各区县开展资料收集整理、实地调查、业内整理、单体评价、成果入库和汇交工作，基本完成全市旅游资源普查工作任务。据初步审核，各区县共报送旅游资源单体15013个，旅游资源单体密度约0.18个／平方千米，区县自评优良级旅游资源单体2994个，占比20%，其中：五级旅游资源单体229个，占比2%；四级旅游资源单体522个，占比3%；三级旅游资源单体2243个，占比15%。全市旅游资源单体共涉及8个主类，占比100%；23个亚类，占比100%；基本类型111个，占比97%。自然类旅游资源单体4468个，占比30%。其中地文景观类旅游资源单体2059个，占比14%；水域景观类旅游资源单体1420个，占比9%；生物景观类旅游资源单体838个，占比6%；天象与气候景观类旅游资源单体151个，占比1%；人文类旅游资源单体

10545 个，占比 70%；建筑与设施类旅游资源单体 7111 个，占比 47%；历史遗迹类旅游资源单体 2272 个，占比 15%；旅游购品类旅游资源单体 666 个，占比 5%；人文活动类旅游资源单体 496 个，占比 3%。市级专家组复评确定了全市 120 个五级资源单体，新增了 4 个基本类型。

二、定标准、强联动，扎实有序推进普查工作过程执行

（一）突出强化顶层设计

市文化旅游委在多方收集、整理资源，普查相关资料，先后两次赴贵州考察学习的基础上，反复征求相关专家、学者以及有关单位意见建议，经评审后呈报市政府审定同意，于 2019 年 6 月印发了《重庆市旅游资源普查实施方案》和《重庆市旅游资源普查技术要求》，指导全市开展旅游资源普查工作。工作推进过程中，根据各区县报送的阶段成果和反馈信息，结合文化和旅游部印发的《旅游资源普查工作技术规程（征求意见稿）》，再次组织相关专家和市级技术服务单位，对全市资源普查工作进行了评估，细化了工作重点和举措，提出了“三个步骤三个重点”的工作程序，于 2019 年 9 月印发了《关于进一步明确推进全市旅游资源普查工作有关事项的补充通知》，进一步优化简化了工作流程，统一了普查标准和操作流程，为指导全市旅游资源普查提供了科学有效的执行标准和程序。

（二）突出强化组织领导

报请市政府同意组建了由市旅游经济发展领导小组和各区县组成的资源普查领导机构，下设市旅游资源普查领导小组办公室（设在市文化旅游委），负责普查日常工作组织协调；市旅游经济发展领导小组相关成员单位作为协作单位，按照职责分工，协助做好普查相关工作。各区县（自治县）相应成立旅游资源普查领导小组及办公室，负责本行政区内旅游资源普查工作。

（三）突出强化市区两级联动

为全市一盘棋推进资源普查工作，市文化旅游委招标委托重庆数字城市科技公司作为市级层面技术服务单位，同时邀请相关市级专家组建专家团队，

为全市旅游资源普查工作提供专业支持和技术保障；各区县自主确定专业技术团队，开展本辖区资源普查。普查工作标准、技术要求及工作方法自上而下进行布置、培训，普查成果自下而上进行汇交、汇总，突出市区两级整体联动，紧密协作，协同推进全市资源普查工作。

（四）突出强化试点先行

按照“试点先行＋全域铺开”的工作思路，在长寿区、开州区、奉节县开展普查工作试点，总结实际普查经验，形成可复制、可推广的公开标准和规范，为全市资源普查提供示范样板。

（五）突出强化技术支撑

招标委托第三方公司建设了重庆市旅游资源普查数据管理数据库，包含三个子系统：一是普查成果数据入库系统，实现旅游资源普查成果数据质检入库和区县评价分级；二是普查成果数据汇交系统，实现区县旅游资源数据库标准化汇交和市级复评；三是旅游资源综合查询系统，实现旅游资源基础信息的定位、浏览、查询、修改、统计分析，有效提高后续管理和成果转化利用的便捷度。

（六）突出强化质量把控

严格成果把关，把好“四道关口”，确保普查质量。一是强化区县自评。由区县对标技术要求，按工序对普查各环节进行自评把控，把好普查第一道关。二是强化技术自动筛查。数据管理系统设置了数据入库、出库规则，通过系统甄别，把好普查第二关。三是强化市级全面初审。由市级执行单位组织专家团队，对区县汇交的普查数据成果进行100%市级核查，确保普查成果的真实性、准确性、完整性、规范性，把好普查第三关。四是强化市级专家组复审。组建市级复评专家团队，对区县优良级旅游资源单体进行复评，统一全市评价标准，确保评价结果“横向可比”，把好普查第四关。

（七）突出强化督促指导

建立了督查通报工作机制，对进展缓慢、落实不力的单位进行全市通报。定期召开普查工作后进区县督促调度会，确保普查工作横向到边、纵向到底，不留盲区、不留死角。

三、重应用、抓转化，创新拓展资源普查成果应用深度

（一）加快推进普查扫尾工作

一是督促各区县根据专家优良级资源复核评审意见进行补充修正，及时提交市级技术服务单位整理汇总。二是督促各区县根据市级技术服务单位初审意见对资源普查成果进行修改完善，全面完成全市数据汇交。三是加快编制全市和各区县普查成果文本、图集、数据库等资料，形成规范标准、市区两级、便于管理的成果体系。

（二）进一步加强普查质量把控

一是组织市级专业团队初审。组建专业团队加快对区县汇交的普查数据成果进行全覆盖初审，从旅游资源单体的完整性及规范性、位置准确性、多媒体完备性进行详细审核，形成市级初审意见，待区县开展补查、完善后再行复审。二是组织市级专家会审。组织经验丰富的旅游资源专家对区县优良级旅游资源单体进行复评，统一全市评价标准，确保评价结果“横向可比”，形成市级优良级旅游资源单体会审意见。三是组织市级专家终审。组织市级验收专家，对区县旅游资源普查成果，包括文字成果、图件成果、数据库成果进行全面专业评审，形成区县旅游资源普查验收意见。

（三）科学推进成果转化利用

一是突出重点资源的包装、推广、招商、开发。按照国家产业政策导向，制定旅游资源开发管理办法，依托自身资源优势，采用文字、图像、动态视频等设计和包装，打造一批新的优质旅游产品，以激发投资兴趣，提高招商成功率。二是优化完善旅游资源数据管理系统，依托重庆市社会公共信息资源共享平台，对主管部门、行业、公众开放普查成果，充分发挥普查综合效益。三是以“重庆旅游云”为载体，策划实施不同类型资源、产品的主体宣传营销活动，打造重庆旅游资源和产品宣传推广平台。

BLUE BOOK OF CHONGQING

新冠疫情后重庆文旅业的重启思考

重庆市文化和旅游信息中心

受全球性新冠肺炎疫情影响，全国乃至全球经济均出现了阶段性断崖式下滑。文旅产业因其综合性和敏感性，成为新冠疫情重创带之一，业界有必要认真谋划疫后文旅涅槃重生与发展振兴。

新冠疫情对重庆文旅产业造成重大经济损失的同时，也加快了相关行业的市场洗牌，促进各行业向更加多元化、科学化、市场化的方向发展。本文由昌辉咨询收集整理分析了大量公开资料，并基于重庆市文化和旅游信息中心（数据中心）与西南大学经济与管理学院关于《疫情对重庆旅游企业影响调查数据报告》和《疫情对重庆市民旅游出行影响调查数据报告》，从需求和供给两方面入手，分析新冠疫情对重庆文旅产业的影响，希望为疫后重庆文旅持续健康发展提供一些借鉴和参考。

一、新冠疫情对重庆文旅产业的影响

（一）全面冲击重庆文旅业

文旅行业中几乎所有细分领域均涉及人群聚集与社交，本次新冠疫情无疑对文旅行业构成全面冲击，市场预期普遍较为悲观。

据前期专项调查显示，疫情期间，重庆市旅游企业有 85.7% 延期开工，有 76.7% 取消了订单预定，有 72.4% 关闭门店和场馆。吃住行游购娱所有要素和绝大多数旅游企业均受到重创，文旅企业预计恢复到正常经营水平的时间平均为 5.8 个月。

（二）旅游经济断崖式下跌，但长期向上趋势不变

根据调查数据表明，51% 的企业缺乏危机管理或应对机制，重庆各旅游企业受疫情影响，今年收入同比平均降幅为 54.9%。截至 2 月 20 日，各企业遭受的直接经济损失平均为 201.9 万元，预计疫情给各文旅企业带来的全部经济损失平均达到 444.6 万元。其中旅游交通、旅行社、旅游酒店（餐饮店）、旅游景区等影响最大，预计今年收入比去年分别减少 66.3%、63.1%、57.4%、54.3%。

（三）文旅投资和文旅消费信心下降

根据新旅界研究院对文旅投资监测数据来看，2018—2019 年文旅产业投资处于稳中有进的状态。但突如其来的新冠疫情影响了文旅投资商们的投资信心，原有的投资格局在疫后有可能发生改变。受疫情影响投资商的心理主要表现为三种。第一，刚完成投资的投资商不得不面对巨额垫资甚至是亏损的苦果。对于资金雄厚的投资商，尚有等待市场恢复的实力，而对于广大中小投资商，遭遇困难会更大，部分项目或将亏损转让；第二，处于正准备投资的投资商则因新冠疫情对文旅市场的影响而变得犹豫不决，可能会根据之后市场恢复和发展情况调整投资策略；第三，计划投资但还未投资的投资商们则更多地是抱有一种庆幸心理，可能会在疫后较长一段时间里处于观望状态。此外，新冠疫情对文旅行业的影响持续时间较长，且具有一定滞后性，预计文旅行业的业绩最低值出现在疫情暴发后的两个季度。消费者疫后心理的变化，在一定程度上会动摇其出游的意愿和对消费环境的信心。重庆文旅从网红城市红利期进入全年恢复期，会议会展等相继延期或取消，出境游、入境游或将经历一段时间低迷，影响程度取决于疫情控制速度、境外管控措施以及全市文旅重振计划的实施。

（四）催生新文旅产品和业态

据专项问卷调查表明，在新冠疫情期间，有 41.9% 的企业积极研究疫情后需求新特点并布局新市场，这表明在此疫情的影响下，企业积极谋划创新发展、转型升级的意愿明显。在企业经营调整方面，有 52.4% 的企业将会调整产品的内容和形式，49.5% 的企业将加强产品促销推广。研究得出的疫后短期内文旅消费特征的改变、市场喜爱的旅游类型的改变、文创新产品的产生、在线消费习惯的速成等方面，都是文旅新产品和新业态产生的催化剂。此外，随着文旅产业自身的发展趋势，旅游产品的功能设计变得尤为重要，针对不同消费群体的刚性需求而设计的旅游产品更具市场竞争力，这刚好与疫后短期内人们的出游活动回避非必需性的旅游的特征不谋而合。

（五）为文旅业带来一次行业重整机会

任何危机往往都孕育着机遇。重庆行业内外打破原有固定关系，业内整合发展、业外跨行合作，携手抗疫共渡难关。此次疫情，或许也是文旅行业的一次重大重整机会。疫情之下，聚焦文旅产业，供需变化要求市场和消费重构，文旅行业品质变革势在必行，倒逼现代旅游治理体系的构建，助推文旅品牌企业与 IP 项目的打造，实施“文化 + 旅游 +X”战略，促进产业联动与融合发展。

二、新冠疫情后的重庆文旅消费特征

受新冠疫情影响，重庆文旅产业消费市场特征也将在短期内出现一定变化，从而形成一些新的市场特征。

（一）疫后更加注重旅游个性化和品质化

新冠疫情后，人们更加注重自己和家人的生命及健康问题，在疫后人们对旅游目的地的选择将更加注重其安全性、卫生情况、交通保障等方面因素，即疫后人们更加倾向个性化和品质化的旅游。据专项问卷调查显示，新冠疫情后，人们在出游住宿方式的选择上占比提高明显的为星级酒店、民宿和亲朋好友家，而占比下降明显的则为度假山庄、商务酒店和露营营地。对比占比提高和下降明显的两类住宿设施，不难发现，人们在出游途中更加注重住宿产品的品质。

（二）上半年短途旅游成热潮，下半年长途旅游受青睐

对于各大企业来说，特别是受疫情影响最严重的中小型企业和个体商户，出于疫后“自救”，必须在更短时间内完成更多的工作量才能及时止损，这势必会导致市场客群闲暇时间的紧缩和带薪假期的延迟，影响人们的出游决策。

（三）居民可支配收入降低，性价比高的大众旅游更受欢迎

新冠疫情造成大面积企业的停工、停产，势必将直接影响上半年居民可支配收入，从而也将影响到人们的出游决策和旅游消费。游客的出行意愿降低；游客会更加倾向选择近郊和周边以及旅游消费更低的地区作为目的地，同时减少旅行中的购物行为，旅游消费支出相应减少。

（四）旅游偏好在疫后短期内出现新常态，大健康体验成旅游热点

据专项问卷调查数据显示，新冠疫情后，以康体养生的大健康旅游活动增幅明显，同时有大部分企业也认为今年人们将会更加关注与健康有关的旅游。受此次疫情的影响，人们的旅游偏好发生一定改变，重庆文旅业可能会出现一些旅游“新常态”，如：抗疫战士偏好适合家庭类旅游目的地；亚健康城市人群偏好田园生活；中老年人偏好就近休闲活动。

三、重庆文旅企业因新冠疫情产生的发展问题

基于专项问卷调查，分析研究重庆各文旅企业因新冠疫情而产生的发展问题，主要包括以下内容：

（一）旅游者消费减少是影响企业实现预期目标的最大因素

（二）产品调整和市场推广是企业疫后最主要的工作

（三）团队复工及资金困难是企业面临最大的经营压力

四、新冠疫情后重庆文旅产业的发展建议

新冠疫情后文旅市场的活力大小决定了文旅业是否能够迅速地复苏甚至振兴。文旅业需要迅速地抓住市场需求变化，发挥人才、文旅 IP、文化创意等要素对产业的快速提升作用，实现业态升级转变。政府除了精准、有效地帮扶以外，还需要通过优胜劣汰调整产业结构，提升产业能级，推进重庆文旅业高质量发展。企业也需要调整未来发展方向，做好积极应对或快速转型升级的准备。从政府帮扶、企业自救、市场转型三个角度出发，对重庆文旅

产业的疫后发展提出“543”建议，即建议政府落实五项帮扶政策、企业加强四条自救措施、市场加快三个转型升级。

（一）建议政府落实五项帮扶政策

新冠疫情对文旅行业波及面较广，各文旅企业复工复产后，均面临着不同程度的困难和打击。市、区（县）各级文旅主管部门应尽快在全市普惠性、短期性政策的基础上，针对文旅业及中小文旅企业形成实施细则和更具针对性、长效性的政策。

1. 多层分级的政府帮扶政策

尽快制定针对重庆文旅行业复苏的支持政策和实施细则，根据各地区疫情特征，将现有政策进一步强化、深化与细化。根据各行业出台更具个性化的帮扶政策，政府分级分类分部门细化相关政策，努力提高政策针对性和适配性，建议对是否重点影响行业、是否民营企业、是否高新技术、企业就业人数规模等合理分类，提供更加切合不同文旅企业实际的“定制化”政策。

2. 以奖代补的专项资金政策

依法建立合理补偿机制，推进奖补结合，促进以奖代补对疫情中保就业、惠民生、贡献大以及疫后文旅营销活动取得优良效果的旅游企业给予一定资金奖励。增加对文化旅游事业的财政补贴，对企业直接损失及防控费用合理地进行一次性补偿、纳入成本核算或进行所得税抵扣，增加减税、退税、补贴等多种方式切实给企业减负。各区县设立专项资金用于更及时、更迅速地拨款。

3. 多元渠道的金融支持政策

继续以多元渠道，保障文旅企业资金需求，对民营文旅企业、小微文旅企业、创新型文旅企业，提供金融支持，开辟文旅企业“债权融资”“股权融资”绿色通道。

4. 政企联动的消费刺激政策

文旅市场复苏的首先是近郊游和周边游，相关部门可出台市民文旅消费刺激方案和消费补贴方案，实施定向补贴消费政策，引导市民增加文旅消费；企业可有针对性地推出相关旅游产品，同时优化服务，创造口碑。

5. 定向倾斜的政府采购政策

增加政府对各文旅企业的专项采购计划与预算，对预算经费范围内的文旅营销类、咨询规划类、研究课题类业务，向各类文旅企业倾斜。

（二）建议企业加强四条自救措施

疫情过后，文旅产业的消费习惯或将全面升华。创新产品及服务来满足新消费者的需求才能更好地推动行业自身的发展。

1. 开源节流，保障企业现金流稳定

在稳定团队，保障员工健康安全且不降低服务水准的前提下，控制成本是关键。严格管理现金收付，利用好金融杠杆，积极开拓融资渠道，争取税收优惠政策。尽可能向上游延长账期，向下游缩短账期，保持稳定现金流。缩减不紧急费用，暂停、剥离不良业务。文旅企业需结合自身实际情况调整战略，收缩投资战线，将损失降到最低，度过当前危机。

2. 抓住机遇，修正企业发展方向

根据市场需求的变化重新审视自身发展定位，积极思考和谋划，修正未来发展方向，疫后文旅市场出现的新趋势、新方向、新项目、新产品等，尤其是疫情期间催生的文旅新产品和新业态，从而提供更精准、更精致的产品和服务。紧密贴合“成渝双城经济圈”、全市“一区两群”等发展战略，以及乡村旅游、健康旅游等国家政策。疫情控制后短期内政府及相关部门将会制定出台一系列帮扶政策，如产能培训、专项资金支持、融资渠道支持等，也是文旅企业自救过程中不容错过的发展机会。

3. 修炼内功，提升产品以及服务

充分利用疫中和疫后短期内的市场空当期，加强产品和服务的优化及创新，以及团队技能训练和业务培训。重新梳理项目定位，优化产品结构，思考新项目投入，进行项目提升和产品升级。应用电子商务，提供虚拟旅游、文创产品推广，精准定位社群经济建设。结合景区针对疫后新业态打造以康养为主题的特色旅游，推进新业务，多种经营，创新旅游项目；打造个性化、特色化、有竞争力的产品。利用好企业自媒体数据库营销功能，对于积累私域流量和形成企业的战略竞争力大有裨益，通过持续的内容传播，低成本、高效率地推广和营销，适应疫后新的反弹性报复式的消费增长。

4. 维护品牌，获取外部多种支撑

积极与政府、投资机构、银行、行业协会、媒体等部门沟通，争取更多外部支持。在积极自救之外，企业也应争取外部资源的支持和注入。关注政府相关帮扶政策文件，及时申报相关政策支持。保持与金融投资机构和银行以及行业协会、新闻媒体的沟通，争取融资机会，树立良好的企业品牌形象。

（三）建议市场加快三个转型升级

各级文旅部门应建立实时、高效、实用的智慧文旅大数据平台，强化行业监管服务能力的同时提升危机应对能力。文旅企业应大力发展线上文旅产品，强化“文旅＋科技”融合发展，积极丰富文旅产品业态，大力发展智慧文旅。

1. 智能化运营

运用科技手段实现智能化运营，利用 5G 技术引入 AR 和 VR 技术以及人工智能等，开发景区智慧服务，降低运营成本。协调人力与机器的分工，在公共危机事件和极端事件下发挥人工智能的特殊作用。

2. 智慧化管理

关注旅游行前、行中、行后的安全风险管理、游览便利度以及互动反馈机制的提升。通过智慧化管理强化景区安全预警能力，提高游览便利度，提升游客满意度，构建旅游投诉快速处置机制，提高旅游目的地的口碑与重游率。

3. 数字化打造

政府和企业应加快主动拥抱科技，跨界融合，升级打造线上产品，发力线上服务，技术升级推动重庆的数字文旅更加丰富多元。结合“云”技术，契合旅游市场全新的体验理念，进行更具活力度、参与性、互动性的好内容、好产品的研发。

BLUE BOOK OF CHONGQING

重庆市广播电视安全播出分析报告

张富伟、冉军、杨茜、李小鹏、胡建功、何毅

2020年，全市广电系统深入学习贯彻习近平新时代中国特色社会主义思想，增强“四个意识”、坚定“四个自信”、做到“两个维护”，履职尽责、守正创新，全力克服疫情、汛期等不利影响，坚守意识形态主阵地，扎实做好安全播出、网络安全、设施保护等各项工作，圆满完成23天重要保障期和日常广播电视安全播出保障工作任务。

一、2020年全市安全播出概况

2020年，在国家广电总局的关心指导和市委、市政府的统筹部署下，全市广电系统上下齐心，密切防范，坚守安播阵地，切实履行安全责任，认真落实各项技术保障措施，严格执行领导带班制，扎实做好广播电视安全保障工作，圆满完成元旦、春节、全国两会、“十一”等重要保障任务，确保了央视春晚、全国两会开闭幕会等22场重大现场直播安全播出，全市广电系统参与重保期值班值守保障总人数达27000余人次，实现了重要节目、重点时段、重要频道的“零停播”目标。

2020年，全市发生安全播出事故66起，总停播时长19小时55分50秒，其中重大停播事故5起，未发生安全播出事件。较上年，停播事故总次数、总停播时长、安全播出事故次数分别减少11起、227小时3分8秒、1起，下降 14.29%、91.93%、100%，重大停播事故次数持平，安全播出态势持续向好（详情见图 1）。重庆广电集团（总台）广播中心、卫星传输、节传中心环节和涪陵、黔江、万盛、北碚、江津、大足、铜梁、璧山、合川、武隆、綦江、开州、垫江、南川、丰都、忠县、巫山、石柱等 18 个远郊区县全年实现“零事故”目标。

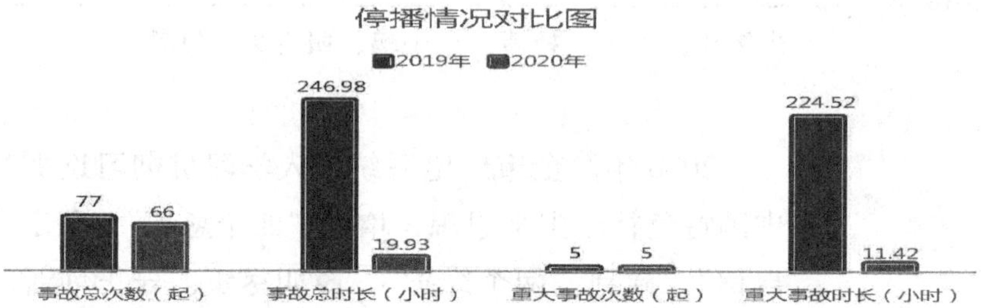

图 1　2019 年与 2020 年安全播出事故情况比较

二、2020 年停播事故分析

（一）按事故性质划分

2020 年，全市安全播出责任单位共发生责任事故 4 起、技术事故 34 起、其他事故 28 起（所占比例详见图 2）。同比 2019 年，责任事故增加 3 起，技术事故、其他事故分别减少 11 起、3 起，下降 24.44%、9.68%。

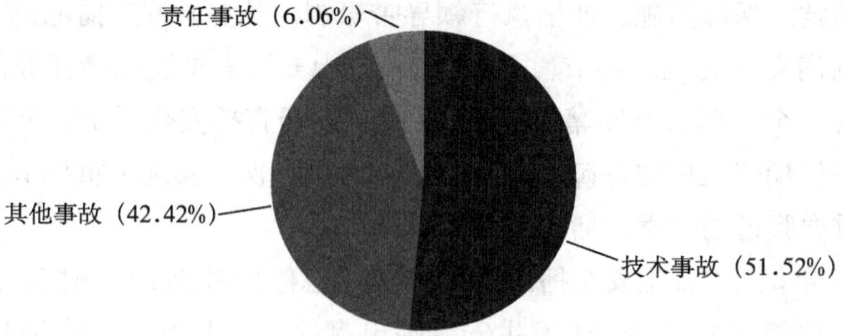

图 2　停播事故比例分布图（按停播次数）

从事故性质、原因和台站类型分析看，信号接收、传输、播出等设备故障导致的技术事故停播次数最多，主要集中发生在电视中心、有线分配、无线发射环节，分别占技术事故总次数的67.65%、23.53%、8.82%，电视中心技术事故占比最高。较去年，技术事故次数减少11起，下降24.44%，说明各安全播出责任单位通过加大技术设备的升级改造投入，加强关键设备日常维护等措施取得了显著成效，有效降低了事故发生率，但是技术事故时长增加了7分4秒，应进一步注重人员应急处置培训演练，不断提升应急处置能力，缩短应急处置时长。其他事故发生的次数较上年减少3起，下降9.68%，均发生在有线传输环节，其中重庆有线总前端因卫星信源波动、卫星参数变化、雨衰导致的停播事故分别为18起、5起、3起。重庆有线总前端应加强卫星信号接收系统的安全保障能力，在确保卫星信源信号安全、可靠、优质接收的同时，做好信号源备份的安全、有效。

（二）按上星节目划分

全年上星广播电视节目仅“重庆卫视”频道发生4起停播，累计停播时长1分38秒，其中重大停播事故1起。按事故性质划分，责任事故1起，技术事故3起。事故单位涉及重庆广电集团（总台）电视播控、融媒体新闻中心、卫视频道编播部。较2019年，停播事故次数、总停播时长和重大停播事故次数分别减少2起、27分43秒和2起，下降33.33%、94.43%和66.67%，播出时长下降幅度最大。重庆广电集团（总台）应进一步落实安全播出责任，明确岗位责任分工，层层压实各级责任，细致梳理排查各类安全播出隐患，列出清单、限期整改，切实提高安全保障水平，确保上星节目播出安全，杜绝重大停播事故的发生。具体情况见下表。

表1　事故单位停播情况表

事故单位	事故频道	停播时长	停播次数	责任事故	技术事故
融媒体新闻中心	重庆卫视	00:01:13	2	0	2
电视播控		00:00:23	1	0	1
卫视频道编播部		00:00:02	1	1	0

（三）**按全台性停播划分**

全市共发生全台性停播事故3起，累计停播时长1小时47分48秒，其中重大停播事故1起。按事故性质划分，技术事故2起，其他事故1起。较2019年，全台性停播事故次数、停播时长和重大停播事故次数分别减少8起、233.84小时和1起，下降72.73%、99.24%和50%，均有显著下降。供配电系统配置不合理是造成全台性停播的重要原因。供配电是安全播出的重要关键环节，各级播出传输单位应高度重视，全面排查供配电系统安全隐患，完善供配电故障应急预案，明确共用配电机房的两个安全播出责任单位之间的责任边界，责任划分要建立在对突发事故的快速处置上，并组织预案的培训演练，认真分析本单位供配电系统架构、技术配置以及与供电部门协调配合机制，全面提升电力保障能力，避免因电力问题导致的全台性停播事故，确保广播电视安全优质播出。

（四）**人为责任事故分析**

2020年，全市发生4起人为责任事故，累计停播时长7小时17分31秒，其中重大停播事故1起。较2019年，责任事故次数、停播时长和重大停播事故次数分别增加3起、7小时17分1秒和1起。责任事故均发生在电视中心环节。责任事故的上升暴露出事故单位存在人员责任心不足、播前技审不严、自台监测不到位、协调配合机制不健全、应急处置演练、业务技能培训不够等问题。各级安全播出责任单位应充分汲取责任事故的深刻教训，举一反三、防患未然，始终把安全播出放在重中之重的位置，特别是广播电视节目编排、审核、直（转）播保障等核心环节，坚决克服麻痹大意、侥幸思想，做好安全播出责任意识、专业技能培训，明确主体责任、工作要求，严格执行节目三审制度，加强部门之间及上下游单位沟通协调，不断提升自台监测、应急处置能力，坚决杜绝因播前技审不严、责任心缺失、操作不当等人为因素导致的安全播出事故。

（五）**重大事故分析**

全年共发生重大停播事故5起，累计停播时长11小时25分09秒，分别占全市停播事故总次数、停播总时长的7.58%、57.29%，主要发生在电视中心、有线分配环节，重要保障期未发生重大停播事故。按事故性质划分，责任事故 1 起，技术事故 4 起。与 2019 年同比，重大停播时长减少 213.098 小时，下降 94.91%。供配电系统、播出系统关键设备故障是造成停播的主要原因，暴露出安全播出运行维护体制机制不完善的问题，全市各级播出责任单位应进一步加强广播电视安全播出保障工作，规范检修操作和施工作业管理，加强作业操作监管，优化供配电系统，强化外电、发电机、UPS 等电源保障，形成完备的保障系统，定期巡检，及时更换老化陈旧电源设备。同时，要多渠道培养储备技术人才，构建结构合理、业务娴熟、保障有力的技术队伍，有效缩短事故处置时长，将事故影响范围降至最低。重大停播次数排名、分类情况详见下表。

表 2　重大停播次数排名表

市、区县	停播单位	停播次数	所占百分比（%）	停播时长	所占百分比（%）	备注
广电集团	重庆有线	1	20.00	02:47:04	24.38	4月9日，重庆有线总前端播出的“爱看导视”节目因同步信号发生器故障发生重大技术停播事故
	融媒体新闻中心	1	20.00	00:01:02	0.15	
区县	巫溪县融媒体中心	1	20.00	07:07:15	62.36	9月3日，巫溪县融媒体中心播出的“巫溪生态旅游”频道因音频分配器故障，以及值班员监听监看、应急处置不到位，发生重大责任停播事故
	秀山县融媒体中心	1	20.00	00:47:38	6.95	
	重庆三峡融媒体中心	1	20.00	00:42:10	6.16	
合计		5	100	11:25:09	100	

（六）按台站类型划分

电视中心类共发生 4 起重大事故，有线分配类发生 1 起重大事故，可见，电视中心、有线分配是发生重大停播事故的主要环节，广播中心、光缆传输、卫星传输、节传中心、无线发射类台站未发生重大事故。其中，广播中心、光缆传输类连续 5 年保持重大事故“零发生”，卫星传输类连续 3 年保持重大事故“零发生”，值得肯定。电视中心、有线分配重大事故停播时长分别为 8.635 小时、2.784 小时，其中，电视中心占比达 75.62%，电视中心作为广播电视播出传输链路的信号源，一旦出现问题，造成的影响较大，应全面梳理排查各重要区域、重要环节，重要节点在安全播出管理、技术系统配置方面的隐患漏洞，认真落实整改措施，进一步提高安全播出保障能力，确保广播电视信号始端安全优质播出。

三、安全播出对策举措

（一）做好转播保障工作，确保重要新闻时段播出安全

据统计，全年区县广播电视台在转播央视《新闻联播》时因信源接收设备、切换设备故障共发生了 6 起停播事故，占区县总停播事故次数的 21.43%，该环节的事故多发成为目前影响全市安全播出的重要因素之一。新冠肺炎疫情发生以来，群众对广播电视服务的需求大幅增加、电视开机率有明显增幅，央视《新闻联播》延长播出成为常态化，这对全市相关播出单位的转播能力、保障能力是一次全面考验，各级播出传输单位应提高对完整转播央视《新闻联播》重要性的认识，做好转播保障工作。一是完善央视《新闻联播》转播工作机制，优化技术保障方案，制定、细化重要岗位、环节的业务操作流程，严格落实责任，建立健全安全播出问责机制，确保安全播出责任落实到岗、到人、到位，加强人员培训、演练，不断提升应急处置水平，有效缩短事故处置时间，杜绝责任事故发生；二是完善技术系统配置，CCTV-1、重庆卫视需有两路不同信号源的传输路由，并做好信源接收设备、切换器、同步器等关键设备备份，避免播出、传输链路上出现单一节点；三是加强转播信号

源和播出、传输链路上关键节点的信号监测，做到及时发现，快速处置；四是加强设备的维护和保养，定期对转播设备进行巡检，及时排查、处理安播隐患，确保设备安全可靠运行。

（二）高度重视，确保重要频道播出安全

2020年，重庆卫视频道共发生播出事故4起，重大停播事故、责任事故各1起，其中2起事故发生在播出《重庆新闻联播》的重点时段，暴露出在安播责任意识、制度管理、系统配置、运行维护等方面存在安全问题，建议事故单位务必引起高度重视，进一步全面梳理，查堵漏洞，落实整改，有效遏制事故频发的不良态势，确保广播电视重要频道、重要时段、重要节目安全优质播出。一是安全管理关口前移。强化节目制作、审核、上载、送播等播前管理部门人员安全播出责任意识，严格落实安全播出责任制，细化完善岗位实施细则、送播管理、操作流程、应急预案等各项安全播出管理要求，建立健全安全播出问责机制，确保安全播出责任落实到岗、落实到人、落实到位，杜绝责任事故发生。二是优化技术系统配置。重庆卫视《重庆新闻联播》节目采用磁带播出系统，多盘磁带仅通过两台录像机顺序播出，存在严重安全隐患，作为一级保障级别的电视中心，应严格按照广电总局62号令《电视中心实施细则》“一级磁带播出系统每频道应至少配置4台在线播放机”等相关规定进行配置，同时积极推进送播系统改造，完善备份手段，再造优化播出流程，确保播出安全。三是加强运行维护管理。定期对各系统、关键设备进行巡检维护，及时发现、消除安播隐患，同时做好播前测试，确保《重庆新闻联播》等重要时段播出安全。

（三）加强区县（自治县）广播电视监测监管，当好“千里眼”“顺风耳”

按照全市监测监管系统一体化建设要求，经过近三年的发展，全市39个区县基本具备本地、中央及重庆主要电视频道的技术监测能力，北碚、江津、合川等少数区县配置了专职监管人员。但随着广播电视媒体融合发展和网络视听节目的快速增长，监管工作面临新的变化和挑战。为全面掌握各区县广电监测监管现状，市广电监测台通过问卷+走访的形式对区县广电监测监管工作开展调研，收集调研表39份，走访区县8个。从收集和反馈的信息来看，业务开展情况不容乐观，由于各区县思想认识、经济状况、专业能力、保障水平等多方面的差异，大部分区县行政部门监测监管工作存在薄弱环节，给安全播出带来安全隐患。由于起步晚，部分区县存在对监测监管工作的重要性认识不到位，基本监测业务开展不全面，监测结果运用水平较低，规章制度不完善，从业人员人手严重不足且专业技能欠缺，技术系统维护能力弱，运维经费短缺等问题，影响监测监管业务的正常开展。为此，市文化旅游委下发文件，再次强调加强广播电视新业务、新服务、新业态的安全管控。各区县（自治县）行政管理部门应高度重视监测监管工作，切实履行属地行政管理职能，采取有力措施，提高安播意识和监管能力，全力保障广播电视安全播出。

（四）明晰责任边界，强化责任担当，严格落实管理责任、主体责任和监督责任

今年，国家广电总局通报多起因信号传输上下游之间维护界面不清晰、责任划分不清楚，发现节目异常后不切换、不通知、不作为导致节目长时间停播的重大停播事故。我市也有类似停播事故发生，所暴露出的问题和短板再次敲响了警钟，各级安全播出责任单位应加强上下游信号传输的安全保障工作，坚决杜绝出现责任划分不清、有令不行、落实不力等情况。一是要从严从实抓好安全，严格执行意识形态工作责任制，坚持属地管理、分级管理和谁主管谁负责、谁主办谁负责原则，强化管理责任、主体责任、监督责任，把安播责任落实到岗、分解到人。二是严格按照广播电视行政部门审批的播出传输技术方案细化、具体化各自运行维护和安全保障分工界面，以书面形式落实各自责任，加强对所负责播出传输节目的监测，梳理节目的完整链路情况，查漏补缺，抓紧整改、解决相关隐患，确保安全播出。三是业务上下游单位要厘清技术系统边界划分，明晰代维、代管设备的运维职责，签订安播责任书，确保安全责任无缝链接，坚决杜绝责任不明、工作断档、推诿扯皮。同时从纵向、横向抓好协同配合，不仅强化上下游播出传输单位的协同配合，也要加强与公安、网信、电力、电信、无委等部门的沟通协调、协同联动，修订完善应急协调机制，积极采取技术保障措施，定期组织应急演练，确保信息畅通、配合默契、协同高效、保障有力。四是充分利用网络化、信息化手段，加强相关节目信号传输部门之间的密切合作，熟练掌握技术系统的整体情况，不断提高运维水平，增强安全保障意识，切实提升节目传输覆盖的全链路整体安全保障能力。五是狠抓事件事故管理，坚决克服麻痹大意思想，认真研究总局对典型案例、典型事故的通报分析，对照排查制作、播出、传输环节的安全隐患，严细深实、落实整改要求。

（五）总结经验、完善措施，全面提升安全保障能力

2021 年将迎来党的百年华诞，广播电视安全播出工作责任重大，使命光荣。全市广电系统应牢记初心使命，巩固成效、弥补不足，确保广播电视安全播出工作万无一失。一是查漏补缺，进一步夯实安全播出保障体系。要持续推进大检查回头看工作，排查整改至今仍未解决的问题，对遗留的问题进行彻底整改，认真制定整改计划和可行性方案，加快设备设施、人员资金的落实，切实做到不留盲点、扫清死角，并做好以预警接收终端、指挥调度平台终端、高清电视电话终端、广播电视监测系统等为技术支撑的安全播出保障体系的日常使用、维护工作，不断提升技防、加强人防，强化长效管控，切实提高播出传输保障水平，确保事故能及时被发现、及时处置、及时上报。二是落细落实，不断强化日常安全保障工作。要高度重视运维管理、检修备案申请等日常工作，统筹规划好检修改造工作，严格按照总局 62 号令要求对升级改造后的系统进行试运行、试播，定期检修、重启 AVS+ 编码设备，细化应急处置预案和实施方案，扎实推进 5G 基站对广播电视卫星接收的干扰协调、接收天线技术改造等工作，完善上下游单位的沟通协调机制，加强系统之间、部门之间、上下游之间的配合和应急演练协作，确保职责到位、管理到位、措施到位。三是明确责任，加强网络安全管理。要进一步落实网络安全责任制，明确工作责任，增强网络安全意识，提高网络安全检测和态势感知能力，强化广播电视制播、传输、分发等网络信息系统安全防护措施，做好重要信息系统的等保测评，加强纵深防御，完善应急处置预案，健全应急响应机制，提高安全防范能力。四是履职尽责，做好安全播出管理工作。广电行政主管要切实履行部门职能职责，强化管理责任、主体责任、监管责任，认真做好辖区内指挥调度、监测监管和重大事件事故管理等广播电视安全播出工作，确保各类应急状态下预案的迅速启动，及时接收、发布、上报各类安全播出和网络安全重要信息，严格执行零报告制、重大事件事故上报制。五是开拓进取、守正创新，加快构建全方位的安全播出保障体系。随着媒体融合发展的不断深入，新技术、新应用、新业态、新服务层出不穷，对全国广电行业安全保障工作提出了新挑战。各级广电部门要不断开拓进取，深入研究加强新形势下监测监管工作的机制和手段，探索创新监管新模式，实现对业务、网络、系统、终端、用户的运营监督和全面监管，逐步完善安全播出管理机制，加快构建智慧广电监测监管系统，将全媒体的播出安全纳入安全保障体系，不断增强安全播出保障能力。

重庆市群众文化活动调研概况

杨梅　朱志玲

为健全开展群众文化活动机制，实现与人民群众文化需求精准有效对接，助力文化和旅游公共服务高质量发展，根据《文化和旅游部公共服务司关于开展群众文化活动调研工作的通知》要求，重庆市文化和旅游发展委安排部署，市群艺馆对全市群众文化活动的新情况、新特点，主要是广场舞、合唱等群众文化活动在参与人群、活动场地、重点喜好、存在问题等方面情况进行了深入调研。总结了全市群众文化活动的新情况、新特点，现将调研有关情况报告如下。

一、群众文化活动主要情况

（一）参与主体情况

全市由各类公共文化机构主办的广场舞和群众合唱团队数量有1000余支，经常性参加活动人次约200万人次；本地群众自发组织的常年在广场、公园开展活动的广场舞团队数量有4189支，经常性参加活动人次约460万人次和群众合唱团队数量910支、经常性参加活动人次约126万人次。主体人群构成分析：参与者年龄特征，在参加广场舞和群众合唱团队的群体中，主要人员为51岁到70岁的中老年人，同时参与最多的是退休人员，约占总人数的65%，这从侧面反映出广场舞和群众合唱是许多离退休人员的休闲方式；参与者性别特征，广场舞和群众合唱爱好者女性约占 80%，男性仅占 20%。

（二）群众喜爱类型

目前，最受群众喜爱的广场舞类型有：经典民歌（乐曲）改编的广场舞、市内宣传文化部门推广学习的广场舞、流行歌曲改编的广场舞，曲目主要有《美丽的草原我的家》《黄杨扁担》《我和我的祖国》《女儿情》《草原最美的花》《小苹果》《最炫民族风》等，舞步有鬼步舞、华尔兹、平四步、水兵舞、健身操等。合唱曲目有《沁园春·雪》《走向复兴》《我和我的祖国》《我爱你中国》《天路》《我的深情为你守候》等。群众合唱曲目有《送别》《山楂树》《茉莉花》《我和我的祖国》《半个月亮爬上》等。

（三）参与主要渠道

群众了解和参加文化活动主要渠道有以下3类，一是个人爱好，自发参与，二是由朋友或者家人带动参与，三是经过区文化馆及各文化分馆宣传了解后参与，如微信公众号、网站、社区宣传、广播电视广告、文艺团队微信群发布信息等。

（四）发挥积极作用

据群众样本调查，群众用于参加广场舞、合唱等活动的年均消费额为 1500 元左右，由于广场舞、合唱本身的特性，单次参与的群众数量较多，大多又为结伴而行，这对增加社区群众之间的友谊和凝聚力，宣传推广地方特色文化，促进文旅融合、带动夜经济方面发挥了积极的作用。

（五）项目和机制

目前，开展广场舞、合唱等群众文化活动的主要支撑项目有重庆市广场舞展演活动选拔赛、各类主题合唱比赛（2019 年举办庆祝新中国成立 70 周年主题）、开展送文化下基层文艺演出、文化志愿者联盟进基层演出等活动带动和引领群众文化的发展。

活动机制：有文化馆辅导培训机制、社会单位捐助机制、政府财政支持机制、群众自发组织机制等。

辅导培训机制：文化馆每年开设多期次的文艺培训，涵盖舞蹈、声乐、合唱、舞台表演、器乐培训等类别，免费对辖区群众进行艺术培训，提升其文化鉴赏力、艺术实践能力。

社会单位捐助：主要采用文化馆策划主题活动后，联系社会单位予以场地、文化设施、设备、场地布置方面的支持与赞助。

政府财政支持机制：文化馆组织开展的群众文艺培训、赛事、展演、展览等活动经费均由政府拨款。

群众自发组织机制：主要由群众团队负责人联系联络其朋友圈的文艺特长者或爱好者，约定定期活动、在训练时间进行训练、排练。场地由组织者本人落实或联系街道社区予以支持。

二、群众文化活动重点需求

（一）存在的困难

1. 目前群众参加活动存在的困难、问题和服务需求

困难：主要有场地供给不足；老年群众活动需求强烈，但有部分由于身体条件限制无法参与活动。

问题：主要是参与文化活动有安全意外事故发生的风险。

服务需求：供给更丰富的适宜群众表现能力与水平的广场舞蹈、合唱曲目；开展更多的、深入团队的培训。

2. 人才队伍建设，亟须加强

村（社区）文化专业人才缺乏。基层文化工作队伍普遍业务技能不够高，缺乏应有的专业水平和管理经验，且村（社区）文化干部均为临时聘用，工作保障不强，干部队伍不稳定、流动性大。

（二）参加群众活动路途时长及附近场所数量

群众就近参加活动平均路途时长约为 30 分钟，附近活动场地平均数量为 3 个，类型有文化馆、各文化馆分馆、社区文化站的功能厅室以及露天广场、露天舞台和公园等。

（三）群众文化活动的意见和建议

1. 建立健全管理机制

有关部门要加强对广场、公园等场地的环境管理工作，为广大群众参加

此类群众文化活动提供较为便利的条件，同时统一对广场舞、合唱团队负责人进行培训，采用集中管理办法进行科学管理，避免扰民情况的出现。

2. 加大对基层辅导的投入

文化馆、文化馆分馆、文化中心的各类专业人员，积极发挥业务优势，层层带动，加强指导培训，全面提升群众文化骨干的专业水平，建立“以点带面”机制，推动整体群众文化专业水平的提高。

3. 引领打造品牌

把广场舞及群众合唱作为品牌项目来做，满足群众“建品牌”需求，统筹管理广场舞、群众合唱相关资源，将民间广场舞团队进行整合，根据年龄层级、文化基础、需求爱好等，编排不同类型、难度各异、适合多种需求的广场舞和合唱节目，定期举办各类广场舞、合唱交流的展演赛事等，形成广场舞、群众合唱的品牌项目。

重庆市红色文化旅游现状及创新发展研究报告[①]

重庆红岩联线文化发展管理中心副研究馆员 王春山

红色资源是中国共产党和中华民族的宝贵财富。发展红色旅游，是党中央做出的一项重大决策部署。红色景点凝结着我党我军的光荣历史、优良传统和奋斗精神，是弘扬伟大民族精神、加强革命传统教育的宝贵资源。每一个红色文化旅游景点都是一个常学常新的生动课堂，蕴含着丰富的政治智慧和道德滋养。为充分挖掘利用重庆市红色资源，弘扬爱国精神、培育民族精神，推进革命文化与旅游深度融合，课题组通过实地调研、文献查阅、调查问卷等形式，实施了重庆市红色旅游现状调查和创新发展研究，提出了发展构想，撰写形成研究报告。

一、重庆市红色资源概况

重庆是一块英雄的土地，有着光荣的革命传统。抗日战争时期和解放战争时期，留下了许多革命前辈活动的遗踪胜迹。

（一）红色资源的地域范畴

红色旅游资源从地域分布来看，大致可分三个区域：一是位于主城区的红岩文化旅游区及抗战文化景区；二是渝东川陕革命根据地红色旅游区；三

① 基金项目：重庆市文化旅游委调查研究项目“重庆市红色旅游现状及创新发展调查研究”；重庆市社科规划特别委托项目“重庆市红色资源活化利用研究”（2021TBWT-ZD36）。

是渝东南川黔湘鄂革命根据地红色旅游区。重庆主城区红色文化旅游资源主要包括渝中区、沙坪坝区、九龙坡区、江北区、渝北区、南岸区、大渡口区、北碚区、巴南区、江津区等地150余处红色景点。其中重庆红岩革命历史博物馆是把红岩革命纪念馆、曾家岩50号“周公馆”、《新华日报》总馆旧址、新华日报营业部旧址、重庆谈判和《双十协定》签订地址——桂园、中共代表团驻地旧址和歌乐山红岩魂陈列馆、白公馆、渣滓洞、松林坡、梅园、红炉厂等重要红色旅游景点串联起来，形成独具特色的红岩红色文化资源。重庆渝东南地区红色旅游资源主要包括酉阳、秀山、石柱、黔江、彭水、万州、涪陵、万盛、长寿、南川、双桥、梁平、城口、丰都、垫江、武隆、忠县、开县、云阳、奉节、巫山、巫溪等区域200余处红色旅游景点。重庆渝西地区红色旅游资源主要包括合川、铜梁、潼南、大足、荣昌、璧山、綦江等地60余处景点。总体来说，重庆红色旅游资源以革命人物、历史事件、烈士纪念设施为核心，红色资源丰富，每一区县均有1至2位历史人物、革命志士作为纪念的代表和核心。比如，合川有陶行知、卢作孚，铜梁有邱少云，潼南有杨尚昆，大足有饶国梁，荣昌有张培爵，璧山有谢唯进，綦江有王良等，他们基本上是自辛亥革命以来各个历史阶段的突出代表人物，涵盖了爱国主义、革命主义、国际主义等多方面的精神内涵。

（二）红色资源的时间范畴及核心景区

从时间范畴上来说，重庆红色旅游资源囊括旧民主主义革命时期、新民主主义革命时期以及社会主义建设时期各个历史阶段。目前，列入全国爱国主义教育示范基地的有10处、市级爱国主义教育基地 51处、全国廉政教育基地1处、全国红色旅游经典景区16处、国家 AAAA级景区10个、国家AAA级景区3个、国家AA级景区6个，形成了国家、市、区县三级红色旅游景区网络。

（三）自然、人文旅游资源的交相辉映

总体来说，重庆红色文化旅游资源类型丰富、数量众多、特色突出、分布集中，为重庆红色人文旅游快速发展奠定了资源优势。同时，自然旅游资源丰富，旅游联动性、可塑性强，如，合川以钓鱼城古战场遗址为其主打旅游品牌，与新涞滩二佛遗址、陶行知纪念馆形成联动旅游环线。潼南双江镇

以杨闇公故居及陵园、杨尚昆故居及陵园和杨氏民居五个景点联合成片，并且每年以菜花节等自然旅游风光为卖点，吸引游客。荣昌的张培爵纪念馆，位于城区中心的海棠公园旁，与公园内的烈士陵园、公园外的张培爵广场，共同构成了荣昌廉政教育场所。历史人文资源与自然资源交相辉映，为重庆红色旅游发展提供了强劲的动力。

二、重庆市红色旅游发展现状与主要特色

（一）注重顶层设计、加强资源整合，红色旅游方兴未艾

重庆市能成为全国著名的红色旅游目的地，这与多年来重视红色旅游顶层设计有关。重庆市红色旅游规划起步较早，从2004年起，已出台3个较大的红色旅游规划方案，为红色旅游的发展注入了强劲的动力。

2004年出台了《重庆市贯彻实施〈2004—2010年全国红色旅游发展规划纲要〉的意见》，围绕“川陕渝红色旅游区”建设，构建起“一地、六区、十线”全市红色旅游发展总体布局。“川陕渝红色旅游区”纳入全国12个“重点红色旅游区”培育，红岩革命纪念馆、歌乐山烈士陵园、刘伯承同志纪念馆、聂荣臻元帅陈列馆、赵世炎烈士故居等5个红色景区入选全国100个红色旅游经典景区，进入30 条全国红色旅游精品线路之中。

2012年出台了《重庆市贯彻实施〈2011—2015年全国红色旅游发展规划纲要〉的意见》，提出在“一地、六区、十线”的红色总体发展布局基础上，以“红岩精神”为主线，整合特色资源，重点建设体现红岩精神、抗战精神的八大“红色旅游经典景区”，带动相邻地区红色旅游资源开发。同时，精心组织策划一批红色项目，包装推出一批红色旅游特色线路，完善红色旅游景区基础设施，提升红色旅游景区接待讲解水平，促进红色旅游与其他旅游业态联动发展，将重庆建设成为主题鲜明、交通便利、服务配套、吸引力强、影响较大的“重点红色旅游区”，全面塑造重庆“红色旅游目的地”的整体形象。

2017年出台了《重庆市贯彻落实〈2016—2020年全国红色旅游发展规划纲要〉实施方案》《关于推进革命文物保护利用工程（2018—2022年）的实施方案》，以全国红色旅游经典景区、国家A级景区、市级以上爱国主义

教育基地建设为重点，不断健全完善全市红色景区总体发展布局，注重全域化发展、全季节体验、全产业发展、全方位服务、全社会参与，启动实施红岩革命文物保护传承工程，统筹推进红岩村、曾家岩、虎头岩“红色三岩”提档升级，实施红岩革命历史博物馆品质提升工程，加强重点红色旅游景区内革命文物保护修缮，深入挖掘红色旅游景区文化内涵，完善红色旅游景区基础设施，加快构建“快旅慢游”交通体系，提升红色旅游景区接待水平，切实讲好红色故事、讲好革命精神。

通过三大规划方案的落地执行，重庆市逐步加强了红色资源整合和活化利用，使红色旅游景点景区成为开展爱国主义教育和革命传统教育的生动课堂，在弘扬红岩精神、推动重庆高质量发展、创造高品质生活、助推革命老区脱贫攻坚等方面发挥了重要作用，产生了良好的政治效益、经济效益、社会效益和文化效益。

（二）红色旅游基础扎实，红岩品牌效应明显

由于重庆市红色旅游开发较早，挖掘出了丰富的文化内涵，因此形成了较好的市场基础。重庆红色旅游以“两馆”（即红岩革命纪念馆、歌乐山烈士陵园陈列馆），“两帅”（即聂荣臻元帅陈列馆、刘伯承元帅纪念馆）；“两老”（即赵世炎烈士故居和杨闇公烈士故居）为资源特色，尤其是红岩红色旅游景区，是重庆市红色旅游的排头兵，因小说《红岩》而享誉全国，其中江姐、叶挺、小萝卜头等艺术形象深入人心，对游客有极大的吸引力。近年来，红岩联线管理中心紧紧抓住历史发展机遇，依托红岩革命文化资源，积极作为，创新发展，打造红岩“升级版”，走出了一条革命文物资源保护与活化利用的新路子，红岩文化品牌在重庆红色旅游市场中发挥着主导性的作用。在新冠疫情暴发前，红岩文化景区观众接待量已连续几年突破 1000 万人次。2019 年达到 1150 万人次，从国家旅游局公布的数据上看，这一数据在博物馆系统仅次于故宫博物院，排在全国第二位。红岩联线管理中心在红色资源保护、文物征集、基础设施建设方面成效显著，并不断挖掘、收集、整理史料，加速对成果的转化，研究开发成果丰硕。同时充分利用和整合红色文化资源，积极发展壮大文化旅游、展览展示、教育培训和文创产品开发销售等六大产业，实现产值 6000 余万元，红岩已成为重庆市对外形象展示的亮丽名片。

（三）资源联动提质增效，特色旅游优势明显

近年来，重庆市加强了文化与旅游的深度融合，利用文化旅游资源的联动，提升红色旅游质量，大力发展具有地方特色的旅游服务。如渝东南地区除了丰富的红色旅游资源外，还拥有石柱土家啰儿调、黔江南溪号子、秀山花灯等非物质文化遗产及以黔江小南海、秀山花灯寨、酉阳龚滩古镇、乌江画廊为代表的文化产业品牌，通过区域联动和文旅融合，使渝东南地区红色旅游资源与自然生态、民族历史文化交相辉映，体现出独特的资源整合优势。同时，以点带面、连点成线，形成了较为完善的十条红色旅游线路。如主城的红岩红色文化游，江津聂荣臻元帅故乡游，开县刘伯承元帅故乡游，酉阳红色之旅，潼南红色之旅，南岸、北碚抗战文化游，城口红色之旅等均已发挥了连点成线的红色旅游价值。

（四）“红岩”品牌有效传播，事业产业协调发展明显

多年来，重庆市积极探索体制机制改革创新，促进文化事业与红色文化旅游产业协调发展。红岩文化旅游以革命资源整合为契机，输出品牌和管理模式，以红岩革命纪念馆、歌乐山革命纪念馆、特园中国民主党派陈列馆为基础，探索出了红色文化与旅游融合发展的典型路子，特别是以三大陈列馆为基础的红岩党性教育基地更是彰显了重庆红色文化的价值意义，走出了一条特色化专业化系统化的发展之路，为全国红色文化的活化利用提供了发展道路借鉴。文化事业和文化产业协调发展，有效提升了重庆市红色资源的利用率，为红色旅游资源的开发利用探索出了新的模式。

（五）资源整合优势互补，统筹管理优势明显

多年来，重庆市在红色旅游资源整合中探索出了独特的整合路径，对红岩旅游资源的整合已成为全国典型案例。同时，重庆市对杨尚昆故里、张培爵纪念馆旅游资源的整体打造也是成功案例。杨尚昆故里由杨尚昆旧居及陵园、杨闇公旧居及陵园和杨氏民居五个景点组成。2007年6月，中共潼南县委、潼南县人民政府将杨尚昆陵园管理处、杨闇公旧居管理所、杨尚昆旧居（长滩子“四知堂”）、杨闇公烈士陵园管理所、杨氏民居管理所等原分属县委宣传部、县民政局、县文广新局管理的5个事业单位整合在一起，设置杨尚昆故里管理处统一管理。整个故里作为全国爱国主义教育基地、国家AAAA

级旅游风景区，社会效应、经济效应良好。张培爵纪念馆位于荣昌区昌元街道海棠公园旁，由区委党史办管理，分为“张培爵与重庆辛亥革命”展览馆、张培爵墓、张培爵铜像和张培爵纪念广场四部分，旁边的海棠公园内有荣昌烈士陵园，整个纪念馆区与海棠公园、烈士陵园连成了一片完整的群落，成为一个有机的整体，基础设施较为完备，加上具有城区中心区位优势，纪念馆吸引了大量观众，观众在轻松的游乐中就潜移默化地接受了红色文化的熏陶和教育。

三、重庆市红色旅游发展中存在的问题与挑战

重庆地处中国西部地区，经济较东部沿海地区欠发达，在红色旅游发展中也还存在诸如红色旅游发展不平衡，旅游类型单一，旅游产业开发深度不够等现实问题，影响了红色旅游的高质量发展。

（一）红色资源管理缺乏统一归属

由于红色资源形成的历史原因不同，因此造成管理单位归属不同，有的归属于民政系统，有的归属于市政系统，有的归属于文管所，还有归属于建委等部门。由于没有统一的归属管理部门，因此给红色资源的活化利用带来一定的困扰，规划的制定与政策的执行都受到不同程度的影响，红色旅游发展没有形成合力。

（二）红色旅游机制创新及服务能力还需提升

首先，体制机制创新还需要加强。红岩红色资源的社会影响大、市场化程度较高，红岩品牌的辐射力逐步增强，但在红色资源整合过程中，跨区整合、跨行业重组、遗址产权属性、事企两分开、所有权与管理权关系等系列问题，还缺乏强力有效的配套政策扶持。其次，重庆红色旅游公共信息平台缺乏，市场信息不灵，需要有关部门整合信息、搭建平台。另外，红色旅游开发深度不够，特别是远郊区县，多数红色旅游景点产品单调，展示内容雷同，陈列方式单调、陈旧，参与性项目开发极少，红色旅游配套的吃、住、行、游、购、娱等设施较落后，相应服务能力不足。

（三）红色旅游串联性、互动性、合作性不够

重庆市各区县红色景点受地理位置、交通环境、开发思路等方面影响，红色旅游串联性、互动性、合作性都不够。首先，横向联系缺乏，未形成规模效应，影响力有限。重庆市红色旅游资源虽然大部分集中于主城区，但周边区（县）也拥有大量的红色旅游资源，在红色旅游发展中，主城区的红色资源与区（县）资源还没有形成很强的互动性、串联性，合作开发意识不强，没有形成有效的馆际合作，也没有与相关旅游产业有效结合，开发程度不深、广度不够，发展面较窄。其次，重庆红色旅游与周边省市的红色旅游互动性不足，重庆红色旅游与周边省、市的连线互动性都还有不足，红色旅游的整体效能未得到有效释放。另外，重庆市红色旅游缺乏统一的目的地形象宣传口号，除红岩红色旅游景区外，大多数景点不能成为全国性的红色旅游目的地，红色景点成为其他旅游的附属品，影响了红色旅游教育功能的充分发挥。

（四）红色资源保护利用经费紧张，红色景区人才支撑不力

调研发现，虽然近年来国家加大了对红色资源的专项保护经费，但在运营过程中也不同程度地存在经费不足的问题。特别是区县财政支持力度参差不齐，重视程度高的区县资金到位及时，规划完善有序，景区发展良好；重视程度低的区县开发程度不足，宣传力度不够，有些红色资源未得到有效利用，红色旅游发展迟缓。同时，部分红色旅游景区人员缺乏系统、专业的培训，专业人才不足，规划研发人才、策划营销人才严重不足，部分红色景点仅仅只有日常管理人员，无研究开发人员，这使革命文物点没有红色文化的支撑。

（五）红色旅游类型单一，红色旅游质量不够

重庆红色旅游景点中，主要是以故居、遗址、遗迹及博物馆等静态形式呈现给游客，与其他旅游产品和新业态、新技术结合不够紧密，缺乏对游客需求的关切，多元化体验不足，参与性、互动性都相对欠缺。红色旅游景区重开发、轻保护，重硬件、轻软件的现象还存在。表现在：红色文化内涵挖掘不足，博物馆、纪念馆“千馆一面”现象比较普遍。游客在游览过程中，主要靠专业讲解人员的带领，红色文化、革命精神没有更加有效和灵活的传播手段，红色旅游宣传讲解不够深入，缺乏生动性和感染力。

（六）红色旅游发展区域不均衡，产业体系不全

重庆市红色旅游发展不均衡，首先是资源性不均衡。重庆市红色旅游资源主要分布在主城区，红色旅游发展也主要集中在主城区。据不完全统计，重庆主城红色旅游景区接待量及产业收入占全市红色旅游的90%以上，地处偏远山区的红色旅游景区参观接待量及产业收入占比较低，这些区域大多经济发展水平低，文物保护资金基本靠中央和市级财政投入，区县财政投入较少，很难有多余资金投入红色旅游资源开发。另外，除主城的红色景点为游客第一目的地外，区县各红色景点，并不被游客选择，仅仅作为其前往其他旅游景点后的附带选择，参观人员大部分为当地居民。由于红色旅游普遍存在市场主体不强、产业链条较短、产业体系不全、旅游商品单一等问题，旅游消费水平整体偏低。特别是红色旅游商品开发设计和生产销售比较滞后，主要表现为档次低、种类少、特色不鲜明，游客兴趣不大。

四、重庆红色旅游高质量发展的意见与建议

（一）加强顶层设计，深入挖掘红色资源内在价值

充分挖掘重庆红色资源的内在价值。在挖掘与开发红色资源过程中，应加强顶层设计，统一规划、全盘考虑，把红色文化与民俗文化结合起来，丰富红色旅游的内涵，变“单色”为“多色”，让“孤景”成“群景”，促进多元化游客类型的形成，提高红色旅游景区消费水平，让红色旅游为民俗旅游提供动力、民俗旅游为红色旅游提供游客来源，促进民俗旅游与红色旅游的相互带动与共同发展。应以尊重历史原真性为原则，准确把握历史脉搏，深刻挖掘红色资源内涵，提炼出重庆各地区红色旅游所承载的革命精神，突出特色和主题，使红色旅游走上可持续发展之路。

（二）加强红色旅游融资渠道，吸引社会力量参与旅游开发

积极破解红色旅游投入不足，以财政为主单一渠道的瓶颈。积极整合相关部门政策、项目和资金，加大中央财政对中西部地区红色旅游基础设施建设的投入。研究建立博物馆、纪念馆运营经费补贴合理，持续增长机制，解决博物馆、纪念馆运营难题。充分发挥市场机制作用，创新投融资方式，拓

宽投融资渠道，吸引社会力量参与红色旅游开发。

（三）凸显红色资源的教育价值，提升红色旅游的综合效益

各区县在制定区域红色旅游发展规划时，应将本地红色旅游景区的发展置于重庆整个旅游，乃至全国红色旅游发展的整体规划中，注重统筹互补，形成气候。应把政治文明、物质文明与精神文明建设有机地结合，使红色旅游的政治功能、经济功能、文化功能、教育功能得到最大限度的发挥，从而促进红色旅游产业发展走上一条良性循环的路子。特别是要发挥好红色旅游核心教育价值，增强红色旅游的多样性和参与性，充分发挥红色文化旅游深入浅出、生动活泼、潜移默化、润物无声的特点，把当前亟待加强的爱国主义教育、思想政治教育、革命传统教育、党性教育等融入群众喜闻乐见，主动参与的活动中，寓教于游，使游客思想感情得到熏陶，精神生活得到充实。

（四）加大红色旅游资金投入力度和政策扶持力度

各级政府应采取更多的优惠政策，加大红色旅游开发的资金投入和政策扶持力度。随着各红色旅游景区参观人数大幅增加，劳动成本和物价上涨等因素，建议着重加大财政在红色文物征集、文物保护、文物维修、人才培养和引进方面的投入，加强红色旅游配套设施建设，提高服务水平和质量。

（五）完善红色旅游发展要素，探索产业化发展路径

继续创新重庆市红色旅游发展模式，培育产业要素，拉长产业链条，完善产业体系。从政策、体制、融资等方面，支持做大做强一批红色旅游企业。应以红色旅游景区为核心吸引物，培育“食、住、行、游、购、娱”旅游要素，开发红色文化旅游演艺、拓展新业态，推动红色旅游与生态旅游、民俗旅游、乡村旅游的融合发展，建设好自驾游露营基地、游客服务中心等配套设施，把重点红色旅游区点打造成为一流的旅游服务体验综合体。

（六）扶持民营红色场馆（景点），建立帮扶制度

应鼓励探索社会力量创办经营红色场馆（景点），形成全社会参与、弘扬、传承红色文化的局面。各级财政可根据所在地的民办红色场馆(景点)的规模、服务水平和发展现状给予一定额度的资金支持。同时，建立帮扶制度，探索建立国有红色场馆（红色景区）帮扶制度，充分发挥国有红色场馆（红色景区）在陈列展览、科学研究、人员培训等方面的优势，对民办红色场馆实施一对一的帮扶。另外，实力较强的革命博物馆和品牌景区组建对口支持工作组，积极支持配合其他较弱的红色旅游基地及旅游景区，从学术研究、展览展示、社会教育、讲解培训、产业开发、宣传营销等方面予以技术和专业上的支持帮助和指导。

（七）加强红色旅游的融合发展，创新红色旅游的展示手段

随着新媒体及互联网的加速发展，重庆市红色旅游的开发不能简单局限于传统的开发模式，应借助新的传播媒介和传播手段。进行红色旅游地智慧景区建设，更好地适应当下游客的旅游需求。深入挖掘红色旅游地的故事，把故事用现代化方式演绎，让游客能身临其境，更能突出红色文化的教育性。同时，要加强与其他旅游资源的融合发展。如在重庆渝东南地区，红色旅游开发可以与当地特有的民族文化旅游资源的开发相融合。在重庆爆红的“网红”景点中，用红色文化给其注入新的发展内涵，在带动红色旅游发展的同时也能给“网红”景点的持续发展提供新的路径。

总之，重庆红色旅游发展方兴未艾，但也存在一系列的问题，进一步推动红色旅游发展繁荣还需全方位、多层次、宽领域的探索和思考。新时代新阶段，应科学谋划，开拓创新，为做大做强红色旅游，增强红色旅游的吸引力、感召力和影响力，实现红色旅游高质量发展而不懈努力。

BLUE BOOK OF CHONGQING

重庆博物馆新馆建设前期调研报告

重庆中国三峡博物馆（重庆博物馆） 程武彦

一、调研概况

（一）调研背景及意义

1. 重庆博物馆基本情况

重庆博物馆与重庆中国三峡博物馆为“两块牌子、一套班子”，是一座集“巴渝文化、三峡文化、大后方抗战文化、统战文化、移民文化”等的收藏、保护、研究、展示、传播为一体的综合性博物馆，前身为1951年成立的西南博物院，1955年因西南大区撤销更名为重庆市博物馆，2000年为承担三峡文物保护工程的大量珍贵文物抢救、展示和研究工作，经国务院办公厅批准设立重庆中国三峡博物馆。2005年6月18日正式对外开放，占地面积3万平方米，建筑面积4.5万平方米，展厅面积2.1万平方米，年均接待观众170万人次。博物馆藏品数量279035件，在全国主要大型博物馆中位居前列。

重庆是国家历史文化名城，具有悠久的历史，文化遗产丰厚，近年来文博事业也得到了极大发展，取得了显著成绩。然而，由于重庆博物馆已经开放15年，建成年代较早，无论是展陈面积和服务功能与当前的需求都存在一定差距。

2. 项目建设的意义

习近平总书记对重庆提出了“两点”定位、“两地”“两高”目标、发挥“三个作用”和营造良好政治生态的重要指示要求，重庆迎来前所未有的发展机遇。博物馆作为人类文明的殿堂，通过对人类文明成果的珍藏和展示，能够传播科学文化知识，启迪和培养人们的创造力。重庆博物馆新馆的建设，有利于整体改善文物保护状况，加强长江文化资源保护、利用和传承，提升公共文化服务能力，助推文化强市建设。

（二）调研对象、内容及方法

1. 调研对象

一是北京、四川、湖北、陕西等省市国有综合性博物馆；二是重庆市档案馆等公共设施。

2. 调研内容

本次调研主要是为重庆博物馆新馆建设进行前期规划和论证，因此，主要调研了三方面的内容：一是部分省市综合性国有博物馆——特别是新建博物馆——在规划、基础设施建设、布展、运营等方面的情况；二是重庆市内新建公共设施的选址、规划、建设等方面的情况；三是有意愿新建公共文化设施的区县土地储备、政策支持等方面的情况。

3. 调研方式

综合运用电话咨询、实地走访座谈等常用调研方法搜集基础数据，同时聘请重庆国际投资咨询集团、重庆市规划设计研究院等第三方机构共同参与调研、提供顾问支持，利用相关统计、分析方法展开专题研究。

二、目前存在的问题

（一）藏品展出率偏低

一是常设展览展出藏品数量不多，且轮换率低，全馆 4 大基本陈列和 7 个专题陈列中实际展出的藏品约 8000 件，不到馆藏总量的 3%，除了书画展厅近年来开始轮换展品外，其余常设展厅的展品均长期处于不轮换的状态。二是临时展览展出藏品数量过低，年均展出数量 300 余件，仅为藏品总数的

0.11%。三是展览出借藏品数量有限，年均出借数量约500件，仅占藏品总量的0.18%。除少数精品被展出之外，大部分藏品都封存在库房，无法被观众欣赏，发挥不出其应有的社会价值。

（二）缺乏公共文化服务空间

在博物馆越来越受到市民欢迎的背景下，为更好发挥构建中华优秀传统文化传承体系、弘扬社会主义核心价值观、坚定文化自信方面的重要作用，亟待提升社会教育功能，而重庆博物馆在扣除展厅、文物库房、实验修复用房和行政用房面积之后，基本没有给观众预留开展社会教育和特殊观众群体服务的空间，周边又紧邻市政府和人民广场，已无原址扩建的余地，使得博物馆的功能越来越不能适应新时代群众精神文化生活的需求。

（三）重庆历史与三峡文物展示不充分

重庆博物馆与重庆中国三峡博物馆合二为一的模式制约了其展陈布置，缺乏对重庆通史、重庆革命史等重要历史阶段人物事件以及全市经济社会建设阶段性成果的充分展示，对于三峡文物的展示也不够充分细致。

（四）降低了重庆博物馆的社会知晓度

部分市民只知重庆中国三峡博物馆而不知重庆博物馆，在发挥重庆窗口作用、提升城市形象上有差距。

三、项目建设必要条件

（一）藏品资源丰富

重庆文物藏品数量庞大，全市国有收藏单位共采集登录文物1482489件，居全国第16位、西部第4位，其中珍贵文物42172件，居全国第23位、西部第6位。另有三峡出土文物17.3万件。重庆博物馆藏品数量279035件，占全市文物总量的四分之一，其中珍贵文物26890件，约占全市珍贵文物总量的三分之二。藏品门类也很齐全，涵盖古人类标本、巴蜀青铜器、革命文物、历史书画、历代瓷器等35个类别，拥有明玉珍、秦良玉、邹容、江竹筠等名人遗物手迹，1.8万余件宋元明清书画大家及近现代齐白石、张大千、徐悲鸿等名家书画作品，3万余件五四运动、地方党组织、红军长征、抗战大后方、西南大区、三峡建设等近现代重大历史事件的文物资料，珍藏有旧石器时代“巫山人”左侧下颌骨化石、商三羊尊、东汉乌杨石阙、唐寅临韩熙载夜宴图卷等十大镇馆之宝。

（二）研究体系健全

历年来重庆文博界对巴渝文化、革命文化、三峡文化、移民文化、抗战文化、统战文化进行了系统的研究和阐释，形成了丰富的研究成果。通过文物实证了200万年以来重庆地区人类发展足迹和3000年城市发展脉络，构建起完整的重庆历史文化序列，彰显了重庆作为国家历史文化名城的独特人文精神，展现了文物所蕴含的哲学思想、人文精神、价值理念、道德规范和中华民族的文化精神、文化胸怀、文化自信。

（三）人才队伍充足

重庆博物馆是中央地方共建国家级博物馆、国家文化和科技融合示范基地、全国最具创新力博物馆、国家文物局重点科研基地、全国古籍重点保护单位。现有编制210个，在编188人，其中具有高级职称47人，占专业技术人员的33%，硕士及以上学历53人，占全馆总人数的28%，人才队伍数量充足、专业齐全、结构合理、管理经验丰富，在实施博物馆总分馆制、白鹤梁水下博物馆、宋庆龄旧居陈列馆运营管理中均有成功经验，完全能够保障新建的重庆博物馆顺畅运营。

（四）政策规划支持

《重庆市“十三五”规划》提出，要推动文化事业繁荣发展，加快构建覆盖城乡、实用高效、保基本、促公平的现代公共文化服务体系，丰富人民群众的精神文化生活。2019年10月，重庆市委办公厅、市政府办公厅印发《关于加强文物保护利用改革的实施意见》的通知，其中第十条明确提出，加强博物馆体系建设，加强市级重大文博设施建设，推进重庆工业博物馆、重庆博物馆新馆、重庆自然博物馆二期等建设。2018年11月，重庆市人民政府办公厅印发《重庆市城市提升行动计划》，其中“（三十一）完善和延伸优质公共服务功能”中明确提出“加快完善重庆博物馆、芭蕾舞剧院、城市音乐厅、露天音乐广场等设施，更好满足市民文化体育消费需求”。

四、对策建议

（一）建设总体思路

将目前“两块牌子、一套班子”运作的重庆中国三峡博物馆和重庆博物馆分设，保留位于渝中区人民路的重庆中国三峡博物馆，将其打造为展示三峡历史文明进程的区域性主题馆，将重庆博物馆新馆建为以重庆历史为主体，以重庆通史、革命文化、社会主义建设成就为主要特色，全景式、智慧化、体验性展现重庆历史文化、传承重庆人文精神的文化殿堂。将其打造为集收藏展示、公众教育、旅游休闲、对外交流等于一体的全国一流综合性历史博物馆、重庆人文新地标、文旅体验示范区、城市“会客厅”，全面展示重庆文明进程，让更多人了解重庆、走进重庆，参与和分享重庆发展。

（二）建设选址

结合目前重庆市博物馆分布情况，主城各区城市功能规划，以及交通、周边环境配套、气象水文等因素，初步拟定了三个方案，分别为南滨路钟楼广场、渝北中央公园、九龙坡长江文化艺术湾区。

表 1　选址分析表

	方案一：南滨路钟楼广场	方案二：渝北中央公园	方案三：九龙坡长江文化艺术湾区
区位及规划	地处长江与嘉陵江交汇处，属于两江四岸核心区，城市会客厅	重庆市北部片区一大重要的人口聚集地、现代服务业基地、商务＋政务中心	长江文化艺术湾区，美术文化半岛
基础环境	正观两江交汇及重庆城市天际线，背靠南山，周边沿线遍布历史文化遗迹	拥有国内最大的开放式城市公园，环境优美	拥有四川美术学院、黄桷坪艺术园、川美创谷等丰富的文化、艺术、创意资源

（续 表）

	方案一：南滨路钟楼广场	方案二：渝北中央公园	方案三：九龙坡长江文化艺术湾区
用地条件	钟楼广场现占地面积约30亩，受周边已建成小区及已出让地块限制，用地较为局促；长江涨水存在一定风险	建设用地充足	建设用地充足
区级建设意向		渝北区愿意零成本提供土地	

（三）**建设规模**

按照《博物馆建筑设计规范》，并参照其他省市同类型博物馆的建筑规模，初步考虑按照特大型博物馆的标准建设：建设用地面积约100亩，总建筑面积约60000平方米，容积率0.75。其中：陈列馆区31000平方米、社会教育区2800平方米、公共服务空间7100平方米、周转库房4000平方米、行政办公区2100平方米、设备房3000平方米、地下车库10000平方米。总投资约9.95亿元，其中建设投资8.75亿元，土地划拨费用1.2亿元。

表2 重庆博物馆主要技术经济指标表

项 目		单位	指标	备注
建设用地面积		平方米	66667	约100亩
总建筑面积		平方米	60000	
博物馆建筑面积		平方米	50000	均为地上建筑
其中	1. 陈列馆区	平方米	31000	

（续 表）

<table>
<tr><th colspan="4">项 目</th><th>单位</th><th>指标</th><th>备注</th></tr>
<tr><td rowspan="21">其中</td><td rowspan="8">其中</td><td rowspan="4">重庆通史</td><td>古代史</td><td>平方米</td><td>5000</td><td></td></tr>
<tr><td>近代史</td><td>平方米</td><td>5000</td><td></td></tr>
<tr><td>革命文化</td><td>平方米</td><td>5000</td><td></td></tr>
<tr><td>新中国成立后建设成就</td><td>平方米</td><td>7000</td><td></td></tr>
<tr><td rowspan="3">临展厅</td><td>大临展厅</td><td>平方米</td><td>2000</td><td>1 间</td></tr>
<tr><td>中临展厅</td><td>平方米</td><td>1000</td><td>1 间</td></tr>
<tr><td>小临展厅</td><td>平方米</td><td>1000</td><td>2 间，每间 500 平方米</td></tr>
<tr><td colspan="2">观众实践中心</td><td>平方米</td><td>5000</td><td></td></tr>
<tr><td colspan="3">2. 周转库房</td><td>平方米</td><td>4000</td><td></td></tr>
<tr><td colspan="3">3. 社会教育区</td><td>平方米</td><td>2800</td><td></td></tr>
<tr><td rowspan="8">其中</td><td colspan="2">学术报告厅</td><td>平方米</td><td>500</td><td></td></tr>
<tr><td colspan="2">150 人会议室</td><td>平方米</td><td>400</td><td>1 间</td></tr>
<tr><td colspan="2">100 人教室</td><td>平方米</td><td>300</td><td>1 间</td></tr>
<tr><td colspan="2">50 人教室</td><td>平方米</td><td>600</td><td>3 间</td></tr>
<tr><td colspan="2">30 人教室</td><td>平方米</td><td>300</td><td>2 间</td></tr>
<tr><td colspan="2">巡展设备及教具用房</td><td>平方米</td><td>300</td><td></td></tr>
<tr><td colspan="2">志愿者活动室</td><td>平方米</td><td>200</td><td></td></tr>
<tr><td colspan="2">讲解员办公室</td><td>平方米</td><td>200</td><td></td></tr>
<tr><td colspan="3">4. 公共服务空间</td><td>平方米</td><td>7100</td><td>包含咨询服务、观众休息区、多功能厅、图书室、文创空间、厕所等</td></tr>
<tr><td colspan="3">5. 行政办公区</td><td>平方米</td><td>2100</td><td>按 60 人计算</td></tr>
<tr><td colspan="3">6. 设备房</td><td>平方米</td><td>3000</td><td></td></tr>
<tr><td colspan="4">地下车库面积</td><td>平方米</td><td>10000</td><td>地下建筑</td></tr>
<tr><td colspan="4">容积率</td><td></td><td>0.75</td><td></td></tr>
<tr><td colspan="4">停车位</td><td>辆</td><td>320</td><td></td></tr>
</table>

（续 表）

项目		单位	指标	备注
其中	①室外（地上）	辆	20	大型车
	②室内（地下）	辆	300	小型车
匡算投资		亿元	9.95	
其中	建设相关投资	亿元	8.75	
	土地划拨费	亿元	1.2	按120万元／亩暂估

重庆市作为中国中西部唯一的直辖市、国家中心城市、长江上游地区经济文化中心，需要与之相匹配的公共文化服务设施。通过调研发现，重庆博物馆新馆建设既有政策支持，又有藏品、人才等资源支撑，同时也符合全市经济社会发展的客观需要，顺应文旅融合发展的需求。建议尽早落实项目选址和建设用地，力争早立项、早开工、早建成，完善重庆博物馆（重庆中国三峡博物馆）功能体系，更好发挥重庆在中西部地区文化建设领域的带头引领作用，推动高质量发展，满足市民高品质文化生活需求。

BLUE BOOK OF CHONGQING

重庆市公共图书馆儿童阅读服务效能调研报告

谭必胜、吴小蕊、刘小丽、刘清、王乾芳、罗春芳

在全民阅读中，儿童阅读是构建书香社会、提高全民阅读水平的基础，是涉及国民素质、国家未来的基础工程。公共图书馆在促进儿童阅读、为儿童提供阅读资源、满足儿童成长和发展的文化知识需求等方面发挥着重要作用。近年来，重庆市少年儿童图书馆围绕全市公共图书馆儿童阅读服务情况，通过问卷调查和实地访谈相结合的方式，对全市公共图书馆儿童阅读服务效能做如下调研分析。

一、调研开展情况

本次调研采用问卷调查法，主要调查41家区县公共图书馆2020年1–12月少儿服务工作情况，发出《公共图书馆少儿服务工作情况统计表》41份，收到有效问卷39份，问卷有效率95.12%。本文以有效问卷39份作为样本数据进行分析，其中主城都市区（以下简称：主城）24份，占61.54%；渝东北三峡库区城镇群（以下简称：渝东北）10份，占25.64%；渝东南武陵山区城镇群（以下简称：渝东南）5份，占12.82%。本次调研是近四年来一次较为全面的统计，其数据分析具有一定现实意义，对全市公共图书馆在儿童阅读推广发展的研究具有重要参考价值。

二、重庆市公共图书馆儿童阅读服务现状

（一）基础设施与文献资源建设情况

1. 少儿阅读空间布局情况

全市区县公共图书馆中设立阅读活动室的占 87%，设立儿童电子阅览室的占 69%，设立儿童手工室的占 46%，设立玩具室的占 26%，少儿视听室的占28%，设立母婴室的仅占8%（见表1）。23%的图书馆虽然设立了电子阅览室，但缺乏电子阅览设备，难以满足孩子们的移动阅读需求，要加大相应设备的添置，并有效利用。

表 1　重庆市区县公共图书馆少儿阅读空间布局情况统计表

类别	读者用房面积（㎡）	少儿阅览座席（个）	专门服务空间设置						
			儿童电子阅览室	儿童手工室	玩具室	少儿视听室	阅读活动室	母婴室	其他
全市区县公共图书馆	28737.38	6592	27	18	10	11	34	3	11
占的比例或平均数	736.86	169	69%	46%	26%	28%	87%	8%	28%

2. 各载体少儿阅读资源建设情况

全市区县公共图书馆少儿阅读资源情况见表 2，区县公共图书馆少儿文献未按年龄分层占 38%，13% 的公共图书馆儿童阅读资源不够、无专门阅读区域、书籍更新慢、数字化程度低，无法满足儿童阅读需求。主城都市区少儿纸质文献平均藏量均高于渝东北和渝东南，差异原因与图书馆对少儿阅读的重视程度和资金投入情况有关。

表 2　重庆市区县公共图书馆各载体少儿阅读资源建设情况统计表

类别	少儿文献未按年龄分层	少儿纸质文献总藏量（册）				报刊（种）	视听资料（件）	玩具（件）	数字资源情况					
		总量	绘本	低幼画册	连环画、漫画				总量（TB）	电子图书（册）	自建资源（TB）	自建资源库（个）	外购资源（TB）	外购资源库（个）
全市区县公共图书馆	15 个/38%	2226352	211360	124502	101413	3144	36343	845	130.34	1046128	6.04	4	112.92	112.92

3. 少儿文献资源利用情况

全市区县公共图书馆持有效证卡的少儿读者 386756 人次，其中学龄前儿童读者 92828 人次，少儿读者年到馆 2872123 人次，其中学龄前儿童年到馆 756424 人次。全市平均每个区县公共图书馆少儿文献外借量年均 79424 册次、31974 人次，学龄前儿童文献外借量年均 16843 册次、9392 人次（见图 1）。调研结果可见，主城区的各项数据均高于渝东北和渝东南，渝东北和渝东南多项数据未达到全市平均水平。渝东北持有效证卡的少儿读者和学龄前儿童读者、少儿读者年到馆人次、少儿文献外借量和学龄前儿童年文献外借量均高于渝东南，渝东南要加强学龄前少儿阅读推广活动，增加借阅量。调研显示，影响儿童到馆参加阅读活动的因素有宣传力度不够、活动形式单一、儿童缺乏阅读兴趣等。

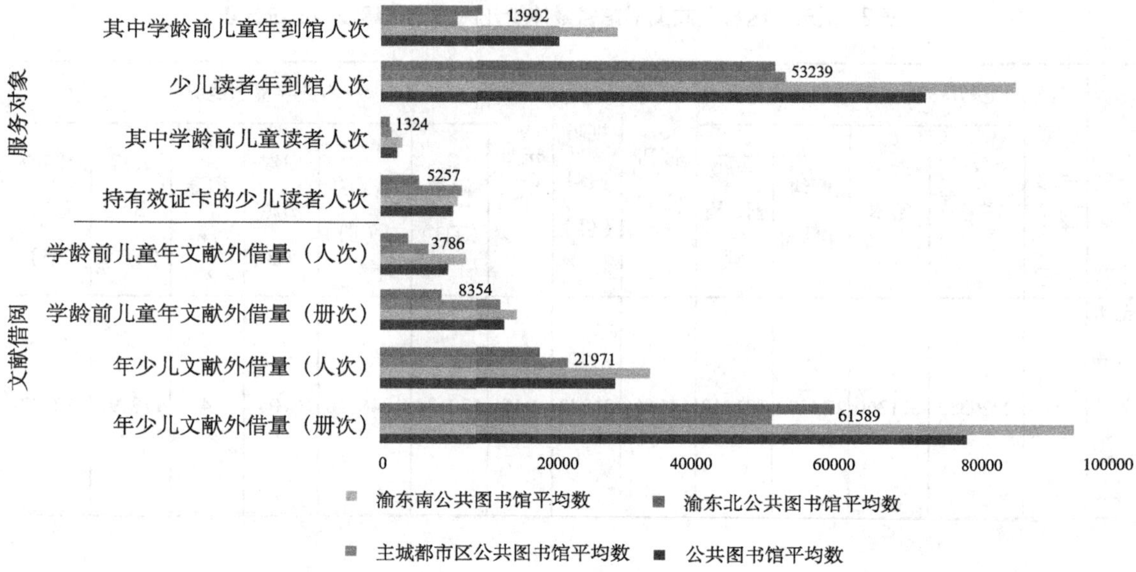

图 1　重庆市区县公共图书馆少儿文献资源利用情况分析图

（二）少儿阅读推广活动开展情况

1. 儿童阅读推广形式及参与度较高的活动

调研结果可见，重庆市公共图书馆开展少儿阅读推广形式较丰富，举办较多的活动是绘本阅读 94.9%、讲座 92.3%、亲子阅读 89.7%、故事会 87.2% 和展览 82%，在这较具代表性的 11 种阅读推广活动类型中，少儿参与度较高的分别是绘本阅读占 87.2%、故事会占 82.1%、亲子阅读占 76.9%、讲座占 66.7%，手工占 53.8%（见图 2）。调研数据显示，图书馆认识到开展多样阅读活动，能激发儿童阅读兴趣。

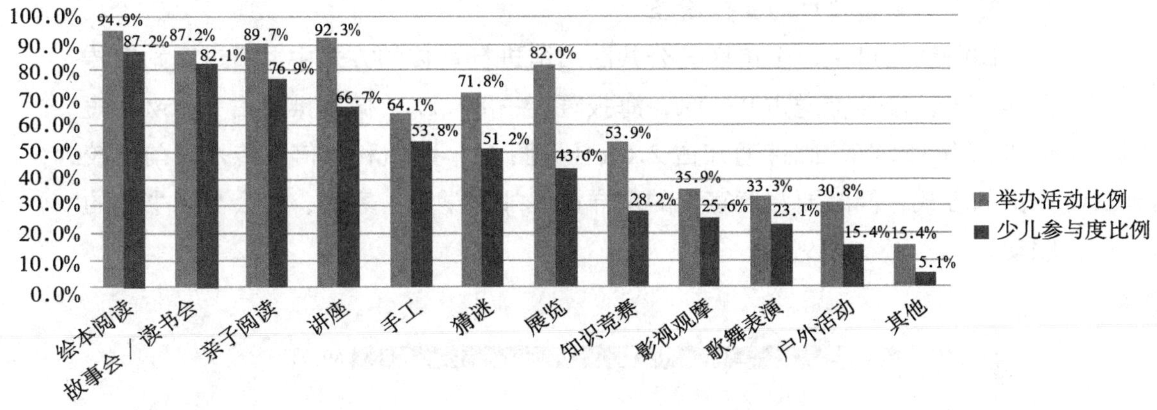

图 2　重庆市区县公共图书馆少儿阅读推广形式及参与度较高的活动分析图

2. 少儿阅读推广活动举办的频率

重庆市 56.4% 的公共图书馆每周开展活动约 1 次，17.9% 的图书馆每周 2～3 次，7.7% 的图书馆每周 4～6 次，有的图书馆每月 1 次，24% 的图书馆每周开展的阅读活动不达 1 次（见图 3）。调研及访谈了解到图书馆对少儿服务工作的重视程度、人力物力投入程度，馆藏资源情况与少儿阅读推广活动的频率成正比。

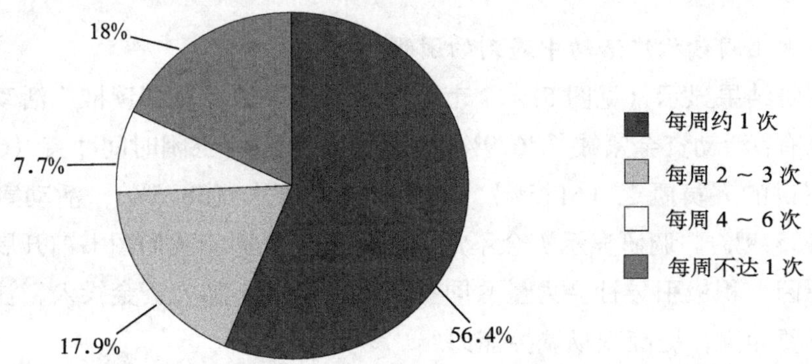

图 3　重庆市区县公共图书馆举办少儿阅读推广活动举办的频率分析图

3. 少儿阅读推广的宣传途径

调研结果可见，全市区县公共图书馆进行宣传的方式中，通过网站宣传占94.9%，微信推送占92.3%，海报宣传占89.7%，微博推广占25.6%，短信告知占15.4%，邮件通知占2.6%（见图4），网站和微信宣传是目前比较广泛的方式，同时要注意宣传的多样性，加强学校、家庭、社会与图书馆的联动。

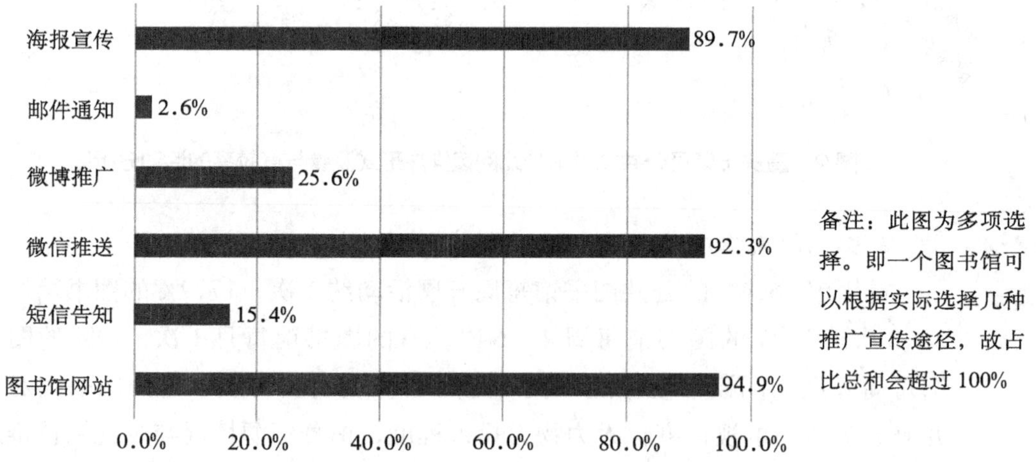

图4　重庆市区县公共图书馆少儿阅读推广宣传途径分析图

4. 少儿阅读推广活动中遇到的困难

调研结果显示（见图5），全市区县公共图书馆少儿阅读推广活动中遇到的困难有：活动资金紧缺（76.9%），活动时间与读者空闲时间冲突（66.7%）、主持主讲的人员匮乏（61.5%）、现场管理难度大（38.5%）、活动宣传效果不佳（35.9%）。调研显示资金不足、保障不足是影响我们图书馆开展活动的主要原因，积极引导社会力量共同参与阅读服务，加大资金投入，注意时间安排不要冲突，提高现场调控能力。

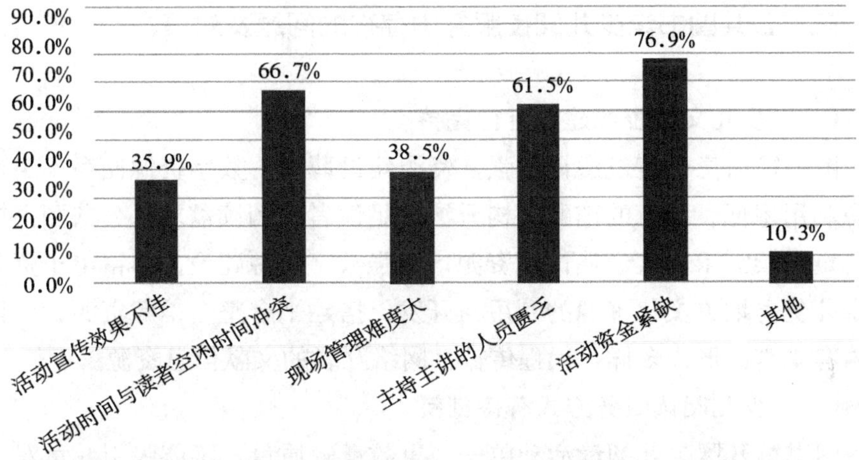

图5　重庆市区县公共图书馆少儿阅读推广活动中遇到的困难分析图

（三）针对特殊儿童服务情况

全市区县公共图书馆针对视障少儿进行服务的占48.7%，针对留守儿童服务的占79.5%，针对肢残少儿服务的占33.3%，针对外来务工人员子女服务的占59%，针对智障少儿服务的占33.3%，针对其他特殊儿童服务的占33.3%，未对特殊儿童服务的占7.7%（见图6）。调研显示，公共图书馆认为加强图书馆为特殊群体服务的“硬件”和文献资源建设，有意识地为特殊儿童读者提供个性化服务，能满足他们最基本的文化和获得教育的需求。

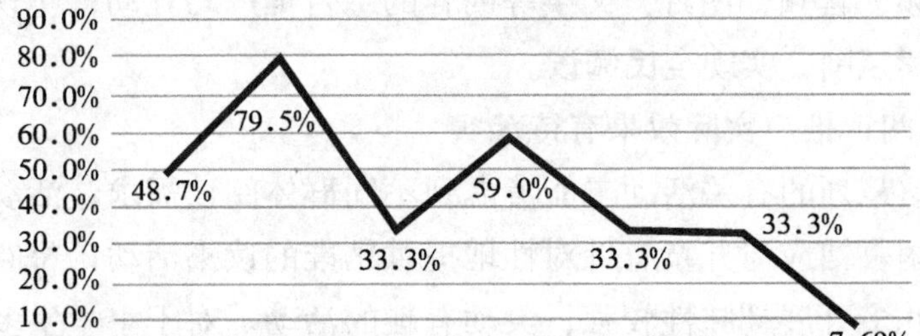

图6　重庆市区县公共图书馆为特殊儿童服务情况分析图

三、公共图书馆少儿阅读服务中存在的问题及对策

（一）少儿文献资源建设有待完善

图书馆信息化建设意识不强，资源建设薄弱，数字资源储存不足，文献资源利用率低，现有的馆藏结构无法满足读者的阅读需求。公共图书馆应结合儿童阅读需求充实经典馆藏资源，加强数字资源建设，丰富电子资源，加强少儿优秀地方文化资源的利用与开发，搭建平台整合馆藏资源，为读者提供内容丰富、形式多样、远程传输、网络互联的文献信息资源。

（二）少儿阅读服务方式有待创新

图书馆开展少儿阅读活动单一、重数量轻质量，不能吸引儿童对活动的持续关注。图书馆要增强创新意识，可进行全面创新，也可通过命名新品牌、改变环境等重塑服务形象进行局部创新。打造服务品牌，创新服务形式，比如深圳少儿图书馆针对图书逾期违约金采用积分制的方法，温州少儿图书馆推出“儿童知识银行”,浙江师范大学的“真人图书馆”等值得我们学习借鉴。

（三）少儿阅读推广的宣传有待加强

当前的宣传模式存在科学性不够、针对性不强、宣传时间较短等问题。互联网时代公共图书馆阅读推广的渠道应该更加多元化，除了公众号、官网等常用方式，还应该加入微信小程序、VR 虚拟现实技术等在阅读宣传中的应用，实现视频、音频、图片、文字等内容的综合推广与互动，实现全方位宣传，营造阅读氛围，实现全民阅读。

（四）少儿阅读推广实际效果有待落实

公共图书馆策划的有些活动未能考虑到不同群体阅读需求，活动效果低于我们预期。图书馆应对儿童有针对性地提供精准的读书活动，将阅读推广落实。针对幼儿多开展趣味性较强、灵动有趣的活动，对于小学生多开展与阅读方法技能有关的学习性活动，针对留守儿童可通过志愿者团队定期开展激发阅读兴趣的活动，针对家庭条件好的儿童可参与国内国际研学活动，提升少儿阅读推广的实效性。

（五）少儿阅读推广协作协调有待加强

公共图书馆由于经费紧张、人力资源不足、协同合作较弱、联动效率较低，

影响儿童阅读活动的推广。“家、校、馆”联合是主线，家庭、学校、图书馆是实现儿童阅读的共同体。图书馆除了继续加强同学校、家庭合作之外，还应加强与社会各行业跨界合作，实现活动形式多样化、内容深度化和趣味化，激发儿童参与兴趣。

（六）少儿阅读推广人业务素质有待提升

作为阅读推广主力军的馆员业务素质参差不齐，有的馆员职业素养不足、服务意识较差、业务能力不够、观念较陈旧，不能对孩子进行有效的阅读指导。公共图书馆阅读推广活动要想成效显著，应通过技能培训、专家讲座、知识竞赛等方式来提高馆员业务素质，同时馆员要加强学习，强化理论知识储备，完善知识结构，增强服务针对性，提升馆员组织策划、研究创新、沟通应变等业务能力。

四、结语

本次重庆市少儿图书馆通过对重庆市区县公共图书馆 2020 年儿童阅读推广活动情况的调研，从少儿阅读服务的空间布局、文献情况、阅读推广等方面进行综合分析，了解当前图书馆儿童阅读服务情况，找出问题，提出策略，倡导和推广“阅读从儿童抓起”的理念，利用图书馆成熟的服务平台与丰富的馆藏资源，开展贴近实际、形式活泼、内涵丰富的阅读活动，让少年儿童爱上阅读、享受阅读，期望能推动我市公共图书馆儿童阅读不断向前发展。

试论文旅融合发展背景下的文化馆服务——以重庆市群众艺术馆实践为例

重庆市群众艺术馆 潘志明

重庆市群众艺术馆是重庆市文化和旅游发展委员会的直属单位，是重庆市政府设立的公益性文化事业机构，担负着组织指导群众文化活动、辅导促进群众文艺创作、生产配送群众文艺产品、集结培训群众文艺骨干、探索研究群众文化理论、收集整理民间文化艺术、宣传党的政策方针的职能，是全市群众文化的组织、指导、示范中心和开展公共文化服务的重要场所，是保障广大群众基本文化权益的重要阵地。

重庆市群众艺术馆在开展全市群众文化活动中，历来注重地方传统文化特别是地方旅游文化和文化产业的融合发展，在这方面有着悠久的传统和大量的实践，取得了丰硕的成果，积累了许多丰富的案例。在文化和旅游合为一体之后，这种融合发展更加频繁紧密。文化和旅游的全面融合为群众艺术馆的公共文化服务拓展了更加广阔的工作视野，提供了更大更宽广的活动天地，增加了更加丰富多彩的文化内容，添加了群众艺术馆事业风驰电掣的动力引擎。结合近年来的群众文化活动实践，这里谈谈文旅融合发展背景下的群众艺术馆服务。

一、发挥市级文化品牌影响力，结合区县地方旅游项目和资源，在开展群艺馆服务中助推文旅融合发展

在多年开展公共文化服务实施全民艺术普及的全市群众文化活动中，重庆市群众艺术馆结合重庆实际创立了属于自己地方特色、有着广大深厚文化土壤的文化品牌活动，这就是重庆市乡村文艺会演、重庆市戏剧曲艺大赛、重庆市社区艺术节、重庆市美术书法展览、重庆市群星奖作品展演等群众耳熟能详的地方群众文化活动。这些活动结合全市地方传统年节和旅游专项主题活动同台展示，每年在全市三十八个区县中选择一个区县联合进行。

近几年来，重庆市群众艺术馆在开展各项群众文化活动时，注重结合地方旅游文化载体开展活动。如 2016 年和 2018 年分别在历史文化名城诗城奉节县、中国优秀旅游城区渝北区举行的重庆市第五届、第六届戏剧曲艺大赛，在全国优秀旅游城市“中国神曲之乡”丰都县开展的丰都庙会（入选国家级非物质文化遗产名录）迎宾晚会暨第七届重庆市乡村文艺会演，2019 年在重庆主城核心区有着“重庆外滩”美誉的南滨路举行的“我爱你中国”——“欢跃四季·舞动巴渝”2019 重庆市广场舞展演，在边城秀山县举行的“我和我的祖国”第十九届重庆市美术书法摄影联展，2019 年 10 月在刘伯承故乡西部水城开州区庆祝中华人民共和国成立七十周年汉丰水上欢乐季，以及巴渝民歌大会时期同时举办的全市“群星奖”获奖作品基层展演等。

这些活动因为坚持多年所以家喻户晓，具有很好的社会影响力和较强的社会美誉度，在广大人民群众中拥有良好口碑。如在以“文旅盛会、百姓节日”为宗旨长达一个星期的丰都庙会期间，在露天体育场同步举行的第七届重庆市乡村文艺会演（包括舞蹈、音乐专场），全市有 38 个区县 89 件作品参赛，全市有 600 多名乡村群众演员参演，现场有 12 万人次观众观看了历时 3 天的精彩赛事，这次活动不仅用文艺的形式向广大人民群众传递了巴渝新农村巨大变化的讯息，也展示了文化的力量和魅力。特别是在会演中每个节目完成后的评委评分环节，舞台大屏幕上同时出现评委的评分，现场观众互动，评委现场评点作品，切实做到公平、公正、公开，接受群众监督，同时，评委在评点参赛作品时要求同步普及文艺作品的基本常识，

有效地进行了一次次全民艺术普及的现场万人超级讲座，生动直观，规模宏大，寓教于乐，收效很好。

与此同时，同步进行的庙会“街头巡游、万人牛肉宴、非遗展演”等涵盖文化、旅游、商贸等各类活精彩纷呈，文旅相互渗透，并蒂花开，相映成趣，相得益彰。同时，通过这些瑰丽多彩的文旅盛会，让广大群众特别是中外游客无间隙地感受领略了浓郁的巴渝地方民俗风情，感受到了中华文化的宏大与灿烂。

二、通过建立基层散点式文艺培训基地，开展全民艺术普及服务，通过文旅渗透融合推进乡村振兴

重庆綦江区是中国农民版画之乡，农民版画有着广泛的民众基础，版画明清发轫有着悠久的历史，这些手工制作的作品色彩艳丽、构图明快，取材于广大农民群众具体的生产生活和实践，具有浓郁的民族民间风情，散发出鲜活的生活气息。綦江区有个古剑山，是新重庆“巴渝十二景”之一，位于重庆市綦江城郊西南，海拔高度1200米左右。古剑山山势雄伟，奇峰突兀，层峦叠翠，郁郁葱葱。古剑山上有个艺术村（重庆文艺家创作基地），还有1个行政村上厂村，就位于这险峻陡峭的古剑山上。全村有7个村民小组，人口1400人，其中建卡贫困户就有20多户，持证残疾人有38名。上厂村虽然风光奇秀，但地理环境不佳，坡陡地薄，交通不便，赶个乡场来回都要爬山路五六个小时。村里的年轻人长年外出打工，全村留守老人较多，形成一个个“空巢”。

为实现全民艺术普及服务进社区进乡村，实现文化旅游的繁荣兴盛，2016年元月，在重庆市群众艺术馆等单位的倡导鼓励和大力支持下，上厂村留守村民纷纷开始了学习版画技艺和创作，重庆市群众艺术馆美术干部召集村里的村民到艺术村各艺术场馆和展室现场参观学习，一下打开了村民们的视野，激发了他们对艺术的热爱以及对版画艺术创作的体验和参与欲望，经过短期的启蒙和学习，上厂村集合了一批自愿学习创作版画的留守村民。

2017 年 4 月，上厂村正式成立了“农民版画合作社”，重庆市群众艺术馆专门把上厂村作为全民艺术普及基层群众文化活动基地，特地在 2018 年全市美术书法摄影的培训班开班仪式上，举行了上厂村“重庆市群众文化活动示范基地”授牌仪式，重庆市群众艺术馆美术干部还被聘为上厂村农民画创作活动辅导员。古剑山是国家 AAAA 级旅游风景区，具有丰富的旅游资源。重庆市群众艺术馆也正是看准了这优势，合理地利用了文化旅游的职能和资源，帮助上厂村村民开拓乡村振兴的新路。

近年来，重庆市群众艺术馆还专门把全市 38 个区县文化馆业务骨干（美术、书法、摄影）培训安排到古剑山，同时邀请上厂村学习版画的村民参加，在系统培训全市文化馆美术业务骨干的同时，也极大地丰富了上厂村广大村民的文化生活，扩大了他们的艺术视野，提升了他们的审美水平。为了接待各地络绎不绝的游客，向大家推介上厂村农民版画，重庆市群众艺术馆指导上厂村版画合作社在旅游方面发挥了四个功能作用：（一）景点作用，上厂村不可多得的有地域特色和农耕文化的景点展示；（二）展览宣传作用，游客参观了解农民版画，现场观看农民版画创作过程，不仅增加了版画艺术知识，也扩大了农民版画知名度；（三）体验功能，版画合作社帮助游客自己拓印版画，有的还画草图上板刻印，自己创作，感受版画制作过程的奇妙；（四）现场和线上销售，有特色、有品位的农民版画是游客青睐的“土特产”和旅游产品，所到游客慷慨解囊，竞相购买，增加了村民的收入，改善了村民的物质生活，上厂村农民版画合作社已经接待了全国各地游客一万多人次。密集的人流也助推了农民版画艺术的辐射和传播。

两年多来，版画合作社的版画创作已经初见成效，截至 2019 年不完全统计，迄今有上百幅作品参加綦江区、重庆市级展览，60 幅作品参加四川美术学院研究生比较展，已有 8 件作品分获二等奖和三等奖，市级文艺园地发表 20 多件，中国三峡博物馆收藏 2 件，重庆美术馆收藏 10 件，《人民日报》、重庆电视台、《重庆日报》都有上厂村农民版画合作社的专题报道。值得一提的是，新华社以《山村里的“毕加索”》为题专门刊发了专访文章，中国文艺志愿者协会把上厂村农民版画合作社列为支持项目。

三、创新群艺馆服务，利用文化艺术资源优势整合地方旅游资源，打造美丽之地文化旅游品牌

重庆市群众艺术馆作为省级业务指导馆的最大优势，就是汇聚了大量的具有文艺专业技能的人才和发挥文艺功能的资源，以及可延伸辐射覆盖全市38个区县（包括26区、8县、4个自治县）文化馆，以及1025个乡镇、街道综合文化中心的网络组织机构。这是群众艺术馆开展公共文化服务、实施全民艺术普及的基本载体和必要条件，也是群众艺术馆得心应手的职能优势。传承发展优秀传统文化，打造地方文旅品牌创新公共文化服务，满足人民群众对美好生活的向往，这是群众艺术馆新时代的职能和使命。

近年来，重庆群众艺术馆主动出击，深入基层，创新公共文化服务方式，延伸扩大了公共群众文化路径，收到了很好的效果。如以“世界的长江·壮丽的三峡”为主题举行的长江国际旅游节开幕式文艺演出《壮丽三峡》，以陕、蜀、渝三省市交界的大巴山彩叶为符号，以宣传红色革命老区为主旨度身定做的重庆市城口县彩叶文化艺术节，在被誉为“西南佛教禅宗祖庭”的双桂堂的梁平区举行的彰显和谐理念，弘扬爱国爱教、促进团结进步专门打造的梁平区《佛光双桂》祈福盛典专场文艺演出等。这些为配合地方重大文化经济主题的活动，宣传地方特色文化打造的文旅项目，不仅凸显了巴渝文化的悠久深厚和多彩多姿，还通过省级群众艺术馆的龙头作用和指导职能，有效地带动起了全市各大片区文化馆联盟，如2019年全市38个区县文化馆参与的全市“晒文化·晒风景”大型文旅推介活动，在彭水苗族土家族自治县文化馆，中国最大的苗城——蚩尤九黎城实施的万人同唱娇阿依，万人共舞踩花山的充满苗族风情的大型民俗风情艺术节，巴南区文化馆展示的国家非物质文化遗产接龙吹打、木洞山歌，还有铜梁区文化馆的“铜梁看灯”，云阳县的万里长江，天生云阳；南川区的金佛山，福南川；长寿区的寿山寿水寿文化；秀山县的边城秀山，秀色可餐，璧山区来了就是璧山人等一系列具有巴渝地域特色的文旅经贸活动，充分地发挥了群艺馆（文化馆）公共文化的独特作用。

文化和旅游的珠联璧合是高屋建瓴的重大文化举措，是着眼于提高国家

文化软实力和中华文化影响力的国家战略。

文旅融合发展是新时代推动文化旅游高质量发展的重大现实需要，文化和旅游的携手偎依，将会使更多的文化资源、文化要素转化为旅游产品，用文化的养分滋养旅游，丰富旅游的内涵、拓展旅游的空间，也促进文化事业、文化产业和旅游业创新发展，同时也将会催生群艺馆（文化馆）更多的创新创造，促进更加活跃的群众文艺创作，产生更多人民群众喜闻乐见的优秀文艺作品，诞生更多的公共文化项目，提供更多更好的公共文化服务，让群众艺术馆（文化馆）更加富有生命力，文化事业更加繁荣兴盛。

改制院团探索建立现代企业制度浅析——以重庆歌舞团为例

在市场化改革浪潮中，转企改制文艺院团如何转变发展模式，以更好地发挥市场主体作用，接受市场检验，关键是要处理好“双效”的关系，持续深化改革，走现代企业的自我完善和发展之路。本文以重庆歌舞团有限责任公司（以下简称“重庆歌舞团”）为例，对此进行粗浅的分析，以期对转企改制文艺院团探究起到抛砖引玉的作用。

一、把社会效益放在首位、社会效益和经济效益相统一的原则，与市场化改革导向的国有文艺院团的对立统一和现实选择

习近平总书记曾在2015年10月15日召开的文艺工作座谈会上指出：“一部好的作品，应该是经得起人民评价、专家评价、市场检验的作品，应该是把社会效益放在首位，同时也应该是社会效益和经济效益相统一的作品。”同年，《中共中央关于繁荣发展社会主义文艺的意见》发布，中共中央办公厅、国务院办公厅印发《关于推动国有文化企业把社会效益放在首位、实现社会效益和经济效益相统一的指导意见》。从总书记讲话到两个“意见”，都反复强调把社会效益放在首位、社会效益和经济效益相统一的原则性问题，可见其重要性。国有文艺院团理应以此为重要依据和基本守则，利用“两个效益”之间对立统一的关系，努力找寻平衡点和突破点，推进改革，实现发展。

（一）“两个效益”概念辨析

所谓社会效益，比较普遍的解释是指最大限度地利用有限的资源满足社会上人们日益增长的物质文化需求。由此看出，广义的社会效益，包含物质、文化两个层面以及两者相互交织的层面。从社会生产角度分析，但凡生产实践活动及其产品，必然会对社会产生影响，其中对其他社会成员及其他社会实践活动产生的积极正面的影响，可视为狭义的社会效益，主要体现在文化层面。而对生产实践活动组织者和参与者的影响，则不仅仅是文化层面，更多的可能体现在物质利益层面，比如投入产出比等等。反推之，如果某项生产实践活动获得了较大的物质利益，必然有助于提高社会生产力，扩大社会再生产，又形成了新的社会效益。为此，广义的社会效益实际上包含了经济效益。

经济效益是指通过商品和劳动的对外交换所取得的社会劳动节约，即以尽量少的劳动耗费取得尽量多的经营成果，或者以同等的劳动耗费取得更多的经营成果。同社会效益一样，经济效益也有广义与狭义之分。前文所述生产实践活动组织者和参与者，生产收益高于资源和成本投入获得的经济利益，即为狭义的经济效益。广义的经济效益则是整个国民经济结构呈现良性的状态，社会主义市场运作良好，社会产出高于社会资源的投入。以下所述“两个效益”均为狭义。

（二）“两个效益”的对立统一关系

从上文可以看出社会效益与经济效益之间缠绕复杂的关系，这种关系基本表现为辩证的对立统一关系，两者相辅相成、相互促进。比如创排一台节庆晚会，院团为了节约成本投入，将原本需要1个月的周期压缩到半个月，看似节省了一半的排练费等支出，但由于节目缺少精雕细琢，艺术品质难以得到保证，演出时也很难得到观众的认同，影响了社会效益，实际上也损害了院团未来的经济效益，因为甲方不但不会给你第二次机会，还可能让你在演艺市场“声名远播”。反之，不顾经济效益也不行。经济基础决定上层建筑。同其他行业的企业一样，必要的基本运行开支是文艺院团生存和发展的基础。倘若为了片面追求社会效益，导致长期入不敷出，院团生存都难以为继，又拿什么来保障社会效益呢？再则，若把希望寄托在政府扶持上，不但财政负担压力大，院团自身也因“温室效应”失去了发展的动力，社会效益同样难以保障。

一般情况下，当“两个效益”都得到保障时，社会生产才能健康有序运行，如果片面地追求其中一个，必然会损害另一个并反作用于本身。若非要论谁该是第一的话，定然是社会效益放在首位，文艺生产领域更是如此，这是由文艺的本质、文艺的特殊性、我国的历史文化传统及社会主义制度决定的，此处不再赘述。

（三）文艺生产社会效益的特殊体现

相比其他物质产品，文艺产品有明显不同，虽然也以物质实体存在，但内容却是有关精神的，具有物质与精神的双重属性。文艺产品通过听、读、看等形式，作用于人们的精神世界，因其精神属性而具有意识形态属性，对人们的思想、道德、审美、认知等产生不同程度的影响。为此，文艺生产领域具有特殊的社会效益，主要表现在人民与国家、社会两个层面，每个层面有其具体的体现。

第一，人民层面的特殊体现。

1. 满足人民群众的健康娱乐需求

当下正处于信息爆炸的网络时代，文艺产品良莠不齐、格调不一，有的低俗无底线，有的崇洋媚外，一味迎合西方价值观。因此，文艺生产要有良好的社会效益，必须贴近生活、走进人民，创作一大批雅俗共赏、积极向上的优秀作品，以满足人民群众健康的精神娱乐需求。

2. 满足人民群众的知识与教育需求

“文艺是人民生活的精神食粮。”人们通过阅读、欣赏文艺作品，可以从中学到相关的经验和知识，丰富自己的视野。如果一部作品既艺术地再现生活，又能让人民群众受到熏陶，定然具有很高的教育意义。

3. 激发人民群众的爱国精神

一个时代有一个时代的文艺。五四运动开创了中国文学新时代，涌现了沈雁冰、郑振铎、叶绍钧、郭沫若、郁达夫等一大批文学巨匠。他们的作品针砭时弊、月旦社会，激发了无数爱国志士踏上保家卫国的征程。

4. 培养人民群众的道德品质

习近平总书记指出，好的作品是“有筋骨、有道德、有温度的文艺作品”。优秀的文艺作品可以在潜移默化中，影响人们的思想品德和言谈举止，培养良好的道德品质。

第二，国家、社会层面的特殊体现。

这里以重庆歌舞团的大型民族舞剧、中国舞蹈“荷花奖”获奖作品《杜甫》为例，力求窥一斑而知全豹。

1. 传承中华优秀传统文化

文化传承必须借助一定的媒介，不可能凭空进行。舞剧《杜甫》将舞段与舞美设计、舞台灯光、服装造型和多媒体等巧妙结合，通过艺术化的方式，破解“舞不能吟”的表现难题，有力传承弘扬了杜甫诗词这一中华优秀传统文化宝库中的璀璨明珠。

2. 弘扬社会主义核心价值观

舞剧《杜甫》深刻地诠释了杜甫的卓越诗作和“诗史”产生的社会文化根源。在杜诗中，有对民族分裂的抨击、对昏君腐臣的讽刺、对底层百姓的同情、对有功之臣的赞颂以及对祖国壮美山河的热爱。可以说，杜甫爱国思想的精髓集中体现了古代社会的核心价值观。在这当中，除了已属于边缘价值观的“忠君”思想需要摒弃之外，其大部分思想内容与党的十八大以来倡导的社会主义核心价值观基本内涵有着异曲同工之妙。

3. 提升国家文化软实力

2019 年 6 月，舞剧《杜甫》作为韩国主流剧院天安市艺术殿堂成立 7 周年特邀剧目，在该艺术殿堂演出 3 场，观众 5000 余人次，上座率 90%。韩国天安市市长具本玲说：“这是天安市在韩国第一次承接《杜甫》的演出，一开始还有些担心观众能不能理解，但是刚才看到，观众反响特别热烈，都看好这部剧。希望以今天的演出为契机，多到天安来，传播更多的中国优秀文化，大家都辛苦了。”演出前后，韩联社、naver 新闻、忠清新闻、忠清日报、大田新闻、每日日报、文化新闻、Prime Economic 等韩国主流媒体争相报道，有力提升了中国的文化软实力。

4. 增进国民美育

优秀的文艺作品能够规范人民群众的价值取向，培养审美欣赏水平和美学素养。舞剧《杜甫》以国际艺术审美视野，融入中华传统文化元素，对剧情、舞段、服装、舞台造型、灯光、道具等进行合理设计，巧妙穿插了极具特色的舞段，将古典舞、汉唐舞、现当代舞语汇有机融合，通过精致的审美追求，营造诗情画意，中西交融追求当代舞剧美学新高度。昆明市民张瑛女士观剧后表示："这是我看过的最有诗意和画面感的一部剧，诗画结合非常棒。"

（四）如何做到社会效益为首、"双效统一"

坚持"把社会效益放在首位、实现社会效益和经济效益相统一"的原则，作为行业主体的文艺院团首先要做出表率，要从文艺工作者自身生存发展和社会责任感出发，以人民为中心，深入群众、贴近生活，加强主体自律，把该原则作为创作生产实践的自觉追求。当然，光靠文艺院团还远远不够，需要政府、市场、社会协力方可实现。

政府应将该原则纳入中国特色社会主义文化制度的一部分，在推进文化体制改革过程中，努力构建既保障社会效益第一、又有利于提升经济效益的文艺生产新体制新机制。在此基础上，制定正确的文艺政策，引导文艺生产方向。还要建立保障文艺生产社会效益的法律体系，从法制上保障社会效益的首要地位。

市场决定资源配置是市场经济的一般规律，但市场在配置资源方面有它固有的缺陷，难以协调"双效"之间的关系。为此，依靠市场进行资源配置必须与党和国家的正确引导、有效管理、社会主义法制的秩序监管等一同发挥作用，才能确保社会效益优先的原则。

社会的力量来自人民群众，若要形成全社会的共识，须发挥社会组织的作用，发动人民群众广泛参与，营造文化事业和产业发展的良好氛围，提升全民族文化创造力与鉴赏力，进而提升国家文化软实力。

二、建立现代企业制度是国有文艺院团转企改制的最佳选择

经过2003年以来的试点探索和政策指导性文件的强力推进，国有文艺院团转企改制这一文化体制改革中最滞后、最复杂、最艰难的领域终于启动。截至2012年11月，全国2103家承担改革任务的文化系统国有文艺院团（不含保留事业体制院团），已有2100家完成和基本完成转企改制、撤销或划转任务，占总数的99.86%。但这并非意味着国有文艺院团体制改革任务的最终完成，因为长期以来旧体制的弊端造成了国有文艺院团底子薄、包袱重、实力弱、生存能力低下等问题并不是一朝一夕就能够完全解决的，这种现象在作为全国首批、全市首个试点的重庆歌舞团也严重存在，解决问题的最佳选择就是建立现代企业制度，持续深化改革。

（一）现代企业制度的内涵

现代企业制度是以市场经济为基础，以企业法人制度为主体，以公司制度为核心，以产权清晰、权责明确、政企分开、管理科学为条件的新型企业制度。它是能够适应市场经济体制要求的企业的产权制度、企业组织制度、企业领导制度（治理结构）、企业法律制度、管理制度以及处理这一系列制度和在这种制度下企业与各方面关系的行为规范、行为方式、行为准则的统称。公司制是其最主要的组织形式。

（二）建立现代企业制度是最佳选择的缘由

建立现代企业制度是国有文艺院团转企改制的最佳选择，主要原因有三个方面。

第一，从国有文化企业市场主体的资格来看，市场经济条件下，企业要成为真正的市场主体，首先必须具备真正的独立法人资格，具备独立的人格、财产权及责任。企业法人能完全占有和支配出资和负债形成的全部法人财产，且企业能以自己的全部财产对企业的债务承担责任。其次，企业应该是资本企业。资本和负债共同作为资金来源形成企业全部资产供企业经营和运作，资本决定了企业的存在和存续，决定了企业的经营目标，是企业承担运营风险、承担债务的财产基础。文化企业概莫能外。纵观我国国有文化企业，真正符合市场主体要求的只是少数。

第二，从现代企业制度的表现特征来看，具体有以下表现：

1. 现代企业制度是产权关系明晰的企业制度

出资人享有企业的产权，企业拥有企业法人财产权。

2. 现代企业制度是法人权责健全的企业制度

企业以其全部法人财产，依法自主经营，自负盈亏，照章纳税；但同时要对出资人负责，承担资产保值增值的责任，形成法人权责的统一。

3. 现代企业制度是有限责任的企业制度

出资人根据其投资比例参与企业利益的分配，对企业积累所形成的新增资产拥有所有权。当企业亏损甚至破产时，出资人最多以其全部投入的资产额来承担责任，即只付有限责任。

4. 现代企业制度是政企分开的企业制度

政府和企业的关系体现为法律关系。企业依法经营；政府依法管理企业，主要通过财政金融手段或法律手段调控，而不用行政手段干预企业。

5. 现代企业制度是一种组织管理科学的企业制度

科学的组织管理体制包括两部分：(1) 科学的组织制度。现代企业制度有一套科学、完整的组织机构，通过规范的组织制度，使企业的权力机构、监督机构、决策机构和执行机构之间职责明确，并形成制约关系；(2) 现代企业管理制度。包括企业的机构设置及用工、工资和财务会计等制度。

第三，从重庆歌舞团的个性特征来看，重庆歌舞团的前身是在中国人民解放军第二野战军司令部所属西南服务团文艺大队基础上组建的重庆市文工团，成立于1949年12月，为重庆解放后组建成立的第一个市属专业文艺院团。2005年作为全国首批文化体制改革试点单位之一，转企改制为重庆歌舞团有限责任公司，是重庆市首个转企改制的文艺院团。

作为全国首批、重庆首个“吃螃蟹”的文艺院团，重庆歌舞团却吃了转企改制的“亏”。一方面，存在市属改制院团普遍存在的企事业人员混编难管等问题；另一方面，又存在因首个改制而出现的没有固定演出场所等个性问题。

三、重庆歌舞团如何探索建立现代企业制度

综上所述，建立现代企业制度是国有文艺院团转企改制的最佳选择。那么，重庆歌舞团该如何建立现代企业制度呢？这不得不首先正视存在的困难和问题，在此基础上探索解决问题的路子。

（一）重庆歌舞团建立现代企业制度面临的困难和问题

2019 年 8 月以来，重庆歌舞团领导班子换届后，着力推进传统转企改制文艺院团向现代企业转型，建立健全各项规章制度，努力破解因改制不彻底导致的诸多历史遗留问题。但在这过程中，面临着一些困难和问题。

1. 政企权责及产权认知问题

前文所述，在现代企业制度框架内，出资人的企业产权和企业的法人财产权两者之间界限清晰，均受法律的保护；政府依法管理企业、调控企业以及企业依法经营这种双方职能职责的区分也是明显的。但从实际情况看，政府具有“政治权力统治者”和“国有资产者”的双重角色，加之企业在发展过程中必须处理好与政府的关系，导致在产权认知方面还存在不够清晰的问题。为此，政企双方的权力、职责职能很难彻底分开，从重大事项的决策，到文山会海、层层加码的指令性事务，政府对企业的行政干预还普遍存在。

2. 实施科学决策与管理的问题

作为市场主体的国有文化企业，必须在遵守市场经济规律的基础上，实施科学的决策与管理，这就要求企业制定一整套与企业实际相符、与市场规律相统一的企业制度，用于规范内部权力机构、监督机构、决策机构和执行机构之间的职责和权利，形成相互制约、相互监督的有效机制。重庆歌舞团在推行现代企业管理的过程中，制定试行了新的员工兼职与避免利益冲突管理办法、物资采购管理办法、薪酬福利管理办法及岗位和薪酬执行方案等 30 余个规章制度，规范企业与各方面的关系、个人利益与集体利益之间的关系。由于大幅度调整了内部关系，明显冲击了部分既得利益者的利益，实施起来难度不小。

3. 事业身份人员的思想观念问题

重庆歌舞团现有员工 180 余人，其中保留事业身份人员 57 名。这些人员普遍存在体制内“稳定”“安逸”“旱涝保收”的思维定式，惧怕改革风险，打心眼儿里不想改、不愿改，思想观念无法适应市场化改革要求。在面向保留事业身份人员调整改革的一次调查摸底中，愿意就“院团内部事业身份与企业身份转化”“买断事业工龄自主择业”“保留事业身份分流安置到市文化旅游委系统所属其他单位”三选其一的人数，仅占 10.91%。经过院团领导多次做工作，在第二轮摸底中，这一比例上升到 29.82%，但还是有 52.63% 的人不支持改革，17.55% 的人没有做出选择。这组对比悬殊的数据，正是该团保留事业身份人员思想观念的缩影，持续深化改革的难度之大可想而知。

（二）重庆歌舞团该如何建立现代企业制度

国有文化企业的转企改制主要包含文化事业单位转制为企业和转制企业由单一的国有企业转变为股份制多元化企业这两层含义。而作为现代企业制度最主要组织形式的公司制，又可分为有限责任制和股份有限制。探索建立现代企业制度，使企业成为产权清晰、权责明确、政企分开、管理科学的市场主体。要做到这些，光靠院团自身远远不够，必须多方协同支持，方可推进。

1. 制定有力支持举措

保留事业身份人员问题，是摆在重庆歌舞团持续深化改革面前的第一道坎。要越过这道坎，逐步推进后续的改革，需要主管部门拿出“踏石留印、抓铁有痕”的狠劲和韧劲，制定出台切实管用的有力举措，让绝大多数人敢改、愿改、支持改。

2. 充分厘清政企权责

《公司法》第三条明确指出：“公司是企业法人，有独立的法人财产，享有法人财产权。公司以其全部财产对公司的债务承担责任。有限责任公司的股东以其认缴的出资额为限对公司承担责任；股份有限公司的股东以其认购的股份为限对公司承担责任。”实施现代企业制度的公司制、股份制改造，首先要明确清晰的财产关系，对企业资产进行一次全面的清产核资，在此基础上界定产权、评估资产，为下一步的股份制改造创造必要的条件；其次要切实保证政企双方的职能职责剥离，企业依法经营，不受行政干预，政府依法管理企业，只能通过财政金融手段对企业进行必要的调控。

3. 适度引进多元资本

在实行股份制改造过程中，重庆歌舞团在国有资本控股的前提下，可结合自身实际，适度引进社会资本，既强化企业的外部监督，又规范企业的经营行为。同时，可采取经营者和职工自愿投资入股的形式，丰富投资主体，形成多元化股份制企业。如此一来，随着股权的分散化、多元化、社会化，产权得以逐步清晰，有利于盘活国有文化资产存量，优化国有文化资源配置，提高院团的生产经营效率。

4. 构建科学管理制度

现代企业制度是围绕企业法人所有权与经营权相分离而构建的。为防止股份制改造后可能出现的“内部人治理问题”和“委托代理问题”，构建科学管理制度显得尤为重要，且须符合国企制度环境的内在逻辑。在制度设计上，要将资本逐利性控制在社会主义基本制度和社会道德之下，要在强化国有资产监管的前提下引进社会资本，保证国有资产的安全性；在制度建设上，要适当控制国有股比例，完善董事会制度，充分发挥作为专业人才的独立董事对企业决策的监督干预作用，防止国有股一股独大，防止内部人控制导致的监管缺位现象发生；在制度内控上，要维护和增强工会等组织的职能，根据广大员工合理的利益诉求，建立高效的纠错机制，保障改革方向的正确性和发展的可持续性。

5. 锻造先进企业文化

企业文化是企业全体员工在长期生产经营过程中形成的价值观念、经营理念、团体意识和行为规范的总和，其核心是社会主义核心价值观，是要回答企业应如何处理与各方利益相关者的关系，也就是企业在对待各利益相关者时会坚持的基本原则。重庆歌舞团建团 72 年，形成了 5 条宝贵经验，即代代相传的红色基因、艰苦奋斗的优良传统、积极作为的使命担当、不计得失的精神境界、务实高效的工作作风。但也留下了两条重要启示：一是发展目标不清晰，价值定位不精准；二是文化研究乏善可陈，院团科学管理程度有限。尤其是改制以来，由于种种原因，院团政治生态受到严重污染，企业文化氛围与现代企业管理格格不入，急需用先进的企业文化武装全体员工。该团目前提出“专业至上、价值为本”的文化理念，旨在树立正向激励的导向，激发全体员工发挥专业精神，在体现自身价值的同时为公司创造价值，这无疑是先进文化的重要组成部分，对于院团的长远发展来说必然是有利的。但先进文化的锻造绝非一蹴而就，也不是一朝一夕之事，需要前赴后继、久久为功。

BLUE BOOK OF
CHONGQING

重庆京剧院有限公司关于京剧艺术人才培养的调研报告

重庆京剧院有限公司

按照《重庆市文化和旅游发展委员会关于开展2020年度调研工作的通知》，我院对京剧艺术人才培养进行了调研，现将调研情况报告如下：

一、人才建设基本情况

人力资源情况：剧院拥有健全的艺术表演体系和人才团队，现有职工总数282人，其中：离、退休职工人数156人（含离休2人）；在职职工人数126人，其中：事业身份职工66人，企业合同身份职工60人；流派纷呈，行当齐全，人才结构基本合理。人员结构分析：高级职称35人，中级职称24人，初级职称37人。学历分析：研究生学历2人，大学本科学历29人，专科学历23人，中专及以下学历54人。

（一）制定2020年人才培养计划

京剧的传承与发展，队伍是基础，人才是关键，人才的培养关乎京剧艺术的兴衰。2020年3月，在2019年“师带徒”青年人才培养计划“学习阶段”落下帷幕之际，制定了剧院2020年人才培养计划。从老师、学员选择，学习时间以及学习剧目安排，学习成果的演出验收汇报等方面进行了周密的计划安排。

（二）面向社会公开招聘紧缺人员

2020年6月30日，剧院发布招聘公告。拟公开招聘京剧演员13名；京剧演奏员 3 名；舞美技师 1 名；项目策划、市场营销 2 名；管理、编剧岗位 2 名。经初评、考核和面试等环节，招收了鼓师、月琴、大锣、老生、武戏、服装设计等紧缺行当专业技术人才 7 名，加强剧团专业人才队伍建设。招聘了市场营销 1 名，综合行政管理岗位 1 名。完成招聘计划 64%。

（三）开展“师带徒”人才培养项目

“师带徒”顾名思义，就是以老师掌握的丰富舞台表演技术和实践经验来指导学生。并在老师的选择上注重流派艺术和剧目的传承，以国内一流的京剧表演艺术家为标准，具有独特的艺术风格和较大知名度及影响力，通过传承受习，既能提升学生的舞台表演技巧和综合艺术水平，助推青年艺术人才的成长，又能扩大剧团在全国戏曲艺术界的知名度，为繁荣重庆文化艺术事业做出积极贡献。人才培养以京剧表演为主，乐队为辅，行当涵盖了青衣、花旦、老生，还有月琴。主学演员 6 人、乐队 1 人，通过“以戏带培”的方式，提升其他行当配戏演员的整体艺术水平。在学习剧目的选择上，以每位学员的行当为主，弥补不足为辅。通过学习，既能掌握更多的本行当表演技术，还能弥补自己在本行当表演中的一些不足。根据京剧院业务安排为学生制订计划：每年一戏，每周一课，每年年底安排汇报演出。本地学习的老师按原计划每周一课进行，外地的老师则选择一段团里演出较少或者集体休假的时间统一进行。这样既保证了团里的日常工作，也保证了学员的学习，得到了学员们的认同，他们也为了学习而放弃了休假的机会。每个学员行当、学习剧目如下：

表 1　学员行当、学习剧目表

姓 名	行当	学习剧目	指导教师
邵晓白	花旦	《霍小玉》	孙毓敏
毕艺琳			
刘丹丹	青衣	《御碑亭》	沈福存
田琳	青衣	《祭塔》	薛亚萍
王柏雯	青衣	《二堂舍子》	马小曼
孙赫远	老生	《碰碑》	张少春
陈熙	月琴	《祭塔》	李金铭

2004年至今，我院已成功实施多年“师带徒”的人才培养，属滚动开展实施的人才培养项目。戏曲艺术就是“角”的艺术，艺术门类的发展，全靠名家大师“口传心授”的传承，而戏曲艺术发展的历史也表明，一个剧种的盛衰，取决于这个剧种是否拥有一批高层次、高素质的优秀尖子人才。“师带徒”的人才培养方式，是戏曲艺术永续发展的有效方式，对人才队伍成梯队式建设，确保京剧流派艺术薪火相传，发挥着不可替代的作用。事实证明开展实施该项目是成功的，剧院将一如既往地坚持实施这一人才培养项目。

（四）开展“艺术之星”人才培养项目

通过我团几年来的实际情况，现剧团人才队伍流派纷呈，一大批优秀青年人才得到成长，整体艺术水平得到提高，并在不同剧目中担当各类角色，部分人才在重庆市“艺术之星”大赛中披金挂银，成果丰硕，得到专家和领导的充分肯定及高度赞誉，剧团将一如既往地对这批特殊人才进行持续培养。

2020年培养的内容如下：

1. 本次人才培养以艺术之星“新星奖”“新秀奖”（提升段）为主；
2. 直接培养学员人数2人，同时通过“以戏带培”的方式提升其他行当配戏演员的整体艺术水平；
3. 行当包括青衣、花脸；
4. 本次培养学习剧目每人量身定学一出折子戏；
5. 根据学员行当、流派特点，有针对性地邀请全国京剧名家教学；
6. 培养学习结束后，学员进行了学习成果汇报演出。

（五）加大人才培养引进力度

制定剧团2020—2022年急需紧缺创作表人才引育计划，加大人才培养引进力度。力争3年内基本补齐创作表演人才缺口，提升本土创作表演人才的整体素质。为缓解我团紧缺行当优秀尖子创作表演人才的突出矛盾，根据前期向委相关领导和主管部门汇报，在全国物色招收引进京剧专业技术人才，2020年8月引进甘肃省京剧团优秀青年文武老生、国家二级演员浦冲聪来我院工作。后因家庭、工作等原因，其12月返回原单位。

（六）实施领军人才培养项目顺利结项

我院研究整理改编京剧、国家舞台艺术精品创作扶持工程重点创作剧目《秦良玉》，于2019年11月成功首演，并入选2020年度国家舞台艺术精品创作扶持工程重点创作剧目，按照国家文化和旅游部考核评估相关工作要求，在充分听取专家意见的基础上，通过主创团队认真进行修改打磨排练提高，于2020年11月29日晚上7：30，在国泰艺术中心剧院举行重点创作剧目京剧《秦良玉》的考核验收汇报演出。

（七）2020年继续实施“中华优秀传统艺术传承发展计划”，开展“名家传戏——当代戏曲名家收徒传艺”工程

京剧奚派第三代优秀传承人、中国戏剧梅花奖获得者张军强收徒孙赫远、张凤玺，传授折子戏《空城计》《碰碑》。

（八）优秀青年演员田琳入选京剧“未来之星”助推培训计划，力争用2～3年的时间进行精心培养，助推其尽快成长为新一代“京剧之星”和京剧艺术领军人才

二、存在的主要问题

京剧艺术的繁荣，离不开对京剧艺术的传承，离不开对京剧艺术人才的培养，离不开优秀艺术家的不断涌现。然而，纵观重庆市目前京剧人才现状，不容乐观。本轮巡视整改指出“缺乏本土优秀创作人才”。缺少技艺顶尖全面的艺术人才，尤其是创作人才，缺少高素质的行政综合管理人才。

（一）人才引进难、培养难、留住难

由于事转企的影响，事业人员编制被锁定，只出不进。因戏曲表演人才成长的特殊性，没有了事业身份编制的保障，优秀的专业戏曲艺术尖子人才和优秀的文化传播型、研究型人才招收引进不来，这对戏曲院团成梯队式的人才队伍培养和建设是致命的，对要完成传承和传播优秀传统文化艺术的责任和使命、适应时代和社会发展的文化需求也是致命的。其二，对招进来的企业人才，花费用拜名师加以培养，然而，其艺术造诣一旦成熟，若有其他事业性质的文艺院团抛出橄榄枝，人员一旦离开，也导致了人才的流失。

（二）严重缺乏创作人才，制约艺术创作

近年来，国家艺术基金、戏曲剧本孵化等利好政策的相继出台，为传统戏曲院团打开了另一扇艺术创作经费筹集的门。但是并非每一个院团、每一个剧目都能申报成功，剧团也极度缺乏高文化水平、高文字水平的项目申报专业人才，更缺乏具有知名度的导演、编剧等主创班底，所以成功申报相对困难。剧团每年新编京剧均需外请主创团队，如编剧、导演、作曲、舞美、化装、音响等。劳务费和食宿开支实属不小的数目。

（三）缺乏整班制培养力量

由于戏曲院校学生文化课程占用量普遍较大，剧院近三十年没有整班制培养，以充实基础力量，大力推动艺术职业教育戏曲教学。这是目前剧院人才培养最困难的一个方面。

（四）人才培养资金配套不足

2020年实施的“师带徒”人才培养项目和“艺术之星”人才培养项目，预算开支共30万元，其中15万元均为剧院自筹。

三、对策建议

（一）试行高层次领军人才

关键紧缺岗位人才协议工资、项目工资、年薪制等人才激励分配机制。

（二）对口培养打通院校与院团

采取“请进来、送出去”的办法，与中国戏曲学院、北京戏曲职业学院、天津戏曲职业学院等艺术高校合作，委托整班制、“订单式”培养戏曲艺术人才。

（三）大力实施戏曲艺术领军人才工程

抓好人才培养，打造“台柱子”。

（四）培养本土艺术人才

与重庆文化艺术学校进一步加强深度合作，开设京剧专业，提升在职人员文化学历教育。委托培养、联合教学，院团参与院校的教学，对院校提出建议，有助于形成双方的良性互动。以京剧传承和舞台艺术为重点，推进京剧表演人才队伍成梯队式建设，培养一批德才兼备、德艺双馨的优秀尖子人才。

（五）强化行政管理人才的培养管理工作

为剧院发展提供管理人才保障，为艺术生产保驾护航。

BLUE BOOK OF CHONGQING

关于保护和弘扬少数民族优秀传统文化工作情况的报告

重庆市文化和旅游研究院

根据重庆市人大常委会办公厅《关于市人大常委会听取和审议市政府“关于保护和弘扬少数民族优秀传统文化工作情况报告的通知”》（渝人办〔2020〕9号），现将我市保护和弘扬少数民族优秀传统文化工作情况报告如下：

一、重庆市少数民族文化概况

重庆市是全国唯一辖有民族自治地方的直辖市。据第六次人口普查统计，全市56个民族齐全，常住少数民族人口193.7万人，占全市总人口的6.7%（全国为8.49%），主要世居少数民族有土家族、苗族。全市有石柱、秀山、酉阳、彭水4个少数民族自治县和1个享受民族优惠政策的地区黔江区，有14个民族乡，分布在万州区、武隆区、忠县、云阳县、奉节县、巫山县等6个区县，其他各区县均有少数民族人口居住。

重庆市少数民族文化是重庆文化的重要组成部分，是各族群众劳动和智慧的结晶。我市少数民族文化以世居渝东南武陵山区的土家族、苗族文化为主。土家族、苗族历史悠久，民族文化丰富。

由于土家族、苗族多聚族而居，因而形成了一些较有规模的民族建筑落，现在还保留着丰富的古建筑群，如黔江濯水古镇，石柱西沱古镇、南宾镇，彭水郁山古镇，酉阳龚滩古镇、龙潭古镇、后溪古镇，秀山洪安古镇等。主要建筑形式有土司衙署、碉楼、风雨桥、宗族祠堂、古代戏楼等。常见民居形式包括土家族、苗族最具特色的民居吊脚楼，土家族四合院民居。建筑风格体现出重庆少数民族传统艺术天人合一的哲学观念和因地制宜的实用艺术。民间工艺内容丰富、品种繁多，包括石刻、砖雕、刺绣、蜡染、编结、剪纸、建筑工艺、银饰制作工艺等。

生活中，土家族、苗族皆味喜酸辣，最有特色的是酸鱼、酸肉、酸汤等。穿着上，苗族男装以对襟和满襟为主。女性穿圆领大襟短衣，盘肩、袖口等处有少许绣花；宽脚裤，裤筒边缘多饰花边；包扎又高又大的青布或花布头帕，戴银饰。土家族男子穿琵琶襟上衣，缠青丝头帕。女性穿着左襟大褂，滚两三道花边，衣袖比较宽大，下面镶边筒裤或八幅罗裙，喜欢佩戴各种金、银、玉质饰物，但是并没有苗族那样的银头饰、银项圈。随着时代的变迁，多数土家族、苗族群众日常着普通服装，在重要场合、需要显示民族身份的时候着民族服装。

土家族、苗族人民能歌善舞。民族音乐异彩纷呈，器乐以吹奏乐和打击乐为主，有唢呐、丢马锣、土家斗锣、耍锣鼓、咚咚奎、嗡、打溜子、薅草锣鼓等 11 种；民族歌曲主要有 34 种，包括生产劳作歌（号子、田歌）、情歌（山歌、小调）、风俗歌（梯玛神歌、哭嫁歌、摆手歌、孝歌）等。舞蹈同歌曲一样，寄托着土家族、苗族先民的情感，承载着其对祖先、族源的历史记忆。主要舞蹈有土家族摆手舞、打绕棺、肉连箫，苗族芦笙舞、接龙舞、玩牛、三棒鼓、竹梆舞、铜铃舞、鹿子灯舞、鼓舞等。传统文学形式以民间诗歌和民间故事为主，讲述族源神话、风物传说、英雄史诗，风格刚健清新，内涵丰富深刻，不仅丰富了我国民族文化宝库，也对当代作家的艺术创造产生了深刻影响。少数民族戏剧有毛古斯、傩戏、阳戏、花灯等类型，整体上具有唱腔质朴明快、表演生动活泼、生活气息浓厚的特点。

重庆少数民族群众在漫长的历史进程中形成了独特的礼仪风俗，主要体现在生育、婚姻、丧葬等方面，比如土家族的“哭嫁”，土家族、苗族的生孩子后“报喜”等习俗。在重庆世居少数民族中，土家族、苗族、侗族等都保留着以农历九月或十月为“岁首”的纪年法，都有本民族的“新年”，如土家族的“赶年”、苗族的“苗年”、侗族的“侗年”等。此外，还有土家族的“舍巴日”“赛会”，苗族的“赶秋节”“火星节”“四月八”“赶年场”“三月三”“踩山节”等各种丰富多彩的民族传统节日。

重庆少数民族的运动项目集空中、马上、水中及陆地于一体，在各民族项目长期并存的基础上，呈现出共融共生的特点。目前，重庆少数民族传统体育项目土家族有55项，苗族有38项，回族有28项，满族有30项，蒙古族有10项。这些项目中，赛龙舟、抢花炮、龙狮舞、陀螺、摆手舞等，已列入国家民族传统体育竞赛项目。其中彭水的苗族射弩、酉阳的蹴球等体育项目多次参加全国少数民族传统体育运动会，取得了不菲的成绩。

苗族医药是重庆少数民族医药的代表。苗族医药历史悠久，是祖国医药宝库的重要组成部分。渝东南苗区有着丰富的药材资源，药用植物达1400余种，单彭水苗族土家族自治县收入《中华人民共和国药典》的药用植物就达273种，动物药类数10种，矿物药类数10种。由于世居深山，山高坡陡，植被茂密，涧多沟深，出门不便，因此苗药一般都是苗医自采自制，就地取材，随采随用，通过极其简单的制作方法，保证鲜药的显著药性，充分发挥其药效。

二、保护和弘扬少数民族优秀传统文化工作整体情况

（一）贯彻落实中央部署，因地制宜加强保护和积极弘扬优秀传统文化

近年来，我市深入贯彻落实《中共中央、国务院关于加强和改进新形势下民族工作的意见》《国务院关于进一步繁荣发展少数民族文化事业的若干意见》《中共中央办公厅、国务院办公厅关于加快构建现代公共文化服务体系的意见》《关于推进中华优秀传统文化传承发展工程的实施方案》《关于切实加强中国传统村落保护的指导意见》等一系列中央及相关部门文件精神。坚持以“保护为主、抢救第一、加强管理、合理利用、传承发展”的方针，认真实施了以“扶持办好一批少数民族节庆活动、支持拍摄一批少数民族题材影视作品、精心编创一批民族文艺优秀剧目、编辑出版一批少数民族文化书籍、努力打造一批独具特色的少数民族博物馆、积极建设一批少数民族传统体育训练基地、认真实施一批少数民族特色村镇保护与发展工程、大力传

承一批少数民族非物质文化遗产项目”为主要内容的民族文化“八个一”工程，保护和弘扬我市少数民族优秀文化，积极推动我市少数民族文化事业繁荣发展。

在实施工作中，有针对性地对少数民族文化工作予以政策支持。市委、市政府出台了《关于推进革命文物保护利用工程（2018—2022年）的实施方案》《关于加强文物保护利用改革的实施意见》，把渝东南少数民族地区革命文物纳入重点保护。实施《重庆市历史文化名城名镇名村保护条例》。编制《重庆市国土空间总体规划（2020—2035年)》,在“主体功能分区”一节，将武陵山区少数民族集中地区（包括石柱、秀山、酉阳、彭水4个少数民族自治县）列入特别振兴区名录，提出重点加大财政转移支付力度，支持教育、医疗、文化事业发展等扶持建议。制定《重庆市民族文化旅游业贷款贴息管理办法》，每年安排少数民族地区民族文化旅游业贷款贴息资金2500万元，对民族地区少数民族手工艺品企业经营性贷款予以贴息支持。

（二）重视民族文化设施建设，公共文化服务提质升级

近年来，我市高度重视少数民族地区文化设施建设，全面贯彻落实《中华人民共和国公共文化服务保障法》和中办、国办《关于加快构建现代公共文化服务体系的意见》，公共文化服务整体投入持续稳定并保持适度增长。截至2019年，渝东南各区县已基本完成县、乡、村三级公共文化设施全覆盖。建成开放博物馆5个、公共图书馆6个，建成24小时自助图书馆5个，建成文化馆6个。已完成1694个民族地区村级基层综合文化服务中心提档升级工作，2020年将实现基层综合文化服务中心提档升级全覆盖。2003年在黔江区落成的重庆市民族博物馆，是重庆市首家民族博物馆，也是武陵地区唯一的省市级民族博物馆。

民族地区公共文化服务品质不断提升。图书馆书刊、文献总藏量、博物馆馆藏文物类别和数量均不断增加；文化馆定期开展艺术项目免费培训，积极打造特色文化活动品牌,全民阅读和全民艺术普及工作大力推进。乡镇（街道）综合文化服务中心按照“七个一”（即1个文化活动广场、1个文化活动室、1个简易戏台、1个宣传栏、1套文化器材、1套广播器材、1套体育设施器材）建设，极大丰富了基层群众文化生活，群众对公共文化服务单位的满意度达到 90% 以上。组织群众参加社区文化节、乡村文艺会演等多项展演活动，较好地激发了少数民族地区群众参与文化的热情。群众文艺精品创作力度加大，彭水县少数民族表演唱《弯弯号》入围第十七届“群星奖”决赛，黔江区民族歌舞诗《云上太阳》赴巴西巡演。2019 年，在 192 个乡镇开展送戏下乡 1152 场次，开展流动文化服务进村 6403 场次，丰富了少数民族地区群众精神文化生活。

（三）民族文化研究、文艺创作、体育运动成果丰硕

近年来，我市开展了渝东南少数民族歌曲、舞蹈、戏曲、器乐、建筑及民风民俗等六大类 122 个项目的影像资料收集工作，拍摄制作了国家文化信息共享工程《武陵山区——渝东南记忆》纪录片 44 集，制作了《民族文化典藏》画册（含光碟 20 张），为挖掘、整理和抢救我市民族传统文化奠定了基础。出版了《民族自治县概况》4 卷，《重庆民族乡概况》14 卷，以及《民族文化研究》《民族文化丛书》《重庆世居少数民族》《美美与共：渝东南民族地区生态文明建设研究》《重庆市少数民族文化系列丛书》等一大批民族文化研究成果，对我市民族地区资源、经济、社会、文化等进行了系统梳理，拓展了我市民族研究的广度和深度。制作了《世外桃源渝东南》宣传片，在中央电视台和重庆卫视播放。

文艺创作方面，出版了《重庆市少数民族作家精品丛书》《五彩家园》（作品集）；每两年举办一届重庆市少数民族文学奖评选活动，迄今共有 27 部少数民族文学作品获得此奖项；《摩围山》《露水硕大》等 5 部民族文学作品获得全国少数民族文学创作奖——骏马奖。积极支持重庆民族歌舞团、天上黄水大剧院、彭水娇阿依艺术团、酉阳桃花源演艺团、石柱艺术团等民族文化艺术院团建设。打造《濯水谣》《天上黄水》《梦幻桃源》《苗祖·蚩尤》等民族文化剧目，作为黔江濯水古镇、石柱黄水国家级森林公园、酉阳桃花源景区、彭水蚩尤九黎城等旅游景点演出节目。少数民族题材戏剧作品歌剧《钓鱼城》、芭蕾舞剧《追寻香格里拉》在全国少数民族文艺会演中斩获大奖，被中宣部授予“五个一工程”奖。

自重庆市直辖以来，我市先后组团参加了 6 届全国少数民族传统体育运动会，均取得较好成绩。2019 年，我市代表团在第十一届全国少数民族传统

体育运动会上竞赛项目获 11 个一等奖、25 个二等奖、30 个三等奖，一等奖数量和奖牌总数居全国前列。为加快民族体育发展，提高竞技水平，我市先后命名 6 个市级少数民族传统体育基地，并推荐黔江区成为“全国少数民族传统体育基地”。为做好民族体育推广普及工作，市下达少数民族传统体育项目推广普及补助资金 230 万元，支持民族体育基础好的 8 个区县（自治县）和 5 所高校开展民族体育推广普及。

（四）保护传承民族文化遗产，加强遗产活化利用

我市少数民族地区文化遗产主要集中在渝东南六区县。渝东南地区文化遗产特色突出、类型丰富、底蕴深厚，在生态本底上生成的多彩民族文化资源具有“怡然自乐、和合共生、自强不息”的气韵风度。

积极加强文物保护力度。根据全国第三次文物普查数据统计，渝东南地区有古生物化石遗迹、巴人崖棺、古建筑、古墓葬、古遗址及近现代重要史迹等文物点 33283 处，包括可移动文物 28197 件，不可移动文物 5086 处（黔江区 374 处、武隆区 1563 处、石柱土家族自治县 847 处、秀山土家族苗族自治县 468 处、酉阳土家族苗族自治县 485 处、彭水苗族土家族自治县 1349 处），其中全国重点文物保护单位 4 处（酉阳县南腰界红三军司令部旧址、赵世炎故居，石柱县重庆冶锌遗址群、湾底谭氏民居），市级文物保护单位 42 处，区县级文物保护单位 357 处，革命文物 107 处。“十三五”期间，我市先后投入资金 5866 万元，加强少数民族地区文物保护与利用。完成了以渝东南片区为重点的全市乡村文化遗产资源调查。石柱县湾底谭氏民居被国务院公布为第八批全国重点文物保护单位，黔江区濯水古建筑群、酉阳县南界村南腰界红三军司令部旧址、彭水县茶林坪古建筑群等被市政府公布为第三批重庆市文物保护单位。积极争取黔江区、武隆区、石柱县、秀山县、酉阳县、彭水县进入国家文物局第一批革命文物保护利用片区重点区县名单；将湘鄂川黔革命根据地的酉阳片区纳入国家革命重点保护区域。近年来，重点实施酉阳南腰界红三军司令部旧址、赵世炎故居、万涛故居等一批重点革命文物维修保护项目，重点革命文物保存状况得到有效改善。

先后投入 8500 多万元加强非物质文化遗产保护。截至目前，渝东南地区共有国家级非遗代表性项目 11 项、市级非遗代表性项目 164 项、区县级非遗代表性项目959项；国家级非遗代表性传承人13人、市级非遗代表性传承人162人、区县级非遗代表性传承人968人。命名市级非遗传承教育基地15个、市级非遗生产性保护示范基地15个，建成非遗传习所（点）39个，年均开展教育传习活动150次以上，有近300支群众业余队伍常年传习花灯和民歌。依托高校建立苏州大学驻酉阳苗绣传统工艺工作站，苏州工艺美术学院驻黔江传统工艺工作站、驻彭水传统工艺工作站，帮助当地传统工艺企业和从业者解决工艺难题，提高产品品质。每年组织国家级、市级传承人参加能力提升培训班，对4名国家级传承人开展代表性传承人记录工程。组织区县级以上非遗项目，在50余所中小学校开展非遗进校园活动，多种非遗教材在中小学普及推广，秀山花灯健身操、石柱竹铃球成为20余所中小学课间操锻炼项目。

积极探索文化遗产助力精准脱贫道路。组织市文化遗产研究院、文化和旅游研究院等研究机构，对酉阳县土司文化非遗特色文化等进行专题研究。对深度贫困乡酉阳县车田乡何土司城遗址开展考古发掘，实施土司城遗址保护展示工程，为车田乡发展乡村旅游奠定基础。将武隆区后坪坝苏维埃政府遗址保护工程、秀山县隘口红三军司令部旧址修缮工程等革命文物维修纳入扶贫项目，共计投入669万元。依托东西扶贫战略，探索“非遗＋扶贫”模式，精心选择夏布织造技艺、苗绣、西兰卡普制作技艺等市场前景广的非遗项目，充分发挥传统工艺在促进居家就业、增加群众收入等方面的独特优势和带动作用，投入360万元，举办鲁渝共建非遗扶贫培训班12期，培训贫困户513人次，建立非遗扶贫工坊10个，解决130名贫困户就业，推动非遗保护与精准扶贫、就业增收相结合，助力当地脱贫攻坚。

（五）保护民族文化空间，建设民族文化生态

我市少数民族地区分布有大量历史建筑、中国传统村落、历史文化名镇名村、少数民族特色村寨。近年来，全市评定和发布了三批重庆市历史建筑名录，全市644处历史建筑中，共评选民族特色建筑50余处。渝东南地区历史建筑31处，涉及居住建筑、祠庙会馆、公共服务建筑、军事防御设施、工业仓储建筑等类别。武隆区后坪苗族土家族乡文凤村等75个少数民族村落列入中国传统村落名录，占全市（110个）中国传统村落的68%。全市少数民族地区有中国历史文化名镇4个（石柱西沱镇、酉阳龙潭镇和龚滩镇、黔江濯水镇）、市级历史文化名镇5个、市级历史文化名村26个。有中国少数民族特色村寨26个、市级少数民族特色村寨和村镇94个。市级历史文化名村中，共吸纳10个中国少数民族特色村寨，另有10个“民族特色型”名村入选。此外，我市少数民族地区还分布有国家级传统文化村落42个，彭水县绍庆街道阿依河村为全国特色景观旅游名村。

少数民族地区中国传统村落获中央专项资金1.59亿元，重点实施了人居环境整治和传统建筑修缮。并先后向石柱县金岭乡银杏村、悦崃镇新城村等5个少数民族传统村落，下达市级专项资金1250万元，占全市（3500万元）的35.7%，建设少数民族传统村落市级示范点。争取酉阳县后溪村进入国家第一批国保、省保集中成片传统村落保护项目，投入750万元，对白氏祠堂、彭氏宗祠、后溪洋屋和高氏宗祠4个文物进行整体保护利用，探索文物部门主导、乡镇政府配合、文化乡贤参与的酉阳后溪村保护传承模式。围绕保护发展传统村庄格局、建筑风貌、历史遗存、非物质文化遗产和改善人居环境等方面，编制村落保护发展规划53个，占全市（84个）的63%，对土家族、苗族等少数民族优秀传统文化进行了调查和梳理，并明确了传承要求。注重挖掘传承少数民族传统建筑装饰艺术，指导少数民族地区传统村落按照不同地域、不同民族和不同时代特点修缮保护建筑，力图将民族图腾、民族祭祀、山歌、习俗等呈现于传统村落。黔江区小南海镇新建村等4个少数民族传统村落成功入驻中国传统村落数字博物馆，直观形象地展示了土家族、苗族传统文化。

国家级、市级历史文化名镇均已编制保护规划，设定保护标志牌，开展相关历史文化保护工作。积极支持实施石柱西沱镇、黔江濯水镇等历史文化名镇文物整体修缮与合理开放利用。黔江濯水古镇正在积极争创国家AAAAA级旅游景区，酉阳龚滩古镇、彭水蚩尤九黎城被命名为国家AAAA级旅游景区，秀山洪安镇被命名为国家AAA级旅游景区，石柱西沱镇被命名为国家旅游新干线试点镇。2017年，酉阳龚滩古镇成为“最受全国网民喜爱的十大古村镇”。

截至目前，重庆市共下拨民族特色村镇保护与发展专项补助资金1.46亿元，并整合其他类资金10多亿元用于特色村寨的保护利用工程。积极支持各区县（自治县）加强基础设施建设，改善人居环境，采取“编印一本书、录制一张光碟、编创一台剧目、增添一批民族文化元素、培训一批民族特色餐饮、培训一批解说人员、传承一批非遗项目、建设一批民族文化陈列馆、开发一批民族民间工艺品、举办一系列民族节庆活动”等措施，大力实施少数民族特色村镇民族文化提升行动，将少数民族特色村镇的传统民居保护、民族文化传承、人居环境整治有机结合起来，助推提档升级。对濒临消亡，有历史文化价值的村镇，扶持农户对民居进行保护性修缮，尽量保持其原有建筑风格和村镇风貌。对优选的特色村寨和村镇开展重点保护，并打造精品特色村镇。

（六）加强文旅融合，助推民族地区经济发展

我市充分发挥民族地区自然、人文、生态优势，推进文旅融合重点项目。打造濯水古镇非遗小镇；挖掘土家族文化、土司文化、巴盐文化等旅游文化资源，对土司城和西沱古镇进行提档升级；在阿依河景区、乌江画廊、蚩尤九黎城、郁山古镇精品景区植入民族文化元素；挖掘农耕文化、土家民俗文化，打造龚滩古镇等旅游景区；建设武隆游客服务中心和乌江博物馆。支持彭水蚩尤九黎城、石柱万寿寨、濯水古镇等少数民族特色村镇举办民族文化节庆活动。做好渝东南生态民族旅游文化节、秀山花灯文化艺术节、石柱土家民俗文化节、彭水娇阿依民族文化艺术节、酉阳桃花源土家摆手舞节等民族特色节庆品牌活动。推出“舞悦黔江”音画诗、“云上太阳”歌舞诗、“太阳出来喜洋洋”音乐剧、“梦幻桃源”实景剧等大型民族歌舞精品剧目；策划重庆主城＋渝东南、张家界＋凤凰＋秀山＋酉阳等旅游精品线路，积极开展文化产品及衍生品线下展示和线上销售业务，促进文化与旅游深度融合发展。

充分利用少数民族传统村落、名镇名村、特色村寨等文化空间资源，设置民族标识，发展观光旅游、生活体验、休闲康养等，促进以“村”带“游”、以“游”促“村”，使乡村旅游、工艺品制作、餐饮等特色文旅产业在群众脱贫致富中发挥越来越重要的作用。酉阳县特色村镇2019年累计接待旅客80万人次，实现旅游综合收入近3亿元；黔江濯水古镇、彭水蚩尤九黎城、酉阳龚滩古镇等一批村镇旅游经济快速发展，石柱县冷水—黄水旅游带、云阳县清水土家族乡旅游产业成为支柱产业。

积极在“一区两群”布局中规划“武陵山区文旅融合发展示范区”。起草《关于建立健全“一区两群”协调发展机制的实施意见》，将保护弘扬少数民族文化、推动渝东南武陵山区文旅融合发展示范区国家级创建作为重要内容。在《渝东南武陵山区城镇群建设方案》中，重点围绕文旅融合示范区建设，提出了推进全域文旅融合发展、强化文旅深度引领，有针对性地制定了财政扶持、投融资扶持、资源要素支持、人才要素保障等政策措施。相关部门正研究制定《渝东南武陵山区城镇群文旅融合发展先行先试行动方案（2020—2022年）》，初步提出实施八大行动57项工程，推动建设渝东南武陵山区城镇群文旅融合示范区。

（七）开发民族文化产品，塑造特色产业品牌

通过深度挖掘少数民族地区文化资源和文化特色，开发了一系列民族文化产品，如彭水县“不老泉”太极水，黔江区土家织锦、“健泓”嚓拶绣，石柱县金音石砚、土家服饰，秀山县金珠苗绣、紫砂石壶、花灯，酉阳县苗绣、根雕奇石等。秀山县2020年5月还向社会公布了《秀山自治县民族文化旅游优质商品目录》（第一批），40项民族文化旅游商品列入其中；多项少数民族文化产品获得国家民族文化产品专利，以及优秀文化旅游产品奖项。

抓住文旅融合发展机遇，推动了一批民族文化产业项目的实施，形成了一批文化产业集聚区。黔江区蒲花河休闲农业体验园、石柱县的万寿古寨、秀山县的三省风情园、彭水县的阿依河乡村文化乐园入选2017年第一批市级乡村文化乐园。秀山县的秀山（武陵）微电影城入选2018年第一批市级文化创意产业园。石柱县天上黄水大剧院入选2015年第三批市级文化产业示范基地，黔江区的重庆爱莉丝庄园文化创意有限公司和酉阳县酉州苗绣、西兰卡普文化产业基地入选2017年第四批市级文化产业示范基地。

加强民族特色饮食开发。据美团点评统计，截至目前，我市有土家族、苗族等少数民族特色餐厅2000余家，代表性的品牌餐饮有武陵山珍、黔江鸡杂，特色美食有油茶汤、腊肉、社饭、鲊广椒、蒸扣肉、蓑衣饭、蒿子饭等。全市另开设有穆斯林餐厅5家，其中较场口中兴路穆斯林大厦庆聚斋清真餐厅和渝北新牌坊绿翔食府最有名。在加大少数民族特色饮食开发的同时，积极创新民族特色美食节会，如石柱黄水仲夏美食季、酉阳桃花源美食节、彭水“名特美食·名优农产”推介会、秀山渝东南民族美食节等。一些民族特色饮食列入市级非遗项目。通过师带徒、专业培训、人才流动，培养民族美食特殊技艺传承人，全市餐饮类拥有高级以上职称的少数民族人员超过1000人。

（八）扎实推进民族文化进校园，铸牢中华民族共同体意识

2014年以来，全市累计投入资金5600余万元，在350余所中小学校（中职）开展以“制作一批民族文化宣传栏（长廊），购置一套民族服装，编排一套歌舞节目，传承一批民族‘非遗’，普及一批民族体育项目，推广一套民族健身操，编印一本校本教材，建设一批民族标志建筑”为主要内容的民族文化进校园活动。如今，黔江民族中学、秀山民族小学、武隆浩口中心校、奉节龙桥中心校、重庆文理学院附中等一大批学校民族文化氛围浓厚，在校园建设了民族文化墙、民族文化长廊、民族特色校门；购置了民族服饰、民族乐器、民族体育器材；编印了《蜡染》《我爱土家》《苗族风俗习惯》《木叶吹奏传承读本》等教材；开设了苗族刺绣、蜡染、木叶吹奏、土家摆手操，“苗汉”双语等课程。

为深入推进民族文化进校园工作，自2016年起，每年组织开展民族特色学校创建工作，西藏中学、酉阳民族小学等25所学校获得此殊荣。民族教育特色学校创建对规范学校民族教育工作、培育民族教育特色、彰显民族教育文化、提高全市中小学民族团结教育质量起到了积极作用。在民族地区设立高中课程创新基地4个，支持开发精品选修课程35门，立项教育教学改革研究课题27项，唢呐、蜡染、锣鼓、竹铃球、天地球、土家花样跳绳等民族传统文化体育全面融入中小学教学内容和课堂教学。

三、保护和弘扬少数民族优秀传统文化工作中存在的主要问题与矛盾困难

虽然我市保护和弘扬少数民族优秀传统文化工作取得了一定成绩，但按照新时代加强民族团结的新理念、新思路，对照传承和弘扬中华优秀传统

文化与涵养社会主义核心价值观，全面建成小康社会的目标要求，还存在一些问题、矛盾、困难。

（一）对保护和弘扬少数民族优秀传统文化的认识和重视程度还不够

少数民族集聚区相对偏远、落后，人口占有比例相对偏低，少数民族文化保护传承工作并没有在整体工作中凸显，重要性尚未得到彰显，有关政府特别是一些职能部门对该项工作的认识不足、重视不够，有的工作还有畏难情绪，甚至有的停留在口头上、计划中。同时，由于少数民族地区民众对自身文化的信心不足，加上长时期受到汉族文化影响，有的少数民族文化认同意识淡漠，这在年轻人中表现明显。特别是一些生活方式、民族习俗汉化严重的地区，文化空间和承担文化空间的场所变迁加剧，导致少数民族传统文艺、民间工艺、民族故事濒临失传。

（二）保护和弘扬少数民族优秀传统文化工作的基础保障还较薄弱

近年来，中央和市级各部门不断加大对保护和弘扬少数民族优秀传统文化的财政投入力度和政策扶持力度，但整体投入与保护的需求仍存在较大差距。一是民族文化保护资金投入不足。民族地区财力普遍有限，国家和市级财政投入也不多，公共文化基础设施建设相对滞后，文化遗产保护资金捉襟见肘，甚至有的影响到保护工作的正常开展。二是民族传统文化保护传承机构和人员队伍亟待加强。对传统文化挖掘、保护、传承、研究的人员短缺，尤其是专业人才较少，基层文化工作人员的整体素质与当前保护和弘扬民族文化的工作需求不相适应，普遍存在人员老化、中层业务管理人员缺乏。三是文化和旅游公共服务发展相对滞后。尽管各地公共文化设施均已达到统一建设标准，但不同少数民族所在地发展不平衡；且由于管理不善、交通不便、服务单一等原因，加之受到农村空心化影响，作用发挥受限；现有的旅游公共服务基础设施较差，体现民族文化特色的传统民居、吊脚楼等未被有效利用，不能满足文旅融合发展要求，旅游公共服务质量跟不上，管理水平有待提高。

（三）保护和弘扬少数民族优秀传统文化工作的措施有待深入实施

目前，我市少数民族优秀传统文化保护传承的各项工作较为分散，缺少深入性、系统性、整体性。一是对少数民族优秀传统文化资源掌握不够深入，少数民族集聚区管理干部，特别是文化干部对文化资源了解不够，仍然散落在民间。二是保护措施较为单一，很多地方政府在执行中央、市级相关政策和文件时，未根据自身具体情况制定落实方案、具体措施，大而化之，上面叫做什么就落实什么，缺少创造性。三是缺少促进和鼓励优秀文化传承的有效措施。受到现代文化冲击，一些年轻人不愿意传承传统文化，传承人在传承方式上缺少创新，出现有的优秀民族文化资源后继乏人、青黄不接，或者传承人空缺现象。

（四）对少数民族优秀传统文化的合理利用水平有待提高

民族传统文化的合理利用是民族文化自身造血功能的体现，而民族优秀传统文化是合理利用的核心。而目前，首先是对存在的困难矛盾科学研判不足，特别是对民族传统文化与现代时尚文化的对接、对民族物质文化遗产与民族聚居区人口的大量减少、对民族传统生活习惯与追求高品质现代生活、对民族传统文化的创意设计、科学转化不够。其次，对民族传统文化的普及教育力度不够，传播推广范围和途径有限。再次，优秀传统文化资源自身造血发展的能力较弱。当前，各区县积极争取少数民族特色文化资源项目申报，但“重申报、轻利用”，缺少申报成功后传承利用的思考。特别是现有的少数民族文物合理利用率偏低，随意拆除和破坏文物的现象时有发生；文化遗产潜在价值开发不够，与经济结合度不高。同时，在合理利用过程中，重表面、轻本质、模仿多、创造少、存在同质化。

（五）相关部门尚未形成保护和弘扬少数民族优秀传统文化工作合力

我市少数民族文化保护弘扬工作，无论是市级层面还是区县层面，因为工作涉及多个方面，各个职能部门也只是针对各自特点和要求开展工作，因此缺少整体规划、缺少整体协调，工作中存在浪费、同质化、点状性、重复建设等问题。

四、关于保护和弘扬少数民族优秀传统文化工作的建议

党中央高度重视中华优秀传统文化保护传承工作。我国是统一的多民族国家，多民族是我国一大特色，是我国发展的一大有利因素。要着力增强

民族地区自我发展能力和可持续发展能力，尊重民族差异、包容文化多样，让各民族在中华民族大家庭中手足相亲、守望相助、团结和睦、共同发展。2019 年 7 月，习近平总书记在内蒙古考察调研时指出，中华民族是多民族不断交流交往交融而形成的。中华文明植根于和而不同的多民族文化沃土，历史悠久，是世界上唯一没有中断、发展至今的文明，要重视少数民族文化保护和传承。我们要认真贯彻落实习近平总书记重要指示批示精神，从满足人民美好生活需求出发，大力保护和弘扬少数民族优秀传统文化。结合重庆实际，提出以下几点建议：

（一）加强领导、统一思想，强化对保护和弘扬少数民族优秀传统文化的认识

要以习近平新时代中国特色社会主义思想为指导，认真贯彻习近平关于民族团结统一思想，从统筹推进“五位一体”总体布局、协调推进“四个全面”战略布局和坚定“四个自信”的高度去认识和重视少数民族优秀传统文化建设，要将保护和传承民族文化融入习近平总书记对重庆提出的“两点”定位、“两地”“两高”目标、发挥“三个作用”和营造良好政治生态的重要指示要求之中，做好顶层设计，加强工作统筹，整合各种资源，实施有效保护和弘扬措施。特别是民族聚居区的政府，要把这一工作作为中心工作。设立有民族乡的区县要进行经常性的专题研究。文化部门和相关部门，要列入工作重点，要有工作计划和任务清单。

（二）坚持政府主导、加大投入力度，夯实保护和弘扬少数民族优秀传统文化基础保障

在政策制定、机构人员配置、财税扶持、服务平台、发展环境等方面给予重点支持，为全面提升少数民族文化保护传承水平提供保障条件。坚持政府主导，加大财政投入力度，引入更多社会资源和力量，强化保障机制建立；注重人才培养，构建市、区县、乡镇人才三级体系。建立专家咨询机制，壮大研究人才队伍，加强志愿者队伍建设；按照建设美丽乡村的总体要求，提升少数民族集聚区人居环境。结合保留少数民族乡村风貌，彰显少数民族文化特色的需要，开展环境治理和风貌打造工程。继续完善少数民族地区公共文化和旅游基础设施建设，特别是抓好传统文化阵地提档升级，数字文化阵地拓展覆盖。

（三）加强挖掘整理、科学研究，着力提升少数民族优秀传统文化影响力

按照培育和践行社会主义核心价值观、坚定文化自信、发扬中华优秀传统文化的基本要求，开展少数民族优秀传统文化资源普查，深入挖掘民族文化内涵，充分掌握民族文化各种形态，建立各少数民族优秀传统文化资源库；持续开展传统村落、少数民族特色村镇、文化遗产、历史建筑、古籍等调查和研究，积极申报各级各项保护名录，编制或修订保护计划、保护方案，按照分级分类原则构建保护利用项目库；积极开展科学研究，按照总体与分类结合、片状与点状结合、传统与现代结合、保持与利用结合的思想，开展计划性系统研究，力争通过 5 ～ 8 年的努力，形成一批以大武陵为主体的系列研究成果。

（四）坚持创造性转化和创新性发展，提高少数民族优秀传统文化合理利用水平

要把少数民族优秀传统文化贯穿全市经济社会发展始终，加大少数民族优秀传统文化普及教育力度，持续推进少数民族优秀传统文化进校园工程；以少数民族传统体育基地建设，民族运动会为载体，做好我市民族体育推广普及工作。支持开展民族文艺创作，鼓励少数民族文艺作品积极参与全国性奖项评选；大力扶持少数民族文艺院团建设，支持打造民族文化文艺精品。发展文化创意产业，推动文化产业项目在少数民族地区落地，研究设立支持民族文化产业发展基金。抓好少数民族文化品牌培育，结合民族传统工艺、特色产品、特色餐饮、特色街区、特色村寨、特色旅游，壮大民贸民品企业，培育知名传统工艺品牌。推进少数民族非物质文化遗产、文化遗产保护利用，创新传承和展示方式，使少数民族优秀传统文化更好融入现代生活。

（五）深入推进少数民族文化与旅游融合发展，促进少数民族优秀传统文化传承传播

按照因地制宜、分类发展原则，提高少数民族集聚区文旅融合发展水平。推动景区积极彰显民族优秀传统文化精神实质和文化内核；推动民族传统工艺、特色产品、特色餐饮、特色音乐进入景区，丰富消费；鼓励景区及社会力量依托少数民族优秀传统文化资源，开发文化创意产品；对尚未建立景区和不具备设立景区条件的地区，鼓励结合美丽乡村建设乡村文化乐园，发展民族特色乡村旅游。促进少数民族传统村落、特色村镇、历史文化名镇、历史建筑保护工作，注重与发展旅游相结合。加强对少数民族地区历史建筑的修缮保护，分级分类建立传统村落保护发展项目库，制定传统村落旅游发展计划。积极争创国家文旅融合示范区，按照陈敏尔书记关于打造重庆武陵山区文旅融合发展示范区的要求，认真做好《重庆市渝东南武陵山区文旅融合发展示范区规划》编制和实施工作。

（六）重视对外交流，推动少数民族优秀传统文化“走出去”

充分利用少数民族优秀传统文化加强影视创作、文学创作、艺术创作。积极争取国家级文化下基层活动走进我市民族地区，支持民族地区文化艺术骨干人才参加对外展演和国家级专业培训，积极开展市外民族文化学习交流活动。积极承办国家级少数民族文艺展演、文艺评比、文化交流。支持我市少数民族优秀文化参加国际交流展示，加强少数民族文化旅游融合推介活动，充分展示我市少数民族文化取得的新发展、新成就。

（七）加强统一规划，统筹推进保护和弘扬少数民族优秀传统文化

针对少数民族优秀传统文化资源挖掘整理、传统村落保护、推动民族文化创造性转化和创新性发展等重点工作，研究制定相关措施；建立少数民族文化保护职能部门统一协调机制，形成合力、整合资源，使民族文化保护弘扬产生实效；统筹推进武陵山区（渝东南）土家族苗族文化生态保护实验区整体保护，对渝东南武陵山区文旅融合发展示范区进行整体打造。加强区县保护弘扬少数民族优秀传统文化指导，并纳入国民经济社会发展规划纲要，加强政府考核力度。

发展乡村旅游 擦亮深山明珠——以小南海镇新建村乡村旅游扶贫为例

黔江区文旅委

“绿水青山就是金山银山。”近年来，黔江区深入贯彻落实习近平新时代中国特色社会主义思想，认真践行新发展理念，坚持生态优先、绿色发展，立足生态资源优势，营造浓厚文旅融合发展氛围，大力实施“旅游大区”建设，释放生态价值，既推进重点景区品牌建设，也注重乡村旅游带动脱贫。为深度剖析黔江区乡村旅游+脱贫攻坚经验，助力乡村旅游全面发展，推进乡村振兴战略实施，着力创建国家全域旅游示范区，调研组一行对重庆市黔江区小南海镇新建村发展乡村旅游情况进行了深入调研。

一、小南海新建村基本情况

新建村地处小南海镇北部，距黔江主城42千米。辖区面积27.49平方千米，耕地面积3774亩，林地面积32970亩，辖6个村民小组，584户1704人。这里拥有全国首个土家族民俗生态博物馆——武陵山民俗生态博物馆，有全国保存最完整、规模最大的土家吊脚楼群，被誉为武陵山区民族文化生态的活化石，先后荣获“中国宜居村庄”“中国美丽乡村”“全国少数民族特色村寨”“中国传统村落”“中国美丽乡村示范村”“重庆首个土家体育竞技场”等称号。依托丰富的自然、民俗、农业资源，新建村通过发展乡村旅游实现了整村脱贫。2019年，新建村接待游客104.4万人次，依托乡村旅游完善旅游配套服务业，促进了农民增收致富，受益群众达70%，带动当地农户户均增收5000元。

二、发展乡村旅游带来的巨变

新建村利用优质且独特的文旅资源，不断探索扶贫模式。深入挖掘地方民族文化、活用生态优势，走出了一条以文化为灵魂、生态为依托、旅游为载体的文旅融合绿色发展道路。通过发展乡村旅游，新建村实现了缓解就业压力、改善生态环境和实现可持续发展三大重要转变。

（一）政府引导，村民参与，发展乡村旅游保就业促稳定

一是强化基础改造。在镇党委政府的规划引领和区级相关部门的精心指导下，为进一步发展好乡村旅游，新建村于2018年启动老街改造，由镇政府按照乡村旅游发展要求统一提供建筑图纸，村民按照图纸完成建设后再由政府统一“穿衣戴帽”，建设标准化乡村旅游接待点。建成后由乡村旅游合作社统筹，统一联系客源分配接待，村民通过经营乡村客栈，全年户均增加收入6000元左右。李绍素是新建村1组人，丈夫患病、子女上学，一年到头务农收入也仅有几千元。发展乡村旅游后，李绍素对自家农房进行了改造，通过加入乡村旅游合作社进行旅游接待，年收入增加了近万元，拓宽了家庭经济收入来源。二是进行产业培训。引进笃诚工艺品有限责任公司在新建村建立教育培训基地，让群众在家就能学会土家族传统工艺西兰卡普制作，由公司统一进行订单加工，开发成旅游文创商品进行销售。公司员工每个月有不少于1800元的工资收入，带动了当地30余名留守妇女门口就业，帮助村民实现了从农民到“雇员”的身份转变。三是强化政策扶持。乡村旅游的发展，重在接待能力的提升。为支持当地农家乐发展，旅游主管部门在加强对外宣传营销的基础上，还通过政策扶持，在设施设备配备、接待服务等方面指导支持农家乐起步发展。村民庞有余在外打工，因受伤导致下肢瘫痪，回乡开办农家乐。政府落实帮扶资金购买座椅餐具等接待用品，进行免费接待

礼仪培训。通过自己的努力和政府的帮扶，他家的农家乐被评为二星级农家乐，常年有回头客入住，旺季还经常雇佣周边农户帮忙接待，自家增收之余也带动了周边农户增收。

（二）生态优先，保护环境，发展乡村旅游改善生态环境

一是完善基础设施。2017年，黔江区提出要将新建村打造成国家AAAA级旅游景区，区旅游局、小南海镇政府和区旅投公司千方百计协调资金，按照国家AAAA级景区的硬件标准，对新建村进行了整体改造。新建饮水工程和污水处理管网及污水处理站等配套基础设施，保障了当地居民饮水安全的同时也保护了板夹溪的一湾碧水；在保持各个寨子原建筑形态不变的前提下，硬化道路，修建标准化的旅游厕所和旅游停车场，投入资金进行庭院绿化美化，建设了荷花池、花卉园等小景，完成了板夹溪老街房屋立面整治项目和板夹溪寨及散居农户危旧房屋整治工程项目，改善了新建村的整体风貌；修建了自行车道、人行便道、亲水步道、土家体育竞技场等游憩设施，为当地居民和游客提供了更多的休闲空间。基础设施的完善和人居环境的改善，带来了新建村环境生态的显著变化，让当年人人避之不及的穷山恶水之地变成了人人向往的青山绿水之地。二是配套绿色产业。镇政府抓住景区建设机遇，通过招商引资建成针织、刺绣、织锦、缝纫、电商于一体的扶贫车间1个，解决近40人就业，其中新建村建卡贫困人口5人，让贫困人员在家门口实现就业、增收；协调村里农户特别是贫困户与园林公司签订协议，发展乡村旅游扶贫配套产业，利用土地入股240.596亩参与保底分红；对接企业投入2000万元的资金，利用土地流转栽植花卉、苗木等特色农业产业800亩，实现户均增收6000元，受益面达80%。村里自发成立了乡村旅游专业合作社，统筹起全村的旅游接待点接待团队，建成土家文化研学旅行基地，先后接待团队近千个，筹办夏令营等各类大型活动近百场，直接或间接共带动了当地300余人就业，带动12户贫困户增收，带来经济收入400余万元。高品质打造土家主题民宿96家、农家乐62家，接待床位1000余张，旅游从业人员达200余人，年接待30余万人次，游客增幅262%；打造了十三寨特色旅游商品，建设起了线上和线下的旅游商品实体店，把土家刺绣、农产品干货、蜂蜜、手工艺品推向旅游市场，加大线上线下销售，带动周边村民因地制宜发展蜜蜂2000群、苗圃基地500亩、特色效益农业4000亩，真正把绿水青山变成了金山银山。三是深挖文化内涵。为提升新建村乡村旅游特色，在政府引导下，村民自发成立了3支文化演出队伍（山歌传承队、土家婚俗文化队、民俗文化队），唱山歌、摆拦门酒、跳摆手舞、进行农耕文化展示……为游客提供原汁原味的民俗文化节目演出，既丰富了当地群众的文化生活，又带来了物质上的收益。新建村村民踊跃加入演出队伍，积极挖掘和传承当地的特色文化，以展示当地独特的民族文化而自豪，人人争当土家族文化的宣传员和讲解员，文化自信在潜移默化间悄然树立了起来。农民演出队副队长何福自豪地说："我是靠在家门口、唱着土家山歌来脱贫致富的。"

（三）思想引领，立足长远，发展乡村旅游实现可持续发展

一是志智双扶。为解决部分贫困户"等靠要"思想，增强脱贫致富的信心和决心，对口帮扶干部每次入户走访都耐心地给贫困户宣传党的政策，宣传"扶贫不养懒汉、扶贫不是光发钱"的理念，充分发挥群众的积极性和能动性。通过发展乡村旅游，带动一批村民参与其中先富起来，再以他们为榜样，"先富带动后富"，最后实现全面致富。就业扶贫车间使"农民变工人""厅堂变车间""麻将手变刺绣和织锦能手"的举措，坚定了贫困群众"就业一人,脱贫一家"的信心。通过务工改善了当地贫困群众的收入，让当地群众学会了一门乃至两门技术，增强了他们脱贫致富的信心。二是造血优先。为了帮助新建村发展乡村旅游接待业，镇政府在协助当地居民进行农房改造的同时，有意识地引导居民按照乡村旅游接待标准进行房屋改建，给按照标准修建标间的农家乐进行每间房最高3600元的一次性床位补贴，帮助乡村旅游接待点进行提档升级，提升基础接待设施硬件水平。此外，当地政府还坚持进行包括旅游服务接待、山歌传唱、特色菜品开发等旅游业相关业务培训，帮助村民提升旅游接待技能，以市场和游客需求为导向，逐步实现当地乡村旅游产业的"供给侧改革"。三是筑巢引凤。区相关部门通过把新建村纳入对外宣传营销的线路的重点推荐景区，进行了大量的对外宣传，积极打造成十三寨乡村旅游的文化品牌，推出“中国跑客节”“全国山歌争霸赛”“十三寨女寨主选拔”等文化品牌活动，塑造景区健康独特的形象；出台扶持政策，引导旅行社组织游客到新建村旅游及过夜。通过持续不断的宣传营销，新建村的游客接待量有了大幅的提升，除了团队客人之外，还有很多游客都是连续多年到这里避暑纳凉，长期居住。今年以来，政府又牵头引进了一家医药公司到新建村进行中药种植，利用农户荒山荒坡种植中药材1200亩，并计划配套投入500万元开展康养旅游项目，兴建包括康养中心、制药体验中心等配套项目，大家都对新建村未来的发展充满无限信心。

三、新建村乡村旅游扶贫启示

纵观新建村乡村旅游精准扶贫发展历程，固然有政府的政策引导、资金扶持、招商引资，当然也离不开当地居民的自身努力，但追根究底，还是在于以下三个方面。一是制度优势。贫困地区人口多、底子薄、担子重，在发展过程中面临着一系列矛盾和问题。通过统筹规划，合理利用现有资源撬动地方经济社会发展，力求最小投入、最大收获。新建村能够脱贫致富，正是因为我党“集中力量办大事”的优越制度，让大家能够心无旁骛地“心往一处想，力往一处使”，最终实现总体富裕。二是精准扶贫。通过精准识别、精准规范帮扶内容，一改过去“大水漫灌”“撒胡椒面”大而全的扶贫方式，“真扶贫，扶真贫”，强调扶贫“扶”是手段，“富”是目的，不搞大包大揽，以帮助困难群众解决基础生活困难、激发困难群众获得美好生活的决心和信心为重点，最大限度调动贫困群众的主观能动性，解决致富路上的客观阻碍，确保小康路上一个也不掉队。三是扎实帮扶。广大一线干部和扶贫干部按照工作要求进村入户访民情、落实政策做帮扶，将每一个帮扶都落在实处。正是因为有了我们一大批能吃苦能干事的帮扶干部，时刻将贫困群众的需求放在第一位，以帮助贫困群众致富增收为工作目标，才能真真正正地保证扶贫工作务实、脱贫过程扎实、脱贫结果真实。

习近平总书记指出，脱贫攻坚越到紧要关头，越要坚定必胜的信心。新建村充分利用本地生态文化旅游优势，积极培育旅游产业，在发展中改善当地的整体生态环境，实现文旅融合助推乡村旅游发展带动脱贫致富的目标，帮助广大贫困群众坚定过上小康生活的信心。通过本次调研我们坚信，有以习近平同志为核心的党中央的坚强领导，有集中力量办大事制度优势的有力保障，有精准扶贫不掉队的具体要求，有深入一线做帮扶的切实工作，有贫困群众永不放弃的坚定决心，我们一定能取得脱贫攻坚全面小康的最终胜利。

BLUE BOOK OF CHONGQING

缙云山国家自然保护区文旅产业升级及周边产业发展升级对策

北碚区文化和旅游发展委员会

按照《重庆市文化和旅游系统2020年度调研要点》通知要求，根据当前文旅产业发展重点区域及重点工作，围绕缙云山综合整治后下一步的产业发展，我们结合《缙云山片区旅游产业发展规划》（初稿）等内容，对缙云山片区文旅产业发展情况进行了深入调查研究，认真梳理了该片区文旅产业发展的基础条件、比较优势、存在问题及对策建议，形成如下报告。

一、缙云山基本情况

缙云山位于重庆市北碚区境内嘉陵江温塘峡畔，距重庆市中心35千米，总占地面积76平方千米。缙云山于1979年被列为重庆市市级自然保护区，1982年被列入国务院公布的第一批国家重点风景名胜区，1985年成立重庆市植物园，2001年被列为国家级自然保护区，2002年被评为国家AAAA级景区，2015年获得首批“中国森林氧吧”称号。大缙云山片区有1个市级旅游度假区——缙云山北温泉旅游度假区，3个AAAA级旅游景区——缙云山、北温泉、重庆自然博物馆，1个AAA级旅游景区——西山坪苓茏苑，年均接待游客逾千万人次，是我区休闲度假旅游产业发展的核心板块。目前，缙云山本体的产业业态以景区观光和农家乐经营为主，总量约144家，其中北温泉街道63家、歇马街道26家、澄江镇55家，现正在经营的120余家，床位接近2000张。特色餐饮菜品主要有缙云醉鸡、烤羊、竹笋系列菜品、农家野菜等，受到了广大游客的好评。

2018年6月习近平总书记对缙云山国家级自然保护区违建突出问题做出重要批示以来，北碚区委、区政府根据市委、市政府提出的生态优先、绿色发展和“两大两保”工作要求，正持续推进缙云山生态环境综合整治工作。一是精准排查清理问题。全面摸清底数，成立20个专业调查小组，对保护区内所有2192宗（个）建构筑物进行清理和测绘登记，系统建立数据库和图库。开展四轮排查，对171个“四个交办”的问题进行梳理、研判，纳入整治台账；对十八大以来涉保护区查处土地案件、新审批农房情况进行自查，列出133个问题清单；对国有土地、集体建设用地和设施农用地上违法违规问题进行再排查，确保问题不遗漏、整治全覆盖，梳理64个问题项目；全面清理生态搬迁对象，摸清核心区和缓冲区内原有居民户口、人数、房屋、土地、林权等基本情况，为综合整治工作提供基础支撑。二是全力拆除违法建筑。坚持分类处置，采取“区领导包片、街镇领导包组、干部包户”以及挂图作战、对标打表、清单销号等方式，扎实推进问题整改。区领导带头深入一线，研究整治方案，解决具体问题。组成工作组、突击队、攻坚队40余支，全员参与缙云山综合整治。结合市委督查反馈问题和违建别墅整治工作要求，对保护区内1000平方米以上的大体量建筑进行深入排查，逐一制定责任清单、任务清单和时限清单，由区领导包案，带头约谈业主，集中两个月时间，全力拆除云登酒店、金湖湾、大罕宫、翠月湖、顺禄山庄、马中咀、三益公司别墅、解危安置房等21处大体量建筑，累计拆除违法建筑8.8万平方米。集中整治阶段205个生态环境突出问题全部清零，再排查阶段（国有土地、集体建设用地、设施农用地上违建）由我区牵头处置的46个问题基本完成。三是创新实施生态搬迁。按照“做出示范、打造样板”和“形成可复制、可推广的经验”要求，统筹各类政策，创新工作举措，开展生态搬迁试点工作，将核心区、缓冲区内208户、536名居民全部纳入生态搬迁范围；围绕“搬得出、稳得住、能致富”，整合各类资金1.1亿元，通过搬迁补偿、异地迁建、纳入城镇社保体系、开通入学绿色通道、举办就业技能专题培训、增设就业服务岗位、建立利益联结机制等方式，引导帮助203户、520名居民搬出自然保护区，分别占搬迁总户数的97.6%、总人数的98%，同步拆除农村居民退出房屋3.6万平方米，实施生态修复1.6万平方米，试点经验获得国家发展改革委、生态环境部、国家林草局肯定。四是持续保障改善民生。统筹做好教育、医疗、社会保障等方面工作，有效解决群众后顾之忧。用好用活用足各类民生政策，加大困难群众帮扶救助力度，发放生态扶持和生产发展补助金360万元、各类救助金240余万元。实施搬迁过渡17户，改造危房9栋，对525户漏水房屋进行坡屋顶改造和防水处理。对自然保护区原有6千米主要道路和白云社、三合院停车场进行改造升级，加装路灯322组，覆盖道路11.9千米，铺设彩色沥青人行步道3.2千米，改善群众交通条件。开发保护区巡山守卡护林员、保洁员等就业服务岗位300余个，实现综合整治成果共享。

二、缙云山文旅产业发展优势

（一）人文底蕴优势

缙云山人文底蕴深厚，形成了宗教文化、巴渝文化、抗战文化、非物质文化遗产文化多元文化格局。缙云山有始建于南朝刘宋景平元年（公元423年）的缙云寺、缙云寺下寺—温泉寺、北温泉，有300多年历史的金刚碑古镇，有晚唐石照壁、宋代牌坊、清代那伽窟等古代石刻；有原中国佛教协会会长太虚大师创建的“世界佛学苑汉藏教理院”遗址，有重建的白云观、绍龙观道教文化园区；有以“巴山夜雨”为代表的诗词文化和人文意境；有抗战期间文化名人如郭沫若、老舍、林语堂、梁实秋等留下的《四世同堂》《棠棣之花》《雅舍小品》等传世名作；有中共中央西南局缙云山办公地旧址及刘伯承、邓小平、贺龙同志旧居等红色足迹；有以巴渝传统建筑和民俗非遗为代表的民俗生活文化。

（二）自然资源优势

缙云山内植被层次丰富，珍稀濒危植物繁多，据调查，缙云山保护区现有植物246科、992属、1966种，其中国家级珍稀濒危保护植物珙桐、水杉、银杉、红豆杉、桫椤等51种，特有植物缙云四照花、缙云槭、北碚榕等模式植物 38 种；有动物 1071 种，其中国家级重点保护动物小灵猫、秃鹫、红隼等 11 种。缙云山是长江中上游地区典型的亚热带常绿阔叶林区和植物种基因库，具有较高的保护价值和科学研究价值，是开展森林科考研究、生态教学实习及环境保护教育等活动的基地。

（三）环境生态优势

缙云山国家级自然保护区海拔 200 ～ 952.5 米，森林覆盖率达 96.6%，空气负氧离子浓度为 850 个／立方厘米，达到了最高的“优”级空气标准，年平均气温 13.6℃，是天然的避暑胜地。缙云山气候温和，雨量充沛，素有“小峨眉”之称，堪称观日出、览云海，夏避暑、冬赏雾，以及观赏自然景观的绝佳去处。

（四）多维交通优势

规划区内有渝武高速公路、歇马—璧山大路高速公路，国道 G212、G244、G351，附近有绕城高速、渝广高速支线经过，都市快轨及轨道 6 号线、轨道 7 号线皆于景区周边有站点，且内部现状乡道及景区道路相互联系紧密，可达性强，交通优势极其明显，可满足微出行、短度假的周末日常休闲度假。

三、新时代、新理念下缙云山发展的困境

（一）生态保护与民生发展的矛盾

缙云山资源丰富、禀赋独特，是国家级自然保护区、国家级自然风景名胜区、国家 AAAA 级旅游景区，各类保护性政策多重叠加，引发了与原有居民出于生计违规“扩建”之间的矛盾。一方面，缙云山作为长江中上游地区典型的亚热带常绿阔叶林区和物种基因库，有国家级保护珍稀动植物 60 余种，生态保护与科研价值很高，因此早在 2007 年，市政府就将其纳入“四山”管控范围，按照国家相关规定，自然保护区的核心区、缓冲区范围禁止开展任何旅游和生产经营活动。另一方面，缙云山保护区核心区、缓冲区原有居民较多，共计 536 人，生产生活对自然资源依赖度高，出于“靠山吃山”的需求，纷纷违规“扩建”农家乐经营，而过度的人为活动必然大大增加环境承载压力。

（二）生态控制与产业可持续发展相脱节

面对自然生态保护的红线压力，不少产业项目、资金面临难落地的尴尬，缙云山发展也陷入了“保了生态，保不了发展”的思维怪圈，引发了生态控制与经济发展的矛盾。为保护生态环境和自然资源，缙云山近十年未进行规划调整。遵循生态环境保护优先的原则，保护区内“一草一木”皆无法使用，保护区外因缺乏总体规划设计，产业布局无法展开。因为没有找到一条“绿色崛起”的生态经济发展新路径，没有找到一条生态保护与经济发展的“最优解”，缙云山产业发展停滞不前。过去的十年，成为“荒废”的十年。

（三）粗放式经营与旅游市场升级之间的矛盾

20 世纪 90 年代，缙云山以“观光 + 农家乐”的发展模式迅速占领了重庆主城的周末旅游市场，在实现村民脱贫致富、解决剩余劳动力等方面，对北碚区甚至重庆主城区经济发展都做出了较大的贡献。2010 年以来，随着经济社会的快速发展和人们生活水平的不断提高，旅游业正在从大众观光向休闲度假转变，中国已经进入大众旅游时代，将旅游资源“活化”起来，成为各地旅游发展的必由之路。目前，缙云山上的农家乐仍以“三餐一宿 80 元”的经营思维方式普遍存在，面对新常态、新需求，缙云山“靠观光就可以养活自己”的旅游市场每况愈下，已经难以为继。

（四）管理体制与统筹运营之间的矛盾

缙云山主体虽坐落在北碚区境内，但对于缙云山自然保护区的发展，我区只有监督建议权，缺乏实际管理运营权，其管理和运营机构是重庆市林业局下属的缙云山国家级自然保护区管理局（以下简称“缙管局”）。作为缙云山的实际管理者，缙管局的主要职能职责为抓好生态保护，没有产业发展的职能，造成缙云山近年来产业发展乏力，当地原有居民生活不能得到保障，多次以生活难以存续上访至区、市政府。

（五）基础设施缺乏与产业发展之间的矛盾

受到自然保护区等规划限制，缙云山基础设施建设存在明显滞后，极大影响了当地居民的日常生活和游客体验。一方面交通的通达性不够，一是没有形成交通环线，在节假日等车流量较大的时间段极易发生拥堵和交通事故；二是断头路较多，居住在保护区的居民出行不易，生产生活物资转运困难，极大影响了日常生活；三是缙云九峰、缙云山至温泉城等慢行系统有待进一步完善。另一方面在于配套设施建设不足，主要体现在旅游停车场、生态体验临时停车带、旅游厕所等数量不足、建设进度滞后，以及旅游转运体系未全面建成。

四、关于推动缙云山片区文旅产业发展的建议

以习近平新时代中国特色社会主义思想为指导，深入学习贯彻党的十九大和十九届二中、三中、四中、五中全会精神，全面贯彻落实习近平总书记对重庆提出的“两点”定位、“两地”“两高”目标、发挥“三个作用”和营造良好政治生态的重要指示要求，增强“四个意识”、坚定“四个自信”、做到“两个维护”，认真践行习近平生态文明思想，坚决落实党中央、国务院和市委、市政府加快推进生态文明建设的决策部署，学好用好绿水青山就是金山银山“两山论”，走深走实产业生态化、生态产业化“两化路”，统筹山水林田湖草系统治理，着力实施缙云山自然保护和生态修复，优化空间布局，完善功能配套，加强历史文化保护和利用，切实提升缙云山生态品质、环境颜值和人文气质，持续深入推动后续发展，加快建设山清水秀美丽之地。

（一）发展原则

一是严格生态保护的原则。坚持严格保护，世代传承，牢固树立尊重自然、顺应自然、保护自然的生态文明理念。科学评估生态风险，实现“精准”保护，应保尽保，整合优化缙云山自然保护区，分区管控，将生态功能重要、生态环境敏感脆弱以及其他有必要严格保护的自然保护地纳入生态保护红线管控范围，对生态环境敏感脆弱的区域进行生态保护修复。二是保障民生的原则。坚持保护自然、保障民生方针，有序推进生态搬迁试点工作，重点开展乡村环境改善提升，完善乡村基础配套设施，建立产业发展与群众利益联结机制，保障原有居民和生态移民基本生活需要，释放改革红利，实现“生态美、百姓富”的有机统一。三是绿色发展原则。构建绿色生态产业体系，突出经济发展绿色化，把生态优势转化为产业优势、竞争优势和发展优势，加快推进生态建设产业化、产业发展生态化，促进经济与生态协调融合发展。通过大

力发展生态旅游，坚持以人为本共建共享，加强缙云山自然保护区保护管理，切实提升生态文明水平。

（二）发展方向

1. 发展定位

立足缙云山独特生态、多元文化风情与产业特质，以“生态保护＋保障民生＋可持续利用”为首要要求，聚焦“科普研学、生态休闲、康养度假、时尚体验”四大功能。缙云山本体，根据自然保护区要求，实行严格保护；环缙云山片区，围绕休闲度假和乡村振兴，探索“文旅产居”融合创新模式，发展泛旅游产业集群，将缙云山—北温泉联合申创国家级旅游度假区，形成重庆生态旅游新地标。

2. 发展目标

生态目标，在生态保护基础上，实现生态附加值可持续增长；文化目标，形成重庆树立文化自信、彰显文化向心力的新地标；人居目标，在乡村振兴引领下，“生态、生产、生活”和谐共生；产业目标，形成旅游导向、文创驱动的产城文旅融合发展模式示范。一是近期目标（2020—2021年），提升景区品质，形成引流效应。提档升级缙云山和北温泉等景区，丰富产品体系，提升旅游品质，形成流量入口。同时，加快金刚碑等项目建设，积极发展休闲度假及时尚商业，沉淀大客流消费，启动度假区域建设，片区过夜游客达到160万人次。二是中期目标（2022—2024年），完善旅游产品体系建设。进一步延伸、拓展旅游产品链条，逐步发展文化创意、精品民宿、特色小镇、主题乐园等休闲度假产品，启动创建国家级旅游度假区，片区过夜游客达到408万人次。三是远期目标（2025—2029年），资源联动、整合发展。推动山水、人文、小镇、度假、休闲等元素的协调统一发展，创建成为国家级旅游度假区。

3. 发展战略

一是生态保护战略。按照“共抓大保护、不搞大开发”的要求，通过生态修复、生态搬迁、建筑消隐、地标塑造、棚户区改造等方式，打造缙云山“生态颜值”，增强核心吸引力。二是业兴民富战略。推动山上、半山、环山三位一体，实现安置、就业统筹发展。山上，在保护的基础上，发展观光旅游、科普研学，进行“可持续旅游”的有限开发；半山，发展高端精品休闲度假项目，并在安置区创建特色文化小镇，建成“生活着的博物馆小镇”，让居民的人居空间，也成为文化博览空间，更成为业态消费的空间；环山，联动周边，形成环缙云山泛旅游产业集群，通过项目带动，助推区域发展。三是文化创兴战略。深化文化内涵，强化缙云山文化 IP，培育“巴山夜雨、国粹策源地、巴渝山居”等旅游品牌产品，构建大缙云山核心竞争力。四是智慧赋能战略。做好“旅游＋科技”文章，引领促进旅游产业转型升级。一方面，强化智慧监控，采用人工智能，加强对核心区、缓冲区的生态保护；另一方面，以科技手段创新旅游体验，导入时尚酷炫的生态文化旅游产品，开创智慧山地旅游新格局。同时，加强智慧服务，布局“智慧旅游”设施，实现“可控制人流、智慧化导览系统、人工智能咨询体验系统”。五是统管机制战略。探索成立缙云山片区统筹管理机制，统筹推进缙云山及周边区域旅游总体规划、年度发展计划、重点项目建设、对外宣传营销、协商重大发展问题等。同时，探索市场化运营机制，成立平台公司，负责缙云山片区的投融资、土地收储开发、资产回购、运营管理等相关事务，探索 PPP+EPC 等市场化运作（PPP 模式，即政府和社会资本合作，是公共基础设施中的一种项目运作模式，在该模式下，鼓励私营企业、民营资本与政府进行合作，形成“利益共享、风险共担、全程合作”的伙伴合作关系，参与公共基础设施的建设；EPC 是国际通用的工程总承包产业的总称，指公司受业主委托，按照合同约定对工程建设项目的设计、采购、施工、试运行等实行全过程或若干阶段的承包）。

4. 空间布局

以缙云山主体为核心，以缙云山环山绿道为纽带，联动缙云山主体保护区、半山生态休闲体验区、环缙云山泛旅游产业集聚区、嘉陵江滨江休闲带，形成“三区一带”的空间布局。

缙云山主体保护区。拟以缙云山国家级自然保护区为核心，按照“严格保护、生态修复、适度发展”的思路，界定清晰生态保护与可持续旅游的空间边界，强化生态敏感脆弱区域的修复和环境的美化亮化。同时，依托实验区自然、历史、宗教等资源，适度打造缙云山景区观光旅游、自然探索乐园、全国生态文明建设实践教育基地、西南军政委员会历史博物馆、夜间旅游等特色产品，形成兼具生态保护和人文体验等功能的自然保护区。

半山生态休闲体验区。拟聚焦缙云山海拔350米以下区域，按照“度假产品精品化、山城联动协同化”的发展理念和“轻开发、强内容、重运营”的发展思路，重点打造三花石片区和缙云山前山等区域，成为重庆生活方式的“颜值担当”。其中，三花石片区重点引进高端酒店、精品民宿聚落等业态，建设缙云山特色文化街区，并依托生态搬迁异地迁建房打造巴渝文化聚落项目。缙云山前山区域重点导入以餐饮为主，亲子、休闲等为辅的各类业态，打造成自然博物馆客群的旅游延展地，重庆主城区游客的消费目的地。

环缙云山泛旅游产业集聚区。拟在缙云山环山绿道的串联下，按照“兴文体、导产业、促民生、多联动”的发展思路，重点整合十里温泉城、虎头村、龙凤溪、云雾山、西山坪等温泉旅游、休闲农业和乡村旅游资源，打造文化体验、温泉康养、休闲农旅等产业板块，并通过引进品牌赛事、策划特色活动等方式实现客流导入，逐步培育形成一个泛旅游产业集聚区，成为重庆康养度假首选地、山地休闲体验集聚区。

嘉陵江滨江休闲带。拟重点整合嘉陵江沿岸生态文化资源，突出江、山联动，协同发展，探索景城同建发展新模式，分段打造滨江城市休闲段、滨江文化风情段、滨江旅游度假段，形成缙云山滨江休闲走廊。推动南京路历史文化街区、东阳历史文化街区建设，引入滨江商业、滨江文创、滨江休闲公园等，提升沿岸景观风貌，增加滨江城市休闲功能；推动金刚碑历史文化街区、澄江老街、白羊背的建设，增加滨江文化休闲元素，引进特色商业业态，打造滨江顶尖时尚产业集聚区；推动大后港招商引资，重点引进主题乐园、滨水度假等项目，打造滨江旅游度假区。同时，积极打造滨江绿道和水上游线，实现两岸互动发展，最终形成重庆滨江休闲集聚地、缙云滨江休闲目的地。

五、近期重点工作

（一）推进一批基础设施建设及环境美化

缙云山本体保护区。连通缙云山前山防火通道和白云竹海以及后山缙云村至柏林村防火通道，形成缙云山交通环线。通过索桥、玻璃廊桥或慢行步道系统连接缙云九峰，建设温泉城至缙云山后山登山步道，形成联动发展。完成黛湖、鉴湖、翠月湖水环境生态修复工程。推进缙云路沿线生态保护和修复示范工程，对于部分建筑物可采取“消隐”的方式进行美化、亮化。半山生态休闲体验区。完成三花石片区棚改工程征收拆迁工作，推进三花石区域缙云山景区大门建设，配套建设游客服务中心、旅游停车场等项目。完成缙云山前山防火通道提档升级，探索启动缙云山前山产业带的征收拆迁工作。环缙云山泛旅游产业集聚区。加快缙云山环山生态绿道（北碚段）建设，在年内完成示范段建设。积极联系市交通局等部门，力争尽快启动合璧津高速支线建设。启动G75缙云山出口至莱特酒店片区的房屋征收搬迁工作。积极协调市公安局等市级部门，力争将G75缙云山出口至三花石段道路纳入主城区限货范围。推动虎头村缙云山山门建设，加快小虎路改造拓宽工作。年底前完成龙凤溪湿地公园、嘉陵江滨江休闲带建设。力争在2020年3月底前完成G75缙云山出口转盘处至金刚碑项目道路，G212时光隧道，G212、滨江路旁的停车场以及污水管网建设。在明年上半年完成金刚碑至北温泉段3.5千米山城步道建设和张飞古道提档升级工作。积极联系推动金刚碑、大后港等地的旅游码头建设。启动温塘峡西山坪观景平台建设。探索打造北温泉至张飞古道人行索桥，滨江休闲公园夜景灯光打造以及东阳街道滨江废旧工业烟囱的亮化项目。同时，启动缙云山—北温泉度假区旅游导视系统规划设计，先期打造G75缙云山出口至缙云山景区和温泉城旅游标识标牌。探索建立一个智慧监管及旅游服务平台。在大缙云山片区布局旅游厕所30个。

（二）培育一批特色业态

缙云山主体保护区。依托缙云山环境综合整治工作成果，深化与西南大学合作，围绕习近平生态文明思想进行课程、线路设计，打造面向全国的生态文明建设实践教育基地项目。基于缙云山、重庆自然博物馆等自然人文资源，引进市场主体，推出以森林科考、环保科普、生态体验等为主题的研学旅游产品。保护和利用好历史人文资源，依托如西南局夏季办公点、北温泉五大名楼等文保单位，进一步优化展陈内容，融入特色产业，真正让“文物活起来”。与灯彩集团等企业合作，依托缙云山自然资源，融入北碚特色元素，打造沉浸式体验的夜间旅游项目。

半山生态休闲体验区。对接联系开元、花间堂、裸心集团、西坡民宿等知名酒店或民宿企业，推动打造高端酒店和精品民宿聚落。建设缙云山特色文化街区，作为农家乐生态搬迁后的集中经营区域，实现农家乐的规范管理和有序经营。积极推动金冠集团房车营地等轻资产运营项目落地。加快推进自然世界公园项目，推动景观打造及配套设施建设，打造成为“网红打卡地”。加大缙云山前山招商引资力度，策划包装缙云山前山休闲旅游项目，配合打造实景山体灯光秀、彩虹山田步道等，建成城市休闲带。

环缙云山泛旅游产业集聚区。虎头村板块，通过生态环境美化、卡通主题景观打造、亲子田园休闲活动引入等，打造亲子旅游特色村。龙凤溪板块，通过河道生态修复、休闲设施布局、慢行绿道建设等，打造主客共享的湿地公园。重庆高新区歇马托管园文旅智能制造板块，引进文旅智能设备制造、云计算大数据、数字信息等高新技术产业，探索打造文旅智能设备体验街区。十里温泉城板块，以世温联亚太区总部和亚太温泉与气候养生旅游研究院落地为契机，着力推动恒大温泉康养小镇项目等世界温泉谷核心板块建设，引进温泉博物馆、温泉主题酒店、世界温泉风情园、四季温泉乐园等项目，打造“全时全季”康养度假目的地。柏林村板块，拟结合安置社区创建特色文化小镇，将安置人居、艺术村落、综合服务、民俗传承“四位一体”，探索重庆乡村振兴与人居改造的示范模式、打造重庆近郊休闲乡村度假地。云雾山板块，拟围绕着樱花橘乡、黄金谷等项目开发，打造粉色五一、金色史家、红色民权、赤色转龙为主题的集“产、学、研、游、创、教”六位一体的现代田园综合体。西山坪板块，拟依托当地的水果种植产业，充分挖掘西瓜、红心猕猴桃、蓝莓、葡萄、水蜜桃、琵琶、杨梅、桑葚等十二大水果IP，打造以观光采摘和休闲度假为核心的田园综合体。

嘉陵江滨江休闲带。加快126文创园、钟表元件厂文创园、滨江夜市、北京极地加等项目建设，推进南京路历史文化街区和朝阳文创大道招商引资，重点引进文化文创、教育研学、影视动漫、数字出版、特色餐饮、精品民宿等业态，带动街区产业发展转向升级。积极对接复旦大学，引入社会资本，依托复旦大学旧址、滨江老旧厂房等资源，打造东阳复兴创想基地项目。

加快金刚碑历史文化街区建设，力争在2020年5月前核心区开始试营业，2021年全面建成开街。推动澄江老街、白羊背老街产业活化及草街大后港区域的招商引资，与金刚碑形成联动发展。

（三）打造一个缙云山品牌

一是扩大品牌影响。通过举办大型活动及赛事，不断扩大缙云山北温泉度假区知名度，形成品牌影响力。持续召开温泉与气候养生旅游国际研讨会、中国中小企业年会、全国商会会长年会、智汇北碚等大型会议及活动；依托缙云山本体、环山绿道及美丽乡村等资源，打造森林马拉松、越野挑战赛、生态骑行体验赛、美丽乡村跑等品牌赛事；开展缙云登山季、温泉旅游季等特色活动，持续打造旅游热点，力争实现“月月有活动，季季有精彩”。二是推出特色产品。积极整合缙云山民宿、农特产品、非遗文化等资源，融入北碚及缙云山的文化内涵和特色元素，经过个性化的设计，推出如缙云民宿、缙云礼物、缙云文创等特色产品，通过统一营销运营，逐步形成缙云山品牌。三是策划一批特色旅游游线。策划森林科普、文博体验、温泉康养、滨水体验、美丽乡村等特色游线，形成游线体系，实现游客导入，增强游客体验。四是提升缙云山片区旅游管理服务水平。强化缙云山旅游市场秩序和安全监管，加强日常执法和安全巡查，坚决杜绝拦车拉客、欺客宰客、旅行社虚假宣传、景区围追兜售、导游服务差等问题，保障景区运行安全，提升游客体验感和好评率。同时，始终把旅游安全摆在重要位置，压紧压实安全生产责任，加强消防安全、交通安全、食品安全等工作，切实增强旅游安全保障能力。

（四）形成一系列要素保障

一是开展一批规划策划编制。加强与国家、市级部门对接联系，力争缙云山自然保护区总体规划尽快获批。同时，积极推动缙云山片区的生态保护修复规划、文旅产业发展策划、国家级旅游度假区建设规划、国家级生态文明教育基地项目策划等规划策划编制，梳理优质资源，明确发展方向、发展定位和重点项目，形成指导缙云山片区发展的“作战地图”。并在上述规划策划的基础上，开展缙云山国土空间规划编制，为产业预留发展空间，使资源得以合理利用。二是制定一系列配套政策。探索制定大缙云山片区旅游项目综合用地配套政策，将旅游用地纳入全区土地利用总体规划，保证旅游重点项目按需用地；积极向市级层面争取旅游建设用地土地价格下浮试点政策，降低企业土地投入成本，激发企业投资热情。统筹安排林业、农业、水利、文化、城建、环保等专项资金，优先将符合条件的旅游企业和项目纳入支持范围。整合国家、市、区相关资金，采用贴息贷款等方式引导社会资本参与旅游项目建设。三是构建一个管理运营平台。成立专司统筹缙云山片区建设发展的管理机构或平台公司，负责缙云山片区的生态搬迁、综合整治、基础建设、对外融资、运营管理等事宜。协调推进景区管理权及门票收取权移交事宜，努力探索市级部门监管、区县运营管理的新模式；回购索道股权、回收缙云宾馆经营权等，将上述项目全部交由该机构或公司进行市场化运营。四是多渠道筹集建设资金。积极探索市场化运作，通过建立绿色发展基金、发行绿色债券、经营权质押、PPP+EPC 等多种方式筹集大缙云山生态保护修复资金，为项目建设提供资金支持。

优化康养旅游产业发展环境 打造国际知名康养旅游品牌

重庆交通大学和重庆第二师范学院调研课题组

相关信息：该调研成果已纳入国家社会科学基金西部项目、重庆市技术预见与制度创新项目，通过对重庆市康养旅游产业的发展现状及问题分析，提出了政策举措建议，对制定重庆市康养旅游产业中长期发展规划具有一定借鉴意义。

受新冠疫情影响，人民群众对卫生健康服务的类型和品质提出了更高的要求。大健康观念逐渐成为社会共识，人民群众对健康服务的需求从以治病为中心向全生命周期的卫生与健康服务转变。民之所望，政之所为。学习贯彻习近平总书记在全国卫生与健康大会上的重要讲话精神，“要把人民健康放在优先发展的战略地位”“发展健康产业为重点，加快推进健康中国建设”。康养旅游产业是旅游业与医药产业、养生养老产业、体育休闲产业等多个产业交叉融合的新兴产业。重庆市大力发展康养旅游产业是落实“健康中国”战略的必然要求，其有利于满足人民群众对卫生健康服务的类型和品质的更高需求，提高全民的幸福感和获得感；有利于打响国际知名康养旅游品牌和建成“山水之城、美丽之地”国际知名旅游目的地。

一、重庆康养旅游产业发展现状分析

重庆市康养旅游产业源于老年观光旅游和候鸟式异地养老旅游，经过多年的发展逐渐衍化形成养老养生旅游、体育休闲旅游、温泉康养旅游、森林康养旅游、医药健康旅游等多元化的产品体系。重庆市各区县结合自身资源优势，探索“康养＋旅游”发展策略，已有15个区（县）明确提出打造康养旅游目的地。重庆现已建成温泉景区景点40余个，每年接待温泉旅游者近1500万人次；云阳、石柱、涪陵、武隆等地区依托生态资源发展基地养老、生态养老、康复养老，健康养老新业态；垫江县建成4个中药生态旅游观光园；南川区金佛山药用植物博览园入选国家中医药健康旅游示范区；武隆区仙女山森林康养基地、永川区茶山竹海森林康养基地、巴南彩色森林康养基地入选国家森林康养基地等。在市场供给方面，重庆市康养旅游产业基础良好，拥有全国五星级温泉旅游企业3家、国家中医药健康旅游示范区1个、国家中医药健康旅游示范基地2个。重庆市康养旅游产业已经具备一定的产业规模，未来产业发展潜力巨大。

二、重庆市康养旅游产业发展环境存在的问题

产业环境是影响产业发展的关键影响因素。项目组从公共经营资源、基础设施、产业合作网络、政策支持四个方面构建了康养旅游业发展环境评价指标体系，并对7个康养旅游产业发达的省市（包括山东省、北京市、广东省、上海市、海南省、江苏省、福建省）及重庆市进行问卷调研，调研对象是康养旅游企业的经营管理者。对调研数据进行统计分析，调研结果显示与康养旅游发达的省份相比，重庆市康养旅游产业发展环境仍然存在一定差距。

（一）康养旅游产业的公共经营资源尚不充分

在公共经营资源方面，我市康养旅游产业的自然生态环境（4.30）、品牌影响力（3.92）的得分高于7个康养旅游发达省份的均值；我市康养旅游产业的休闲体育场地与设施条件（4.04）与7个康养旅游发达省份的均值大体相当；我市康养旅游产业的医疗机构条件（3.87）、专业人才（3.87）和技术资源（3.95）的得分均低于7个康养旅游发达省份的均值，说明我市康养旅游产业的公共经营资源在医疗机构条件、专业人才和技术资源等方面需要扩大数量、提升质量。

表1 重庆与7个发达省份康养旅游产业的公共经营资源比较

	发达省的最小值	发达省的最大值	发达省均值	重庆市	重庆所处竞争地位
自然生态环境	3.00	4.86	4.23	4.30	优势
医疗机构	3.29	4.67	3.93	3.87	劣势
休闲体育场地与设施	3.50	4.71	4.06	4.04	均势
专业人才	3.17	4.60	4.04	3.87	劣势
技术资源	3.00	4.67	4.17	3.95	劣势
品牌影响力	3.33	4.07	3.77	3.92	优势

注：各指标数据采用李克特五级量表，数据范围在1～5之间，1表示最低、5表示最高，数字越大代表该指标越好。

（二）康养旅游产业的基础设施亟待完善

在基础设施方面，我市康养旅游产业的研究机构与规划企业（3.59）、共享网络平台（3.79）、旅游基础设施（3.94）、商业服务设施（3.93）的得分均低于7个康养旅游发达省份的均值，说明重庆康养旅游产业在研究机构与规划企业、共享网络平台、旅游基础设施、商业服务设施等方面建设滞后，亟待完善和提高。

表2 重庆与7个发达省份康养旅游产业的基础设施比较

	发达省的最小值	发达省的最大值	发达省均值	重庆市	重庆所处竞争地位
研究机构与规划企业	3.29	4.50	3.80	3.59	劣势
共享网络平台	3.33	4.33	3.94	3.79	劣势
旅游基础设施	3.83	4.80	4.53	3.94	劣势
商业服务设施	3.50	4.67	4.32	3.93	劣势

注：各指标数据采用李克特五级量表，数据范围在1～5之间，1表示最低、5表示最高，数字越大代表该指标越好。

（三）康养旅游产业的合作网络尚不成熟

在产业合作网络方面，我市康养旅游产业的产业合作（联盟）网络（3.74）与7个康养旅游发达省份的均值大体相当；我市康养旅游产业与上游供应商的合作效率（3.71）、与下游经销商的合作效率（3.70）、与辅助产业的合作效率（3.76）的得分均低于7个康养旅游发达省份的均值，说明重庆康养旅游产业在与上游供应商的合作效率、与下游经销商的合作效率、与辅助产业的合作效率等方面亟待提升。

表3 重庆与7个发达省份康养旅游产业的合作网络比较

	发达省的最小值	发达省的最大值	发达省均值	重庆市	重庆所处竞争地位
产业合作（联盟）网络	3.07	4.33	3.70	3.74	均势
与上游供应商的合作效率	3.50	4.47	3.99	3.71	劣势
与下游经销商的合作效率	3.33	4.40	3.98	3.70	劣势
与辅助产业的合作效率	3.50	4.33	3.89	3.76	劣势

注：各指标数据采用李克特五级量表，数据范围在1～5之间，1表示最低、5表示最高，数字越大代表该指标越好。

（四）康养旅游产业的政策支持力度不够

在政策支持方面，我市康养旅游产业的政府支持力度（4.20）、产业优惠政策（3.83）与7个康养旅游发达省份的均值大体相当；我市康养旅游产业的产业发展规划（3.94）低于7个康养旅游发达省份的均值，说明重庆康养旅游产业在康养旅游产业的政府规划方面亟待提升。

表 4 重庆与 7 个发达省份康养旅游产业的政策支持力度比较

	发达省的最小值	发达省的最大值	发达省均值	重庆市	重庆所处竞争地位
产业发展规划	3.50	4.60	4.06	3.94	劣势
政府支持力度	3.67	4.73	4.23	4.20	均势
产业优惠政策	3.14	4.67	3.80	3.83	均势

注：各指标数据采用李克特五级量表，数据范围在 1 ～ 5 之间，1 表示最低、5 表示最高，数字越大代表该指标越好。

三、优化重庆康养旅游产业高质量发展环境的建议

（一）搭建共享平台以盘活公共经营资源

一是依托互联网信息技术搭建重庆市康养旅游共享经济平台。综合运用政策和市场手段引导实力雄厚的互联网企业、康养旅游企业开发康养旅游的共享经济 App 软件及网络平台，借助于资金、人员、物资、信息等资源的互通互联提高社会闲置资源利用效率。政府部门应对康养旅游企业开展的技术研发、高科技设施设备采购等给予专项财政补贴或退税政策。二是重点建设康养旅游高级人才专家库。由市人力社保局牵头，协调文旅委、民政局、卫生健康委、体育局、教委等部门遴选和储备旅游、康复、疗养、健康管理、中医、心理学、运动医学等专业的康养旅游人才资源；搭建企业与专家人才的信息沟通平台。三是探索“康养旅游 + 医院”“康养旅游 + 体育”共享经营模式。创新租赁、交换、借用等多元共享方式高效利用现有医疗企业(机构)、体育企业（机构）的场地设施，从而盘活现有存量医疗机构资源。鼓励社会资本投资医疗机构、康养旅游机构、养老养生机构等。四是重点培育本土康养旅游品牌。规划“生态康养重庆”城市整体康养旅游品牌系统，并进行品牌营销和推广。由市文旅委牵头，协同相关职能部门定期评定著名康养旅游

企业、康养旅游小镇、康养旅游精品线路、康养温泉、康养森林品牌，培育一批标志性的康养旅游产品品牌，以烘托“生态康养重庆”旅游品牌。

（二）整合社会闲置资源以夯实基础设施

一是鼓励和支持新设专门的康养旅游研究机构、规划企业。加强与国际、国内知名康养旅游研究机构与规划企业的合作交流，借助外部智力资源强化对重庆康养旅游的智力支撑。另外，市科技局、社科联、社科院、教委等部门应定期设立专项康养旅游研究课题并向社会招标，引导和鼓励社会智力共同开展康养旅游研究。二是在重点康养旅游区新建专门的康养旅游基础设施和商业服务设施。重点发展旅游养老院、旅游疗养院、养生保健会馆、医疗机构等；在旅游景区、星级酒店内配备医疗、保健、养生设施设备等；在A级景区、星级酒店、旅游交通车辆、公共卫生间等全面提升无障碍设施的建设水平。因为康养旅游产业具有投资大、回报周期长等特点，政府可以通过加大财政投入、BOT模式（建造—运营—移交）、专项基金、特许经营等方式筹集各种社会资本参与康养旅游基础设施建设。

（三）加强产业融合以拓展产业合作网络

共享经济下重庆市亟待构建完善而高效的产业合作网络。一是组建康养旅游产业合作联盟。由市旅游协会牵头组建康养旅游产业及各细分行业协会，采取政策优惠、资金支持、市场化运作等多种方式广泛吸纳多元社会力量构建康养旅游产业合作联盟；赋予联盟承担康养旅游的政策咨询服务、人力服务、信息服务、技术服务、标准制定、中介服务等公共服务职能。二是培育重庆康养旅游产业生态圈。运用政府调控和市场手段引导具有潜力的大中型康养旅游企业通过兼并重组、合资联营、战略联盟等方式组建企业集团、产业集群、产业园区等新业态。以重点康养旅游企业集团、产业集群、产业园为支点实施产业多元化发展模式，辐射带动康养旅游产业与体育、医疗、文化、家政、信息的融合发展，推动康养旅游产业融合化发展，构筑成熟的康养旅游产业网络体系。借助“成渝地区双城经济圈”的国家战略机遇，打造“成渝地区双城康养旅游产业生态圈”，以形成西部康养旅游高品质发展的高地。

（四）优化产业政策以构筑政策支持体系

重庆市应优化系统的政策体系以促进康养旅游产业高质量发展。一是在产业定位政策上确立康养旅游产业为新兴支柱产业地位。重庆市应组建专门的康养旅游产业发展领导小组，以协同各级政府的文化与旅游部门、民政部门、体育部门、卫生部门、工商部门等提供制度建设、规划指引、行业监督、公共服务等，提高政务服务效率和营造良好营商环境。二是在产业布局政策上大力推进康养旅游关联产业协调发展。以建设国际知名康养旅游目的地为战略目标，制定重庆市康养旅游产业中长期发展规划，按照“一区两群”的城市发展格局规划主城都市休闲康养旅游区、渝东北生态康养旅游区、渝东南民俗文化康养旅游区总体布局。政府应采取政策引导、产业规划等宏观调控手段促进康养用品制造业、医疗与养生业、文化教育业、劳务服务业、保险业等关联产业与康养旅游业的融合与协同发展，使康养旅游产业与关联产业之间形成协调的数量比例和经济技术关系。政府相关部门应落实康养旅游产业发展的各类配套政策，加大康养旅游产业扶持力度。三是在产业市场政策上加快推进事业型疗（休）养院（所）的市场化改制改革。坚持市场主导、政府调控为辅的原则，加快推进各级各类事业型疗（休）养院（所）的市场化改制改革；放宽非公经济的投资限制，积极培育壮大多元市场主体，促进社会资本投资康养旅游产业；在税收、金融、收费、服务等方面给予非国有企业国民待遇，营造多种所有制企业公平竞争的市场格局。

BLUE BOOK OF CHONGQING

关于提升文化旅游体验塑造城市公共文化艺术空间的发展研究

市文化艺术品行业协会　周能

当今城市高速发展，大型高端的建筑如雨后春笋一样在中华大地拔地而起，可以说城市的发展提高了人们的生活品质，带来了不同的文化体验，但是城市盲目的扩张使得其逐渐变成了冰冷的围城，这正是忽视了公共文化艺术空间的重要性的后果，城市公共文化艺术空间体现了本土的文化特色与民俗，是城市居民情感的纽带。只有人们走出冰冷的房屋，走向热情似火的生活圈，城市才能彰显出活力，发展城市公共文化艺术空间是当今社会的一个重要课题。

一、提升文化旅游体验，重点在塑造公共文化艺术空间，公共文化服务空间给你的不仅是文化

党的十九大报告指出，中国特色社会主义进入新时代，我国社会主要矛盾是人民日益增长的美好生活需要和不平衡不充分的发展之间的矛盾。随着经济社会的发展，当代中国人从物质需求向精神文化需求转变。同时，习总书记还将文化自信置于一种基础性的重要地位。文化为魂，旅游为体，文化旅游业是文化与旅游的深度融合，能够增强文化自信，满足人民日益增长的美好生活需要。

据文化和旅游部综合测算，2019 年“五一劳动节”小长假期间，全国国

内旅游接待总人数达1.95亿人次，按可比口径增长13.7%；实现旅游收入1176.7亿元，按可比口径增长16.1%。文化和旅游消费额在501～1000元之间的游客比例最高，为38.0%，较清明假期提高1.2个百分点；游客平均外出停留时间为2.25天，较清明假期增长9.5%。这不仅体现了文化和旅游市场的超预期繁荣，同时各大文化旅游景区的“爆堵”现象，显示了国内文化旅游业亟需迈向高质量发展阶段，映射出文化空间发展的使命。

“五一”小长假期间文化旅游市场空前繁荣，随之而来的是，各地景区和交通压力增大。这一方面体现了广大人民群众对于文化旅游所带来的精神文化体验需求与不平衡不充分发展之间的矛盾，另一方面体现了人民群众的文化消费潜力得到了进一步的释放。

在消费社会中，所有东西都是可消费的，即使是历史文化也可能变成被消费的对象。如主打休闲文化的成都宽窄巷子，充分发挥了“闲”文化的强大穿透力，吸引了大批试图逃离闹市的游客。文化旅游区的建筑、山水、街道、历史、交通甚至当地人的生活起居方式等共同组成了一个文化空间，而这个文化空间正是游客与当地文化的最直接、最全面地接触。

在文化旅游中，游客的体验严格受到空间的影响，最直接的表现为对空间舒适物（amenities）的巨大需求。文化空间舒适物不仅包括车站、酒店、餐馆、咖啡厅、公园甚至公共厕所这些基础物质设施，还包括当地人的文化素质水平，以及相关文化旅游活动的内涵和质量等精神文化条件。这些空间舒适物能够给游客提供一种文化旅游所带来的体验舒适感和文化满足感。反之，拥堵的交通和景区、昂贵的住宿和餐饮、混乱的市民环境和粗糙的文化活动等劣质文化设施则会给文化旅游区带来较低的评价和“回头率”，不利于当地文化空间和文化旅游业的进一步发展。

与此同时，文化旅游中人和时间的介入，也为文化空间注入了生命力。原本处于相对静止状态的区域文化空间，由于游客的到来，长期以来的历史文化积淀也开始流动起来，形成一种流动性的文化空间。这不仅体现在对当地经济发展、产业升级、基础设施建设和就业的促进上，由经济基础决定的上层建筑也将受到很大影响，通过政府的引导和市场的选择，文化旅游将有助于区域文化的去粗取精以及传承和发展。

在文化空间中铸造文化旅游之魂，是提升文旅体验的核心。在当前，区域文化受到忽视和不同程度的破坏，导致了“千城一面，千村一貌”，随之而来的将是文化旅游灵魂的丧失。

因此，发展文化旅游不能仅仅是在“文化为魂，旅游为体”的口号下，将城乡建设和文化发展分立开来，而应当站在文化艺术空间的高度上，综合探讨区域的物质空间、精神文化空间和机制空间，使文化空间朝着“自然化”方向发展，落成人民群众认同的公共文化艺术空间，将文化舒适度与美好生活需要精准匹配，熔铸具有区域文化特色的文化旅游之魂，为提升文化旅游质量水平提供基础条件和核心支撑。

二、城市文化艺术公共空间案例

（一）案例一：文化连锁店

“文化连锁店”是成都市文化馆创新性提出的一项志愿服务项目，它以公益艺术培训为主打服务内容，以文化志愿者为服务载体，旨在打破行政体制界限，突破阵地服务局限，充分调动社会资源，利用各类社会空间等。总体来说，“文化连锁店”是一个面向基层群众按需打造的综合性文化志愿服务空间。

1. 文化连锁店

成都市“文化连锁店”功能设施完备，服务丰富多彩，总的来说，“文化连锁店”有五大项目：

(1)“社区综合性文化服务中心”向成都市民提供文化活动场地、图书阅览、文娱休闲、展览展示、宣传文化、党员教育、科学普及、普法教育、体育健身等；

(2)“文化志愿服务文化暖心驿站”开设文化暖心书吧、文化暖心数字体验、文化暖心学堂、文化暖心小居等；

(3)“市民文化艺术培训学校”为成都市民提供舞蹈、音乐、美术、电脑等免费艺术普及培训服务；

(4)“市民文化教育讲座”以“成都百姓故事会”为背景，讲述成都历史、人文风情、城市精神和身边人身边事；

(5)“文化特色服务”针对青工、农民工、留守儿童、残疾困难群体提供文化艺术展览、电化课堂、教育讲座、文化辅导、小剧场演出等。

值得一提的是，“文化连锁店”除了能够为市民带来文化服务，还能盘活社会闲置空间，让原本空置的公共文化服务设施通过长期开展各类精心策划的文化志愿服务，实现良性循环，从门可罗雀到川流不息。

通过联合社会力量建设运营“文化连锁店”，更多行业、社会组织参与到文化志愿服务工作中，全面撬动社会优良资源。

2.“文化连锁店”走进社区

“文化连锁店”相对于其他公共文化服务，有着以下六个特色：

(1) 集中社会资源，直接服务于基层，建立新的公共文化服务模式。

(2) 在供给侧结构性改革背景中，“文化连锁店”可提升公共文化产品及项目质量和效率，为辖区居民提供精准文化服务，促进基层文化的供需平衡。

(3)“文化连锁店”委托公共文化服务行业社会组织考核评估，引入优质化、个性化、特色化、持久化项目，能让阵地活起来、人气旺起来。

(4)“文化连锁店”对文化资源匮乏、文化需求迫切的基层提供有针对性、导向性的文化供给，以其规模控制、动态管理、分级覆盖的“精、巧、准”特点实现文化帮扶。

(5)“文化连锁店”开进基层，为的是方便人民群众参与公共文化活动，享受公共文化权益，让人民群众实实在在满意。

(6) 从公共文化服务“两项试点”着手，打造基层文化阵地标准化与综合性“双亮点”。

“文化连锁店”在发展过程中已经日益成为凝聚社会公益力量、培育文化志愿者队伍、传播文化志愿者精神的重要基地。文化志愿者通过参加“文化连锁店”的公益艺术培训课程，也切实提升了综合文艺素养，夯实了文化志愿者提供高品质文化服务的基础。

针对“文化连锁店”辐射人群的需求不同，成都市文化馆还特别推出“点单式”志愿服务，如：在府城社区针对老年群众，开设了广场舞、智能手机使用等课程；而针对“天府新谷”的年轻创客们，利用闲暇时间特设瑜伽、实用英语等课程。

天府新谷“文化连锁店”首期培训班开设瑜伽、形体艺术、实用英语、非遗手工等8门课程，共16个班次，180个免费学位被年轻人一抢而空。这次公益培训的上课时间采用错时和延时方式，利用午休和下班之后，充分保障上班群体的时间分配和定制需求，是提供“精准化”志愿服务的最优反馈，也是天府新谷“文化连锁店”项目实施后成功迈出的第一步。

从公共文化服务供给端和资源端切入，天府新谷“文化连锁店”精选点位、精选受众、精心组织，针对企业“创业孵化器”年轻员工受益人群，根据他们社会化、时尚化、精英化等特点，让公共文化服务走近年轻群体，走进楼宇。

从群众对公共文化服务的满意度着手，“文化连锁店”嵌入市民日常生活及工作中，拓宽了公共文化服务的覆盖能力和受众群体。

未来，成都市文化馆将以天府新谷“文化连锁店”为基础，创新打造出具有世界视觉特色的“文化创客坊”项目，并致力于年轻人群的需求和中华优秀传统文化的推广，打造一批具有地方和行业特色的文化志愿服务品牌活动，通过一系列创新性的文化志愿服务思路和模式，吸引更多社会力量和市民参与、建设、共享公共文化服务，为传承巴蜀文明发展天府文化助力。

（二）案例二：文化客堂间

客堂间是上海人家曾经待客的客厅，近年来上海市梅陇镇相继对客堂间注入文化内涵，现如今，这个“客堂间”在梅陇镇摇身一变，成为村民进行学习、活动、交流的新场所，被称为“文化客堂间”。

文化客堂间打破传统服务模式，不断丰富内涵、整合资源，之后再将文化资源从街镇配送到村宅，其中丰富的学习活动让百姓受益匪浅。当下，文化客堂间已然成为村民学习文化知识、开展文娱活动、议事聚会聊天的好去处，也已成为村民们的精神食堂，被亲切地称为“最美讲堂”。

平日里，文化客堂间会定期为村民们安排沪剧、越剧、杂技、文化讲坛等丰富多彩的文化演出和各种民俗活动。

通过各类讲座、特色团队展演等配送活动，丰富了村民的文化生活；志愿者们通过文化课程配送走入客堂间，将沪剧、舞蹈、声乐、时政讲座、太极拳等课程也带到村民的身边，丰富了当地村民的精神内涵。

在梅陇镇集心村，文化客堂间还注重“村民自治”，在配送各类文艺演出、文化活动，让老百姓接受文化熏陶的同时，强化节目创作与自治管理，让村民在潜移默化中接受教育，提升人文素养。

（三）案例三：艺创空间

2016年，山西省太原市在当地首创了一个文化艺术类艺创空间——“心相静艺创空间”，通过打造文化艺术交流平台来推进和兴旺传统文化艺术市场。

“心相静艺创空间”旨在构建一个以“文化艺术创意”和“文化艺术人才”为核心的创业、就业平台，将广泛调动社会力量参与，激发群众的创造活力，是一个能将拥有共同兴趣的文化艺术人才在一起聚会、合作、活动、创造的地方，它还是个分享知识、创造新事物的实验室、工作室、小型孵化园。

“心相静艺创空间”主要为文化艺术类人才和大学生提供创业就业的服务平台，按照“金三角”模式进行运营，第一角出艺术类作品、产品，第二角做公共文化艺术服务项目，第三角做文化艺术品市场，产业通过“金三角”模式做强公共文化服务项目。

“心相静艺创空间”负责人鲍心仁介绍，当初在太原创建文化艺术类“艺创空间”，主要是为了通过打造文化艺术交流平台，来推进和兴旺传统文化艺术市场。心相静艺创空间将联合高校，老、中、青三代艺术家，媒体，通过资源整合支持各类空间创业就业项目，开展各类文化交流互动活动，搭建艺术类学生就业创业的平台。

（四）案例四：图书馆创客空间

当下，社会上技能鸿沟现象越来越严重，比如很多人从学校毕业后自身拥有的知识技能满足不了职场的实际需求，社会公共教育与文化机构理应承担起这份责任，而图书馆是最佳的公共教育场所。

另一方面，在经历了泡沫经济和金融危机后，各国越来越意识到实体经济的重要性，更加重视创业创新，要求社会公共教育文化机构能为实体经济的发展提供更有利的社会环境和创新创业空间。

国内第一家图书馆创客空间——广州图书馆创客空间在上海图书馆诞生，随后长沙图书馆、广州图书馆、深圳图书馆等陆续加入这一行列。

这些创客空间的设立，不仅吸引了更多人走进图书馆、学习运用创业创新所需要的工具，而且实现了与社会同一或不同群体的人进行对话和交流的愿望。

在上海图书馆创客空间——创·新空间里，“阅读区域”“专利标准服务空间”“IC 共享空间”“创意设计展览空间”“全媒体交流体验空间”等五大功能区域互为补充、相通相连而不隔断。

创·新空间是以各类创新型活动项目为载体，以馆藏文献、数字技术、创新工具为支撑而形成的复合型学习空间。

“服务于产学研，资源高度集中”的空间既有多语种多载体跨学科的文献借阅、文化创意产业各行业报告和专题数据库服务，也有专业制图设备和设计软件，以及多媒体触屏、3D 打印等设备。

专业会议用投影、音响等设备让前来头脑风暴的读者更容易互相交流，立体化、感性化、多元化地展示各自的创新阶段性成果。

此外，该空间与多家著名机构合作，开展“专家坐堂”“现场教授”“互动教学”等，形成馆员与专家、读者与专家、读者与读者，甚至专家与专家的多向交流。

创·新空间符合数字化时代对图书馆的新要求。公共图书馆不仅要提供书籍、资讯和信息，也要提供创造的工具，激发他们的创意灵感，引发思维的变革，真正成为一个学习、探索以及开拓思维的场所。

1. 新型公共文化艺术空间点亮城市之美

各地越来越多的公共文化艺术空间从建筑设计到内部风格都展现出文化之美，新型公共文化艺术空间以其开放性、现代性、艺术性等特点提升了城市的文化特色和文化品位，为大众所青睐和追捧。

“好看”“好用”结合，才能留住市民脚步。

拥有“高颜值”的新型公共文化艺术空间扎根、生长，彰显着城市文化生态的多样性趋势。如何避免沦为“好看却不好用”的摆设，成为更加引人关注的问题。

近年走进文化艺术空间的人逐年增加，说明大众需求的不断增长，这也为公共文化艺术空间运营提出了更高要求。公共文化艺术空间定位为集展览、学术交流、美术教育、典藏研究以及在地创作为一体的多元文化艺术综合体。当代艺术发展，原创艺术和设计的进步以及本土文化在艺术中体现，力求带给观众一个富有艺术审美的美学交流平台。

内外兼修，突出功能定位，提供专业化服务，使新型城市公共文化艺术空间不但“好看”而且更加“好用”。

2. 丰富文化生态，让城市“文化森林”郁郁葱葱

越来越多的新型公共文化艺术空间深入城市肌体，展现出强烈的现代人文关怀和文化体验，让城市“文化森林”生长得更为郁郁葱葱。

文化与大众生活息息相关，如何更美好、更有品质地生活，成为越来越多人的追求。因此，新型公共文化服务空间的成长空间非常广阔。

公共文化空间的发展趋势应是回归文化的本质，成为可以提升大众文明程度、审美修养的所在。

新型公共文化空间也在积极探索复合型服务形态。无论是艺术馆的“体验＋欣赏”，还是网红书店的“咖啡馆＋阅读 +24 小时开放”，这些公共文化空间都不再是传统意义上单纯的公共文化艺术设施，它们正以更加现代、包容的方式，兼容、涉足艺术展览、创意设计等文化艺术、文旅产业多业态。

公共文化艺术空间说到底是为了人而存在，为了人而发展的。未来公共文化艺术空间将越来越明晰自己的功能定位，向社会公众提供专业化的公共文化服务，越来越重视挖掘空间潜力，增强空间功能的针对性和合理性，进而不断提升公共文化服务的功能和质量，满足人民群众日益增长的精神文化需求。

未来公共文化艺术空间将更加讲究“高颜值”、高品位，更加讲究空间设计，讲究地方特色和审美风格。不但要更加“好用”，而且要更加“好看”，要内外兼修，才貌双全。比如，荣获 2019“美好生活”长三角公共文化空间创新大赛“最美公共文化空间”大奖的上海嘉定区图书馆，同时拥有“全球最佳公共图书馆”的美誉。这组临湖而建的优美建筑延续了江南书院的风格。从空中俯瞰，嘉定图书馆就像是一本本翻开的书，既有江南文化气息，又有现代建筑品貌，其内部空间充分尊重人的尺度，处处见景，处处宜人，使阅读真正成为一种精神文化享受。

公共文化艺术空间的公共性，不仅体现在空间的开放度上，同时也体现了公共文化空间原本就是公共参与和公民意识培养的平台。未来的公共文化艺术空间，既要为社会公众提供公共交往与公共活动的空间，又要激发公众对公共文化服务和文化艺术空间营造的参与热情。人们通过参加丰富多彩的公共文化艺术活动，增加社区居民的互动、交流、合作，促进社区居民在日常生活中的公共交往。增加相互信任，构建交往网络，从而增强社区的归属感和凝聚力。未来的公共文化艺术空间将成为培育公民意识和公共精神的大课堂。

文化是城市的精神核心所在，重庆作为一个有着悠久历史和古老底蕴的城市，尤其需要一个平台来展现它日益丰富的文化艺术内涵，在重庆这座既怀旧又求新的城市，重庆公共文化艺术交流中心应群众精神文明需要和城市文化艺术产业融合发展的需求而生。

重庆城市会客厅——公共文化艺术交流中心综合体主要是解决两个问题：一是城市公共文化艺术设施建设不完备的问题；二是城市文化艺术消费内容不够充分的问题。希望让每一个公共文化艺术设施都能同时具有公共文化艺术的公益性以及文化消费的产业经济性。

在加快推进生态文明建设、建设美丽中国的进程中，重庆城市公共文化艺术交流中心成为一种新的时代需求。作为一种全新的公共文化艺术空间形态或模式的代表，文化艺术交流中心的建设，可以在传统文化基因、地域文化资源、城市生态特色、城市当代形象等方面实现深度结合，优化提升公共文化艺术空间品质，使之成为城市的“会客厅”。

重庆文化艺术交流中心集公益文化艺术场馆、文化艺术品交易大市场，文创产业融合发展示范基地、市民休闲中心、青少年活动场所为一体，成为重庆高雅艺术的展示中心、文化艺术的普及中心，成为亮丽的城市文化会客厅，在增强城市文化软实力、丰富群众精神文化生活、提升市民文化素养等方面发挥重要作用。

3. 走进城市中心的文化艺术“会客厅”

这从侧面反映出一个城市对待历史文化和公众福利的态度。品位城市文化艺术，打造城市文化的会客厅，公共文化艺术交流中心，把公共文化艺术服务与文化消费有机结合，是让群众共享城市文化艺术发展成果、讲座沙龙、文化展览、专题陈列、学术交流、文献提供、多媒体互动、艺术展演、风尚体验、拍品陈列、精致生活、设计师集合店、全龄教育、文艺培训、新锐科技体验、亲子互动、国学课堂、文创工坊、文化休闲等多种功能，结合视觉、听觉、嗅觉、味觉、触觉，五感为一体的一站式文化消费空间，成为市民文化休闲的必不可少的“城市教室”，文化艺术、文创产业示范基地。

公共文化艺术交流中心每年都会不定期地举办高雅画展名赏、优质文化艺术活动，引进高品展会、国际时尚设计赛事。不同区域，开辟不同众创空间，行业、产业孵化基地，提供给驻留艺术家、文化人、手工业者，文创公司，新媒体、数字内容公司、设计公司一个展示的平台。

公共文化艺术交流中心的定位是站在国内、国际视野的高度上，因而在入驻品牌的选择上将对知名度、新颖度、盈利能力等方面进行综合考量分析，这是对现有产业综合体模式的全新探索及升级，通过营造一种充满意境的行业、产业氛围，让人们能在轻松、优雅、精致、时尚的环境里感受文化艺术，实现产业共赢。

打造了富有地方特色的城市公共文化空间，饱含着古老与现代、包容与开放等文化特质。对于一个具有优质文化艺术资源的城市，以当代创新激活传统，以互联互通、文艺、文创、文旅融合等产业经济发展体验与展示的场所和传播文化、交流共享的城市殿堂，每一座城市都有自己独特的发展历史与文化地标和文旅商产业融合发展标杆，每一座城市都有属于自己独特的文化艺术气质与精神。

重庆公共文化艺术交流中心，打造重庆首座具有文化艺术气质、开放交融型的“城市会客厅”，为“一带一路”搭建“文化艺术走廊”，吸引相关国家和地区参与艺术交流，促进文明互鉴，共赢发展；为这座城市带来前所未有的享受，对彰显当代中国的文化自信，向世界展示一个魅力重庆，无疑有着重要意义。

QUXIAN PIAN
区县篇 <

BLUE BOOK OF CHONGQING

万州区 2020年文化和旅游工作亮点

万州区文旅委

2020年，万州区以建设全市文化强区、大三峡旅游集散中心和重要目的地为目标，坚持疫情防控和经济社会发展“两手抓”，打好“三峡牌”，践行“一心六型”两化路径，推动集散融合型文化旅游业发展取得新成效。

一、服务体系逐步健全

三峡移民纪念馆晋升国家一级博物馆，入选中华民族文化红色基因库。创建区级曲艺传承培训基地15个，建成南浦剧场、百安剧场等小剧场5个，“流动文化进基层”文艺演出1714场。加强车站、码头游客集散中心建设，不断完善旅游交通标识、旅游厕所等配套设施。

二、产业发展动能积聚

完成文旅项目投资4.34亿元。开通三峡旅游水上巴士，引进黄金邮轮来万州始发运营三峡旅游线路。高水平规划建设三峡文化园，加快建设三峡恒合旅游度假区。成功创建国家AAAA级旅游景区2个、国家AAA级旅游景区2个。全年累计接待游客1651.56万人次，实现旅游综合收入95.7亿元。

三、文旅活动亮点纷呈

举办第十一届中国长江三峡国际旅游节、2020世界大河歌会、首届三峡江滩音乐季、2020横渡长江系列赛等特色文旅体活动，“畅游三峡·万州出发”旅游品牌持续升温。精心筹备、积极参加全市第二季“双晒”活动，推介文旅精品，品鉴大美万州，并荣获全市“最佳传播奖”。

四、文艺作品出新出彩

成功创建“中国曲艺之乡”。方言话剧《薪火》入选“全国脱贫攻坚题材舞台艺术优秀剧目展演”名单。创排川剧《峡江月》并首演，推动中国戏剧“万州现象”持续发力。四川竹琴《绿水青山伴我行》获重庆市第七届曲艺大赛节目奖和全国优秀曲艺节目展演奖。舞蹈《一路奔跑》获重庆市广场舞大赛优胜奖。

五、非遗保护力度加强

稳步推进天生城大遗址公园、何其芳故居二期、万州近现代史陈列馆等项目建设。实施黄柏乡七星观玉皇楼、孙家镇刘江旧居修缮保护。升级完善龙驹镇三峡绣非遗扶贫工坊。出版发行《流淌的乡愁》(第三辑)。诗仙太白酒、燕山红茶、“树叶画”之叶脉双面画《脸谱》三个非遗文创产品入选重庆外交外事礼品名单。新增19个区级非物质文化遗产代表性项目和4个非遗传承教育基地。

六、区域协作发展加快

强化鲁渝协作，制定山东籍游客旅游优惠政策，举办东西部扶贫协作乡村文化旅游带头人培训班。组织万达开川渝统筹发展示范区文化旅游交流活动，签订三地文旅部门系列合作协议。担岗渝东北区域旅游协作组织轮值主席单位,召开区域协作大会,举办渝东北文旅商品秀场直播带货活动,编印《三峡旅游百事通》。

BLUE BOOK OF CHONGQING

黔江区 2020年文化和旅游工作亮点

黔江区文旅委

一、重点项目有序推进

三塘盖国际康养旅游度假区和城市大峡谷项目纳入市级重点项目，城市大峡谷5D玻璃廊桥和武陵水岸体育公园建成投用，建成旅游厕所10座。濯水非遗美食城正式开街，爱莉丝庄园体验性项目不断丰富，濯水景区水上游乐项目持续完善。

二、品牌建设成果丰硕

濯水景区成功创建国家AAAAA级旅游景区，官村景区成功创建国家AAAA级景区，全区形成了“1个AAAAA+7个AAAA”精品旅游景区方阵。成功创建首批市级全域旅游示范区。小南海镇新建村入选全国第二批乡村旅游示范村，冯家寨子社区、金溪望岭村入选全市首批乡村旅游示范村，濯水景区获评重庆市智慧旅游示范景区，土家十三寨获批重庆市智慧旅游乡村示范点。

三、宣传营销持续发力

黔江区获评“最受欢迎的康养旅游目的地”，区县长“双晒”直播累计观看人数近2000万人次，荣获“最佳推广奖”。濯水古镇、水车坪红军树乡村旅游股份合作社入选《全国乡村旅游扶贫典型案例》。“清新黔江——吸氧洗肺之旅”获评“疫去春来 江山多娇”全国100条精品主题旅游线路。推出“黔江美景邀你共享”千万旅游大礼包，牵头完成渝东南区域旅游协作组织相关工作，牵头承办2020重庆文旅“大篷车”四川6市巡游营销推广活动。赴永川、青岛开展了旅游宣传推介，吸引山东游客来黔旅游。

四、公共服务持续深化

组织线上文化活动，惠及35万人次。开展“全民健身 抗疫前行”线上健身跑、全民健身知识竞赛等活动，吸引36万人次参与。“土家妹子教您宅家跳摆手舞”视频被国家体育总会官网收录。建成乡情陈列馆3座，开展流动文化进村（社区）活动550场，开展非遗进景区活动80余场。

五、文化保护不断加强

新评选出51项区级非遗项目，目前拥有国家级非遗项目1项、市级非遗项目33项、区级非遗项目197项。建成了土陶、木雕、扎染、茶艺等非遗大师工作室，冉氏木雕摆件入围重庆外事礼品名单，获“重庆好礼”铜奖。非遗扶贫工厂培训传承人100余人。完成文物库房搬迁、张氏民居地质勘察、抗滑桩边坡治理等工作。收集疫情防控见证物140余件。实现了市保、区保单位全覆盖挂牌保护。

涪陵区
2020年文化和旅游工作亮点

涪陵区文旅委

一、文旅事业发展水平实现新提升

（一）公共服务提升新品质

公共文化服务品质明显提升，区图书馆增设2个馆室、新增2个景区分馆；区博物馆完成陈列改造对外开放，展出馆藏精品文物401件；区文化馆高质量完成国家一级馆复核任务。全年各公共文化服务场馆共接待群众41.5万人次，举办阅读推广、美术书法摄影展活动110余场，开展文体惠民活动1200余场。应急广播体系一期完成建设，全区农村广播终端在疫情期间成为传递疫情防控知识的“大喇叭最强音”。

（二）文艺创作传递新声音

创作歌曲《考验》《牵手武汉》《希望的田野》等战“疫”、脱贫主题文艺作品600余件，为奋战在一线的战“疫”、脱贫工作者加油鼓劲。原创大型舞蹈诗《白鹤梁》成功首演，原创小品《下有小上有老》获得第七届重庆市戏剧曲艺大赛一等奖。

（三）遗产保护实现新突破

新增区级非遗保护传承项目20项，3个市级非遗项目保护单位被列入第一批重庆市非遗传习所名单。推动陈万宝庄园正厅等修复8个文物维修项目，深挖枳巴文化存在地，启动考古中国项目——小田溪墓群考古发掘；白鹤梁题刻申遗工作持续推进。816工程景区被命名为市级干部教育培训现场教学基地。

二、文旅融合发展质量实现新提高

（一）融合发展取得新进步

新增国家、市级乡村旅游重点村1个，乡村旅游A级景区1个。项目推进不断发力，提档升级816工程、美心红酒小镇景区，成功签约美心集团“农旅+智慧综合体服务区”12.6亿元项目，新推出816小镇、万松里石磨纪等旅游精品景点。配套设施改进显著，完成319国道816工程段改道工程，梓白高速、卷大路实现通车，旅游厕所总量达到203座。

（二）产业复苏实现新发展

2020年全区旅游经济由负转正，全年共接待境内外游客2301.86万人次，旅游综合收入194.74亿元，同比分别增长7.06%、20.77%。大力发展夜经济，举办了首届不夜涪陵生活节活动，推出了系列惠民消费措施，带动消费2000万元。高质量开展“双晒”第二季，荣获全市“最佳营销奖”第一名，有力助推涪陵文旅产业提振复苏。

（三）文旅宣传展现新面貌

参加“一会一节”等活动10余次，全方位展示了涪陵新形象。高水平举办首届绣球花节、白鹤梁文化节、文创（产品）设计大赛等活动，邀请10余名国内知名专家、学者来涪指导交流，推出“榨菜机制玩偶”等20余件特色文创产品，其中“吉祥重庆”结绳产品入选重庆外事礼品名单。搭建巴蜀文化旅游走廊交流合作平台，与四川省南充、广安等5地15家文旅单位签订成渝经济圈合作框架协议。

BLUE BOOK OF CHONGQING

渝中区2020年文化和旅游工作亮点

渝中区文旅委

2020年，渝中区文化旅游委积极融入成渝地区双城经济圈建设，促进公共文旅服务提质增效，推动文化旅游业高质量发展，成功创建国家全域旅游示范区，获评国家文化和旅游消费示范城市。

一、不断优化历史文化资源的挖掘、保护和利用机制，彰显“母城”魅力

一是突出规划引领作用。推动出台《渝中区关于加强文物保护利用改革的十七条措施》等文件，推进编制《区级文物及文物点保护整治规划》《渝中区革命文物保护利用总体规划》等。二是注重文化资源挖掘。完成全区文物总目、革命文物资源、开放历史文化资源等文物资源清单及数据库。加强红岩村、曾家岩、虎头岩“红色三岩”保护提升，用好红色资源，梳理工作清单100项。三是加强文物保护利用。完成国民政府外交部旧址、孙科公馆旧址等15处文物修缮，重庆湖广会馆、重庆美国大使馆旧址等11处文物荣获重庆市2020年度文物利用优秀项目称号。

二、健全现代公共文化服务体系，“人文渝中”更具魅力

一是加快体制机制改革创新。强化规划引领，编制完成《渝中区“十四五”时期文化和体育事业发展规划》等。深化文旅融合，线下开创“阅读 + 文物 + 景区 + 酒店”新模式，区图书馆成功入选“国家级文化和旅游公共服务机构功能融合试点单位”。二是优化线上线下服务阵地。新建大坪、朝天门等 24 小时书房和江畔寻花咖啡店等 6 个图书漂流站，线上阅读、线上展览、线上培训等不断丰富。三是强化群文活动品牌建设。推出“解放碑 CBD 广场周末音乐会”等优秀群众文化品牌。舞蹈《“疫”路同行》、京东大鼓《巴蔓子护城》等原创文艺精品荣获市级以上奖项。派送文化大礼包 1000 份，送流动文化服务进社区活动 300 场。

三、坚持文商旅城融合发展，推动建设世界知名旅游目的地

一是提档升级配套设施。全市首个城市候机楼在重庆来福士投入运营，李子坝等热门 IP 提档升级，洪崖洞重逢 1980 生活情景街区等新场景、新体验持续引流。开发“扫码阅读母城渝中”语音讲解功能，发布线上三维地图和景区（点）全实景导览功能。二是丰富文旅产品供给。解放碑、洪崖洞、重庆来福士成功创建解放碑片区市级夜间文旅消费集聚区。打造“母城游”“山水游”等品牌产品，其中“玩转奇幻山城”线路入选“疫去春来 江山多娇”全国精品主题旅游线路。开展“渝中·巫溪”旅游消费季活动，实现两地资源流通、游客联动。三是强化城市宣传营销。参与巴蜀文化旅游走廊建设，洪崖洞及成都宽窄巷子达成深度合作。举办“双晒”大型文旅推介活动、2020 渝中文创产品设计大赛等城市宣传活动，推动“人气变财气”“流量变销量”。渝中区成功入选成渝十大文旅新地标，城市美誉度持续提升。

大渡口区 2020年文化和旅游工作亮点

大渡口区文旅委

一、全力以赴抗击疫情

创作抗疫主题作品50余件，在主流媒体和推介平台展播350件次。开设线上图书数字阅读丰富群众文化生活，举办大渡口区抗疫见证物专题展。帮助文旅企业减免房租340万元，推动各项政策措施惠及企业1400多万元。支持黄金游轮变危为机，开辟黄金江街、黄金之夜、三峡精品游等旅游产品系列，为后续发展打下良好基础。

二、公共服务提质增效

启动重庆音乐厅、中国钢铁博物馆前期工作。牵头成立成渝区域文化馆联盟并举办启动仪式，与成都市成华区文体旅局签订友好合作备忘录。5件文艺作品在市级比赛中获一等奖，2件作品获2020年度重庆市文艺创作项目资助。入选重庆市近现代优秀建筑5处和首批非遗传习所3个。编印出版《大渡口文化旅游掠影画册》和《大渡口历史文化溯源》。

三、文旅产业迎难而上

全年接待游客259.75万人次，文化产业增加值12.4亿元，旅游产业增加值5.2亿元。编制了“十四五”文化休闲旅游产业规划以及长江文化艺术湾区事业规划，完善了特色街区建设提升行动计划。签约文旅企业21家，成功引入观云人文艺术基地、丽枫酒店，以及北京名生等音乐企业和快手等文化新业态领军企业。突出工业文创和音乐特色，高质量完成“双晒”第二季，成功举办首届文创产品设计大赛和文旅招商推介会。“重庆市原创音乐版权孵化基地”在大渡口区落地挂牌，“重庆工夫”获2020中国特色旅游商品大赛铜奖。

四、文旅市场平稳运行

开展专项整治20余项，联合执法17次，检查经营单位586家次，查处违规经营行为39起。排查治理一般安全隐患75处，行政处罚7家次，市场安全零事故。处理文化旅游市场投诉53起。沪汉社区获评市级“扫黄打非”进基层示范点，全区86个村和社区完成“扫黄打非”工作点标准化建设。

江北区
2020年文化和旅游工作亮点

江北区文旅委

一、逆势奋进中“闯”，高质量发展的成色更足、底色更亮

洋炮局1862开放展示中心建成，阿里文娱、腾讯酒店、无国界料理等国内三大主流体验业态入驻。北仓、鲤鱼池42号投入近亿元完成升级改造。科技馆获评市级智慧景区称号。举办文旅各类惠民消费活动近150场，全年累计接待游客3850万人次，旅游综合收入70亿元，恢复情况居全市前列。

二、逆势奋进中“拼”，高品质生活的层次更深、味觉更浓

全国第一家徐悲鸿美术馆在石家花园开馆，举办2场重庆直辖以来最高规格免费艺术展。先后举办张路春、陈曦吉他音乐会。新建成3个智能自助图书馆，新增公共文化使用面积1352平方米；实施流动文化进村、惠民电影放映、戏曲进校园等文化活动近1100场，服务群众近60万人次。舞蹈《山路》、歌曲《修路的哥哥》分获第九届重庆市乡村文艺会演一等奖、二等奖，舞蹈《奋斗青春》获得全市广场舞集中展演一等奖。创作和征集1026余件“抗疫”主题作品，位居全市首位。

三、逆势奋进中“争”，时尚江北的动感更强、旋律更响

执行第二季“双晒”，以“江北见未来”为主题，开展“文创产品、旅游精品”线上直播推介，吸引近2500万人次围观、分享，近500万人点赞，中央、市级等10余家主流媒体推出相关报道100余篇，阅览量突破1000万次，线上、线下累计带动文创商品和旅游精品销售近7000万元，江北荣获全市最佳推广奖。承办第二届中国国际街舞大赛暨年度盛典，网络话题阅读量达11.5亿人次，话题互动量521万人次，视频播放量达1.7亿人次。

四、逆势奋进中“干”，古城巴郡的神韵更显、风貌更美

推进测候亭建成重庆气象博物馆、明玉珍睿陵展陈改造工程全面完工，鸿恩阁完成修缮并实现对外开放。完成石家花园徐悲鸿美术馆·重庆馆展陈工程改造。创新编制完成《江北宝藏》第一期丛书。推选重庆叁人壹心“我爱重庆”木雕立体小夜灯荣获2020重庆好礼旅游商品（文创产品）金奖和中国特色旅游商品大赛银奖，并入选重庆外事礼品名单。

沙坪坝区 2020年文化和旅游工作亮点

沙坪坝区文旅委

一、聚焦主抓手，公共服务效能更显著

新改建18个基层综合文化服务中心、2个24小时城市书房、12座旅游厕所和1个文化大院，启动应急广播系统建设，率先在全市实现“文旅云”平台镇街全覆盖，建成巴蜀古代建筑博物馆并荣获重庆市2019年度博物馆优秀展览称号。新增市级传统工艺振兴项目5个、非遗传承人6人、非遗传习所5个和区级非遗代表性项目31个，全区非遗项目达99个。在“巴渝工匠”杯重庆市第二届非遗技能竞赛中分获第一名和第二名。

二、唱响主旋律，艺术创作成果更丰硕

创作《沙坪坝恋曲》《川外背后的小铁路》等歌曲，在市美术馆推出一批抗疫类美术、书法、摄影文艺精品展出。组织开展“晒文旅精品·晒文创产品”第二季大型文旅推介活动，获“最佳传播奖”。获得市级艺术创作奖项55个，相声《乡音乡情》荣获第十一届中国曲艺牡丹奖文学奖。

三、打造主引擎，产业发展活力更强劲

启动歌乐山·磁器口大景区规划建设，创建市级全域旅游示范区，创成第一批国家文化和旅游消费试点城市、市级夜间文旅消费集聚区和市级文化产业示范园区，融创文旅城、金沙天街、佛罗伦萨小镇全面营业，金碧正街“重庆 1949”大剧院顺利封顶，加快推进凤凰山创意园区、特钢创意产业园等项目。中梁镇庆丰山村获评市级乡村旅游重点村。打造川外小铁路、渣滓洞隧道等网红景点。融入成渝地区双城经济圈建设，与成都市武侯区和青白江区建立友好合作关系，与乐山市沙湾区、雅安市、华蓥市文体旅局签订产业发展合作协议。2020 年，沙坪坝区共接待海内外游客 2368.52 万人次，实现旅游总收入 84.93 亿元。

四、坚守主阵地，行业秩序监管更有力

深化行业领域“放管服”改革，推动“不见面”“零材料”审批，旅行社设立等五个高频办理事项全部实现不跑路或只跑一次即可办结。重拳出击开展旅游市场集中整治行动，旅游投诉办结率 100%。依法取缔杨公桥旧书市场，受到中宣部、国家文旅部肯定。稳妥推进防疫工作，实现了全区文化旅游系统疫情“零感染”、复工复产率 100%、安全生产“零事故”的目标。

BLUE BOOK OF CHONGQING

九龙坡区 2020年文化和旅游工作亮点

九龙坡区文旅委

2020年，九龙坡区文化旅游工作克服新冠肺炎疫情带来的不利影响，勇于担当、逆风飞扬，以八大文旅亮点凸显“江山多娇城、龙凤呈祥地”的昂扬姿态。

一、积极服务疫后产业重振

率全市之先关闭文化娱乐点、景区景点、图书馆、文化馆、博物馆等场所，推出全市第一个“九龙坡区抗击新冠肺炎疫情专题展”。详细梳理中央、市、区服务协调、减轻负担、稳岗就业、金融纾困4类措施共30条政策，帮助企业兑现扶持资金、退还旅行社质保金、减免税费、房租、水电气费近4000万元。策划“重庆城市文化艺术之旅”入选疫后开展评选的全国精品主题旅游线路。会同区文联组织创作文学、音乐、书法等“战疫”作品3600余件，《坚信爱会赢》《亲如一家》系列“战疫”主题歌曲在全国100余家媒体平台播出。

二、助推双城经济圈建设

与新都区达成协议，共推“艺术+熊猫”文旅合作。开通全国首条跨省旅游直通车——陈家坪旅游集散中心到遂宁市中国死海旅游度假区一线。开展多场爆款活动，以“世界夜·文旅荟——2020年成渝双城经济圈小夜曲”

为全年主题打造“夜间文旅消费集聚区”，获得国家文旅部带队现场考察并推广点赞。承办“成渝地·巴蜀情”成渝区域文化馆联盟启动仪式暨系列文艺展演。主办2020年“开放的六月·川美创谷艺术游”线下展览——成渝艺术交流展，汇集成渝两地罗中立、周春芽等众多艺术大家的作品。举办2020全球文旅夜经济大会及成渝文旅夜经济品牌主理人夜话线上直播。“炫彩九龙门”特色文化品牌活动——乐队之夏城市民谣、“嘻哈一夏”街舞专场邀请成都著名民谣歌手亮子和CMD舞蹈团队参与。联动开展2021（第十三届）黄桷坪新年艺术节暨首届新龙文化艺术节，举办新龙双城迎新音乐会、成渝双城艺术文化创意产业高峰对话。

三、加快培育文旅产业核心竞争力

打造长江文化艺术湾区、中梁山风景区、九龙意库、五洲世纪文化创意中心等一批市、区级重大项目。兑现现代服务业高质量扶持资金、兑现中小微企业贷款贴息、兑现“一企一策”等，共计超2000万元。全国首家樊登书店5.0旗舰店正式登陆。重庆首家“旅游+”电商产业园区落户。2020年接待游客4825.5万人次、旅游收入187.4亿元。2020年文化产业增加值、旅游产业增加值分别为105亿元、68亿元，位列全市第一，为支柱性产业。

四、精心策划高质量文旅节会

区长“双晒”直播、云上文旅馆等观看量、点赞量均居主城第一，获全市“双晒”最佳创意奖第一名。成功举办黄桷坪新年艺术节、川美创谷艺术游、“遇见花与禅”重庆华岩第24届荷花展、中国城市艺术旅游发展大会等国家级、市级高规格、高品质的节会，持续打造文化大区良好形象。

五、推动文博事业发展

国家文物局启动全国最早确认巴文化遗址——冬笋坝考古发掘，巴人博物馆又添重磅馆藏文物；166 军舰落户九龙坡，将打造重庆海军博物馆；建川博物馆成为重庆文旅新地标；中共四川省临委会第一次扩大会议会址（周贡植故居）建成开放；沉香博物馆文创位居全国第一序列。

六、优化公共文化服务资源配置

13 个镇（街）166 个基层综合文化服务中心全部建成，社区（村）文化活动室综合文化服务中心升级改造达 100%。建成行知园、巴国城、盘龙新城等 7 个各具特色的 24 小时自助图书馆。开展“放歌杨家坪”“炫彩九龙门”“西郊沙龙”“送演出进镇”等各项特色文化品牌活动 100 余场次，服务群众 60 万人次。

七、创新文旅宣传营销

全市“双晒”第二季曝光量超 5000 万次。“遇见花与禅”重庆华岩第 24 届荷花展开幕式直播观看量超 1000 万次。华岩八景活动新浪话题阅读量超 800 万次，斩获金图钉 2020 年度“最赞口碑营销奖”。“文旅＋科技”开展 720VR 虚拟旅游，全年全网营销九龙文旅超 10 亿次，创历年新高。推出“九龙九景”9 大人文景观地标。邀请庞茂琨等艺术大家推出“九龙九景名家绘”。牵头研发“九龙九景”丝绸画卷，成为全区最具代表性和美学高度的文创产品。

八、狠抓市场监管和执法

启动“紫光云平台的文化市场监管辅助系统”对辖区内二十余家网络平台直播公司实施监管；开展网络文化环境和广电专项执法，防范境外势力通过卫星电视、“黑广播”实施意识形态攻击渗透，维护国家信息安全。全年安排执法巡察 400 多家文化娱乐场所，核实查处信访举报 16 起，调解游客退游纠纷或咨询 12 起，督促旅行社退回游客旅行费用 3 万余元。

BLUE BOOK OF CHONGQING

南岸区 2020 年文化和旅游工作亮点

南岸区文旅委

2020 年南岸区文化和旅游发展委员会紧紧围绕习近平总书记“两点”定位和“两地”“两高”目标，紧跟成渝地区双城经济圈建设，面对百年一遇的疫情和洪水冲击，攻坚克难、团结奋战，大力发展文化、旅游、体育事业和产业，为“十四五”发展奠定了坚实的基础。

一、文旅创建成效显著

成功创建了国家公共文化服务体系示范区和南滨路国家级文化产业示范园区，成为全国唯一一个两大文旅示范区创建成功的地区，实现文旅事业和文旅产业“双轮驱动”协调发展。成功创建了重庆南山市级旅游度假区，为创建市级全域旅游示范区、争创国家级全域旅游示范区奠定基础。成功打造了南山街道放牛村国家乡村旅游重点村、广阳镇回龙桥村、峡口大石村市级乡村旅游重点村等一批优秀的乡村旅游品牌。

二、抗击疫情恢复行业活力

2020 年，突如其来的新冠肺炎疫情和特大洪涝灾害，让全国文旅体市场一度骤停，行业经济严重下滑。南岸区加大了援企稳岗力度，投入 3500 万元银行金融扶持资金、2000万元专项国债扶持资金和450万元文物维修资金为企业纾困，促进市场恢复和发展。至2020年末，全区共接待游客3826.91万人次，实现旅游收入232.27亿元，隶属文旅委统计的13家规上文旅企业产值由负转正达到5.041亿元，实现了文旅经济稳中向好。

三、招商引资带动产业发展

一年间先后与网易传媒、腾讯新文创、阿里体育、重庆文旅发展集团、去哪儿网、人人视频等国内知名企业成功签约，在南岸建立阿里体育西南地区总部和全球首个王者荣耀文旅体验中心。引入了千幻互娱、星漫科技等20家本土优质企业首批入驻网易文创数字经济产业园，重庆市原创音乐版权孵化中心授牌南滨路，共同构建出与数字经济产业相匹配的营商环境，全区文旅企业增至4800家。

四、重点项目相继落地建成

全国首个国家文物保护装备产业示范基地、三峡文物科研中心、重庆城市规划展览馆、国际马戏城二期、开埠文化遗址公园5个市级重大文化设施（项目）落地南岸并加速建设。建成故宫文物南迁纪念馆、觉林寺报恩塔修缮工程、茶园文化艺术中心主体工程、国家级非遗广阳民间故事基地等重大文化工程项目，其中故宫文物南迁纪念馆初开放后就迎来了省部级以上领导视察20余批次。积极推进实施弹子石摩崖造像、五佛殿修缮等重要文物保护工程。

五、坚持文体商旅大融合大发展

一是出台《文教体旅大融合大发展实施方案》《南岸区农旅融合乡村旅游规划》，串联南山、南滨路沿线红色景点、文物文博等特色点位开发特色研学线路12条，启动“文博小管”成功服务用户3500人次。二是全区公共文化服务设施全面达标，并全部实行免费开放。开埠文化遗址公园、弹子石摩崖造像、《挺进报》旧址展陈等实现了提档升级，法国水师兵营旧址成为重庆市2020年度文物利用优秀项目，年接待参观人数约3.2万人次。三是全区体育人口达52.5%，国民体质监测合格率达92.7%，位居全市前列。全区各类体育场地总计5000余个，人均体育场地面积达2.26平方米，排名位居全市前列。举办重庆国际马拉松赛、中国健身俱乐部投资人高峰论坛等10余项大型体育活动，成功打造南岸“一日游”“二日游”等文旅体特色旅游品牌。

六、成渝双城互动

频繁与成都龙泉驿区同频共振举办“第六届中国诗歌节”，被国家文旅部授予“优秀组织奖”；举办“巴蜀文化旅游走廊自由行”，开发多条两地互游精品线路；举办“成渝地·巴蜀情”非遗中秋传习活动，共同打造巴蜀文化长廊；引进vex机器人、CUBA全明星赛等大型特色赛事，打造体育特色强区。

BLUE BOOK OF
CHONGQING

北碚区 2020 年文化和旅游工作亮点

北碚区文旅委

一、文化事业繁荣发展

深化文化馆图书馆总分馆制建设，新建文化馆图书馆社会分馆 22 个、24 小时城市书房 3 个、微型图书馆 3 个，基本建成“城乡一刻钟”文化服务圈。承办第六届中国诗歌节北碚分会场、第九届重庆市乡村文艺会演（第一片区）展演等大型文化活动，开展“放歌新时代 文化进万家——重庆市 2020 年秋季送演出进基层”，创新开展“一人一艺”全民艺术普及培训。公共文化志愿服务影响力不断扩大，“领读者”获区优秀志愿服务项目，“碚贝”党员志愿讲解队获区优秀志愿服务组织及重庆市 2020 年书记抓基层党建工作创新案例。区文化旅游委荣获全国广播电视系统先进集体称号。

二、百馆之城全面启动

大力推进“百馆之城”文化标识体系建设，制定《北碚区推动建设“百馆之城”策划方案》《北碚区关于推进“百馆之城”建设促进非国有类文化场馆发展的意见》。建立以区旅游发展领导小组推进百馆之城建设的组织保障机制，成立文化发展专家委员会和项目评审专家委员会。策划推出“百馆之声文化沙龙”10期。完成中共中央西南局历史陈列展（一期）布展、大磨滩农耕陈列馆、卢作孚优秀企业家精神陈列馆（数帆楼）等5个场馆建设，“雅舍书院”“孚生叙”等文博场馆活化利用走在全市前列。

三、旅游发展卓有成效

贯彻落实“大生态、大旅游、大健康”发展战略，有序推进缙云山—北温泉国家级旅游度假区创建工作。加大基础设施建设力度，建成北碚首个旅游集散中心、20千米景观道路、黛湖生态公园、璧北河慢行绿道、缙云山生态环道等一批重点基础设施项。持续打好“五张牌”，擦亮“世界温泉论坛永久会址”“全国十佳温泉旅游目的地”等金字招牌，积极办好中国第三届温泉与气候养生国际研讨会、第七届中国温泉旅游推广季等系列重大品牌活动，举办“温泉康养消费年系列活动之温泉免疫力”讲坛。西山坪村获评第二批全国乡村旅游重点村。

四、文旅产业质效双升

出台《北碚文旅博体产业项目市场化运营方案》《重庆市北碚区朝阳文创大道产业扶持政策》等产业扶持政策，实施温泉旅游康养营销示范奖励，申报正码头市级夜间文化旅游消费集聚区建设试点，推动文旅产业发展。围绕缙云山北温泉旅游度假区、百馆之城建设、朝阳文创大道、民宿产业发展等重点板块开展招商引资工作，新引进既白民宿、枣林里二期等12个项目，北碚旅游集散中心等9个项目建成营业。通过打造“码头没有轮渡”、三溪口豆腐鱼一条街等消费积聚区以及区长“双晒”、2020重庆文旅“大篷车”营销推广、“绵碚网络媒体大V行”等大型活动提振旅游消费，全年接待过夜游客203.82万人次，旅游总收入198.52亿元。成功入选首批国家文化和旅游消费试点城市。

渝北区 2020年文化和旅游工作亮点

渝北区文旅委

一、聚焦融合升级，文旅形象实现新突破

（一）“双晒”活动展形象

提炼“渝北 家和远方”主题，创作渝北新LOGO和歌曲《最近的远方》，展示渝北开放、合作、发展的新形象。推出渝北十二景·非遗手工剪纸册页、旅行伴侣·木作套装、渝北胜景·纸雕灯屏等深受市场好评的文创产品。建立“15+4+2”传播矩阵平台，营造全民“双晒”浓厚氛围。“双晒”直播吸引约4000万人次观看，点赞数超6000万人次，平台销售产品3.5万余件，销售总金额逾418万元。关键指标都名列榜首，被授予最佳创意奖。

（二）精品线路添新彩

以“主城周边游·渝北好风光”为主题，推出以“临空都市游”为主题的嘉悦线，以“乡村休闲游”为主题的古洛线、茨兴线、玉矿线，以“特色体验游”为主题的统龙线五条精品旅游线路，与马蜂窝等网络平台达成长期战略合作协议，通过发布攻略游记、召开新闻发布会等形式持续推介，全面立体展现渝北吃、住、行、游、购、娱，吸引108个旅游团队、上万名游客来渝北体验旅游，成为后疫情时期引爆周边游、重振文旅消费的风向标。

（三）大型活动出风采

组织参加2020年国际文旅产业博览会、第十二届中国西部动漫节、2020“重庆好礼”旅游商品（文创商品）展和设计大赛、2020“重庆好礼”外交外事礼品征集活动、首届山水重庆夜景文化节等文旅主题展会，渝北获国际文旅产业博览会最佳组织奖、西部动漫节获优秀组织奖；秦妈微火锅获“重庆好礼”旅游商品（文创商品）大赛银奖，温德姆火锅蛋糕、统景温泉保湿喷雾、叉叉裤火锅底料、土坨麻饼获铜奖；意趣集纸玩意儿文创系列获得“重庆好礼”旅游商品（文创产品）设计大赛银奖、铜奖各一项，并入围重庆市外事礼品名单。

二、聚焦新兴业态，产业发展迈上新台阶

（一）体制机制进一步健全

编制《渝北区“十四五”文化和旅游产业发展规划》，出台《渝北区文化旅游产业示范项目建设工作方案》，修改完善《渝北区文化旅游产业资金使用实施细则》，推动文化旅游产业融合发展。成立渝北区文旅联盟，整合政府、景区、企业、媒体等各方资源，共建渝北文旅品牌发展一体化新平台。

（二）重大项目进一步推进

重点服务重庆创意公园（重庆广告产业园）、重庆数字产业园、铜锣山矿山公园、统景国际智慧温泉度假区、金紫山文创园、临空旅游产业园等重大产业项目，重庆创意产业园（广告产业园）建成面积24万平方米，入驻企业600余家。强化国盛ICE等项目招商资源推介，积极支持重庆数字产业园招商工作，园区入驻企业180余家、入驻面积5万平方米。

（三）规划编制进一步完善

编制《渝北区全域旅游发展规划》，全面掌握我区旅游资源分布情况及现状，进一步发现、拓展、整合旅游资源。完成旅游资源普查编制，获评3个五级旅游资源（统景温泉群、重庆中央公园、铜锣山矿山公园），12个四级旅游资源，31个三级旅游资源。

三、聚焦群众需求，公服阵地建出新高度

（一）乡村文化振兴有实招

新建乡村文化振兴示范点7个、乡情陈列馆5个，打造“一村一品”文化品牌活动5个。加大农村人居环境整治力度，新改建旅游厕所18座，完成无害化整治30座。组织开展公共文化服务、乡村文化艺术、图书管理服务、非遗传承及文旅产品推介等专题培训18场次，开展乡村文化艺术专题培训30场次。

（二）文化阵地建设有实效

创新开发“临空书递邮借平台”，基层公共数字文化云全面建成，各平台总访问量149万人次。公共文化物联网完成配送服务383次，服务人数5万余人次。建成渝北区历史文化陈列馆非遗传习所，新建24小时自助图书馆2个、图书馆分馆2个、示范村农家书屋分馆10个、阅读点12个，提档升级镇街文化服务中心5个、村居文化室6个，新增基层文化示范基地2个。

（三）文化产品供给有实绩

组织开展第九届重庆市乡村文艺会演、第七届戏剧曲艺大赛和广场舞展演活动，举办2020年渝北区新春文艺演出、“万众一心·抗击疫情”美术书法摄影作品展等演出展览活动50余场。举办“临空文化讲堂”、“爱·阅读”亲子绘本阅读、端午民俗体验等活动，举办汲古求新·重庆市首届青年篆刻临创展、渝北梁平两地馆藏精品拓片展等展出活动。开展“戏曲进校园”活动，推进戏曲传承基地建设3个。

四、聚焦环境营造，市场管理增添新举措

（一）扎实开展市场整治“百日行动”

分三个阶段开展文化旅游市场整治“百日行动”，集中整治文化旅游市场存在的突出问题，从严从重整治一批从事违法违规经营的文化旅游经营单位，规范市场经营秩序，改善和提升渝北文化旅游市场环境，联合市场监

管局和相关镇街开展联合执法检查 13 次，责令限期整改购物店手续不齐全、广告用语不规范等问题 4 家次。

（二）严格实行行政审批和执法检查

配合总队查处取缔“中国雷锋报渝北工作站”“中国法治新闻报社西南分社重庆联络处”两家非法新闻机构，工作成效得到市委宣传部领导批示肯定。开展“绿书签 2020”系列宣传教育活动，深入清查“马小跳”（漫画版）等有害少儿出版物。办理各类行政审批和备案事项 196 件，完成文化企业年检年报 580 家，完成全区文化企业证照清理 1021 家，持续推进审批规范化、标准化和信息化建设。

（三）积极指导景区酒店创建

悦来温德姆酒店成功创建为五星级旅游饭店，玉峰山森林公园按照 AAAA 级旅游景区编制规划，相关基础配套设施正在建设完善。圣名游乐城按照 AAAA 级旅游景区标准完成基础设施建设，成功创建平安景区。统景温泉风景区通过全市“无废景区”创建。

五、聚焦传承发展，文遗保护达到新水平

（一）扎实开展文物保护工作

启动实施文物火灾隐患整治和消防能力提升三年行动，完成龙兴龙藏宫修缮保护方案编制，推进刘家祠堂、赖家坟石刻建筑群修缮保护项目，完成石船叶家湾民居、古路花院子民居加固保护和环境整治。协助市文化遗产研究院完成航空物流园和航空小镇文物资源调查，协调市区有关单位调整机场 D6 片区部分文物保护措施。组织巡查 3378 次，发出文物安全隐患整改通知单 2 份，整治安全隐患 2 处，确保文物安全无事故。

（二）扎实做好非遗文化传承

完成第九批区级非遗代表性传承人评审及第六批市级非遗代表性传承人推荐。公布区级代表性非遗传承人 26 名、区级非遗项目 17 项，报送市级代表性非遗传承人 7 名。稳步推进《国家级非遗学术研究丛书·小河锣鼓卷》编撰工作，已完成 20 万字初稿。建成总面积约 1200 平方米的非遗传习所。

积极组织非遗进社区活动，举办非遗流动展览、现场传习展示活动 10 余场，惠及 5 万余人次。

（三）扎实抓好博物馆品质提升

基本完成古床馆、民俗馆内部环境改造。完成《巴渝七十二行雕塑专题展》展览方案编制以及雕塑陈列品制作。继续推进数字博物馆建设，博物馆重要馆藏文物数字化，网上博物馆语音导览、文化遗产数据库建设等多项工作进入实施建设阶段。

六、聚焦精品力作，文化艺术结出新硕果

（一）精心创作文化艺术作品

全年创作文艺作品 300 件，涵盖书法、绘画、摄影、歌舞、戏曲等类别。作品《桃红又见一年春》入选中国美协主办的“品真格物”——全国第二届青年工笔画展，舞蹈《清风 · 子虬》获第九届重庆市乡村文艺会演舞蹈类一等奖，油画《前行！向前！》获第十三届全国美术作品展进京作品。参加“奋进新时代 · 共圆小康梦”——2020 欢跃四季 · 舞动巴渝重庆市广场舞展演系列活动，获组织工作奖及“优美队伍”“网络人气队伍”称号。参加“巴渝工匠”杯重庆市第四届文化艺术行业技能大赛暨第七届重庆市舞台艺术之星选拔比赛获一等奖。参加重庆市首届“南天湖”杯青年歌手大赛，获优秀奖。

（二）精心培育文化培训品牌

深化“戏曲进校园”活动内涵，制作发放经典传统戏曲剧目视频和集锦视频，开展学生进剧场演出活动，打造活动“升级版”。继续组织寒、暑假少儿免费培训班、免费开放秋季班等各类培训 37 期，受众约 1500 人。开展渝北区 2020 年基层文化示范点文化艺术培训 60 场次，培训 1200 余人次。

（三）组织参与大型文化活动

组织参加 2020 重庆市春节联欢晚会、第五届重庆非物质文化遗产博览会、2020 年渝北区新春文艺演出、渝北区“国庆吃面国泰民安”主题示范活动等大型文化活动，累计观众 16000 余人次。

（四）积极融入双城经济圈建设

加强与广安、洪雅、眉山、广元、双流等地的宣传营销合作，联合开展川渝 CP 景区、川渝 CP 特色美食、川渝 CP 文化等主题旅游宣传，策划推出渝北—广安、渝北—眉山等 11 条川渝精品旅游线路。积极推进华蓥山国家级风景区建设，已进入成渝双城经济圈重大项目前期工作表。互办“绘就双城记 抒写巴蜀情”渝北·眉山百名书画家作品展。邀请四川省川剧院、邻水团队赴渝演出，开展戏曲教育活动。

BLUE BOOK OF CHONGQING

巴南区 2020年文化和旅游工作亮点

巴南区文旅委

2020年，巴南区统筹推进疫情防控和文旅经济恢复，大力弘扬优秀巴渝文化，加快发展全域旅游，深入推动文旅融合，推进文化和旅游业高质量发展。

一、突出发展文化旅游产业

第一时间推动395家文旅企业复工复产，减免文旅企业税收、职工社保费用600余万元。南温泉、木洞古镇、丰盛古镇、圣灯山康养农旅小镇、双寨山尚善国际养生源、都市原乡艺术小镇等一系列重大文旅项目建设有序推进。民宿产业实现快速发展，建成别花山房、拾山房等为代表的精品民宿40余家。

二、推进成渝双城经济圈建设

与温江区文体旅局进行了相互考察学习，签订《文旅助力成渝地区双城经济圈建设合作协议》，共建共享“巴蜀·巴渝”地方文献资源，开展“巴山蜀水两地情·巴南温江一家亲”系列品牌文化旅游活动。开展“成渝地·巴蜀情”2020重庆文旅大篷车赴四川巡游营销。在2020中华山水茶道文化节开幕式上联袂呈现了一批国家级非遗项目原创文艺演出。

三、推进全域旅游建设

形成《巴南全域旅游整合发展与运营策划》成果，完成全区文化旅游资源普查。丰黄路等一批通景公路建成通车，完善云篆山、东温泉、丰盛古镇等游客接待中心、旅游厕所、标识标牌等建设，新建旅游厕所5座。重庆汉海海洋公园成功创建为国家AAAA级旅游景区，二圣镇集体村、丰盛镇油房村分别被评为全国乡村旅游重点村和全市乡村旅游重点村。云林天乡、丰盛古镇、羊鹿山等景区成功创建为全市首批智慧乡村旅游示范点。南温泉完成提档升级，华熙国际文体中心、西流沱小镇成为活力打卡热点。

四、完善公共服务体系

新建基层公共文化服务示范点12个、24小时自助图书馆2个。开展应急广播建设试点工作，完成丰盛镇文旅阵地融合示范点建设。央视频道3次专题报道区图书馆文化惠民服务，“孔子学堂”教育基地顺利落户。相声《乡音乡情》荣获第十一届中国曲艺牡丹奖文学奖并参加2021重庆市春节联欢晚会录制。谐剧《让我看你一眼》获文学奖提名，《龙门阵起坨坨》获第九届重庆市乡村文艺会演一等奖。

五、加强文化遗产保护利用

全面推进木洞、丰盛传统风貌区建设，完成彭氏民居、林森浴室修缮并对外开放，中央政治学校研究部旧址（彭氏民居）修缮工程荣获“2020年度重庆市文物保护优质工程”称号。稳步推进南泉抗战旧址群、杨氏碉楼等建筑修缮。持续开展“老外@Chongqing·体验非遗”主题外宣活动，新评定区级非遗项目5个。

六、大力开展宣传推广营销

在“双晒”第二季中荣获“最佳传播奖”，叫响“老巴县 最重庆”文旅推广语。打造“巴巴虎”IP品牌，开发设计“巴巴虎”系列文创产品，荣获“重庆好礼”旅游商品设计大赛银奖。联合举办重庆市第24届菊花展，举办2020中华山水茶道文化节、南温泉灯会、“七个一”休闲体验等一系列活动，推出3条精品旅游线路。“一机游巴南”微官网正式上线。通过参加文旅产业博览会，开展惠民消费季等活动，拉动全区旅游综合收入达127.73亿元。

七、加强文化旅游市场监管

守牢意识形态主阵地，圆满完成广播电视安全播出保障任务。全面整治重点景区、涉旅新兴景点等文旅市场秩序，扎实抓好旅游景区安全监管，保持规范有序、安全稳定的良好态势，全年无安全事故和重大旅游投诉事件发生。持续推进“放管服”改革，疫情期间文旅场所无感染事件发生。

BLUE BOOK OF CHONGQING

长寿区 2020年文化和旅游工作报告

长寿区文旅委

根据《重庆市文化和旅游发展委员会办公室关于征集〈重庆市文化旅游2020年度发展报告·重庆蓝皮书〉材料的通知》文件要求，现将我区2020年度相关工作报告如下：

一、文旅业重点项目有序推进

“十四五”文化旅游规划完成初稿，大洪湖旅游发展策划年底结题，长寿湖水上体育旅游综合体专项策划、五华山康养休闲国家级旅游度假区策划、云龟山西山旅游发展策划全面启动。区博物馆项目主体楼工程建设完工，区雕塑馆建设项目完成方案设计。大洪湖—五华山生态旅游区一体化开发稳步推进，争取“四山”管制地带旅游设施建设用地2500亩。万顺温泉小镇项目启动钻探，恒大长寿湖特色小镇项目，长寿湖东岸、西岸项目，云台蓝莓小镇项目等快速推进。智慧旅游服务平台、长寿区应急广播系统等文化旅游重点项目启动招投标。长寿湖民宿文化村建成投用，长寿湖欧瑞酒店年底开门迎客。

二、文体旅基础设施日趋完善

聚焦城市文化体育旅游功能设施改造提升。投入1000万元建成社会足球场9块、社区健身中心4个、社区健身点6个；投入1500万元完成区体育中心改造升级；投入100万元建成三段时移民综合文体广场；投入800万元全面启动晏家文化体育公园、养生花谷体育公园建设。新(改)建旅游厕所10座，新制作更换旅游导视牌31块。新增体育场地面积约10万平方米，人均体育面积达2.16平方米，新建彩色健身步道20千米，改建健身步道10千米，新建登山步道20.5千米，人民群众基本健身需求得到满足。

三、文艺精品创作亮点频闪

紧紧围绕全面建成小康社会、决战脱贫攻坚、建党100周年、疫情防控阻击战等重要时间节点，精品创作《那双手》《大爱无言》《中国气派》3首原创音乐词曲及MV在学习强国、华龙网、人民网进行展播，点击量超300万次。原创《争分夺秒》《火速救援》《一线天使》等抗疫主题文艺作品，深受广大市民好评。罗小松荣获重庆市首届德艺双馨文艺工作者称号。编辑发行《长寿文旅》《长寿游》《长寿旅游全攻略》，全面精准展示长寿旅游。拍摄非物质文化遗产专题片10部。成功举办重庆市第二届群众书法作品展、中国民歌表演艺术中青年人才高级研修班、第二届重庆山歌会、《燃烧的天才》王朝艺术分享会。积极筹备举办“脱贫攻坚 全面建成小康社会”美术、书法、摄影作品联展，长寿诗歌诵读节，陈重枢、邓刚邓强书画展。

四、公共服务效能全面提升

抢抓成渝地区双城经济圈建设战略机遇，签订广安、攀枝花文化旅游协同发展合作协议。深入推进“文图”两馆总分馆制建设，建成投用区首个公共文化服务超市，新建区政协、区林业局分馆2个。致力推动沙湾全民健身中心、北城文化艺术中心建设前期工作。加快推进凤城、晏家、新市、邻封等9个街镇公共文化服务超市建设。统筹推进公共数字文化工程建设，深化打造文化信息资源共享服务平台，数字资源达3000余个(容量7 T)。完成方志、族谱、票证及地方人士著述等征集工作，收录各类地方文献约500册次、数字化照片3000张。持续推进全国全民运动健身模范区创建工作，启动全国工业版画之乡、全国书法之乡创建工作，完成第五次全国文化馆评估定级工作。

五、文旅产业发展态势持续向好

修订出台《长寿区文化旅游发展专项资金使用管理（暂行）办法》，兑付2019年旅游营销奖励89万元。新增入库工业企业7家，净增产值超过10亿元。新增体彩销售网点8个，体彩销量5500万元。拜访四川惠众集团、伊犁佳阳房地产开发有限公司等意向投资企业8家。长寿湖—菩提古镇市级旅游度假区、长寿湖景区、菩提山景区、长寿古镇景区通过评定性复核。旅游资源普查最终成果通过市文旅委审查。“长寿好景抛沙画”“长寿湖屏风”文创产品入选重庆市政府外事礼品推介名录库。长寿慢城获评全市乡村旅游智慧旅游示范点。组织参加“渝广区县联动共推文化旅游惠民政策”活动，联手推出川渝旅游精品线路6条。区长“晒旅游精品·晒文创产品”大型文旅推介活动成效显著，长寿云上文旅馆上线运行。全年接待游客750万人次、过夜游客80万人次，实现旅游收入65亿元。

六、文旅体活动开展有声有色

成功举办第九届重庆市乡村文艺会演、第五届长寿区文化旅游消费季、长寿湖2020迎春灯会暨郁金香花展、《长寿宴》文旅项目审核推介会、菩提古镇2020啤酒火锅节等特色活动，持续做大“夜经济”。策划举办长寿区第二届全民健身运动会、慢城迷你彩跑、“全民嗨歌”活动、2020年天府国际旅游展及成都路演活动、长寿湖国庆节湖滨音乐节、百合花展等品牌活动。组织参加“成渝地·巴蜀情”2020重庆文旅大篷车巡游路演活动、2020“重庆好礼”旅游商品文创产品设计大赛等推介活动。持续实施文化惠民工程，组织开展文化交流活动203场、曲艺进校园进社区20场。积极备战重庆市第六届运动会，顺利完成青少年组基础体能测试。组织参加市级青少年体育赛事，全年共获29金30银32铜。

七、文化遗产保护利用不断加强

完成区博物馆展陈大纲、张家祠堂、戴氏祠堂历史建筑修缮方案编制工作。完成巴妇清墓葬保护性迁移复建工程、聂氏宗祠修复工程、扇沱王爷庙堤坝抢险工程。持续推动杨克明故居维修保护工程。重点打造非国有博物馆群落建设，推动三倒拐历史文化街区文博产业群打造。新增重庆市第一批优秀历史建筑5处、重庆市第三批历史建筑2处。完成辖区7处市级文物保护单位保护范围及建设控制地带划定。完成馆藏文物鉴定定级工作，全区三级以上国有馆藏珍贵文物达101件。印发《长寿区非物质文化遗产普查工作实施方案》，新公布区级非物质文化遗产22项、非遗传承人14人，新增市级非遗传承人2名。落实文物安全管护措施，签订文物安全责任书，加强文物安全巡查检查，累计出动巡查人员161人、巡查982次，其中区级文物保护单位154次、市级文物保护单位39次、未定级文物789次，下发整改通知4份。成功举办中国“文化和自然遗产日”主题系列活动、文旅消费季非遗文化赶场系列活动，文化遗产得到有效展示和传承。

八、文旅体市场监管规范有力

深化“放管服”改革，优化完善行政许可办事流程32项，受理办结行政许可申请事项23项，完成文化市场经营单位年检年报148家，清理注销僵尸文化市场经营单位许可证 26 家。结合“扫黑除恶”专项斗争，深入开展文化旅游市场秩序专项整治，加大文化市场综合执法力度，累计出动检查人员 950 余人次，检查经营单位 480 余家次，排查整治隐患 27 处，办结举报信访件 13 件，办结行政案件 5 件，约谈文化经营单位 8 家次，下达责令整改通知书 11 份，责令停产停业 1 家，查处接纳未成年人网吧 3 家，查处旅行社违规经营 1 家次，文化旅游体育市场健康稳定，全年无文化旅游安全事故发生。

江津区 2020年文化和旅游工作亮点

江津区文旅委

2020年，江津区按照市委对重庆文化旅游发展提出的“因地制宜、因势利导、突出重点、抓住关键、精准发力、久久为功”要求，着力做好“生态美、产业强、文化兴、百姓富”文章，围绕“要不够的江津”这一主题，整合资源禀赋，促进全域旅游提档升级，将江津打造为宜居宜业的都市休闲度假旅游区和山水人文城市。国家广播电视总局授予区文化旅游委2020年度基层广播电视统计工作优秀集体称号，国家广播电视总局授予区文化旅游委全国新闻出版广播影视系统先进集体称号，江津区获评重庆首个市级历史文化名城。

一、强基础、求实效，基层公共文化服务体系建设更加完备

一是基层公共文化设施不断完善。区博物馆于3月正式对外开放，已累计接待市民7.4万人次，建成“文图博”3个网上数字馆和特色文化资源数据库，拓展文化中心功能，推动文化服务中心与旅游服务融合发展，四屏镇综合文化服务中心在完善公共文化服务基本功能室的同时融入旅游服务功能，完成24座旅游厕所建设。二是文化艺术活动精彩纷呈。成功举办第六届中国诗歌节江津分会场活动，不断增强文旅热度，有力提升江津文化影响

力，荣获重庆市第九届乡村文艺会演组织工作奖，2020“欢跃四季·舞动巴渝”重庆市广场舞展演组织工作奖，“巴渝工匠”杯重庆市第二届非物质文化遗产技能竞赛优秀组织奖。三是文化遗产保护持续发力。总投资4479万元，开展全区文物保护修缮工作，实施石门大佛寺摩崖造像保护修缮工程、石门大佛寺摩崖造像保护利用设施建设项目、石蟆清源宫等文物保护修缮工程，继续开展石佛寺遗址考古发掘工作，目前完成考古发掘面积4600平方米，出土文物标本1700余件，落实文物安全保障工作，开展文物安全巡查工作，市级以上文物保护单位保护范围划定率达到100%。

二、出实招、求发展，文化旅游产业高质量发展

一是加快促进文旅产业复苏。严格落实市级层面20条政策措施，通过退还保证金等措施，减轻旅行社等行业经营负担。高效用好文旅行业高质量发展激励政策，持续壮大产业规模，新增文旅规上企业8家，总量达到29家，文化及相关产业增加值达30.16亿元，增速21.2%；旅游产业增加值实现19.3亿元，增速6.1%，文化软实力和综合竞争力得到有力体现，顺利举办中山古镇“千米长宴”、第六届中国诗歌节江津分会场活动等各类文化旅游活动36个，有力提升江津文化旅游影响力。2020年，江津区实现了全年近1300万人次的游客接待，旅游综合收入75.6亿元，旅游复苏回暖强劲有力。二是优化全区文旅产业布局。完成“1+3+N”全域旅游规划体系编制，推动四面山旅游特色小镇康养项目和文旅项目、鲁能美丽乡村、江小白村文创项目、奎星广场文化街区、万达广场项目等重点项目建设，打造了滨江路文化长廊，包装策划夏坝老工业遗址文化旅游综合体项目等文旅招商项目，积极对接新东方、方特集团等文旅企业，力争引入更多业态，做大江津文旅产业规模。三是提质升级五条精品旅游线路。启动蔡家中咀美食街、杜市花卉小镇打造，完善旅游标识标牌等旅游基础设施，推进蔡家高速服务区集散中心、10个旅游驿站等建设，开展四季文化旅游惠民消费季活动，有效推动文旅业经济发展，积极开展文旅扶贫工作，与对口帮扶的开州区建立了常态化互联工作机制，实现旅游资源互联互推，开展主播直播带货活动。

三、展风采、求突破，推动江津文旅纵深推进

一是深入挖掘文化旅游资源。积极开展“江津如何深挖地域文化资源培育文旅融合产业创新发展”专项课题研究，深入挖掘全区资源优势，成功创建石笋山、会龙庄、中山古镇等国家AAAA级旅游景区3个，骆崃山国家AAA级旅游景区1个。二是文旅融合乡村振兴不断加强。以文旅融合发展为前提，将农产品加工、市场化销售、休闲度假、乡村文化旅游有效结合起来，改变传统农业生产和经营方式，实现乡村发展、农民增收，有效推动乡村振兴战略的实施，2020年江津区当选为中国旅游出版社文旅融合典范，全市“双晒”活动获最佳传播奖，骆崃村、鲁能美丽乡村成功创建为重庆市智慧旅游乡村示范点，美樱花海获评市级乡村文化乐园。三是多方联动积极融入巴渝文化旅游走廊。以文旅互融为着力点，推进成渝地区双城经济圈建设，联动泸州等周边酿酒产业重地，打造酿造技艺非遗旅游线路，启动《双城经济圈发展研究》工作，签订重庆影视城（江津白沙）与成都影视城成渝影视双引擎战略合作框架协议，强化与邓小平、朱德、陈毅等共和国元勋旧居（博物馆）和红岩红色革命教育基地合作，通过一卡通、政策互惠等方式打造川渝精品红色旅游线路。

BLUE BOOK OF CHONGQING

合川区 2020 年文化和旅游工作亮点

合川区文旅委

2020 年，在区委区政府的坚强领导和市文化旅游委的精心指导下，全区文旅系统上下一心，抗疫情、抓重点、攻难点、夯基础，文旅事业呈现精彩不断、亮点纷呈的喜人局面。

一、文旅活动引爆新消费

参加重庆“双晒”活动，销售总金额突破 80 万元，合川区荣获最佳营销奖；开展“心城不破 · 河山新颜”事件营销、精心设计国漫版《合川旅游千里图》，持续举办全民健身、文旅惠民消费季和四季乡村旅游节会，用节会赛事、创意活动吸引人气、刺激消费。2020 年，全区游客接待量 1979.43 万人次，旅游综合收入 64.14 亿元，同比分别恢复 85.1%、91.5%。

二、文旅惠民实现新突破

区美术馆、钓鱼城诗书画院、“三馆”、体育馆、全民健身中心等分时段免费对外开放，30 个镇街“图文”分馆、综合文化站实现全覆盖；建成社区足球场 14 个、市级社区健身点 6 个、新（改）建旅游厕所 12 座；出版《合川历代旅游风情诗选》；全区创作抗疫、乡村振兴等主题文艺作品2000余件，开展各项文旅体活动2400余场次，公共文体设施面积超过10万平方米，免费或低收费开放率达100%，15分钟文体生活圈在城市社区基本形成。

三、文物保护展现新作为

完成2300组文物的采集、登录工作；争取文物专项资金1036万元，开展钓鱼城遗址保护利用设施建设项目环境整治工程等8项文保项目；向国家文物局上报了钓鱼城范家堰遗址保护及展示等文保项目立项书3项；建成市级非遗传承教育基地4个、非遗生产性保护基地3个。

四、区域协作取得新进展

积极融入巴蜀文化旅游走廊和“成渝双城经济圈”建设，创意策划文旅“大篷车”三巡进川、“巴蜀山水·乐游合川”2020成渝双城旅游形象推广大使选拔赛，启动摄制大型纪录片《嘉陵江》，与川渝毗邻市区签订了战略合作协议。

五、文旅产业值得新期待

“钓鱼城小镇”“草街渔村”等项目进展顺利；钓鱼城申遗与AAAAA级景区同创、“涞滩—双龙湖”大景区、涞滩古镇和龙多山景区提质项目稳步推进；钓鱼城合院、重棉四厂数字文化娱乐产业园等项目破题推进；三江游船增加新船型、新航线；文峰古街、财富广场等“夜游经济”初现雏形。

六、文旅融合迈上新台阶

图书馆、文化馆、钓鱼城、涞滩古镇、三江游船等场馆和景区实现数字化服务；乡村文旅项目解决就业 3275 人、带动脱贫增收 631 人；推动文化和旅游联动发展，打造精品文旅线路 5 条、文旅商品 30 余款，持续打响合川儿童画、合川龙舟、钓鱼城旅游文化节等文旅品牌。2020 年，全区在文艺创作、文旅营销、体育竞技等各项赛选活动中斩获市级以上奖牌、奖项 100 余项。

永川区 2020年文化和旅游工作亮点

永川区文旅委

2020年，永川区全年接待游客2415.24万人次，实现旅游收入163.89亿元，同比分别增长9.17%和15.64%。

一、工作开展情况

（一）优化完善规划体系，把握发展大方向

配合市文化旅游委、区发改委等开展成渝双城经济圈、巴蜀文化旅游走廊等系列课题调研；完成全区旅游资源普查工作，确定了旅游资源单体476个（其中五级2个，四级10个，三级60个），并建立旅游资源数据库；完成《永川区文旅体发展“十四五”规划》初稿编制，印发《永川区全域旅游发展规划》。

（二）加大文化供给力度，推动文旅大繁荣

一是大力举办群众活动。高水平承办重庆市第七届“海棠香国”美术作品展、重庆市第七届戏剧曲艺大赛，组织实施2020年永川区新年音乐会等10余场大型活动，完成政府购买公共文化演出504场。二是用心创作文艺精品。抗疫川剧小品《宅家记》作为重庆唯一代表剧目进京参加“群星璀璨都市风采”京津沪渝优秀节目展演；脱贫攻坚主题舞蹈《书记爸爸》荣获重庆

市第九届乡村文艺会演一等奖，入选国家文旅部主办的第十三届全国舞蹈展演。三是认真打造抗疫专栏。疫情期间共创作、制作和发布原创音乐作品《没有硝烟的战场》、舞蹈《团圆》等共计400余个，推送抗击疫情专栏133期。四是加强川渝文化艺术交流。泸州、永川、合川、荣昌、江津五地共同举办“成渝地·巴蜀情”——群星璀璨2020美术、书法、摄影作品展，与自贡举办两地川剧交流合作演出。五是推进文化设施建设。博物馆成功创建国家二级馆，全面完成智能IP应急广播系统建设并投用。

（三）强力抓好宣传营销，做响文旅大品牌

一是创新开展好新“双晒”活动。充分发挥我区特色和科技优势，认真组织开展“双晒”第二季活动，区长直播带货时近千万网友通过“直播+VR”云游永川，直播后15天累计点击播放量突破4000万人次，销售额近2300万元，新“双晒”获重庆市委宣传部评选的双晒“最佳营销奖”和新浪微博金图钉大奖的“整合营销奖”。二是加强重要节点营销。在渝州宾馆、雾都宾馆等重庆政务酒店和区内星级酒店、A级景区、高档商务宾馆摆放《永川旅游》杂志；同时以“永川非遗”为主题，在江北机场T3航站楼登机口等重要点位投放文旅广告，宣传永川豆豉、永川秀芽等国家和市级非遗。

二、2021年工作计划

深入贯彻落实陈敏尔书记调研永川重要讲话精神，纵深推进“产城景”融合发展，全力打造旅游景区提档升级工程、文化精品塑造工程和品牌活动人气工程，力争2021年接待游客2650万人次，实现旅游收入190亿元，同比分别增长10%和12%。

南川区
2020 年文化和旅游工作亮点

南川区文旅委

一、弘扬主流思想文化，现代公共文化服务体系更加完善

全新投用区文化馆、区图书馆，基层综合性文化服务中心、图书馆分馆、文化馆分馆实现乡镇（街道）全覆盖，编制出版《南川文旅》季刊杂志，举办大型公益性群众文化活动 30 余场，送流动文化服务进基层 268 场。

二、抓好文化传承保护，龙岩城申遗工作加快推进

完成龙岩城遗址考古挖掘 800 平方米，实施龙岩城遗址公园规划编制，尹子祠、张之选碉楼修缮工程加快推进。“三不加酱油传统酿造技艺”申报国家级非物质文化保护名录，创建市级非物质文化遗产传习所 1 个，评审出区级非遗项目 12 项、非遗传承人 15 名。

三、践行新发展理念，构建起景城乡一体化发展新格局

东街一期建成并成功开街，不断丰富和优化业态布局，成为景城乡发展

的重要连接点。大观原点建成开放，统揽提升“十二金钗”大观园休闲农业和乡村旅游。发挥金佛山核心作用，打造集自然颜值与文化内涵于一体的一流 AAAAA 级景区，山王坪、金山湖、神龙峡等景区实现差异化发展。

四、做强文旅产业，加快文化旅游高质量融合发展

成功举办博鳌康养文旅论坛金佛山峰会，推进康养物业建设，2020 年全区康养度假物业销售面积 17.04 万平方米，销售金额 12.81 亿元，康养产业一炮打响。组织文旅产品参加“重庆好礼”大赛取得 1 银 2 铜的好成绩，特珍方竹笋、金山红红茶入围重庆“外事好礼”，合香香坐垫荣获“2020 年中国旅游商品大赛”铜奖。

五、基础设施更加完善，公共服务水平进一步提升

完善旅游交通标志标牌 150 余块，推进建设旅游厕所 13 座，金佛山景区、神龙峡景区成功创建重庆市智慧旅游示范景区，规划投资 9000 万元的金华城市体育公园开工建设。全面加强文化旅游市场监管执法，全市旅游服务综合满意度调查中在主城都市区稳居前茅。

六、持续擦亮“金字招牌”，全面唱响“金佛山·福南川”

参加全市“双晒”第二季活动，充分展示南川“五好”“三富”文旅精品和文创产品，获得“最佳营销奖”。举办第十一届金佛山国际旅游文化节暨杜鹃花节、渝南黔北区域文旅联盟大会暨渝南黔北区域旅游文化节、金佛山冰雪节等 10 余场大型节会活动。2020 年，全区接待游客 2067.9 万人次，同比恢复 82.6%；旅游综合收入 85.5 亿元，同比恢复 81.8%（其中乡村旅游接待游客 1501 万人次，同比恢复 83.1%；乡村旅游综合收入 36.5 亿元，同比恢复 82.9%）。

七、加强成渝区域协作，“双城”旅游抱团发展进入新阶段

组织“巴蜀文化旅游走廊自由行”南川—都江堰双城互动首发仪式，举办重庆文旅大篷车四川巡游活动，联合四川友好城市进行宣传推介，共同推进市场开拓，加入“巴蜀世界遗产联盟”，金佛山景区获评“巴蜀文化旅游走廊新地标”。

BLUE BOOK OF CHONGQING

綦江区 2020年文化和旅游工作亮点

綦江区文旅委

一、以文化人"綦心"战"疫"

（一）冲出南州出"綦"迹

近30件作品跻身全国书法展、农民画展等市级以上平台，《窗外风景》在全国4000多幅作品中脱颖而出，荣获58幅中国美协入会资格并刊载在《人民日报》上。

（二）服务南州惠"綦"人

完成流动文化服务进村超过1200场次，为街镇购买公共文化演出84场次，惠及近50万人次。应急广播建设惠及205个行政村。

（三）创新南州显"綦"招

通过录制视频、线上健身等方式，创新开展全民健身运动会工间操、公益马拉松、围棋象棋等比赛，及公众号文化微课、非遗推介、公益讲座等200多期次，吸引10万人次关注。形成常设资源固定展示、新鲜资源每周推送、临时资源即时发布的数字化服务模式，有效弥补线下服务缺失。

二、文旅融合"綦心"发展

（一）巴蜀文化旅游走廊建设"綦"参与

与自贡、攀枝花签订发展战略合作协议，锚定盐业盐运、恐龙化石、三线历史、非遗民俗等共通文化资源，联动打造经典文旅品牌，协同做大文旅产业。綦江盐运博物馆、自贡社区艺术节、20多家县级以上川媒来綦采播、老瀛山景区10000张门票赠川客、文旅微信公众号互推、地方文献互展互阅等合作项目落地生根。

（二）綦万三化打造重要支点“綦”推进

以古剑山、横山、老瀛山、黑山谷、石林、东溪古镇、高庙等生态养生、乡村休闲、亲子研学作为重要节点，联合打造旅游精品线路。以非遗项目永城吹打·金桥吹打、两地崖墓与僚人遗迹等资源，推动文旅深度融合发展。策划綦万创新经济走廊温泉产业集聚区纳入《重庆市温泉产业发展规划(2020—2035)》统筹规划，吸引投资120亿元的中新·豪利生态健康城项目签约入驻。

（三）渝黔合作先行示范区“綦”落实

《长征国家文化公园(重庆段·綦江主体建设区)建设实施方案》通过审议，川、渝、黔“金三角”红色旅游经典线路初步形成，做亮“红色+”。落户綦江的中国僚学研究中心主办2020年学术年会、第五届渝南黔北历史文化研讨会、遵义綦江书画联展分别在贵阳、綦江举办，做强“文化+”。

BLUE BOOK OF CHONGQING

大足区 2020年文化和旅游工作亮点

大足区文旅委

2020年，在大足区委、区政府的坚强领导下，在重庆市文化和旅游发展委员会的正确指导下，大足区文化和旅游发展委员会（以下简称“大足区文化旅游委”）坚持以习近平新时代中国特色社会主义思想为指导，全面贯彻党的十九大和十九届二中、三中、四中、五中全会精神，抢抓成渝地区双城经济圈建设和全市“一区两群”协调发展，围绕全区“4433”总体发展思路，坚定不移推进“文化兴区”，着力擦亮大足石刻品牌，打造区域文化旅游休闲中心，文化旅游等各项工作取得可喜成绩。2020年全区共接待游客2500万人次，旅游总收入122亿元。大足石刻获评“巴蜀文化旅游走廊新地标”，大足区获评“2020年度中国文旅融合发展名区”。

一、精心谋划，全力推进大足石刻文化公园建设

（一）编制完成《大足石刻文化公园建设战略规划》初稿

委托清华同衡规划团队编制完成《大足石刻文化公园建设战略规划》初稿，围绕“一核、两带、三区、多点、全域”总体空间布局，明确将大足石刻文化公园打造成为世界文明交流互鉴的载体、中国传统文化传承的重要基地、石窟寺国家遗址公园的重要支撑、巴蜀文化旅游走廊的重要引领，将大

足打造成为游客到重庆行千里致广大的必游之地。制定《大足石刻文化公园三年行动方案》，明确了涵盖研究保护、基础建设、文旅产品、重点工作、宣传营销 5 大类 68 项重点任务和项目，预计总投资 304.5 亿元。

（二）加快推进大足石刻文化公园重点项目建设

大足石刻游客中心、重庆重汽博览馆等一批重点工程加快建设，十里荷棠·山湾时光形象初成。“天下大足”演艺节目深入策划。“新城·吾悦广场”大型城市综合体建设进展顺利，荷棠夜市、滨河路夜市街、蓝湖花街夜市三大集中区初具规模。大力推动存量空置房屋快捷改造成为旅游酒店工作，我区首批试点新改建 7 家酒店和民宿已全部纳入《重庆市利用城乡闲置房屋发展旅游民宿试点项目计划》。

（三）大足石刻文化 IP 影响大幅提升

整合全区文旅单位资源平台，常态化开展大足文旅宣传。联合人民网、百度、携程、美团、快手、抖音、微信等搭建新媒体矩阵，实现大足旅游信息和旅游产品推荐精准化。推进大足石刻“四百工程”宣传展示，“天下大足——大足石刻的发现与传承”在成都金沙遗址博物馆展出。推出“家国情怀·石刻绽放”——国庆中秋大足之旅专题报道，新华网第一天阅读量就达 96.8 万人次。精心举办第二届重庆大足川剧文化艺术节，与川渝 13 个市、区、县，文旅委、文联 11 名艺术家共同签署了中国川剧艺术家联盟、“金海棠”奖共建项目——“川剧艺术家”战略合作协议书。冠名上海局高铁列车广告，推进大足石刻品牌全方位深入对接长三角消费市场。“中华之美”首届世界文化遗产“大足石刻”主题摄影展览在北京北海公园“红墙影廊”精彩亮相。

二、联动协同，持续深化巴蜀文化旅游走廊建设

（一）落地合作规划，融合发展促共赢

务实推进资阳、大足文旅融合发展示范区建设，在规划衔接、基础设施、文旅融合等 10 个方面开展合作，共同编制《资阳、大足文旅融合发展示范区建设总体方案》，总体方案已通过两地政府审议，并向各自省市政府上报，示范区总体规划编制进入实质性阶段。

（二）深化交流互动，建立联盟促共建

与四川省资阳市、乐山市、自贡市、眉山市等7个市（县）签署了文旅发展合作协议，与乐山市、资阳市联合发起成立了“巴蜀世界遗产联盟”“巴蜀石窟文化旅游走廊联盟”，签署石刻艺术文化精品旅游线路产品推广联盟合作协议。推动成立了双城经济圈图书馆、文化馆、博物馆行业联盟，携手培育“成渝地·巴蜀情”区域文化活动品牌。

（三）务实惠民举措，联动发展促共享

扎实推进游客互认、门票互惠、宣传互动、线路互通，大足石刻景区向四川籍游客提供3万张赠票，实施四川市民半价游大足石刻优惠政策，推出“眉山·家庭套装体验”，开通大足—眉山“巴蜀文化旅游巴士”、大足—安岳跨省公交线路。与眉山、成都等地联合开展城市营销，互相介绍文旅资源，互邀参加文化旅游活动5场次。

三、提质增效，文旅体事业产业繁荣发展

（一）公共文体服务提质增效

27个镇街309个村（社区）基层综合文化服务中心实现全覆盖，建成300户文体中心。深入推进文化馆、总分馆制改革，召开大足区文化馆、图书馆第一届理事会大会。全区公益性文化、体育场馆全部向市民免费或低收费开放。开展专题辅导培训、群文活动211次，为基层服务点配送更新图书5000本，全年实施政府购买公共文化服务963场，服务群众7.9万人次。区文化馆创建国家一级文化馆通过市级初评，区图书馆、美术馆在2020年免费开放绩效评估中被评为一等绩效单位，全区应急广播体系（一期）建成投用。大足石雕入选国家级非遗代表性项目，大足石刻博物馆获评国家一级博物馆，原创音乐舞蹈诗《足行天下》成功首演，《重庆国家级非遗学术丛书》（大足卷）——《宝顶架香庙会》完成初稿。

（二）旅游服务能力显著增强

实施宝顶山核心景区封闭围合管理，优化和调整景区游览动线，整合各职能部门力量集中开展大足石刻景区旅游市场综合整治，全面提升景区形象

和服务水平。大足石刻游客中心启动建设，开通石刻旅游公交专线。推动大足旅游“数智化”，实现游客通过 VR 技术“云上游石刻”功能，大足石刻景区、龙水湖旅游度假区获批列入重庆市第二批智慧旅游景区名单。重点推进四季香海、五彩田园、老家·观音岩、棠香人家等景区景点建设，新推介“十里荷棠·山湾时光”、雍溪镇花卉基地等 10 个市级休闲农业与乡村旅游示范点。总投资 1265 万元，建成旅游厕所 6 座，龙岗街道观音岩村获选第一批全市乡村旅游重点村，高质量完成全国旅游监管服务平台、旅游假日经济及旅游接待数据的报送和发布，完成全区旅游资源优良资源入库、三维数据采集，指导隆平五彩田园、香国公园、雍溪老街等景区创建 AAA 级景区，持续开展旅游景区市场整治，进一步优化旅游综合环境。

（三）文旅体产业发展深度融合

对 19 家涉旅单位给予优惠政策及配套资金支持总计 115 万元。大足石刻文创园建设项目稳步推进，引进企业 137 家，引资 100 亿元，成功入围国家级文化产业示范园区创建单位和重庆市政府十大文旅项目。开展大足石刻景区沉浸式线上游戏设计运营。推动徒步、骑行、漂流等户外运动产业和武术、舞龙舞狮等传统体育产业，积极筹备举办“大足石刻杯”系列自主 IP 赛事。2020 年，全区文化产业产值 21.2 亿元，占 GDP 比重 3.03%；增加值增速 9.3%，列全市第 7 位；文旅项目投入增速 39.3%，列全市第 1 位。

璧山区 2020 年文化和旅游工作亮点

璧山区文旅委

2020 年，璧山区文化和旅游深度融合、互促共进的态势逐步彰显，主要表现在：

一、文化事业繁荣发展

2020 年，我区文化工作成效明显：“璧山鼓韵”获“奋进新时代·共圆小康梦”第九届重庆市乡村文艺会演一等奖；璧山区文化旅游委廖学东同志拍摄的作品《疫情卡点值守人的一天》荣获全市网络正能量摄影（相机）“一等奖”；以传唱中华古诗词歌曲为核心，打造龚琳娜璧山少儿合唱团，受邀参加央视《经典咏流传》、湖南卫视《我是歌手》等栏目演出；疫情期间，广泛发动全区文艺爱好者，围绕“万众一心战疫情”、乡村振兴、脱贫攻坚等主题开展文艺创作，共创作诗词楹联 343 首、散文 6 篇、歌曲（含 MV）15 首、曲艺 5 个、舞蹈 1 支、美术 244 幅、书法 60 幅、摄影 224 幅、非遗作品 22 件。歌曲《风雨同舟》、舞蹈《武汉你好》先后在国家级平台《中国网》《中国舞蹈》《舞蹈中国》和省市级平台《重庆发布》《长江日报》上发表；引进《草鞋县令》《秘境云南》《奥特曼宇宙之光》《侏罗纪时代》等 7 场国内外精品剧目在文化艺术中心大剧院演出；国庆期间，举行“1+3”系列活动，引进首届大学城（西区）音乐季来我区演出。

二、产业发展有规可循

完成《"重庆璧山小城故事文化生态旅游区"创建国家AAAAA级旅游景区提升规划方案（送审稿)》《"十四五"文化体育旅游产业发展规划（初稿)》，协助完成《璧南农文旅产业生态区专项规划》《重庆璧山国家农业科技园区总体规划》初步成果，启动《璧西国际体育产业生态区专项规划》《市级全域旅游示范区创建策划》，优化文旅产业发展空间。

三、市场主体逐渐夯实

完善湿地公园水生态馆旅游功能，配合区商务委评选星级农家乐3个，培育重庆璧游观光旅游股份合作社联合社等市场主体5个，支持林溪时光、丁家街道瓦窑湾民宿、大路街道三担湖民宿集群基本形成，做好点状征地第一批4个乡村旅游项目试点的指导和监管。璧山游客之家·璧山好礼体验馆顺利投用，展陈、售卖璧山旅游商品、文创产品；开设4个扶贫专柜，实现市级贫困村璧山丁家三五村的儿菜干、红豆花、三合二郎村的青花椒、茶叶等销量约100万元，完成销售和代购璧山区扶贫产品280余万元，开州区扶贫产品近480万元，带动旅游消费近300万元，助力璧山、开州脱贫攻坚；搭建惠游重庆璧山云上文旅馆、璧游网O2O电商平台，实现线上线下无缝衔接。全区189个村，449个休闲农业和乡村旅游扶贫基地大力开展乡村旅游活动，丰富了旅游市场。

四、招商引资稳步推进

成立区文化旅游招商小组，完善区文化旅游业发展工作组组织架构和议事规则，累计完成各类签约金额8.82亿元。山地水乡文旅项目、全景电影小镇、茅莱山都市田园公园"彩云山社"项目等10余个招商项目序时推进。"重庆璧山小城故事旅游区"国家AAAAA级旅游景区创建有序推进，秀湖公园AAAA、体育公园加快推进，枫香湖儿童公园等景区化提升稳步推进，

五、文旅融合统筹推进

一是宣传营销有声有色。参与2020重庆（国际）文化旅游产业博览会，荣获银奖1件和铜奖2件，入选外事礼品名单2件。参与2020“晒旅游精品·晒文创产品”系列活动，开发建设璧山区“云上文旅馆”并上线运营，吸引超过150万名网友点赞。牵头举办2020中国教育电视台跨年盛典、“成渝地 巴蜀情”系列活动——第二届冻龄女神文化节暨小区文化基地授牌仪式、2020中国重庆房车露营展览会、2020璧山好礼评选暨第五届重庆文化旅游（璧山）消费惠民活动等，举办国庆、中秋双节“1+3”系列活动，承办文化和旅游部第十七期产业精品项目及招商项目对接会，云雾山樱桃节、璧山葡萄采摘节将实现线下活动到线上推广，西部动漫节、大学城西区音乐季、秀湖水街（国际）非遗手艺特色小镇开街及国潮系列活动充分展示了璧山的魅力与活力。参与区外宣传推广10余次，加强与《中国旅游报》、重庆报业集团、新浪网、华龙网、璧山融媒体等合作，成功推出50余条信息。初步完成文化旅游资源普查工作，改换、新增旅游指示牌6块，实现《文旅璧山》（原《璧山旅游》）杂志提档升级，推进“璧山好礼”品牌包装升级，成功推出状元和戏剧兔小雅、兔小儒、璧邑八景茶具、璧山兔等旅游商品及文创产品等10余件，打造红豆花、儿菜干等扶贫产品。推出科技游，亲子游，康养旅等一、二日旅游产品，增加旅游的参与性、体验性。二是智慧旅游成果丰硕。整合升级璧山旅游智慧旅游平台上线“璧山文旅”微信公众号，“全景璧山”璧山景区VR体验试运行。璧山区“云上文旅馆”“璧山旅游大数据监测平台”上线投用；一码游璧山小程序进入开发测试，“扫一扫”等智慧导览系统覆盖秀湖公园、观音塘湿地公园、秀湖汽车露营公园、东岳体育公园、枫香湖儿童公园等大公园，持续推广400余处本土历史文化、全方位推送璧山“吃住行游购娱”旅游全要素。

铜梁区 2020 年文化和旅游工作亮点

铜梁区文旅委

2020 年，是铜梁区文化旅游工作取得长足发展的一年，在市委、区委的坚强领导下，在各级部门大力支持下，铜梁区文化旅游委围绕“原乡风情·大美铜梁”的目标定位，着力打造中华龙文化旅游名城，积极融入双城经济圈建设，文化旅游工作取得可喜成绩，全体文旅人干事创业的激情进一步增强。

一、铜梁均等化服务水平全面提升

公共服务工作全面融入社会治理、乡村振兴、经济发展，全区 28 个镇街 333 个村社综合文化服务中心升级建设实现全覆盖。我们深度挖掘红色资源，高标准打造少云故里，努力建成全国、全市知名红色教育基地和研学旅游基地。我们的文艺工作者走进镇村，全区开展流动文化服务进村活动 1218 场次，惠及 42.94 万人次。我们高标准、高质量地举办全市广场舞展演、2020 重庆铜梁“爱在西郊·与你铜行”骑游活动、2020 重庆铜梁原乡风情马拉松。举办各类文艺培训、展演、协会赛事活动 1300 多场次，城乡公共服务均等化迈上新台阶。

二、铜梁龙文化产业蓬勃发展

铜梁区被中国民间文艺家协会命名为“中国龙灯龙舞文化之乡”，铜梁龙灯彩扎成功入选第五批国家级“非遗”名录，铜梁龙灯彩扎车间被中国民间文艺家协会评为“彩扎制作扶贫车间示范项目”。重庆铜梁中华龙灯艺术节成为带动产业发展的响亮品牌。我们建成8个龙灯彩扎基地，开发龙灯系列产品120余种。发展龙舞龙灯制作厂（场）10余家，引进特色文化经营业主300余家，组建龙舞队伍260余支，培育专业龙舞艺术表演团队30余个，建成4个市级贫困村龙灯彩扎基地，开发特色文创产品100余种，形成集龙灯彩扎、销售和龙舞培训、展演、龙文化产品、文化旅游为一体的“一条龙”产业链。

三、铜梁全域旅游开启新篇章

安居古城创建全国最佳旅游目的地景区稳步推进，玄天湖景区成功创建国家AAAA级旅游景区。以做景区的理念来建城区，玄天秀水生态画廊、原乡中央公园、儿童乐园惊艳亮相，按照“国际都市后花园”“产城景”一体要求，生态宜居新城逐步建立。精心打造文旅乡愁牌，精准发力乡村旅游，“西郊原乡”“周末到铜梁”营销品牌全面打响。西郊花语悠游谷破茧蝶变，“西郊”成为亮丽品牌，建成乡村会客厅8个，打造精品民宿8家、精品农家乐23家。土桥镇六赢村被国家文化和旅游部评为“全国乡村旅游重点村”，南城街道黄桷门村被重庆市文化旅游委评选为“重庆市乡村旅游重点村”，铜梁西郊花语悠游谷获评“成渝双城经济圈·2020最受欢迎目的地”，铜梁西郊绿道喜获重庆市“体育旅游精品线路”。2020年全年全区接待游客总人数1038万人次，同比增长5.2%，旅游总收入45.36亿元，同比增长8%。

潼南区 2020年文化和旅游工作亮点

潼南区文旅委

2020年，潼南区统筹做好灾后重建、疫情防控和经济社会发展，相继出台《关于新形势下推动服务业高质量发展的实施意见》《关于推动潼南区文化和旅游产业高质量发展的实施方案》《关于加强文物保护利用改革实施方案》《关于加快推进涪江休闲旅游度假区建设行动方案（2020—2025）》等政策文件。

一、全面推进复工复产

3月6日尝试开放陈抟故里菜花景区后，陆续开放辖区内重要景区景点、体育场馆、文化娱乐场所。5月召开了潼南区推动服务业（文化旅游体育产业）高质量发展大会，着力推动文化旅游高质量发展。

二、努力推进文旅产业繁荣发展

新增2家文化旅游规上企业。建成投用劲力酒店、涪江酒店等4家高品质酒店。陈抟故里景区成功创建国家AAAA级旅游景区。“太安休闲农业旅游度假区”成功创建“市级旅游度假区”。双江古镇、大佛寺景区、杨闇公故里景区、陈抟故里景区被创建为“重庆市智慧旅游示范景区”。香水百荷田园综合体成功创建为“市级乡村文化乐园”。按照国家级旅游度假区标准，启动建设涪江旅游度假区环江 50 千米旅游公路、元福里文旅小镇水上运动中心、万达文旅综合体等项目，大力打造涪江休闲旅游度假区。

三、加强文化遗产保护利用

启动建设潼南历史博物馆；稳步推进大佛寺、独柏寺、千佛寺三个全国重点文物保护单位的修缮工程、消防工程；打造双江古镇文创街，引进国家级非遗项目“花丝镶嵌”入驻，促进文旅融合发展。

四、多举措拉动文旅消费升级

提档升级隆鑫、外滩、子同街三大商圈，开通“涪江风情游”并获评市级体育旅游精品线路，点亮夜经济，释放消费新活力。做亮做响“花漾潼南”“水韵潼南”“田园潼南”“乡愁潼南”四大系列节会，成功举办陈抟故里十三届菜花节、涪江龙舟赛、潼南涪江半程马拉松、文化旅游惠民消费季等 20 余个节会赛事活动。

五、持续深化区域合作发展

积极推进遂潼一体化发展，联合遂宁举办“2020 中国休闲度假大会”，实现景区门票互惠，精品文艺节目互相送演，宣传资源共享；加强区域联动，赴川渝两地参加 20 余次城市宣传推介会，推出“名胜古迹游”“美丽乡村游”等 10 余条惠民利民的精品旅游线路。

BLUE BOOK OF CHONGQING

荣昌区 2020年文化和旅游工作亮点

荣昌区文旅委

荣昌区致力于厚植丰富的历史文化资源，狠抓双城经济圈战略机遇，融入巴蜀文化旅游走廊建设，逐渐形成“游古镇、品非遗、享美食、健身心”的文体旅融合发展态势。2020年共接待游客817.78万人次，同比上升16.63%，旅游总收入42.38亿元，同比上升39.91%。

一、筑牢公共服务基础，提升群众幸福获得感

（一）公共文化服务体系不断健全

持续深化公共文化服务示范点建设，配置图书、文艺培训、文艺演出等服务，丰富群众文化生活；完成镇街综合文化服务中心提档升级，新建文化中心户27个，共建成文化中心户163个，实现基层文化阵地全覆盖。

（二）应急广播建设全面完成

共建成区级平台1个、镇级平台21个、村级平台141个，安装终端2712个，实现全天候、全方位、全时段的预警信息发布和政策宣讲。

（三）群众文化活动精彩不断

持续深化“书香荣昌”“印象荣昌”“欢乐荣昌”“运动荣昌”品牌活动，开展送流动文化进村368场，为镇街送演出63场，开展戏曲进校园21场，市级文艺院团送演出进基层10场，惠及群众20余万人次。

（四）文化志愿活动深入基层

组织志愿者积极开展“巧手云集”荣昌区非遗工坊线下培训、“志愿服务巴士”进基层等志愿服务活动，全年共注册志愿者203人，累计服务时长超1.15万小时。

二、保护传承文化遗产，彰显城市文化影响力

（一）文物保护扎实有力

高标准完成文物库房建设，实行全区可移动文物保护科技化、规范化、标准化。成功申报市级文物保护单位2处。划定市级文物保护单位核心保护范围与建控地带12处，普查石刻石窟寺资源19处。深度挖掘荣昌历史文化资源，拍摄《荣昌有文化·荣昌文物故事》文博类专栏节目12期。

（二）非遗传承成果显著

成功申报5处市级非遗传习所。制定出台《荣昌区区级非遗代表性传承人认定与管理办法（试行）》，2020年全区非遗传承人共荣获各类国家级奖项30余个，其中金奖5个。

（三）校地共建非遗平台

与西南大学社会科学处签订战略合作协议，共建西南大学荣昌区非物质文化遗产研发中心。与四川美术学院合作建成四川美术学院驻重庆荣昌传统工艺陶工作站，为非遗传承提供新路径。

三、夯实基础强化营销，培育文旅经济增长点

（一）景区配套逐步完善

新增全国乡村旅游重点村、市级乡村旅游重点村各1个。万灵古镇通过AAAA级旅游景区评定性复核。配套完善旅游公共服务设施，全区A级景区建成“视频监控、票务预约、客流监测”智慧系统，新建旅游厕所25座。

（二）重点项目稳步推进

旅游固定资产投资 49.96 亿元，同比上涨 26.64%。实施旅游重点项目 10 个，总投资 4.7 亿元。

（三）规上企业快速发展

全区 38 家文化产业规上企业呈现较大幅度增长，文化产业增加值 27.65 亿元，占全区 GDP 的 3.9%，增速 18.3%。

（四）营销活动拉动人气

策划“双晒”第二季活动，点赞数超过 200 万次，卖出货品超过 264 万件，全口径销售额约 1.05 亿元，获全市“最佳推广奖”。成功举办 2020“重庆好礼”旅游商品（文创产品）设计大赛，荣获 14 项大奖，成功入选外事礼品 7 件，活动期间累计接待游客约 8 万人次。开展荣昌旅游攻略大赛、荣昌有要事、旅游大篷车等系列文旅活动，不断激发文旅市场消费活力。

四、加强区域协同发展，积极融入成渝地区双城经济圈建设

紧扣打造巴蜀文化旅游走廊重要节点城市目标，与毗邻区县开展文体旅项目合作，签订双边或多边协议 12 个，组织文体旅交流活动 35 次，推动成渝地区双城经济圈文化体育旅游协同发展。

BLUE BOOK OF CHONGQING

开州区 2020年文化和旅游工作亮点

开州区文旅委

2020年，开州区共接待游客1100万人次，实现旅游综合收入65亿元，完成文旅产业招商引资17.3亿元。汉丰湖成功创建市级旅游度假区；滨湖公园中段成功申报市级体育公园；开州博物馆成功创建国家AAA级旅游景区，紫水龙头嘴成功创建国家AAAA级旅游景区；荣获全市“晒旅游精品·晒文创产品”活动“最佳创意奖”；胡晓召入选全国乡村文化和旅游“能人”。

一、全域旅游发展氛围更浓厚

出台《开州区全域旅游奖励扶持办法》，制发《2020年开州区“创A添星”工作方案》《开州区研学旅行实施方案》《开州区研学旅行示范基地认定办法》，集结完成《开州区与渝川陕鄂54个市区县文化建设和旅游发展比较研究》，设立旅游发展专项资金，旅游发展氛围日益浓厚。

二、文旅重点项目推进更快速

引资141亿元的汉丰湖国际生态文旅度假区项目有序推进；温泉古镇项目总体规划及古街、古泉、古道完成专项规划设计；建成区党建图书馆、15块社会足球场；启动马扎营康养旅游度假区专项规划编制；启动上九登高民俗文化园建设；汉丰湖极限运动中心、汉丰湖滑翔运动基地落户开州。

三、公共文体服务供给更丰富

全区农体工程覆盖率达82%，社区健身点覆盖率达76%，人均体育场地面积达1.53平方米；开展“快乐星期六”志愿服务230次，文化物联网申请及配送150次，群众文化云平台访问量达到140万次。参加市级及以上体育赛事，获得金牌5枚，银牌5枚，铜牌5枚。

四、旅游宣传营销亮点更纷呈

开州《区长直播带货》《云上文旅馆》在全市首推上线，中央、市级媒体报道开州“双晒”39篇，推出旅游精品线路4条；播出《开州文旅在线》旅游节目19期；成功举办汉丰湖农民龙舟赛、雪宝山第四届森林露营音乐节、汉丰湖首届电音节等大型赛事活动30余场，惠及群众500万余人次。

五、文化旅游区域协作更紧密

万达开三地共同签订“1+3”战略合作协议，联合举办3场主题活动，推出4条跨区域精品旅游线路；前往上海、四川、重庆等地开展文旅推介15余次；开展璧山消费扶贫，璧山区1.5万市民畅游开州，拉动扶贫旅游消费近300万元。

梁平区 2020年文化和旅游工作亮点

梁平区文旅委

2020年梁平区实现文化产业增加值14.1亿元，占GDP比重2.9%；旅游产业增加值19.3亿元，占GDP比重3.9%；文旅发展质效考核排名渝东北同考核组第一。全年共接待海内外游客1060.39万人次，实现旅游总收入53.16亿元，同比分别增长8.04%，16.18%。

一、高标准提升文旅发展质效

精心实施双桂堂历史文化陈列馆、少儿图书馆、应急广播系统等重点项目；启动巴蜀非遗文化产业园、赤牛城宋元（蒙）文化遗址公园等重点项目建设，协助完成都梁大剧院前期设计工作。建成投用猎神三巷、老鹰窝民宿、蝴蝶谷等景点4个，发展明月山·明月汇、墨林别院、梁山驿、寿海竹楼、竹韵山庄、洞湾等特色民宿近100家。全年国家级、市级、区级三级非遗保护名录突破百项，居全市前列；全市旅游服务综合满意度和旅游管理服务水平均排名渝东北三峡库区城镇群第二名。新编排梁山灯戏《西郭先生》获第九届重庆市戏剧曲艺大赛戏剧类一等奖。

二、高质量唱响文旅活动品牌

大力提升“山水田园·美丽梁平”旅游品牌，精心组织参加全市“双晒”活动，获最佳传播奖，成功举办第三届长江三峡（梁平）晒秋节、2020年中国农民丰收节长江三峡（梁平）庆祝活动、2020年第三届长江三峡（梁平）国际柚博会等3大重要活动，致力于将其打造为三峡品牌旅游节会。百里竹海成功创建市级旅游度假区，猎神村入选全国乡村旅游重点村，梁平成功入选2020年度中国乡村旅游发展名县（区）案例，滑石村、龙滩村入选首批市级乡村旅游重点村。有“陈意·柚汁”荣获2020中国特色旅游商品大赛金奖，“明月山·百里竹海民宿回归之旅”入选全国100条精品旅游线路，“梁平猎神三巷”入选首批重庆最美夜景打卡地，“梁平双桂湖城市湿地公园夜游线路”入选首批重庆最佳夜游线路。联合川东北、渝东北毗邻区县，共同举办2020明月山民宿消费季、乡村振兴·百里星宿、川渝东北啃秋、“夜竹海·潮生活”乡村音乐会等系列主题节会活动，拉动综合消费近20亿元。

武隆区 2020年文化和旅游工作亮点

武隆区文旅委

2020年，全区接待游客3701.02万人次，旅游综合收入180.02亿元。

一、旅游扶贫成绩斐然

旅游扶贫带动全区3.1万户、10万余名农民脱贫致富，消除贫困村48个、贫困人口3万余人。我委被区委、区政府评为“脱贫攻坚先进集体”。武隆旅游扶贫模式，第二次被世界旅游联盟作为减贫案例给予推广。

二、文旅产业逆势上扬

芙蓉江景区成功创建为国家AAAA级旅游景区。建成飞天之吻、博象美术馆、树顶漫步、归原小镇等重点文旅项目，仙女山机场实现首航。阳光童年、乌江博物馆、非遗中心、美术馆等项目加快推进。成功招商签约项目4个，签约额23亿元。文旅项目完成固定资产投资30亿元，新培育规上文化企业8家。

三、公共服务持续改善

全区开展流动文化进村 1438 场次。新建社区健身站点 4 个、农民体育健身工程 4 个、24 小时自助图书馆 1 个、乡镇综合文化服务中心 2 个、研学工场 2 个。新改扩建旅游厕所 13 座，全部旅游厕所完成电子地图上线工作。完成全区应急广播系统和地面数字电视无线覆盖工程建设。仙女山游客中心入选文化和旅游部首批公共服务机构功能融合试点单位。

四、文化遗产保护有力

落实文物安全责任 1510 处，完成和平中学旧址等 7 处市级文物保护单位的“双线”划定工作。新建后坪坝苏维埃政府遗址史迹展馆一座，成功申报重庆市非物质文化遗产传习所 3 个，区非物质文化遗产展厅实行对外免费开放。武隆博物馆被核定为国家三级博物馆，被重庆市文物局评为 2020 年抗疫期间优秀网上博物馆。

五、乡村旅游加速发力

沧沟大田湿地人家、火炉纳溪原乡、芙蓉街道堰塘等乡村旅游点相继开园迎客。优化调整了 5 条乡村旅游精品线路，涉及 20 个乡镇（街道）、38 个主要的乡村旅游点。后坪乡文凤村、芙蓉街道堰塘村成功创建第二批全国乡村旅游重点村，火炉镇保峰村成功创建第一批市级乡村旅游重点村。

六、活动开展精彩纷呈

成功举办重庆广场舞大赛武隆区分赛、仙女山马拉松比赛、文艺惠民消费季等各类大型文体旅活动 20 次，中小型活动 150 次。仙女山绿色发展国际论坛、仙女山草原露营音乐节等品牌活动热度不减，乡村旅游节庆活动丰富多彩。音乐节目《怕你人乖心不乖》荣获2020年重庆市第九届乡村文艺会演一等奖。

七、市场营销扎实推进

“双晒”活动获最佳传播奖。武隆区参加各种节会、举办宣传推介活动10余次。与九寨沟县、遵义市签订文旅合作协议，与乐山市缔结友好城市，与大邑县西岭雪山缔结姊妹景区，与170余家“巴蜀文化旅游走廊”旅游景区资源共享互推。共建“渝东南旅游联盟”等旅游协作组织，“武隆南川”一体化发展上升为市级战略。

八、行业监管全面加强

文化旅游市场整治全面开展，调解游客与旅行社合同纠纷7件，办结游客投诉14件，办结文化行政处罚案件12件。意识形态监管从严从紧，疫情防控常抓不懈，全区无一例旅游安全事故和有效投诉。

城口县
2020年文化和旅游工作亮点

城口县文旅委

2020年，城口县退出国家扶贫开发工作重点县。近年来，城口县以创建全域旅游示范县为目标，把文化旅游元素融入基础设施建设、生态林建设、村庄规划等方面，扎实开展脱贫攻坚工作，带动贫困户脱贫增收。同时不断强化精神扶贫，为16个易地扶贫搬迁安置点配送了一批文体设备，持续开展送文化下乡等活动。依托县文化馆、县图书馆、县纪念馆累计开展文化艺术类展览、讲座、辅导、培训活动120余场次，不断满足贫困群众精神文化需求。截至目前，成功创建AAAA级景区1个、AAA级景区2个、乡村旅游集群片区7个、景点50余个，2020年旅游接待人数387万人次、旅游综合收入8.1亿元。

一、加强政策保障，刺激文旅市场快速复苏

2020年因疫情，旅游业受到影响。城口县先后出台了《城口县旅行社组团奖励补助暂行办法》《山东游客城口旅游奖励补助暂行办法》《城口县2020年文化旅游精准扶贫专项行动方案》等文件，对旅行社、自驾车俱乐部发团城口和旅游企业参加旅游节会活动、乡镇为贫困户设立展销展位等行为提供财政补贴，以刺激旅游市场尤其是疫后旅游市场的快速复苏，提升旅游脱贫能力。

二、持续完善文化硬件设施，大力开展群文活动

（一）纵深推进文化惠民工程

完成鸡鸣、沿河两个深度贫困乡文化“三建六送”任务，建成全县标志性综合文化服务中心，为78个村（社区）、部分易地扶贫搬迁安置点及重点景区配置了音响、投影仪、腰鼓等文化设备，新建城区图书流通点2个，投入30万元建成县图书馆武警分馆。全面推行预约点单服务，首次实现送流动文化下乡（戏曲进校园）活动的按需配送。累计配送150场优秀节目到各乡镇（街道）、村（社区）及部分中小学校，宣传弘扬了中华优秀传统文化。县城公共文化馆所及乡镇（街道）文化服务中心实施免费开放，年服务群众20余万人次。

（二）组织开展文艺创作工程

结合第九届“消夏养生节”“中国农民丰收节”2020年城口广场舞展演等大型活动开展文艺演出，各项演出活动主题明确、内容丰富、效果良好。积极组队参加“奋进新时代·共圆小康梦”第九届重庆市乡村文艺会演等活动，荣获“奋进新时代·共圆小康梦”第九届重庆市乡村文艺会演三等奖、“优美队伍”奖。

三、扎实推进东西扶贫协作工作

认真落实市县两级要求，加强组织领导，扎实推进东西扶贫协作，建立健全了协作机制，推动了文化艺术、旅游商品、招商引资的双向交流。临沂市文旅局赠送城口书画作品100幅、歌曲19首，估价人民币40万元。举办了沿河鸡鸣夏布培训班，培训建卡贫困户20人，实现就业12人。与九龙坡签订了对口扶贫合作协议，多次为城口搭建宣传平台，辖区内A级景区、星级酒店等对城口籍游客提供门票、住宿优惠等。

丰都县
2020年文化和旅游工作亮点

丰都县文旅委

一、加强景区品牌建设，提升了景区品质

南天湖景区成功创建为国家级旅游度假区，推动丰都旅游上新台阶。大名山景区积极引入“科技＋文化”，打造文化旅游体验项目，稳步推进创建国家AAAAA级旅游景区。九重天景区打造“网红”打卡地和森林避暑度假产品，与山东公司合作做大研学旅游项目。雪玉洞景区实施外部环境整治，成效显著。龙河（丰都段）打造全国示范河湖，完善了旅游配套设施，成为我县全域旅游发展新亮点。

二、加强乡村旅游消费拉动，促进了品质发展

疫情后，乡村旅游深受广大市民追捧喜爱。如，三建乡绿春坝民宿游和夜力坪赏花游车辆排“长龙”，日均人流量超千人；采摘季节虎威红岩村桑果园、鹦鹉四季花果园、卢家山桃园、汶溪葡萄园等采摘基地游人络绎不绝；夏季，太平坝、雪玉山、三抚林场、方斗山、九重天等避暑纳凉地人头攒动、车辆往来不断。南天湖镇南天湖村、龙孔镇凤凰村入选首批全市乡村旅游重点村，双路镇莲花洞村入选第二批全国乡村旅游重点村。三建乡绿春坝村荣获“2020年中国十大最美乡村（生态类）”称号。

三、加强文旅形象宣传展示，推动了区域合作

举办“互联网＋庙会”，吸引全国千万游客观看、了解丰都。精心策划参加“晒精品景区 · 晒文创产品”活动，获评全市最佳营销奖。组队参加“成渝地 · 巴蜀情”2020文化旅游“大篷车”宣传营销活动，赴四川5个城市举办专题推介会、演出活动。成功在南天湖举办2020重庆冬季旅游新闻发布会暨启动仪式。

四、加强文化惠民质效提升，推动了文艺创作

提升三建乡鲁渝非遗工坊，扩大文化扶贫成效。投入1600多万元建成了全县农村应急广播体系。国家文旅部第四批公共文化示范项目——“巾帼夜校”通过评估验收。“石工号子”参加2020年全国文化和旅游志愿服务项目线上大赛获得入围奖。县文化馆、小官山古民居、太平民俗风情演艺厅被命名为第一批市级非遗传习所。南天湖度假区建成市级文旅融合非遗曲艺书场。反映鬼城俗文化的《峡谷龙泉》相声在主城演出，深受观众欢迎和好评。抗疫公益歌曲《隔着时空拥抱你》在《光明日报》副刊上发表，在重师大活动中展演。全年推动以抗击疫情、脱贫攻坚成果为主题的文艺创作，累计出作品3000 多件。

垫江县 2020年文化和旅游工作亮点

垫江县文旅委

一、产业发展实现新突破

大力实施项目带动战略，全力推进重点景区提档升级。恺之峰旅游区获评国家AAAA级旅游景区，垫江李花源、仙草园获评国家AAA级旅游景区。“巴谷·宿集”精品民宿一期正式开集，并喜获两项大奖（“2020最受关注新开业民宿”和“新浪微博及宿集营造社致敬民宿大奖”），开创垫江民宿行业先河。五洞镇、沙坪毕桥村、恺之峰旅游区等17个镇村点获评市级休闲农业和乡村旅游示范单位，夯实垫江农文旅融合发展的广度和深度。文化产业稳步向好，采取多措并举克服疫情对企业带来的严重影响，全年新增文化企业80家，总数达1055家，增长8.2%，规上文化服务业营业收入达到4128.2万元，增长17.93%，实现疫情防控有力、复工复产有策，措施不断、增速不减。

二、公共服务展现新水平

全年开展送流动文化进村3518场，送演出进村160场，送图书阅览进村115场，送展览讲座进村238场，送辅导培训进村288场，送法规政策科技宣传进村2717场，使广大群众感知文化的魅力和公共文化服务的温度；全县28个文化服务馆所、中心全部免费开放，面积达8.05万余平方米，年接待群众 70 余万人次；连续多年实现广播电视安全播出无事故，完成数字电视 700 兆赫迁移，无线数字化频率、频道规范化管理，广播电视转播塔完成改扩建，有力助推了媒体融合发展；疫情期间，创新开展“我在垫江等您”云赏花活动，抖音平台点击量突破 1.1 亿次，新浪微博总阅读量超 1100 万次，群众精神文化生活参与度达到新高。

三、大型活动提升美誉度

全年举办各类大型文体活动 11 场次，在全市率先恢复重大文旅节庆活动。第 21 届垫江牡丹文化节、垫江首届荷莲文化节、“全面小康·秀美垫江”垫江县特色文化文艺展演、垫江县“丹乡之杯”非遗文化传承竹编职业技能大赛、“欢跃四季·舞动巴渝”重庆市广场舞第三片区展演等活动轮番上演，精彩不断，热度不减。特别是“双晒”第二季大型文旅推介活动垫江专场直播当日，各直播平台观看人数达 2000 余万人次，点赞数超 6000 万人次，淘宝等平台销售总金额 45.5 万余元，获“最佳营销奖”，垫江知名度、美誉度持续提高。

忠县 2020年文化和旅游工作亮点

忠县文旅委

2020年，忠县以习近平新时代中国特色社会主义思想为指导，深入贯彻落实党的十九大和十九届二中、三中、四中、五中全会精神，以全年工作目标任务为导向，聚焦高水平打造“三峡库心·长江盆景”，不断加大公共文化服务体系建设，大力推动文旅产业发展，全面推进重点文旅项目建设，全年全县接待游客1006.7万人次，实现旅游综合收入51.40亿元。

一、公共文化体系日臻完善

（一）继续完善文化阵地建设

新建成农村文化中心户120个、非遗传习所1个；新建28个小区文化室和4个小区文化活动中心。国家公共文化服务体系示范项目通过验收，拔山镇综合文化服务中心被表彰为全国服务基层文化建设先进集体。

（二）加强公共文化服务供给

深入实施文化惠民工程，送流动演出（服务）进村（社区）1000余场次，放映惠民电影7000余场次。成功举办重庆市广场舞忠县展演、“我们的中国梦”——文化进万家活动等。“两馆一站”免费开放绩效考评继续名列全市前茅。

（三）切实加强文艺精品创作

在坚持打好新冠肺炎疫情防控阻击战的同时，创作了反映抗击疫情的歌曲、舞蹈、书法等文艺作品97件；以“决胜全面小康、决战脱贫攻坚”为重大主题，创编歌曲、小品等文艺作品3件。

二、全域旅游实现提质增效

（一）基础配套完善有力

白公祠文博景区成功创建为国家AAAA级景区，三峡橘乡田园综合体开园迎客。马灌镇倒灌社区、新立镇文笔社区成为重庆市首批乡村游重点村。持续推进“旅游厕所革命”，建成旅游厕所19座。烽烟三国实现自主化运营，景区业态进一步丰富。

（二）宣传营销手段丰富

充分利用文博会、推介会等形式加强线下推广，新华网、华龙网等媒体线上报道，全方位宣传营销忠县文化旅游。“双晒”第二季忠县专场活动，获“最佳创意奖”。

（三）主动融入“经济圈”

与四川成都、广安、达州等地搭建巴蜀文化旅游推广联盟；与四川省电竞协会签署战略合作协议，唱好成渝地区电竞“双城记”；与达州博物馆达成馆际交流合作框架协议，承办“翰墨遗珍·达州博物馆精品书画交流展”。

三、文旅产业发展激发活力

（一）赛事经济激活力

成功举办长江三峡马拉松、长江三峡首届国际标准舞锦标赛、CF冠军杯总决赛等赛事节会活动，赛事经济活力进一步显现。

（二）文旅产业促发展

全年全县新入库规上企业 2 家，规上文化、体育和娱乐业实现营业收入 8640 万元，完成固定资产投资 6.55 亿元。忠县电竞小镇建成展示体验中心、孵化中心、青少年活动中心等项目，2020 年实现产值 75.15 亿元，实现税收 3.36 亿元。

（三）库心项目强规划

围绕高水平打造“三峡库心·长江盆景”，抓好库心项目包装策划、规划设计，积极推进石宝寨、三峡橘海、皇华城考古遗址公园等项目规划，启动临江岩摩崖时刻造像等项目建设。

BLUE BOOK OF CHONGQING

云阳县 2020年文化和旅游工作亮点

云阳县文旅委

2020年，全县文化旅游体育工作围绕打造旅游升级版、建设“文化大县”、建成“体育强县”目标，坚持“宜融则融、能融尽融”，补短板、强弱项，实现新突破。全县共接待海内外游客1892.3万人次，旅游综合收入80.7亿元，同比分别下降25.2%和20%，连续三年上榜中国县域旅游竞争力百强县。规模以上服务业达25家，文化产业增加值9.072亿元，旅游产业增加值22.866亿元。据新一轮体育场地调查统计，全县体育场地总量达1838块，公共体育面积超167.77万平方米，人均体育场地面积达1.81平方米。

一、主要工作

重点项目序时推进。完成清水国家级旅游度假区总体规划编制，成功创建清水市级旅游度假区。龙缸景区、三峡梯城景区分别顺利通过国家AAAAA级景区、国家AAAA级景区复核。龙缸景区新增龙缸云端彩虹大秋千体验项目，获世界最高框架秋千吉尼斯世界纪录认证。清水草原内部道路完成升级，知青林军事体验基地正式投用。张飞庙前广场、游客服务中心等升级项目按计划节点推进。普安恐龙遗址获评国家级地质公园，恐龙公园博物馆（一期）、遗址馆等主要建筑单体设计方案通过市级审查。“梯城八景”

持续优化，月光草坪获评国家 AAA 级景区，磐石城保护利用项目破土动工。推出乡村旅游精品线路 8 条，举办乡村旅游特色节会 20 余场次，新创建市级休闲农业和乡村旅游示范乡镇（村、点）25 个 。建成投用四方井公园三峡民俗文化研学城市营地、蕖草三峡民俗文化研学自然基地，完成县博物馆研学基地数字化方案及招投标。

城市营销效果凸显。成功举办“双晒”第二季，吸引数百万网友“云上”围观互动。与四川达州、陕西安康等 13 个川陕渝区县合作组建“大巴山·大三峡”文化旅游发展联盟。与奉节、巫山签订《2021 年区域旅游宣传营销合作协议》，联合在河南郑州、湖北武汉等 9 个郑万高铁沿线城市开展文化旅游推介。深入开展“万名山东人游云阳”“川渝百万市民免费互游景区”活动，推出一线抗疫工作者、对口帮扶区县、渝东北区县限时免费游云阳政策，全县重点景区游客在第三、第四季度增长 60% 以上。

服务体系逐步优化。新增文化旅游市场主体 80 家，新增规上文化旅游企业 10 家，滚动实施大旅游重点项目 85 个，序时推进盘龙青春古寨民宿文化村、飞凤梯文旅产业园等 11 个文旅重点项目，新签约文化旅游项目 6 个，新建和提档四星级及以上标准酒店 5 家。智慧旅游建设项目（一期）稳步实施，实现重点景区查询、预约“一网通”。城市形象、人员素质、市场环境不断向好发展，第二季度、第三季度旅游综合满意度排名渝东北第一。常态化开展文化旅游市场执法，累计出动检查人员 4364 人次，检查各类经营场所 1352 家次，立案 25 件、结案 25 件，案件处理率和结案率达到 100%。

惠民功能明显发挥。开展流动文化进基层 1000 场次、全民阅读活动 193 场次，举办“万里长江 · 天生云阳”户外多项运动挑战赛、云阳县首届七夕音乐会、“梯城八景”全民健身挑战赛等大中型文体活动 60 余场次，高质量承办重庆市乡村文艺会演、重庆市广场舞展演赛两场片区赛。文图博场馆及“一场一馆一池一中心”免费或低收费开放工作持续推进，文化遗产博物馆荣获“2020 年抗疫期间优秀网上博物馆”称号。新建五人制社会足球场 15 片、“梯城 · 悦读吧”10 个、24 小时自助图书柜 1 个，创建市级社区健身点 10 个，实施农体工程 15 个、智慧健身长廊 1 个，完成 100 个村文化室器材配送和 14 个移民乡镇数字应急广播系统建设。

文创文保持续加力。创作大型音舞诗画《踏梯欢歌·幸福来》、舞台剧《云歌飞扬 -2》、音乐《错过城市的温柔》、书籍《朐忍风华·云阳文物精粹》等一批文艺精品，大爱云阳邮册获巴山蜀水文创精品展“最受欢迎奖”。持续实施“三个十”文物保护项目，完成彭氏宗祠、温家祠堂、高祖庙、文峰塔等一批重点文物保护性修缮，文峰塔修缮工程获“2020 年度重庆市文物保护优质工程”称号。持续开展文物现状摸排，完成全县石窟寺、古建筑和不可移动革命文物专项调查。

二、机关建设

机构设置及人员情况。县文化旅游委属县政府工作部门、正科级单位，承担 22 项文化旅游体育发展工作职责。核定机关行政编制 23 名（在编在岗 15 名），设主任 1 名、副主任 4 名、正副科长（主任）职数 9 名、工勤编制 2 名（在编在岗 2 名）；内设办公室、行政审批科（产业发展科）、规划创建科、文化文物科、体育科、宣传营销科、财务人事科。下有文化市场综合行政执法支队（参公）、文化馆、图书馆、文管所（博物馆）、广电监测中心 5 个直属单位，核定编制 129 名（在编在岗 107 名）。

党的建设情况。中共云阳县文化和旅游发展委员会有党委书记 1 名、副书记 1 名、党委委员 6 名。下有机关党支部、文化馆党支部、图书馆党支部、文管所党支部、文化市场综合行政执法支队党支部、退休老协党支部 6 个党支部，共有党员 76 名，2020 年新发展预备党员 2 名。2020 年，在县委的坚强领导下，县文化旅游委党委团结带领各支部党员，坚持把党的政治建设摆在突出位置，不断压实“一岗双责”管党治党责任，巩固拓展“不忘初心、牢记使命”主题教育成果。持续推进党风廉政建设，持之以恒抓好作风建设，实现全面工作始终沿着总书记指引的方向奋力推进。

三、大事记

3 月，国家林业和草原局印发《关于同意江苏盐城大纵湖国家湿地公园等40处国家级自然公园新建和范围调整的通知》，重庆云阳恐龙地质公园被授予国家地质公园资格。

3月18日，重庆市旅游景区质量等级评定委员会发布公告，批准重庆云阳月光草坪景区为国家AAA级旅游景区。3月23日起，龙缸景区和张飞庙景区对全国医护人员（含医学院医护专业在校学生）、公安民警和重庆市抗疫一线的村（社区）干部实行全年免票政策。

4月，按照国家一级博物馆、城市一级旅游集散中心标准，启动云阳县旅游集散中心及博物馆项目建设。

4月至5月，成功举办第二届“唱响梯城·舞动云阳”文艺表演团体展演初决赛，围绕“助力脱贫攻坚·共建美丽云阳”提档升级演出节目质量。

4月15日，我县举办2020年乡村旅游季启动仪式暨盘龙街道休闲健康旅游推介会，发布乡村旅游线路8条。

4月17日至4月23日，县文旅委联合重庆江来实业集团有限公司开展“抗疫在一线，养身在云阳”全国援鄂医疗队员龙缸千人免费疗养活动。

4月15日至5月12日，结合我县实际和当前疫情形势，举办了“梯城八景全民健身挑战赛”，共设置4条精品健身打卡线路，现已全部结束。根据小程序后台统计，本次活动共有27068人次参与，发放随机运动红包3000个，共计4000元，其中有266人完成了所有健身打卡任务。

6月24日，在滨江公园阳光沙滩举行了“沙滩趣味运动会”，设置了旱地龙舟、障碍穿越、趣味接力和沙滩拔河四个项目的比赛，共有来自城区4个街道办事处16个社区代表队近300名运动员参赛。

6月25日，全市区县“晒旅游精品·晒文创产品”大型文旅推介活动推出第五场——“万里长江 天生云阳”为主题的直播活动精彩亮相，吸引超过420万名网友围观。

7月23日，龙缸景区举行云端彩虹秋千首发暨吉尼斯世界纪录荣誉认证仪式，创下世界第一框架秋千吉尼斯世界纪录。

8月8日，举办2020年“全民健身日”展示活动暨云阳县跆拳道协会成立大会，市体育局党组成员、副巡视员、市跆拳道协会会长陈玉林，市社体中心办公室主任、市跆拳道协会秘书长张周发分别为云阳县跆拳道协会授予“会员单位”“重庆市跆拳道协会授权考点”。4个协会（俱乐部）和7个跆拳道俱乐部共开展了15个节目展示。

8月21日至25日，“月光有约·爱在云阳”——2020年重庆·云阳首届七夕音乐会在月光草坪广场举办。

9月，龙缸景区通过国家AAAAA级景区抽查复核，梯城景区通过国家AAAA级景区评定性复核。

9月17日，由重庆云阳县文化和旅游发展委员会与威海市文化和旅游局共同组织的“万里长江·天生云阳”山东威海旅游宣传推介会在抱海大酒店举行。威海市近50家旅行社及重点媒体参加了推介会。

9月19—20日，云阳县“恒丰村镇银行杯太极拳”邀请赛暨名家论坛在体育馆举行，共有200余名全国太极爱好者参加了活动，同时还邀请了余功保、王战军、崔仲三、张茂清、龙骄尔等太极拳名家于9月20日在紫金小学开展太极拳与身心健康素质的提高与管理论坛讲座。

9月20日，在龙缸景区举办了“天下龙缸·2020重庆云端飞悦英雄会”。208名参赛选手分男子中年组、男子青年组和女子组分别完成了全长19千米（跑步5千米，骑行14千米）的挑战。

10月，成功举办“奋进新时代·共圆小康梦”——第九届重庆市第二片区乡村文艺会演、“欢跃四季·舞动巴渝”2020年重庆市第四片区广场舞展演两个市级比赛，均获优秀组织奖。云阳县青春舞社和梯城艺术团成功进入决赛，在决赛中分获“最佳人气奖”“优秀队伍”和“优美队伍”奖。选送的舞蹈类《云阳面工情》、音乐类《逐梦中国》进入乡村文艺会演决赛，在决赛中分获三等奖、二等奖，创云阳参赛以来最佳成绩。选送戏剧节目《扶贫路上你我他》参加第七届重庆市戏剧曲艺大赛第二片区赛，获优秀奖。

10月1日，举行了第四届环重庆城市马拉松接力赛（云阳至万州段），全县200余名爱好者慢跑双井寨、26名选手跑万州北站接力55千米。

10月18日，2020“万里长江 天生云阳”重庆·云阳户外多项运动挑战赛在两江交汇处擂起出发战鼓。本次比赛共有500名运动健将参赛，共同展开由游泳、自行车、桨板和跑步项目组成的多项角逐。

11月，完成云阳县旅游资源普查调查市级验收及评审。

11月11日，重庆市文化和旅游发展委员会公布2020年度市级旅游度假区名单，云阳清水旅游度假区成功上榜。

11月11—15日，云阳县、奉节县、巫山县赴河南郑州、湖北武汉等郑万高铁沿线城市开展文化旅游宣传专场推介活动。

11月20—21日，全国筏钓邀请赛在云阳县龙缸景区清水湖举行。来自全国的51支队伍，102名专业钓手在龙缸景区清水湖上进行了为期两天的比赛。

11月27日，第二届长江三峡旅游一体化宣传营销大会在巫山召开，云阳县、奉节县、巫山县三个县签订《2021区域旅游宣传营销合作协议》。

11月29日，由四川省达州市、重庆市万州区、开州区、梁平区、城口县、巫山县、巫溪县、云阳县、奉节县、丰都县、垫江县、忠县、陕西省汉中市、安康市等14个区县成立大巴山·大三峡文旅发展联盟。

12月，云阳县智慧旅游（一期）项目正式启动。

12月4日，重庆市农业与农村委员会、重庆市文化和旅游发展委员会以渝农发〔2020〕130号文件，认定清水土家族乡、巴阳镇等3个乡镇为重庆市2020年休闲农业与乡村旅游示范乡镇，上坝乡龙凤村、云安镇铜鼓村、农坝镇云峰村等8个示范村为重庆市2020年休闲农业与乡村旅游示范村，云阳县佳环农业观光园、云阳县锣鼓宕休闲度假区、云阳县万博农业观光园等14个乡村旅游点为重庆市2020年休闲农业与乡村旅游示范点。

奉节县 2020 年文化和旅游工作亮点

奉节县文旅委

根据《重庆市文化和旅游发展委员会办公室关于征集重庆市文化旅游 2020 年度发展报告·重庆蓝皮书材料的通知》要求，现将我县 2020 年文化旅游发展情况报告如下：

一、提高政治站位，充分发挥党建引领

一是深入学习贯彻习近平新时代中国特色社会主义思想，及时学习贯彻党的十九届五中全会精神，认真贯彻落实习近平总书记视察重庆重要讲话和系列重要指示批示精神。切实增强“四个意识”、坚定“四个自信”、做到“两个维护”，坚决彻底肃清孙政才恶劣影响和薄熙来、王立军流毒，深刻汲取邓恢林案件教训，营造良好政治生态，将习近平总书记的殷殷嘱托全面落实在全县文化旅游体育系统工作中。二是认真落实党委主体责任，落实党委书记抓基层党建主责主业，全年专题研究党建工作 4 次，组织开展党员主题日活动 12 次，开展专题党课 2 次。制定《党委理论学习中心组学习计划》，全年开展党委理论中心组学习 25 次。定期听取基层支部党建工作汇报。调优配强基层党支部书记 3 名，完成文物保护管理中心支部换届工作，培养入党积极分子 2 名，新发展党员 1 名。统筹全系统党员干部冲锋在疫情

防控第一线，成立五支“共产党员先锋队”，设立12个党员先锋岗，为打赢疫情防控攻坚战贡献应有力量。三是制定印发《推动党员干部充分发挥先锋模范作用持续做出忠诚干净担当“好样子”的实施方案》《基层基础规范化建设攻坚年实施方案》《贯彻落实奉节县机关事业单位纪律作风建设“十强化十严禁”实施方案》等文件，坚持民主集中制，规范“三重一大”事项领导班子集体讨论决策制度。严格落实“十强化十严禁”，全系统通报批评干部14人次；召开“以案四说”警示教育“以案四改”工作会，强化干部职工规矩意识。

二、加强统筹协调，扎实做好战疫复工

一是统筹全系统90名干部职工下沉社区一线，全力参与社区排查、宣传、值守、劝导等工作。按照县上统一安排部署，关闭暂停县内所有公共文化体育场馆、文化娱乐场所、A级景区及非经营性景区、14家旅行社、130家农村演艺团队及文化活动。3月中旬，在严格落实疫情防控措施的前提下，对全县旅游景区实行分区分级开放，确保了全县文旅体市场安全平稳。二是积极开展帮扶纾困工作，结合国家及市上相关扶持政策，对全县268名文化旅游企业管理员开展“用好用足政策措施”网络培训，组织县内旅游从业人员开展技能培训。走访文旅体企业68家，暂退全县13家旅行社服务质量保证金72万元，及时落实“重庆支持中小企业20条”和“重庆支持企业40条”政策。鼓励旅游企业“另辟蹊径”拓展其他业务，通过售卖脐橙、中药材等扩宽收入渠道，实现县内文旅体企业坚持疫情期间不裁员。帮助奉节县名胜旅游公司等3家企业争取贷款贴息等政策55万元。三是成立县文旅体行业疫情防控复工复产工作领导小组，制定印发《新型冠状病毒肺炎疫情防控期间奉节县文旅体行业企业复工复产工作方案》《奉节县文旅体企业复工复产流程图》《奉节县旅游景区恢复开放疫情防控措施指南》《关于做好新冠肺炎疫情期间中小微文化旅游企业贷款贴申报工作的通知》，指导和帮助企业做好复工复产各项准备工作，在收到申请后，及时复核相关资料，并在24小

时内组织检查和验收，确保疫情防控和文旅发展“两手抓两手硬”。2020年10月，旅游接待人次和综合收入分别同比增长6.45%和4.68%，疫情以来首次实现正增长。

三、凝聚工作合力，全力攻坚AAAAA创建

将白帝城·瞿塘峡景区AAAAA创建工作作为“一号工程”抓实、抓细、抓好。3月下旬，召开白帝城·瞿塘峡景区创建国家AAAAA级旅游景区誓师大会，成立了AAAAA创建领导小组，实行书记、县长双组长制。创新“事项决策、方案认定、执行协调、项目建设、人员下沉、督查通报、考核运用”七大机制，落实责任到人，实行挂图作战。全年召开专题会议19次，开展现场调研25次，印发督查通报和工作简报119期，完成创建任务219项，邀请市文旅委专家赴奉检查指导创建工作2次，引进蜗牛景区管理集团及重庆趣旅智库文化创意有限公司协助AAAAA创建。目前，景区硬件建设、智慧旅游、服务提升、旅游安全、游客满意度均达到AAAAA创建要求，9月下旬以985分的高分顺利通过市级专家评审，市文旅委已向国家文旅推荐暗访验收。

四、力抓品牌创建，加快打造精品景区

一是紧紧围绕“全域旅游统领”这一主线，多形式、多渠道、全方位开展全域旅游创建工作宣传。按照国家全域旅游示范区导则，深入推进国家全域旅游示范区创建，进入国家第二批“全域旅游示范区”认定名单。二是按照国家文旅部《旅游景区质量等级的划分与评定》和《旅游景区质量等级管理办法》要求组建了县景评委，聘任14名同志为县级景评员，参与全县旅游景区质量等级的辅导、评定和复核等工作，助力打造精品景区矩阵。三是经过精心策划和匠心打造，今年“五一”“七一”期间，成功开园三峡之巅景区、三峡原乡景区，成为引领周边区域的网红景区，奉节旅游再添新爆点。四是重磅推出“巅峰双峡”精品旅游产品，加强区域联动，助力三峡旅游回

暖复苏。五是经市旅游景区质量等级评定委员会按程序组织评定，三峡之巅、青龙大窝成功申创为国家AAAA级旅游景区，茅草坝滑雪场成功申创为国家AAA级旅游景区，全县国家AAAA级旅游景区达6个，A级景区达23个，位居全市前列。六是白帝城景区获评巴蜀文化旅游走廊新地标；县文旅委荣获“重庆市乡村振兴贡献奖先进集体”称号。七是奉节上榜“2020年全国县域旅游发展潜力百佳县”，位居前4名。八是积极参与唱好“双城记”建好经济圈——2020川渝最美特色小镇（重庆）寻找与展示活动，兴隆镇获评“最美文旅小镇”称号。

五、推进项目建设，抓好文旅产业发展

一是借力中国三峡集团定点扶贫优势，引进蜀江楚峡公司投资打造“三峡第一村”，完成AAAAA级旅游景区总体规划和环境影响评价报告，各项建设任务推进顺利，橙园火锅已开园接客。二是全面启动大遗址申遗工作，加快推进白帝城大遗址保护工程国家考古遗址公园，完成考古大棚、考古体验中心、白帝城古城墙、城门项目施工图设计，完成2020年大遗址考古发掘3000平方米。三是完成《中国诗词大会》永久会址、川东游击队小镇、长江三峡夔门海军军事文化主题公园、城市体育公园、游泳场馆、县“文化图书美术”三馆改造等项目方案编制设计工作。四是开展企业升规及发明专利思辨辅导培训，新升规赤甲集团、归来三峡、蜀江楚峡等文化规上企业14家。五是引进影视基地、编剧年会等新业态，引进重庆九曜商业管理有限公司入驻，负责夔门印象招商运营。六是推进招商引资，完成招商引资签约项目4个，签约资金达11.7亿元；“三峡之巅”诗酒和“白帝橙”脐橙系列产品上市，深受消费者好评。

六、筑牢文化自信，持续彰显诗城魅力

一是奉节再度亮相央视《中国诗词大会》（第五季），节目累计观众达3.89亿人次，通过抖音、快手、微博等新媒体转发推介，播放量超2.9亿次，

向全世界再次展现“好山好水好风光，有诗有橙有远方”的独特魅力。二是成功承办第六届中国诗歌节，国内知名诗人代表赴奉节采风，较好地宣传推荐了“中华诗城”名牌。三是中国博物馆协会组织开展了第四批全国博物馆定级评估工作，夔州博物馆被核定为“国家二级博物馆”。奉师附小、人民医院、莲花社区成功创建为“中华诗教先进单位”。四是高质量举办2020第四届“中国·白帝城”国际诗歌节暨绿色发展·消费扶贫大会，通过借文化搭台，让企业唱戏，推动奉节文化旅游产业高质量发展。成功举办第四届“中国·白帝城”国际诗词大赛，共征集传统诗词作品3222首，涉及全国31个省区市、1个特别行政区（香港）及荷兰、加拿大、新西兰、缅甸4个国家，本次大赛全国名家、名社参与为历届之最，66名诗词作者获得金奖、银奖和铜奖。五是成功举办白帝城遗址保护利用专家研讨会，全国高等院校、研究院所等20名知名专家学者参加交流研讨，对白帝城遗址申遗工作提出了建设性的意见和建议。六是著名书法家吴长江、蓝天果带领中国书法家协会嘉宾团一行莅临县美术馆调研指导，捐赠《不忘初心、牢记使命》等十余幅书法作品。七是成功举办“4·23”世界读书日暨全民阅读活动，此次活动以“倡导全民阅读、共建文明奉节”为主题，旨在为创建国家级文明县城提供强大的精神动力、智力支持和文化条件。八是对《归来三峡》节目内容、表现形式、表演阵容等方面进行优化升级，于8月8日盛大“归来”，优选39名本土演员登台演出，新增51家高校为《归来三峡》授牌研学基地。

七、唱响三峡之巅，精准发力宣传营销

一是“双晒”第二季圆满收官，祁美文县长客串“金牌导游”，如数家珍展示了奉节独特的人文历史和丰富的文旅产品，首次对外推出四条精品旅游线路，“想见你在奉节”成为旅游宣传网红语言，取得了良好的宣传效果，荣获市委宣传部表彰的“最佳传播奖”。二是“中华诗城”奉节精彩亮相2020重庆文博会，携手14家企业以文旅产品实物展示、旅游宣传片展播、旅游宣传资料发放、特色文化展演等方式，向广大市民展示奉节文旅产业成

果，荣获“最佳人气奖”。三是奉节县“乡坛子”香菇酱、香辣酱系列荣获2020“重庆好礼”旅游商品银奖，并夺得2020年中国特色旅游商品大赛铜奖。四是深化与宜昌三峡旅游公司、黄金游船公司、中国旅游集团等58家渠道商营销合作，在三峡大坝换乘中心开设奉巫特色产品展示馆。五是以奉节脐橙、三峡风光等为创作元素的电影《橙妹的时代》于11月20日正式公映，奉节元素再次成为亮点，深受观众喜爱和好评。六是成功举办“三峡原乡爽爽兴隆”第七届“天坑地缝”旅游季，吸引众多游客慕名前往。七是建立“成渝五绝九城”旅游联盟，积极融入大三峡一体化营销联盟；组建郑万高铁文化旅游合作联盟，“奉巫云”三县组团赴高铁沿线城市开展文旅宣传推介，开启大联盟、大合作、大营销旅游新时代。八是完成《中国地名大会》（第二季）录制，集中宣传推荐奉节的诗词、美景、脐橙、臘子鸡等，较好地展示了奉节的美丽经济和脱贫攻坚成效。

八、举办体育赛事，打造极限运动之都

一是2020中国攀岩自然岩壁系列赛（重庆奉节站）暨年度总决赛在三峡原乡景区完美收官，比赛共吸引中央电视台、《户外杂志》等73家媒体参与，累计观看达270万人次，被中国登山协会授予“优秀组织奖”。二是成功举办第二届全民健身运动会暨2020年度奉节县“体彩杯”男子篮球联赛，相继举办群众性体育赛事活动29项，超过3000人次参赛。三是组织参加市级及以上体育赛事活动22次（含网络比赛），取得了金牌9枚、银牌6枚、铜牌25枚的喜人成绩。四是推广“云赛事”“云健身”，成功举办“2020年中国成渝双城万人瑜伽大会”（奉节站）及“2020年世界健身气功日”线上展示活动，获得社会各界广泛关注和好评。五是建成横路、金盆、平安等5个市级社区健身点，完成龙桥乡健身广场和兴隆镇风景梁健身步道建设，为34个行政村（社区）安装健身器材310件。六是建成夔门街道、西部新区、青龙镇、大树镇等9个乡镇（街道）五人制足球场，新建2个羽毛球场，改建吐祥镇等9个篮球场和永安街道4片门球场，为广大市民提供了一个运动健身的好去处。

九、加强行业管理，规范文旅市场秩序

一是县文化市场综合行政执法支队余刚同志获2019年度查处重大侵权盗版案件有功个人称号，连续8年获得集体或个人殊荣。二是组织全县出租车司机、公交车司机、重点酒店管理人员及前台工作人员、特色街区（含美食街、小吃街）管理人员及服务人员参加创建全域旅游示范区服务提升培训，进一步提升全县涉旅窗口服务行业从业人员精神风貌和接待服务水平。三是深入开展农村演出市场、印刷复制出版发行、娱乐场所、酒吧、网吧及旅游市场等公共娱乐场所专项整治，全年检查文化旅游经营单位1200余家次，查缴各类非法出版物1万余册（张），办结案件56件；取缔无证、扰民、未备案演出12场次，备案登记11000余场次。四是完善旅游投诉处理机制，开通24小时旅游咨询投诉热线，全年受理和处理各类涉旅纠纷1700余件，接受游客涉旅咨询8500余人次；率先推行“无理由退货和先行赔付”工作机制，全年退赔游客货款28625元，切实保护好游客合法权益，塑造奉节旅游良好形象。五是常态化开展行业安全生产监督检查和行政执法，全年没有发生1起安全生产事故，保证了文旅体市场平稳、安全、有序。

十、聚焦脱贫攻坚，大力推进文旅扶贫

一是高站位推进脱贫攻坚问题整改，成立“一把手”任组长的中央第四巡视组脱贫攻坚专项巡视“回头看”反馈意见整改工作领导小组，高质量完成中央脱贫攻坚专项巡视问题整改工作。二是集中开展2020年“六项专项治理”宣传演出活动33场次，累计观看群众超过10万人次，获得县委杨树海书记肯定评价。三是完成“村村通有线电视、户户看奉节新闻”项目，全县23233户贫困户免费看上闭路电视。四是大力实施农村广播深化覆盖工程，今年共投入468.6万元，在各乡镇新安装广播终端1100组，农村广播“村村响”覆盖率达99.4%。五是相继在33个乡镇（街道）开展送文化下乡、送戏下乡、流动文化进村等惠民演出180场次，送电影进村4000场次，丰富群众文化

生活。六是认真做好东西协作扶贫工作，完成“奉节助残非遗扶贫工坊及夔州绣培训”课程，20 名学员（建卡贫困户）通过结业测试获得结业证书。七是全面完成 2020 年文化行业扶贫任务，完成 500 人以上集中居住区文化场所改建文化扶贫项目和兴隆镇龙门客栈改造项目主体工程，平安乡文旅中心已完成建设并投入使用。八是完成兴隆镇辖区内 3 户贫困户“摄影之家”授牌，为贫困户农家乐捐赠自驾行摄影地图、摄影画册等物品，助力贫困户脱贫增收。

BLUE BOOK OF CHONGQING

巫山县 2020 年文化和旅游工作亮点

巫山县文旅委

一、旅游品牌创建再上台阶

巫峡·神女景区通过国家 AAAAA 级景区景观质量评审，纳入国家 AAAAA 级景区创建单位。柑园村、朝元村和茶园村分别被评为国家、市级乡村旅游重点村。五里坡申报世界自然遗产列入 2021 年第 44 届世界遗产大会议程。

二、旅游宣传营销成效显著

外派 8 个工作组驻地营销，赴重庆、湖北等地开展旅游推介 56 场次，牵头组织周边区县赴四川及郑万高铁沿线开展重庆文旅大篷车巡游推广 26 场次，巫山旅游形象大幅提升。实施三个文化旅游消费季，推出“巫山神女号——成渝双城旅游专列”“两江四岸夜游”“直升机游巫峡”等旅游新产品，巫山旅游市场快速复苏，全年接待游客 1957 万人次，旅游综合收入突破 90 亿元，分别同比增长 2.85%、9.29%。

三、文旅重大项目加快布局

三峡 175 文创园、三峡国际艺术区、三峡国际游艇度假区等文旅重大项目成功招商，累计签约 86.1 亿元，为巫山文旅长远发展奠定坚实基础。5G 数字影视动漫基地项目落户巫山，实现渝东北该领域项目零的突破。巫城文旅小镇、巫峡·神女景区品质提升等项目前期加快推进，小三峡景区品质提升工程、高唐梦园、艺术电影博物馆等在建项目加速建设。全年累计完成重点项目投资 11.73 亿元、固定资产投资 11.45 亿元，超额完成年度目标任务。

四、“旅游 +”深度融合推进有力

大型室内奇幻秀《巫山神女》10 月 1 日正式公演，第四季度观看人数达 2 万人次。圆满举办第十四届长江三峡国际（巫山）红叶节、第五届长江三峡（巫山）国际越野赛等赛会活动，品牌效应日渐凸显。巫山机场开通 9 条航线，巫大高速实现初通，建成 8 条旅游大环线，实现“1 小时城景通、1 小时景景通”。发展观光农业，出台乡村旅游示范村三年创建方案，建成 10 个乡村旅游示范村，乡村旅游助力扶贫模式入选“世界旅游联盟旅游减贫案例 100”。培育集中连片红叶景观林 15 万亩，红叶博览园一期 500 亩即将落地。擦亮“中国烤鱼美食之乡”品牌，打造美食街 2 条，研发上市脆李果酒、袋装巫山烤鱼等多个文创产品，“巫山好礼”品牌体系逐渐成形。

五、文化事业取得长足进步

建成曲尺乡柑园村村史馆和农家书屋，恢复 3 个乡镇的综合文化服务中心，完成地面数字电视 700 兆赫迁移及本地无线数字化改造，启动应急广播建设。开展线上、线下大型文化活动 40 余场次，完成《巫山博物馆馆藏珍贵文物囊匣购置方案》编制，县博物馆、文化馆被评为“第一批市级非物质文化遗产传习所”。文物保护和广播电视安全播出工作持续保持零失误、零事故。

巫溪县
2020 年文化和旅游工作亮点

巫溪县文旅委

巫溪加快推进全县旅游经济社会发展，不断提升旅游景区品质和文化内涵，切实把旅游业作为第一支柱产业来培育，着力打好“三峡牌”、唱好“旅游戏”，不断完善旅游服务及配套设施建设，努力打造长江三峡旅游新高地。

一、迎接“新挑战”，恢复文旅产业活力

以“创建国家全域旅游示范区”为目标，大力实施旅游兴县行动计划，切实推动全县文旅事业健康快速发展。2020 年虽受新冠肺炎疫情影响，但全县旅游业加快恢复，全年接待游客 744.5 万人次，实现旅游综合收入 37.41 亿元。

二、把握“新任务”，优化公共服务配置

顺利迎接全国第五次文化馆评估定级，完成吴王庙、刘明楚庄园的文物修缮，2 个深度贫困乡镇（红池坝镇、天元乡）综合文化服务中心、103 个村（社区）文化服务中心提档升级，新建旅游厕所 7 个，配备社区健身点、健身路径 12 个。

三、面对“新机遇”，夯实文旅基础配套

全面完成全县旅游资源普查，境内旅游资源单体数量、资源种类、五级旅游资源均位居全市前茅。完成《巫溪县全域旅游发展规划》编制，成功入围市级第二批全域旅游示范区创建名录。联动推进红池坝镇、红池坝景区旅游开发，打通红池坝镇至红池坝景区旅游公路，西流溪湿地公园初具形象，智慧景区平台、康养公寓、华侨城巴渝民宿（一期）完成建设。

四、焕发“新活力”，取得旅游扶贫成效

充分利用“旅游＋扶贫”模式，在全县旅游景区、星级酒店设立消费扶贫专柜10个，开展2020年乡村旅游技能培训3期，支持指导贫困户新发展农家乐15户。

五、开拓“新局面”，创新宣传营销举措

以“巫盐文化”为主线，全方位宣传推介巫溪人文旅游资源，发布组团旅游优惠奖励政策，成功开展首届非遗龙舟赛等系列精品活动，荣获全市“双晒”第二季“最佳推广奖”，“上古盐都·心旅巫溪”旅游品牌不断唱响。

六、创造“新业绩”，共结文旅融合硕果

红池云乡、古路观峰成功创建AAA级旅游景区，巫溪嫁花成功被列入第五批国家级非物质文化遗产代表性项目名录，非遗旅游商品“巫溪烤鱼”获得SC认证。红池坝镇茶山村入围第二批“全国乡村旅游重点村”，徐家镇岔路村获评“全市乡村旅游重点村”。

BLUE BOOK OF CHONGQING

石柱土家族自治县 2020 年文化和旅游工作亮点

石柱土家族自治县文旅委

石柱聚焦“风情土家、康养石柱”价值定位，大力发展康养文旅产业。2020 年，面对新冠肺炎疫情冲击，主动作为、多措并举，石柱接待游客 1617 万人次，创旅游综合收入 119.7 亿元。

一、积极开展招商引资，大力推动项目建设

精心策划包装二十余个文旅招商项目，签约空铁旅游观光康养小镇、万寿山国际康养度假项目、石柱莼菜产业融合国际康养体验产业园、中爱东苑智能化康养旅居示范项目、龙潭生态康养小镇等项目，招商引资 354 亿元。冷水特色康养小镇、万寿山景区二期等重点项目协调保障有力，推进有序。

二、景区建设成效显著，乡村旅游提质升级

万寿山景区、西沱古镇景区正式获评国家 AAAA 级旅游景区，大风堡—太阳湖国家 AAAAA 级景区创建稳步推进。乡村旅游持续发展，中益乡华溪村入选“全国乡村旅游重点村”，黄水镇万胜坝社区、中益乡坪坝村入选“市级乡村智慧旅游示范村”，“黄水人家”合作社社员达 1217 家，完善 13 个乡镇街道旅游基础设施。实施“2020 年脱贫攻坚总攻乡村旅游扶贫专项行动”，助力深度贫困乡镇重点发展乡村旅游。

三、借力“双晒”打响品牌，文旅节会有声有色

推出了“原乡原味新石柱”抖音挑战赛、抖音达人＋头条大V实景采风活动。“双晒”中采用混合现实技术，在直播现场植入虚拟景区展示石柱文旅资源和产品，推出金音石砚、大湾晨曦杯、云梯夜灯等60件文旅商品，直播带货30余场，销售额突破3000万元。成功举办中国·重庆（石柱）第四届康养大会，连续举办太阳湖公开水域铁人三项赛事，推出“土家民俗体验线”“生态康养旅游线”两条精品线路和“十大旅游精品景区”。

四、非遗保护不断优化，文化精品层出不穷

全面挖掘保护传承土家文化、秦良玉文化、巴盐文化、啰儿调文化。湾底谭氏民居获批国家重点文物保护单位。通过“公司＋贫困群众＋非遗传统技艺”的运营模式，建立非遗扶贫工坊，推进非遗扶贫。《石柱土家啰儿调》《玩牛》《土家吊脚楼营造技艺》等3项国家级非遗项目学术研究丛书完成初稿。

京剧《秦良玉》成功首演并入选2020年全国舞台艺术重点创作剧目；舞蹈《喝起 走起 摔起》获得第九届重庆市乡村文艺会演舞蹈类第一名；舞蹈《欢乐的铜铃》获2020年重庆市广场舞大赛决赛组织奖、优美队伍奖、网络人气奖。

BLUE BOOK OF CHONGQING

秀山土家族苗族自治县 2020 年文化和旅游工作亮点

秀山土家族苗族自治县文旅委

一、文化旅游方面

2020 年，接待境内外游客 1808.3 万人次，同比增长 22.6%；旅游综合收入 101.2 亿元，同比增长 37.4%。文化旅游产业投入 39.6 亿元，同比增速 7.5%。文化产业增加值 13.23 亿元，占 GDP 比重 4.4%；旅游产业增加值 14.99 亿元，占 GDP 比重 5%。按市文化旅游委统一部署，完成了旅游资源普查，实现 27 个乡镇（街道）全覆盖，共普查旅游资源单体 396 个，建立了数据库，形成普查报告；2020“重庆好礼”旅游商品（文创产品）大赛秀山土家织锦万字平安福获铜奖，与秀山花灯一同被评选为 2020“重庆好礼”外事礼品；清溪场镇茫洞村荣获市级乡村旅游重点村。

二、公共文化方面

一是文化惠民。通过微信平台建立“秀山县乡旅学堂”，利用全国“乡旅学堂”积极组织开展乡村旅游培训，累计培训 40 余次 3500 余人。开展流动文化服务进村 1190 场。二是全民阅读。全年图书借阅量达 20 万册次。三是文化活动。举办了大型文化活动14次。四是非遗及文物保护。秀山苗族羊马节被列入第五批国家级非遗名录，我县国家级非遗项目增至3项；新列入县级非遗名录96项，县级非遗保护名录增至184项。

三、公共体育方面

一是群众体育。全年举办群体活动42次。二是竞技体育。秀山参加太极拳网络大赛分站赛（重庆站）获一等奖1个、二等奖1个，参加重庆市气排球公开赛获第11名，参加全国门球冠军赛总决赛获第17名。三是体育基础设施建设。现有体育场地1558个，场地面积938101平方米，免费开放率达99.6%，经常参加体育锻炼人口比例达到58.85%，人均体育场地面积达1.90平方米。四是体育产业。完成体育彩票销售2140万元，筹集体彩公益金214万元。

四、广播电视方面

一是应急广播系统建设。完成了我县应急广播系统县级平台、传输覆盖辅站建设，以及184个村级平台、1263个村民小组终端配置建设项目的县级验收工作。二是编制了《秀山县应急广播县乡村播出大数据指挥平台及村组应急广播终端配置建设项目可行性研究报告（代项目建议书）》。三是印发了《秀山自治县应急广播信息系统运行管理暂行办法》。四是利用应急广播系统县、村级平台进行疫控知识播放，打通了防疫宣传的最后一千米，筑牢了疫情防控底线。五是完成无线模拟电视信号关停工作，推动了无线模拟电视向地面数字电视的全面过渡。全年广播电视播出实现零事故。

五、市场管理方面

一是监管。从平台认领事项共计8类321个事项；全年完成行政审批41件；在秀注册导游人员6人；A级以上景区4家；旅行社3家，在秀门市部13家。二是执法。全年共出动执法人员3064人次，检查各类市场主体1532家次，其中检查网吧787家次、歌舞娱乐场所531家次、电影院109家次、书店35家次、印刷复制企业2家次、文保单位（文物点）28家次、旅行社9家次、督促景区安全31家次，下发责令改正通知书13份，警告8家次，罚款18800元，吊销网络文化经营许可证1家，没收盗版音像制品、非法出版物189余份。

酉阳土家族苗族自治县2020年文化和旅游工作亮点

酉阳土家族苗族自治县文旅委

2020年，酉阳县文化旅游委坚持深入贯彻落实党的十九大精神，紧紧围绕“两点”定位、“两地”“两高”目标和“四个扎实”要求，聚焦“六稳”“六保”“三大”攻坚战等重点工作，结合自身工作职能，切实有效开展文化开发、旅游管理、文旅融合、疫情防控等核心工作，取得了较好的工作成效。

一、文旅规划持续完善

完成了《酉阳自治县武陵山区（渝东南）文化生态保护实验区规划》等各类规划25个，全面完成全县旅游资源和文化资源普查工作并建立数据库。

二、项目建设持续发力

累计完成投资26.3亿元，实施了30余个文旅重点项目建设。桃花源景区项目正在加快扫尾工作，酉州古城重新开街；龚滩景区全面完成综合管网改造及灯饰工程，建成投用万木旅游码头，全国首个镇级美术馆落户龚滩古镇，吴冠中纪念馆隆重开馆；摸星盖景区全面完成供水工程和花田梯田整体提升工程，高山草场、花田梯田等景观已基本成形；竣工验收车田乡何土司遗址本土保护工程；板溪镇扎营村被文化和旅游部公布为全国乡村旅游重点村。

三、要素配套持续完善

“青艾文宿”5个院落全部投入运营，“酉阳火铺菜”成为酉阳地标性餐饮品牌，推出十大系列600余款旅游商品，文旅产业发展要素进一步完善。

四、文化服务持续深化

新增应急广播接收终端600组，建成酉阳县应急广播系统，完成数字有线电视信号覆盖行政村96个，购买公共文化演出活动253场，综合文化服务中心实现县乡（镇）村三级全覆盖，面具阳戏成功入选国家级非物质文化遗产代表性名录，自创音乐节目《哟喂，佼》入选2020年重庆市脱贫攻坚十首优秀原创歌曲。

五、文化遗产保护持续加强

完工非遗扶贫工坊升级完善项目，完成全县第五批县级非遗代表性传承人组织审定及公布命名，有序推进“酉阳摆手舞进校园”活动，完成《酉阳土家族苗族自治县文化生态保护实验区规划》修订，完成南腰界红军文物核查上报，编制完善《南腰界红三军司令部旧址保护规划》和南腰界红三军政治部旧址等4处“南腰界红三军旧址”文物保护利用方案。

六、疫情防控有序推进

严格按照全国、重庆市和酉阳土家族苗族自治县对新冠疫情防控和复工复产工作要求，积极引导企业开展疫情防控和复工复产工作，全面实现我县文化旅游市场疫情防控安全有序；积极落实市县各项惠企政策，兑现政策资金157万元，惠及企业186家次，疫后复工复产工作有序推进。

七、文旅助推脱贫成效明显

拟定《酉阳县文化和旅游发展委员会关于脱贫攻坚总攻乡村旅游扶贫专项行动实施方案》，全委全面完成5个乡镇、7个村的驻村帮扶工作任务，加强乡村旅游从业贫困人员就业技能培训，投资15万元建设旅游扶贫项目22个，覆盖全县12个乡镇，解决直接就业500余人，项目全面建成后将提供19000余个就业岗位。

八、文旅营销持续推进

成功举办酉阳“晒旅游精品·晒文创产品”活动，通过现场直播带货，推介酉阳旅游精品和文创产品，现场直播观看人数达到1200万人次。策划开展“叠石花谷追风季”“酉阳桃花源深呼吸”“龚滩大学生写生艺术季”等大型文旅营销活动。2020年，尽管受新冠疫情影响，全县游客接待量、旅游综合收入仍分别达到1501.25万人次、61.01亿元。

BLUE BOOK OF CHONGQING

彭水苗族土家族自治县 2020年文化和旅游工作亮点

彭水苗族土家族自治县文旅委

2020年，彭水县文化和旅游委聚焦“山水之城·美丽之地”目标定位和“行千里·致广大”价值定位，立足“品牌引领、活动助推，全域建设、彭水特色”工作思路，依托“民族、生态、文化”三大特色，坚持以脱贫攻坚为统揽，统筹推进疫情防控和经济社会发展，深入推动文旅、体旅、农旅、商旅、城旅等创新融合，全力打造彭水旅游产业发展升级版，旅游经济保持良好发展势头。全年全县接待游客2815.9万人次，同比恢复93%，旅游综合收入143.6亿元，同比恢复95%。

一、疫情防控抓实抓细

严格落实疫情防控要求，认真履行“一办十组”职责，迅速成立疫情防控工作领导小组，在新冠疫情严峻的形势下，及时关闭景区、文化娱乐场所、公共文化设施，暂停所有文旅体活动和星级酒店大型宴请，派出5个工作组分别开展督查管控，确保全员“在岗位、在现场、在状态”。在新冠疫情形势好转的情况下，坚持疫情防控常态化，按照疫情防控工作指南和操作手册，在做好测温、登记、通风、消毒、限流、预约、错峰和外防输入、内防聚集等疫情防控措施的前提下，积极推动文化旅游行业复工复产，全力打好疫情防控阻击战、歼灭战、持久战。

二、品牌创建成果丰硕

2020 年 1 月，阿依河成功创建为国家 AAAAA 级旅游景区并进入全国 AAAAA 级旅游景区前百强；10 月，鞍子罗家坨苗寨、太原泉水渔都和善感周家寨成功创建为国家 AAA 级旅游景区；11 月，摩围山成功创建为市级旅游度假区。同时，我县 2019、2020 年连续两年入选“全国县域旅游综合实力百强县”。

三、数字帮扶再添新招

在中央外办的关心支持和协调推动下，彭水县与腾讯公司启动了以推动文旅创新融合为抓手、促进文旅消费扶贫为载体的全面定点帮扶工作。双方坚持目标导向、聚焦合作内容，本着优势互补、共同发展的原则，不断深化合作机制、拓展合作领域、创新合作形式，努力克服疫情、汛情等不利因素影响，有序实施欢乐茶馆、电竞大赛、文旅消费扶贫、文创产品开发、数字 IP 打造、智慧旅游建设等一系列合作项目，为促进后疫情时代文化旅游产业加速复苏、推动“互联网 + 文化旅游”创新融合发展积累了更多经验，“腾讯全面定点帮扶彭水助力文化和旅游产业扶贫”荣获 2020 博鳌国际旅游奖（TC 奖）“年度美丽乡村品牌奖”。

四、文旅扶贫扎实有效

积极开展结对帮扶，对口帮扶乡镇实现贫困发生率分别由 2014 年的 12% 和 15.6% 下降为 0；充分发挥行业优势，组织各类资金 200 余万元，深入推进文化旅游扶贫，在全县旅游景区共设 5 个消费扶贫专柜，实现旅游带动消费扶贫 600 万元，旅游业间接带动 7500 户、3.2 万人吃上了“旅游饭”。

BLUE BOOK OF CHONGQING

两江新区
2020年文化和旅游工作亮点

两江新区文旅委

2020年，两江新区旅游发展立足“开放两江·智慧之城”目标定位，以打造高质量发展引领区和高品质生活示范区为契机，以融合发展为主线，统筹抓好疫情防控和复工复产，不断壮大旅游市场主体，丰富旅游业态，激活旅游消费市场，实现优质发展。

截至2020年12月，新区现有A级旅游景区7个，其中AAAA级5个、AAA级1个、AA级1个；星级旅游饭店9家，其中五星级4家、四星级4家、二星级1家；旅行社32家，其中出境社9家、一般社23家。2020年两江新区接待游客2134万人次，旅游收入406.95亿元，较2019年提升5.7%。

一、政策引领，营造良好发展环境

先后出台《全域旅游发展三年行动计划》和《促进旅游业发展暂行办法》，同时完善文旅、交旅、研学等配套政策，不断优化旅游发展环境。2020年发放旅游扶持资金2315.49万元，力度居全市之首。同时，帮助企业积极应对疫情，一是开展暂退旅行社80%的旅游服务质量保证金工作，为28家旅行社解决周转资金900万元。二是配合现服局出台应对疫情支持商贸旅游企业渡难关的专项扶持办法，对12家旅游企业给予扶持资金205.74万元。

二、积极抗疫，提升酒店服务水平

按照全市和新区疫情防控总体安排，指导世纪同辉、伊可莎、柏曼3家定点隔离酒店提升服务水平，先后承担湖北来渝、返渝、入境来渝、高风险地区来渝共计5000余人员集中隔离观察期间的生活服务工作。其间，为入住客人提供特色餐饮、婴儿床、文化报刊等人性化服务，高质量的服务工作得到入住客人的赞扬，收到感谢信、锦旗1000余封（面）。日本总领事到酒店慰问感谢，市外办多次表扬，新区管委会主要领导给予批示和肯定。

三、多措并举，增强旅游主体实力

推进AAA级以上景区按照“限量、预约、错峰”的目标要求，分步完成智慧体系建设和数据共享接入，做到免费Wi-Fi、移动通信网络、视频监控全覆盖，并将票务预约系统和视频监控接入市文旅委指定端口。指导园博园、欢乐谷通过市级“智慧景区”验收。指导园博园、欢乐谷完成市级“无废景区”创建，欢乐谷成为全市首个“无废细胞”。对9家星级酒店开展日常监督检查，督导酒店持续保持星级水平，并率先做好生活垃圾分类工作。引导旅行社以品质服务为导向，以“互联网＋”为平台，运用大数据分析，由传统经营模式向定制游、自驾游、精品游的方向转型升级，降低运营成本，提升游客体验感。

四、产业融合，丰富旅游项目业态

深入走访调研旅游资源，在全市率先完成旅游资源普查报告及相关图件的报送，成果质量得到市文旅委肯定。根据资源摸底情况，加速推进“旅游＋”产业的深度融合。继续推动长安福特、现代汽车打造工业旅游；以悦来会展中心为辐射点，结合悦来生态馆、悦来美术馆、滨江艺术公园等打造悦来片区国际会展城旅游集群；以“一带一路”商品展示交易中心和京东超级体验店为中心打造商贸旅游；以川剧院、重庆房子为载体打造文化旅游；以恒大马会、红帽子皮划艇为重点项目打造体育旅游；依托两江“百园”，特别是金海湾公园沿线和大竹林观光轮渡打造生态旅游。

五、宣传营销，提升旅游品牌知名度

一是搭建营销平台。组织文旅专场带货直播，由管委会主要领导和分管领导带货互动刺激消费，共发放消费券421万元，全网累计观看量119.7万次，一周内推荐景点吸引游客10万人次，旅游收入500万元。二是牵头建设云上文旅馆。结合“动画＋视频＋VR”的表现形式，充分展现两江智慧、科技、时尚形象。通过线上宣传、销售、惠民、互动功能，为用户提供了一站式的吃、住、行、游、购、娱服务，实现平台引流和文旅消费的融合转化。上线以来，总浏览量及点赞量均突破1000万次，欢乐谷、际华园等多个景区景点在“双晒”后均出现近1倍的人流量增长，被市委宣传部、市委网信办、市文化旅游委评为最佳创意奖。三是组织办好旅游节会。组织旅游企业参加全市都市文化旅游节，吸引20万人次参观，企业现场达成订单10万元；以“开放两江·智慧之城”为主题，牵头布展“文旅会”核心展位及云上展，吸引线上线下游客30万人次，获组委会颁发的最佳品牌奖；支持旅游主体以独立或联合的形式，自行创办“电音节”“菊花展”等各类节会，承办跳伞、马术、皮划艇等赛事，提升新区旅游吸引力。

BLUE BOOK OF CHONGQING

万盛经开区 2020年文化和旅游工作亮点

万盛经开区文旅委

2020年，万盛经开区一手抓疫情防控，一手抓复产复工，以成功创建国家全域旅游示范区为重大突破，扎实推进各项工作，取得一定成效。

一、文旅经济稳中有升

来区游客达2478.22万人次，同比恢复98.7%，实现旅游综合收入185.18亿元，同比恢复99.99%。

二、疫情防控得力有效

严格落实各阶段文化旅游场所管控措施，承办2020年全市文化旅游安全应急救援演练，落实市区两级各项优惠政策。

三、项目建设稳步推进

奥陶纪景区建成悬崖自行车、综合演艺中心项目；区客运中心全域旅游集散中心、万盛石林苗族（红苗）博物馆建成投用；万盛全域旅游大数据分析平台获市级补贴资金100万元；全区A级以上旅游厕所达148座。更新完善旅游服务质量监督员库，旅游服务综合满意度测评排名全市第一。9 个封闭收费景区完成客流量实时监测系统建设。完成 34 处区级文物保护单位保护范围及建设控制地带划定工作，争取财政资金 90 万元完成文物保护单位修缮及消防设施配备。

四、文化惠民彰显成效

文图博三馆累计接待观众 26 万人次，开展各类免费培训 176 场次，开展送戏曲进校园 26 场，组织“万盛大舞台”等各类演出 55 场，国家文旅部中央公服资金资助项目优秀原创方言话剧《梦乡村》正式公演；邀请中国木偶艺术剧院来区演出大型史诗舞台剧《少年孔子》；完成 10 个文化馆分馆、21 个图书馆分馆建设，实现村文化活动室、社区文化活动室、农家书屋全覆盖；3 个镇街 7 个村（社区）公共文化服务中心升级改造有序推进，建成万盛老街 24 小时自助图书馆，全区应急广播系统建设全面完工。

五、品牌形象稳步提升

“晒旅游精品 • 晒文创产品”大型文旅推介活动荣获全市最佳创意奖，建成万盛“云上文旅馆”客户端；持续推出“ALL IN ONE 万盛”文旅微视频系列宣传片；万盛荣获中国旅游出版社“全域旅游精品目的地”称号，入编《美丽中国文化旅游胜地》一书；参加市文旅委组织的第八届成都国际旅游展、上海 2020 中国国际旅游交易会等各类大型营销推广活动。

六、创先争优喜报频传

绿水村、板辽村成功创建为重庆市第一批乡村旅游重点村，王家坝村、青山村、天星村被评为重庆市第二批美丽宜居乡村；黑山谷景区创立的全国首个生态养生旅游景区标准被评为全国三等奖，入选《全国地方旅游标准汇编》；万盛博物馆获批全国工业博物馆联盟会员单位；溱州鼎、黑山谷 • 小酒分获2020“重庆好礼”旅游商品（文创产品）设计大赛银奖、铜奖，溱州鼎、双层竹青圆形收纳筐入选2020“重庆好礼”外事礼品名录；民间吹打《龙门阵·幸福生活》、表演唱《幸福苗山》荣获重庆市乡村文艺会演二等奖。

七、区域合作走深走实

与成都金牛区签订《成都市金牛区重庆市万盛经开区文旅产业发展合作协议》，赴四川开展“文旅大篷车巡游”推广活动；参加重庆主城都市区联盟，加强主城都市区区域合作；与綦江文旅委对接，推动綦江万盛一体化同城化融合化发展。

TEZAI PIAN
特载篇 <

2020 年规范性文件

重庆市文化和旅游发展委员会关于印发《重庆市文化产业示范园区评选命名管理办法》和《重庆市文化产业示范基地评选命名管理办法》的通知

渝文旅规〔2020〕2号

各区县（自治县）文化旅游委，两江新区社发局、市场监管局，重庆高新区公共服务局，万盛经开区文化和旅游发展局，委属各单位，机关各处室：

《重庆市文化产业示范园区评选命名管理办法》和《重庆市文化产业示范基地评选命名管理办法》已经市文化旅游委 2020 年第 8 次主任办公会审议通过，现印发实施，请认真抓好贯彻落实。

重庆市文化和旅游发展委员会

2020 年 8 月 25 日

重庆市文化产业示范园区评选命名管理办法

第一章 总则

第一条　为深入贯彻习近平新时代中国特色社会主义思想，全面落实习近平总书记对重庆提出的“两点”定位、“两地”“两高”目标，满足人民群众的文化消费需求，促进我市文化产业健康发展，进一步提高文化产业规模化、集约化、专业化水平，推动市级文化产业示范园区（以下简称园区）建设，规范园区申报、命名和监督管理，根据《文化部办公厅关于印发〈国家级文化产业示范园区管理办法（试行）〉的通知》（办产发〔2010〕19号）和《国家统计局关于印发〈文化及相关产业分类（2018）〉的通知》（国统字〔2018〕43号）以及国家、我市扶持文化产业发展相关政策，特制定本办法。

第二条　文化产业示范园区是指进行文化资源开发、文化企业和行业集聚及相关产业链汇聚，具有一定产业规模，具备自主创新研发能力，对区域文化及相关产业发展起示范、带动作用，发挥园区的经济、社会效益的特定区域。

第三条　本办法所称园区包括文化创意产业园区、数字文化产业园区、文旅融合园区、文化用品装备制造园区，即以文化创意产业、数字文化产业、文旅融合消费产业、文化用品装备制造等为主导产业，有相对明确的产业定位和行业特色，集聚多家主导产业类文化企业并形成一定产业规模的特定空间区域。

第四条　园区建设应遵循统筹规划、合理布局、突出特色、内容优先、自主创新的原则；园区申报秉承公开、公平、公正的原则，采取自愿报名的方式进行。

第五条　市文化旅游委负责重庆市文化产业示范园区的申报、命名、管理和考核，其办公室设在产业发展处，具体负责申报材料的收集、审核和评审的组织工作。

第六条　各区县文化旅游行政主管部门负责辖区内园区的申报材料初审、日常管理、指导和政策支持等工作。

第七条　园区每两年申报、命名一次，具体评审标准和数量根据文旅产业发展情况相应调整。原则上每个区县行政区内园区每次申报名额不超过2个。园区实行动态管理，每两年复审一次，对不符合条件的予以取缔。

第二章　申报条件

第八条　申报重庆市文化产业示范园区应具备的基本条件：

（一）有切实可行的中长期发展目标和规划，在土地、消防、安全、节能、环保、卫生等方面符合国家相关规定和标准。

（二）有较为完善的配套服务设施和公共服务体系、平台，非文化类商业面积不得超过园区总建筑面积50%。

（三）具有较强自主创新和市场开拓能力，发展速度较快，在全市同类行业中具有典型和示范意义。

（四）园区有组织健全的专业管理机构和完善的管理制度，开发单位及管理机构具有独立法人资格，守法经营，无违法、违规行为。

（五）园区所生产和提供的文化产品及服务内容健康，符合社会主义核心价值观要求，产生较好的社会效益和经济效益，对区域经济社会发展起到促进作用。

第九条　申报重庆市文化产业示范园区（文化创意），应同时具备以下条件：

（一）园区主导产业为文化创意产业，提供以创意为核心要素的文化产品和服务。

（二）园区内文创单位（企业、工作室等）拥有一定数量的自主知识产权，原创产品占有一定的市场份额，有丰富的产品和良好的品牌形象。园区每年组织开展有一定影响力的文化活动不少于 5 次。

（三）园区规划建筑面积 2 万平方米以上，园区入驻率达 60% 以上，入驻文化创意类文化企业 20 家以上，占全部入驻企业 60% 以上，年文化产值占总产值的 50% 以上。

第十条　申报重庆市文化产业示范园区（数字文化），应同时具备以下条件：

（一）园区主导产业为数字文化产业，进行以数字化技术为核心手段的数字文化产品生产和服务活动。

（二）园区具备支持数字文化产业发展的必要软硬件配套设施，建有网络基础设施、服务器机房、生产生活配套设施及安全保障。有专门的创业孵化区域。具有与相关高校或科研单位合作研发、人才培养、市场开拓的机制或平台。

（三）园区规划建筑面积 1 万平方米以上，园区入驻率达 60% 以上，入驻数字文化类企业 10 家以上，占全部入驻企业 60% 以上，年文化产值占总产值的 50% 以上。

第十一条　申报重庆市文化产业示范园区（文旅融合），应同时具备以下条件：

（一）具有一定的旅游功能，旅游要素明显，文化和旅游产业基础良好。

（二）文化和旅游产业融合度高，能提供多样化的文旅融合产品，产业效益高，具有一定的旅游客流量。

（三）园区规划建筑面积 5 万平方米以上，园区入驻率达 70% 以上，入驻文旅融合类企业 30 家以上，占全部入驻企业 60% 以上，年文旅类产值占总产值的 50% 以上。

第十二条　申报重庆市文化产业示范园区（文化用品装备制造），应同时具备以下条件：

（一）园区具有突出的文化装备研发、设计、生产功能。

（二）产品品种丰富，生产效益好，具有一定的社会影响力。

（三）园区规划建筑面积 5 万平方米以上，园区入驻率达 60% 以上，入驻文化用品装备制造类文化企业 10 家以上，占全部入驻企业 60% 以上，年文化类产值占总产值的 50% 以上。

第三章 申报要求

第十三条　我市范围内符合本办法第二章有关评选条件的单位均可申报。

第十四条　申报单位需认真填写相关申请表，并提供下列材料：

（一）申报单位营业执照副本；

（二）申报单位统一社会信用代码证；

（三）申报单位资质证书及近两年获得的各项荣誉证书（以上三项需验证原件，报送复印件需加盖公章）；

（四）申报文化产业园区的基本情况；

（五）文化产业园区的发展规划；

（六）申报单位近两年的财务报表；

（七）申报单位开户银行提供的资信证明；

（八）截至申报时园区入驻文化企业名单，包括主导产业类文化企业名单、非主导产业类企业名单；

（九）若园区建设运营管理机构负责园区入驻文化企业场地租赁，且为园区业主，应提供园区房地产权证（复印件）或不动产权证（复印件），若非园区业主，应提供与园区业主签订的经营合同（复印件，如租赁合同等）和园区业主的房地产权证（复印件）或不动产权证（复印件）；同时，应提供截至申报时入驻主导产业类文化企业营业执照副本（复印件）以及与园区建设运营管理机构签订的租赁合同（复印件）。

第十五条　重庆市文化产业示范园区评审命名程序：

（一）各区县文化旅游行政主管部门组织本区县内符合条件的单位，以建设运营管理机构为申报主体提出申请，并对申请材料进行初审，报市文化旅游委产业发展处。

（二）市文化旅游委产业发展处组织相关部门专家评审组对申报材料进行评议审查，提出评审意见。

（三）市文化旅游委产业发展处根据专家评审组提出的评审意见，确定拟命名示范园区的名单，经市文化旅游委主任办公会议审议通过后，在市文化旅游委门户网站和相关媒体上予以公示。

（四）经公示无异议或异议不成立的，由市文化旅游委予以命名，并授牌。

（五）满足本办法第八条基本条件的园区，未列入命名名单的，给予一年创建期，授予文化产业示范园区创建资质。

第四章 管理与考核

第十六条 市文化旅游委负责园区的指导和监督管理工作，按本办法执行相关命名评审及管理工作；组织开展园区之间交流活动，组织园区考核工作，推动园区对外交流合作，协调园区申请贷款和专项资金扶持。

第十七条 园区所在地的区县文化旅游行政主管部门负责指导督促园区建设，配合区县人民政府出台相关的优惠政策和支持措施，负责园区年度运营发展情况初审并上报。

第十八条 园区对规划和重大文化产业项目做重大调整时，须报市文化和旅游发展委员会产业发展处备案。

第十九条 园区每季度以书面形式随区县文化旅游行政主管部门文化产业季报工作一并上报季度发展情况。上一年度发展情况年报在每年4月随季报一同上报。

第二十条 市文化旅游委产业发展处依照本办法规定，组织相关部门专家，对已命名的园区及园区创建资质单位开展目标考核，考核每年进行一次。

第二十一条 园区考核包括以下内容：

（一）园区发展和运营管理是否符合国家和重庆市有关政策法规及本办

法要求；

（二）中长期建设发展目标和规划实施情况；

（三）整体运营、管理情况（含搭建公共服务平台、提供文化产业公共服务的情况；园区经济效益情况、文化产品生产情况等；

（四）社会效益情况，包括适当开放的公共服务资源，主要是面向公众组织开展公益文化讲座、文化展览、文化活动等情况；

（五）区县文化旅游行政主管部门对园区管理的意见。

第二十二条　重庆市文化产业示范园区考核结果分为通过考核、限期整改、撤销命名三种。限期整改的期限不超过六个月。

园区有下列行为之一的，撤销其称号并予以公告，两年内不予受理其重新认定的申请：

（一）发生重大责任事故，并造成严重不良社会影响的；

（二）宣传虚假文化产品和服务信息，并造成严重社会不良影响的；

（三）经营管理不善，不能达到园区认定条件的；

（四）考核不合格，并在规定期限内整改不达标的；

（五）申报时提供虚假材料或采取其他手段骗取园区资格的；

（六）园区管理机构有重大违法违规行为，受到法律、行政处罚的；

（七）因政策或经营方向调整而改变园区性质的；

（八）其他造成不良影响社会的。

第二十三条　重庆市文化产业示范园区创建资质单位创建期满，达到相应申报条件，按照相关认定、命名程序进行公示、命名、授牌；未达到申报条件，取消创建资格。

第五章　支持与服务

第二十四条　鼓励示范园区建设特色文化产业项目，符合条件的可享受金融扶持、市级文化产业专项资金、国家及市级产业项目扶持资金的优先支持，并享受重点项目申报快捷通道。

第二十五条　鼓励示范园区内的优秀人才依照有关规定申报国家级、市级人才工程、计划或有关资格评定，优先推荐企业高级人才参与文化和旅游部、市政府评选的人才扶持培养计划或培训活动。

第二十六条　支持示范园区打造知名品牌。鼓励示范园区内企业参加文化和旅游部、市政府、市文化旅游委主办（支持）的各类文化旅游产业展会、品牌建设和市场推介活动。

第二十七条　鼓励并支持各类文化产业协会或行业组织搭建信息桥梁，加强行业自律，积极发挥中介作用，引导示范园区持续健康发展。

第六章　附则

第二十八条　本办法自印发之日起施行，由市文化旅游委负责解释。

第二十九条　原《重庆市文化广播电视局重庆市新闻出版局重庆市国有文化资产经营管理有限责任公司关于印发〈重庆市文化产业示范园区和示范基地评选命名管理办法〉的通知》（渝文广发〔2009〕67 号）《重庆市文化委员会关于印发〈重庆市文化创意产业园区评选管理暂行办法〉的通知》（渝文委发〔2018〕274 号）《重庆市文化和旅游发展委员会关于印发〈重庆市数字文化产业园区（基地）创建管理办法〉的通知》（渝文旅规〔2019〕17 号）同时废止。

BLUE BOOK OF CHONGQING

重庆市文化产业示范基地评选命名管理办法

第一章 总 则

第一条　为促进重庆文化产业发展，加强重庆市文化产业示范基地（以下简称示范基地）建设，规范基地申报、命名和监督管理，根据《文化部办公厅关于修订印发〈国家文化产业示范基地管理办法〉的通知》（办产发〔2014〕13号）和《国家统计局关于印发〈文化及相关产业分类（2018）〉的通知》（国统字〔2018〕43号）以及国家、重庆市扶持文化产业发展的政策有关规定，特制定本办法。

第二条　示范基地是指由市文化旅游委命名，主要提供文化产品研发、设计、生产、销售、服务，在全市同行业中具有引领和辐射作用的优秀企业。

第三条　文化行政部门管理的演出业、影视业、音像业、文化娱乐业、文化旅游业、网络文化业、图书报刊业、文物和艺术品业、艺术培训业等领域的各类文化企业，都可以根据本办法申报文化产业示范基地。

第四条　示范基地建设遵循内容优先、特色突出、品牌引领、创新发展的原则，重点支持文化内容创意、特色文化产品生产、文化科技融合、业态模式创新、文化创意和设计服务与相关产业融合类的企业。

第五条　市文化旅游委负责示范基地的申报受理、命名、管理、服务和支持，市文化旅游委产业发展处是示范基地的具体管理机构。区县文化旅游行政主管部门负责本辖区内示范基地的申报材料初审、实地考察、日常管理和政策支持。

第六条　市文化旅游委每2年组织一次申报命名和巡检工作。申报命名和巡检工作隔年交替进行，对不符合条件的予以取缔。

第二章 申报条件

第七条　申报重庆市文化产业示范基地应具备以下条件：

（一）企业发展符合社会主义先进文化前进方向，符合国家有关法律法规和产业政策的规定，符合国家相关产业规划要求，有切实可行的中长期发展目标和规划。

（二）在重庆市行政区划内注册，具有独立法人资格且运营2年（含）以上，实际投资额1000万元人民币以上。

（三）以生产经营文化产品、提供文化及相关配套服务、推进文化创意和设计服务与相关产业融合为主营业务，且上述主营业务收入占企业总收入的60%（含）以上。

（四）在发展文化产业方面成效显著，社会效益和经济效益良好，最近2年连续盈利。

（五）在内容、技术、模式、业态、体制机制等方面创新，具有明显的典型示范和引领作用，在全市同行业中有较高的知名度，其产业规模、经营收入及利税位居全市同行业前列。

（六）行业集聚区有专门的管理服务机构、配套的公共设施，及公共服务平台，社会责任感较强，在依法纳税、吸纳就业、促进大学生创业、提供公益服务等方面表现较好。

（七）产权明晰，制度健全，管理规范，会计信用、纳税信用、银行信用良好，企业近2年内未受刑事处罚或行政处罚。

第三章 申报要求

第八条 重庆市范围内符合本办法第二章有关评选条件的单位均可申报。

第九条 重庆市文化产业示范基地评审依照公开、公平、公正的原则进行，注重少而精，并兼顾地域平衡和行业平衡。

第十条 申报单位需认真填写相关申请表，并提供下列材料：

（一）企业的基本概况，包括成立时间、发展历程、主营业务、主要产品和服务、从业人数、社会效益和经济效益等方面的综合情况；

（二）企业在本行业或本领域内的地位、示范带动作用及品牌影响力情况；

（三）企业在内容、技术、模式、业态、体制机制创新等方面的业绩；

（四）企业承担社会责任的情况；

（五）企业中长期发展战略和发展规划；

（六）企业营业执照、组织机构代码证及税务登记证的复印件；

（七）企业最近 2 年经会计师事务所审计的年度财务报表；

（八）开户银行开具的有关企业信用状况的资信证明；

（九）税务部门提供的完税证明；

（十）企业近 5 年来（成立不足 5 年的自成立之日起）所获国家级和省级奖励、荣誉和扶持情况。

第十一条 申报材料必须实事求是，如发现有弄虚作假行为，取消申报资格。

第十二条 重庆市文化产业示范基地命名程序如下：

（一）区县文化旅游行政主管部门负责组织本区县的企业申报，并对申报企业的材料进行初审，确定推荐企业名单，上报评审办公室审核。

（二）市文化旅游委产业发展处组织相关部门专家评审组对通过初审的申报材料进行评议审查，提出评审意见。

（三）市文化旅游委产业发展处根据专家评审组提出的评审意见确定拟命名名单，经市文化旅游委主任办公会审议通过后，在市文化旅游委门户网站和相关媒体上予以公示。

（四）经公示无异议或异议不成立的，由市文化旅游委命名为“重庆市文化产业示范基地”，并授牌。

第四章 管理与巡检

第十三条　重庆市文化产业示范基地每季度以书面形式随区县文化旅游行政主管部门文化产业季报工作一并报送季度发展情况。上一年度发展情况年报在每年 4 月随季报一同上报。

第十四条　重庆市文化产业示范基地变更企业名称，应在市场监管部门核准变更之日起 3 个月内提交保留示范基地称号的书面申请报告，经所在区县文化旅游行政主管部门报市文旅委核准。

第十五条　市文化旅游委以直接考察和委托区县文化旅游行政主管部门考察相结合的方式，定期开展巡检工作，对示范基地的建设情况进行评估，动态管理。

第十六条　示范基地有下列行为之一者，予以警示：

（一）因管理失当或产品和服务内容给社会造成不良影响。

（二）未履行法定义务，但未造成严重后果。

（三）因管理不当连续 2 年严重亏损。

（四）未按规定要求上报统计数据或者上报数据不真实。

（五）企业变更名称，未在规定时间内报请核准保留称号。

第十七条　示范基地有下列行为之一者，其称号予以撤销：

（一）申报时提供虚假材料或采取其他手段骗取示范基地称号。

（二）主营业务发生变更，在文化产业领域不再具备示范作用。

（三）所提供的文化产品和服务或企业行为对社会造成重大不良影响和严重后果。

（四）无特殊理由连续停止经营 1 年以上。

（五）有重大违法、违规行为。

（六）有本办法第十六条规定行为，累计受到 2 次警示。

第五章 支持与服务

第十八条　支持示范基地不断推动文化内容形式、传播手段创新，推进文化与科技融合发展，提高产品研发和原创能力。鼓励示范基地申报各类扶持计划、荣誉奖励和专项资金。

第十九条　支持示范基地合理利用区域独有文化资源，发展特色文化产业。鼓励示范基地建设特色文化产业项目，符合条件的可享受金融扶持、市级文化产业专项资金、国家及市级产业项目扶持资金的优先支持，并享受重点项目申报快捷通道。

第二十条　鼓励示范基地内的优秀人才依照有关规定申报国家级、市级人才工程、计划或有关资格评定，优先推荐企业高级人才参与文化和旅游部、市政府评选的人才扶持培养计划或培训活动。

第二十一条　支持示范基地打造知名品牌。鼓励示范基地参加文化和旅游部、市政府主办（支持）的各类文化旅游产业展会、品牌建设和市场推介活动。

第二十二条　鼓励并支持各类文化产业协会或行业组织搭建信息桥梁，加强行业自律，积极发挥中介作用，引导示范基地持续、健康发展。

第六章 附则

第二十三条　本办法自印发之日起施行，由市文化旅游委负责解释。

第二十四条　原《重庆市文化广播电视局重庆市新闻出版局重庆市国有文化资产经营管理有限责任公司关于印发〈重庆市文化产业示范园区和示范基地评选命名管理办法〉的通知》（渝文广发〔2009〕67 号）《重庆市文化和旅游发展委员会关于印发〈重庆市数字文化产业园区（基地）创建管理办法〉的通知》（渝文旅规〔2019〕17 号）同时废止。

重庆市文物局
关于印发《重庆市文物局对提供文物违法线索奖励办法（试行）》的通知

渝文物〔2020〕95号

各区县（自治县）文化旅游委，两江新区社发局，重庆高新区公共服务局，万盛经开区文广新局，委属各单位，机关各处室：

现将《重庆市文物局对提供文物违法线索奖励办法（试行）》印发给你们，请认真遵照执行，并做好宣传工作。

重庆市文物局

2020年5月11日

重庆市文物局对提供文物违法线索奖励办法（试行）

第一条　为严厉打击文物违法行为，鼓励群众积极提供文物违法线索，营造全社会爱护文物、保护文物的浓厚氛围。根据《中华人民共和国文物保护法》，结合我市实际，制定本办法。

第二条　本办法适用于本市各级文物主管部门受理、督办或者直接调查处理群众提供文物违法线索的奖励。

文物、博物馆行业工作人员履行职责保护文物，公安、海关、文化市场执法、市场监管等行政部门依法查处文物违法行为，不适用本办法。

本办法所称文物违法行为是指违反文物保护法律、法规、规章的行为。

第三条　本市各级文物主管部门应建立信函、电话、网络等多种受理线索渠道，并主动对社会公开。通过各种形式公开宣传本办法，扩大本办法的知晓范围，广泛发动群众参与。

重庆市文物局受理文物违法线索渠道：受理电话：023—67759243；受理邮箱：cqswwdcc@163.com；受理信件邮寄地址：重庆市两江新区黄山大道中段68号高科山顶总部基地41栋文物督察处，邮编：401123。

重庆市文物局负责本办法具体奖励的审定和奖金发放等日常工作事宜。

第四条　群众提供文物违法线索中的违法行为主要有以下情形：

（一）盗掘古文化遗址、古墓葬的；

（二）故意或者过失损坏、损毁国家保护的珍贵文物的；

（三）盗窃、哄抢、私分或者非法侵占国有文物的；

（四）擅自在文物保护单位的保护范围内进行违法、违规施工作业的；

（五）擅自在文物保护单位的建设控制地带内进行违法、违规建设工程，对文物保护单位的历史风貌造成破坏的；

（六）擅自迁移、拆除不可移动文物的；

（七）擅自修缮不可移动文物，明显改变文物原状的；

（八）擅自在原址重建已全部毁坏的不可移动文物的；

（九）在建设施工过程中，发现文物未报告或上交的；

（十）文物（包括馆藏文物）损毁、被盗、被抢或者丢失，未报文物主管部门核查处理的；

（十一）其他违反文物法律法规规章的行为。

第五条　线索提供人获得奖励应当符合下列条件：

（一）违法行为发生地或者结果地在本市行政区域内；

（二）有明确、具体的违法事实；

（三）提供的线索事先未被主管部门掌握；

（四）文物违法线索的情况经查证属实；

（五）应当具备的其他条件。

第六条　群众提供文物违法线索的奖励，按照以下原则确定：

（一）线索提供人需为实名，凭有效身份证明直接领取奖金；

（二）同一线索被两个及以上线索提供人分别提供的，奖励由最先线索提供人获得；

（三）两个或两个以上线索提供人共同联名提供的，按一条线索进行奖励；

（四）对同一案件的奖励不得重复发放。

第七条　群众提供文物违法线索的，市、区县文物主管部门通过精神鼓励与物质奖励相结合的方式给予奖励。

第八条　市文物主管部门结合线索提供人提供的线索与调查核实、处理的事实结论相符合的程度，以及文物违法行为的情节轻重、造成的后果严重性、社会影响恶劣程度等因素综合确定奖励等级，并根据不同等级给予线索提供人相应的精神奖励或物质奖励。

奖励分为下列四个等级：

一等：详细提供文物违法事实线索和相关有效证据，违法行为情节严重，社会影响恶劣，造成严重后果的，线索提供人积极协助调查、查处工作，线索提供情况与事实结论完全相符的，给予5000元至20000元奖金并由市级文物主管部门颁发荣誉证书。

二等：提供的文物违法事实线索和部分有效证据，违法行为情节比较严重，社会影响比较恶劣，造成比较严重后果的，线索提供人协助调查、查处工作，线索提供情况与事实结论相符的，给予2000元至5000元奖金并由区县文物主管部门颁发荣誉证书。

三等：提供违法行为线索，违法行为情节较轻，社会影响较小，造成后果较轻的，线索提供人未直接协助查办工作，线索提供情况与事实结论基本相符的，给予500元至2000元奖金并由区县文物主管部门颁发荣誉证书。

四等：提供违法行为线索，违法行为情节轻微，基本未造成不良后果的，线索提供人未直接协助查办工作，线索提供情况与事实结论基本相符的，给予最高不超过500元奖金或由区县文物主管部门颁发荣誉证书。

公民本人持市、区县文物主管部门颁发的荣誉证书可免费参观本市内所有国有博物馆。

第九条　本市各级文物主管部门、国有文物收藏单位应对群众提供文物违法行为线索有关事迹进行宣传。

第十条　文物违法行为的调查处理部门对违法线索内容进行调查核实，并对文物违法事实、奖励条件和标准予以认定，提出奖励意见，报重庆市文物局审批。审核批准后，通知线索提供人领取奖金。

第十一条　线索提供人应当自接到领奖通知之日起30日内，凭本人身份证或者其他有效身份证明到重庆市文物局领取奖金。逾期不领的，视为放弃权利。委托他人代领的，受托人需持有线索提供人授权委托书、身份证复印件及本人有效身份证明。

第十二条　本办法物质奖励所需资金，从文物工作经费中列支。

第十三条　文物违法线索受理部门未经线索提供人同意，不得以任何方式公开线索提供人姓名、住所、工作单位或其他个人信息。

第十四条　线索提供人借提供线索之名故意捏造事实，诬告他人违法或犯罪的，应当承担相应的法律责任，所获得的奖励由重庆市文物局追回。

第十五条　线索提供人提供的文物犯罪线索，经公安机关侦查，人民法院做出有罪判决的，可参照本办法给予线索提供人奖励。

第十六条　各区县（自治县）文物主管部门可以结合本地实际情况，制定本地奖励办法。

第十七条　本办法由重庆市文物局负责解释，自印发之日30日后施行。

重庆市文物局关于印发《重庆市文物安全检查督察办法》的通知

渝文物〔2020〕142号

各区县（自治县）文化旅游委，两江新区社发局，重庆高新区公共服务局，万盛经开区文化和旅游发展局，委属有关单位，机关相关处室：

《重庆市文物安全检查督察办法》已经市文化旅游委2020年第4次主任办公会议审议通过，并于2020年7月1日起施行。现予印发，请认真遵照执行。

重庆市文物局

2020年6月15日

重庆市文物安全检查督察办法

第一章　总则

第一条　为落实文物安全责任，加强文物安全检查督察工作，根据《中华人民共和国文物保护法》《国务院办公厅关于进一步加强文物安全工作的实施意见》《国家文物局文物保护单位执法巡查办法》《国家文物局文物保护工程安全检查督察办法（试行）》等相关规定，结合本市实际，制定本办法。

第二条　市、区县（自治县）文物行政部门、乡镇（街道）指定的文物安全管理机构、文物和博物馆管理使用单位等，开展文物安全检查、督察、报告工作适用本办法。

第三条　文物安全检查、督察工作坚持“管行业必须管安全、管业务必须管安全、管生产经营必须管安全”“属地管理、分级负责”“谁管理谁使用谁负责”的原则，各地、各文物和博物馆的管理使用单位（人）或者产权单位（人）应当配合当地文物行政部门或文物安全管理机构开展检查，不得拒绝、阻碍。

第二章　检查督察内容

第四条　文物安全检查采取定期检查、重点抽查和督察等方式。文物行政部门和文物、博物馆管理使用单位定期开展文物安全检查。上级文物行政部门对下级文物行政部门或文物安全管理机构、文物保护工程、考古发掘工地、文物和博物馆管理使用单位进行抽查检查和督察。

第五条　文物行政部门督察的主要内容：

（一）安全管理机构及安全制度建立情况；

（二）检查文物保护单位工作计划；

（三）文物安全检查工作开展和隐患整改情况；

（四）安全教育培训和应急演练情况；

（五）文物安全巡查看护人员经费落实情况；

（六）上级部署的文物安全专项工作任务落实情况；

（七）文物安全责任落实、责任书签订情况；

（八）文物案件和安全事故报告和处理情况；

（九）其他涉及文物安全的情况。

督察结束后，上级文物行政部门应当及时向被督察区县文物行政部门书面反馈督察意见，明确指出存在的问题、违反的相关规定，并提出整改的要求。涉及重大问题的应按照规定向当地人民政府通报情况。

第六条　不可移动文物检查的主要内容：

（一）文物本体的保护利用情况；

（二）保护标志说明、直接责任人公示牌情况；

（三）文物保护单位保护范围和建设控制地带内情况；

（四）安全防护设施设备维护保养及运行情况；

（五）文物保护单位用火用电等日常安全管理情况；

（六）其他危及文物安全的情况。

第七条　博物馆检查的主要内容：

（一）安全管理机构及制度建立情况；

（二）安全防护设施及日常维护保养情况；

（三）出入登记、安全教育培训、应急演练、值班值勤等安全制度落实情况；

（四）安全出口、疏散通道、消防车道畅通情况；

（五）安消防控制室值班人员持证上岗情况，操作设施设备熟练情况；

（六）安全工作人员熟悉岗位职责、周围环境及操作使用设施器材情况；

（七）文物库房安全管理情况；

（八）其他影响参观、展览和文物、观众安全的情况。

第八条　文物保护工程检查的主要内容：

（一）安全直接责任人及安全管理人员情况；

（二）安全管理制度建设及实施情况；

（三）安全风险评估清单及对应的防控措施；

（四）防火、防盗、防破坏等安全防护设施设备器材配置及消防通道设置情况；

（五）施工现场文物本体及雕塑、雕刻、壁画、彩画等安全防护措施；

（六）施工方法与施工技术安全及保障情况；

（七）施工设施、设备和机具安全性能，脚手架搭建、洞口设置、临边与高空作业等安全防护情况；

（八）施工现场用电、动火审批及安全管理情况；

（九）施工作业场所、材料堆放区、生活区和办公区等区域设置和分隔是否符合安全要求；

（十）施工现场可燃和易燃易爆物品安全使用管理情况；

（十一）日常安全巡查、检查和安全隐患整改情况；

（十二）施工人员安全教育和安全防护措施情况，施工现场安全警示宣传情况；

（十三）安全应急预案及演练情况；

（十四）其他安全管理情况。

第九条　考古发掘工地检查的主要内容：

（一）安全直接责任人及安全管理人员情况；

（二）安全管理制度建设及实施情况；

（三）安全风险评估清单及对应的防控措施；

（四）考古发掘工地防盗、防洪、防涝、防垮塌等安全防护设施设备器材配置情况；

（五）考古工作人员生活区及文物库房安全防护情况；

（六）工地及工作人员日常安全巡查、检查情况；

（七）考古发掘现场安全警示宣传情况；

（八）安全应急预案及演练情况；

（九）其他安全管理情况。

第三章　文物行政部门检查

第十条　市文物行政部门对全市市级以上文物保护单位及其文物保护工程、三级以上博物馆每年巡查检查不少于 1 次；对考古发掘工地和其他不可移动文物、博物馆进行重点抽查。

第十一条　区县（自治县）文物行政部门对本辖区内全国重点文物保护单位、文物保护工程、博物馆每月巡查不少于 1 次；对市级文物保护单位、区县级文物保护单位、考古发掘工地每季度巡查不少于 1 次；对其他不可移动文物每半年巡查不少于 1 次。

第十二条　乡镇（街道）指定的文物安全管理机构对本辖区内的文物保护单位每月巡查不少于 1 次，对其他不可移动文物每季度巡查不少于 1 次。

第十三条　检查中发现安全隐患的，应当现场反馈，能立即改正的应当场督促改正，不能立即改正的，应向其管理使用单位、施工单位或当地文物行政部门送达隐患整改通知书，责令限期整改。

发现重大安全隐患或问题的，应当责令立即停工、整改，并给予通报批评；情节严重的，对有关责任单位负责人进行约谈；酿成安全事故造成文物损失的，依法依纪追究责任。

第十四条　市、区县文物行政部门根据检查情况，建立文物安全隐患整改责任清单，照单跟踪督办，督办整改情况记入安全检查台账。

第十五条　各级文物行政部门、乡镇（街道）指定的文物安全管理机构应建立安全检查、督察工作档案，认真填写检查督察工作记录，并将检查记录、台账和其他检查督察情况存入档案。

第四章　文物和博物馆单位自查

第十六条　有管理使用单位（人）的不可移动文物和博物馆，自查工作由其管理使用单位（人）自行负责；无管理使用单位（人）的不可移动文物，自查工作由当地乡镇（街道）指定的责任单位或责任人负责。按规定做好检查记录，建立文物安全工作档案。

第十七条　专职保护管理机构管理的、国有对外开放的市级以上（含市级）文物保护单位和国有对外开放的博物馆，应每日实施检查，并填写检查记录。管理使用单位负责人或分管安全负责人应定期对各部门、各岗位人员的履职情况进行抽查检查。

其他单位（个人）管理使用的文物和博物馆单位的自查，可参照本条实施。

第五章　文物安全报告

第十八条　文物安全报告包括定期报告、突发事件报告和定期通报。

第十九条　定期报告

（一）半年报。区县（自治县）文物行政部门每年 6 月 30 日和 12 月 31 日前应向市文物行政部门上报本辖区内的文物安全工作情况、安全隐患及整改情况。

（二）年报。区县（自治县）文物行政部门每年 12 月 31 日前应向市文物行政部门书面报告本辖区当年的文物安全工作情况，市文物行政部门每年应向国务院文物主管部门书面报告全市当年的文物安全工作情况。

第二十条　突发事件报告

文物、博物馆管理使用单位（人）应当在获悉文物安全事故案件发生后

2小时内，向当地区县（自治县）文物行政部门报告已掌握的情况，区县（自治县）文物行政部门接报后，应在1日内通过电话或者传真形式报告市文物行政部门，并在3日内正式书面报告。

有下列情形之一的，区县（自治县）文物行政部门应当在接到报告2小时内，向当地人民政府和市文物行政部门报告，市文物行政部门应当在接到报告2小时内，通过电话或者传真形式报告国家文物局督察司，并在3日内书面向国家文物局呈报。

（一）世界文化遗产地、市级以上文物保护单位发生的文物安全事故；

（二）核定公布为三级以上风险单位的博物馆、纪念馆等文物收藏单位发生的文物安全事故；

（三）尚未核定公布为三级以上风险单位的博物馆、纪念馆和其他文物收藏单位发生的一级文物丢失或者损毁；

（四）擅自在市级以上文物保护单位的保护范围和建设控制地带内违法建设施工；

（五）其他重大文物安全事故。

第二十一条　文物安全事故报告主要包括以下内容：

（一）涉事文物、博物馆单位名称、级别、保护管理机构（管理使用单位）、基本信息和保护管理现状；

（二）发生时间、地点、经过，文物损失和人员伤亡情况；

（三）涉事可移动文物名称、数量、级别和受损情况；

（四）事故经过、原因、应急处置情况及下步措施；

（五）事发现场和文物受损等图片资料；

（六）其他需要报告的情况。

第二十二条　各级文物行政部门应建立文物安全事故案件工作档案，记录事故案件发现、上报时间，调查处理过程、结果，上级督察、案件具体情况等工作资料，存入档案。

第二十三条　定期通报

（一）文物管理使用单位每月应在单位内部通报一次本单位安全情况。

（二）区县（自治县）文物行政部门每半年应向本辖区文物系统通报一次文物安全情况，并报市文物行政部门。

（三）市文物行政部门每年应向全市文物系统通报全年文物安全情况。

（四）对于造成严重后果的重大文物安全事件，各级文物行政部门应及时通报。

第六章　附则

第二十四条　各级文物行政执法机构开展文物安全检查工作，可参照本办法执行。

第二十五条　本办法自 2020 年 7 月 1 日起施行。

2020年专报摘编

一、重庆加快建设国际知名文化旅游目的地

一是高定位召开重庆市文化和旅游发展大会。会议强调，要准确把握文旅融合发展趋势，坚持以“更好满足人民群众精神文化生活新期待”为目标，按照“抓大文旅促品质化”要求，深化文化和旅游供给侧结构性改革，加快推动文化旅游高水平融合、高质量发展。完善文旅发展格局，持续打好“三峡”牌、“山城”牌、“人文”牌、“温泉”牌、“乡村”牌，重点培育大都市、大三峡、大武陵等文旅品牌。全市上下深学笃用总书记关于文化和旅游工作的重要论述，以强烈的责任感和使命感，发挥资源优势，讲好重庆故事，擦亮文旅品牌，努力开创重庆文旅深度融合发展新局面。提高文旅消费水平，大力发展夜经济，办好文旅节会，开发文创产品，吸引入境消费，发展乡村旅游助力脱贫攻坚。二是高标准构建重庆文化旅游融合发展新格局。抓引领，重视力度更大。重庆市委、市政府高度重视文化旅游工作，将“抓大文旅促品质化”作为推动全市经济社会发展重要抓手之一。强支撑，扶持力度更大，出台《关于推动文化产业高质量发展的意见》《关于加快全域旅游发展的意见》，“1+16”旅游发展政策体系全面落地实施，文化旅游融合发展框架基本形成。三是高质量打造重庆文化旅游融合发展新名片。连续举办两届大三峡旅游发展论坛和世界大河

歌会，三峡红叶成为美丽中国名片，《归来三峡》震撼上映。打好“山城”牌。不断提升交通和旅游环境、引导错峰出行、延长灯光秀等。四是高品质呈现重庆文化旅游融合发展新面貌，全域旅游呈现加速度。武隆、巫山成功创建首批国家全域旅游示范区，巫山神女峰成为全球首个陆地旅游资源保险案例，做好四季旅游推广，“晒文化·晒风景”大型文旅推介活动。（办公室）

二、市首家文旅特色支行成立

市文化旅游委与重庆银行举办了“文旅金融服务推介会”。会上，重庆首家文旅特色支行正式揭牌，并现场为80家文旅企业提供系列金融服务。未来五年，该行将向全市文化旅游产业重点领域提供200亿元以上意向性融资支持，并以该行为起点和载体，围绕文旅产业融合、项目建设、企业培育、消费升级、服务延伸等领域，创新打造公司金融、小微金融、个人金融以及供应链金融为一体的多层次、多渠道、多元化的文旅产业投融资体系。（产业发展处、财务处）

三、启动“革命历史类博物馆教育进校园示范项目”试点工作

试点工作将通过组织实施全市革命历史类博物馆教育进校园示范项目，全面梳理重庆地区革命历史类博物馆资源和学校资源，全面了解革命历史类博物馆教育资源进校园的基本情况和实施现状，查找不足，总结经验，加强与学校教育的有效对接，进一步完善和提升革命历史类博物馆对青少年的教育功能，建立革命历史类博物馆青少年教育资源库和青少年教育项目库，研发一批具有示范效应和推广价值的可操作、可推广的红岩革命历史博物馆对标学校课程的研学实践教育示范课程教材。积极探索研究提升革命历史类博物馆教育进校园以及博物馆教育和青少年教育有效结合的教育长效机制及有效路径和模式，推动革命历史类博物馆教育不断向纵深发展，更好发挥博物馆公共文化服务功能。（博物馆与社会文物处、红岩联线管理中心）

四、市文化旅游委抓紧抓实假日节前文旅安全工作

印发《重庆市文化旅游委涉旅突发事件应急预案》，指导沙坪坝、永川、合川、大足等区县开展场馆消防安全、观光大巴车反恐防暴和游客紧急疏散等应急演练；组成13个安全稳定督导检查组对全市涉文、涉旅和广电3类单位进行市场秩序和安全运营全覆盖检查，督导8个区县18个景区限期整改安全隐患；在全市26个星级饭店推广澳维酒店质检部门抽查、值班经理检查、安保部门全覆盖巡查三级安防机制，指导提升星级酒店安全接待服务能力。抓好两江新区龙头寺、南岸四公里、沙坪坝重庆西站旅游集散中心和航空、铁路枢纽的旅游咨询服务，规范沙坪坝磁器口AAAA级景区、万州港和奉节港3个旅游投诉现场受理点建设，确保及时有效处置春节期间游客安全投诉。（安全应急处）

五、市级专业文艺院团积极开展春节惠民演出

结合“我们的中国梦　文化进万家”——重庆市2020年春季送演出进基层活动，赴各区县为群众送演出32场，开展剧场演出38场，美术展览3个；春节期间，将组织系列节日文化活动，同时注重低价惠民，将推出10～40元的惠民演出票，让更多市民走进剧场欣赏高水准的文艺演出；在重庆美术馆举办的美术展览活动，也将每天向市民免费开放。（宣传处、艺术处、市文化和旅游信息中心）

六、市文化旅游委筑牢春节后阻疫防线

下发《关于切实做好春节后疫情防控工作的通知》，全面加强春节后疫情防控工作。一是实行灵活上班方式。从2月3日起机关恢复正常上班，推行分散办公、网上办公，全面加强会议和活动管理，减少会议和集中办公，减少人员聚集。二是加强机关疫情防控。严格落实疫情防控措施，对进入办

公区域车辆和人员必检；要求办公区域人员必须佩戴口罩，定时对办公区域进行清洁消毒，对厨房、厕所、电梯以及电梯按键、门把手等重点场所和部位采取针对性防控消毒措施。三是严格加强餐厨管理。制定食品采购、保管、制作及人员用餐管理办法，按照楼层实行分散错时用餐。四是做好人员动态排查。严格按照疫情防控期要求，进一步加强机关干部职工动态排查，掌握人员健康状况和生活轨迹等，坚决杜绝疫情输入、扩散、蔓延。（办公室、安全应急处）

七、全市媒体联动强化权威发声与疫情防控舆论引导

一是加强广播电视宣传。市级广播电视各频率、频道每天播出疫情防控公益广告450条次和496条次。各区县播出机构开设《抗击疫情》专题栏目33个，制作电视公益广告143条，每天播出3041条次。重庆有线增设滚动字幕播放专业权威部门发布的防疫信息，互动电视平台上推出“坚决打赢疫情防控阻击战”点播专区。二是发挥平台效能。各区县利用覆盖乡镇村社的应急广播、村村响载体，安排早、中、晚实时播出防疫工作情况。全市各区县手机台共发布关于防控新型冠状病毒疫情稿件2756条次，累计阅读量达455.8万次，微博推送稿件673条次，累计阅读量164.2万次，制作发布抖音等小视频329个，累计点赞量311.84万次，总播放量4370.6万次。重庆广电融媒体新闻中心第1眼App媒体矩阵点击量达260万次。三是强化播出安全。全市各级广播电视行政部门、播出传输单位共计200余名领导干部参与节日带班，市视听监管中心、10家持证网站、11家备案网站共计400余人次节日期间值班值守，全市各级广播电视部门值班值守保障总人数达8660人次。（宣传处、传媒机构管理处）

八、文化和旅游部数据中心重庆分中心建设稳步推进

一是创新开展数据中心建设。建立了专家顾问及专业人才库，已聘请

18 名专家教授作为分中心专家顾问、31 名博士、硕士作为支撑人才；与重庆师范大学、西南大学签订合作协议，围绕文旅大数据建设开展深度合作。二是积极发布大数据报告。发布了重庆酒店《口碑网评分析报告》《网络评论大数据分析报告》；联合马蜂窝、高德等 OTA 企业发布《重庆市自由行大数据报告》《2019 清明重庆旅游预测报告》等；在 2019 年智博会上发布《西部都市旅游大数据报告》《2019 重庆智慧旅游发展报告》。三是圆满完成系列重大项目。完成 2019 年重庆市入境游客与国内游客花费抽样调查及旅游消费总额测算工作，完成重庆市旅游服务综合满意度调查并形成调查报告，协调三大运营商完成出入渝旅游大数据统计与分析工作。（市文化和旅游信息中心）

九、70000 只喇叭打通防疫宣传“最后一千米”

31 个区县 3.48 万组应急广播、70000 余只“村村响”高频次、全覆盖开展疫情防控宣传，打通农村疫情防控宣传最后一千米。巴南、潼南、铜梁、涪陵、垫江、荣昌、彭水、云阳、酉阳、秀山等地采取定时播放和临时播放相结合，节目内容和形式接地气、受欢迎。制作播出专题节目 54 档，播放疫情防控知识和新闻热点 1 万余条，播出相关通知 3500 余次，累计播出时长逾 4 万分钟。（传输保障处）

十、市文化旅游委充分发挥党组织战斗堡垒作用和共产党员先锋模范作用，坚决打赢疫情防控阻击战

党委主要领导率先垂范，班子成员主动放弃休假，始终站在疫情防控第一线。机关各支部充分发挥战斗堡垒作用和共产党员先锋模范作用，合理安排党员干部，坚守本职岗位，配合有关方面做好疫情监测、排查、预警、防控等工作。委机关相关处室认真履职，主动作为，全力投入疫情防控工作。机关党委按照委领导指示，负责收集汇总委机关每日疫情排查情况，掌握

委机关人员总体疫情防控动态，维护好机关公共秩序。（机关党委）

十一、沙坪坝区文化旅游委为援鄂返渝医护人员送上文化大餐

一是送图书。在隔离疗养点设置爱心书屋，并向援鄂返渝医务人员赠送近期新购图书 300 册、期刊 700 册，全部书刊均已消毒并贴上“致敬逆行勇士”标签。二是送云课堂。在酒店每个楼层均设置了“文化之旅沙坪坝区”“沙坪坝区文化馆”“沙坪坝区图书馆”“巴蜀古代建筑博物馆”等微信公众号宣传栏，医护人员可直接扫码登录，在线体验视听文化活动、旅游景区、文博动态等“云课堂”。三是送书法。联合沙坪坝区文联为援鄂医院赠送由本土知名书法家创作的书法作品 15 幅。四是送鲜花。协调太寺垭森林公园为每位医护人员准备了 1 束鲜花，努力让医护人员得到最大限度的放松和休养。（沙坪坝区文化旅游委）

十二、龙门浩老街“三融合”打造“无界零售文旅大街”

一是融合“互联网＋实体”文旅要素。整合京东、阿里、抖音等互联网营销资源，形成“线上销售＋线下体验”的闭环模式，打造线上“网红带货聚集地”“流量聚集地”，和线下“网红打卡聚集地”“新媒体聚集体”“新经济企业聚集地”，拓展文旅企业经营渠道。二是融合“文旅＋文创”文旅要素。以特色产品为切入点，充分利用“特色产品·重庆数字营销基地”内容中心、直播中心、视频中心、培训中心四大优势，实现企业互联网销售渠道搭建、直播带货、品牌曝光和营销人才培养。三是融合“文旅＋产业”文旅要素。项目初期已引入国家非遗四川蜀绣、四川剪纸、荣昌夏布、荣昌陶器等十余家两地的文化项目落户，拟逐步吸引更多川渝两地的文化类产业落户南滨路，形成以“文旅＋产业”为目标的标杆型文旅企业群。（南岸区文化旅游委）

十三、合川做足“三篇文章”推出“春风十里游合川”2020春季旅游暨五一旅游系列活动

一是做足“活动策划”文章。制定《“春风十里游合川”2020合川春季旅游暨五一旅游活动方案》，推出历史文化、滨水休闲、乡村体验、住宿体验4大篇章17个子项目，活动横跨“清明”“五一”两大黄金周，延续至5月底，拓展合川春季旅游市场。二是做足“政策优惠”文章。13家文旅企业推出送门票、抽奖活动、门票打折、送代金券等100余项优惠政策，5家A级景区及乡村旅游点向全国医务工作者实行免票优惠，吸引游客来合川旅游度假。三是做足“宣传造势”文章。利用“合川旅游”微信微博每周推送“春风十里游合川”系列宣传2期，与新浪合作开展五一线上宣传营销活动，拍摄合川全域旅游3分钟短视频，在人民网等21家媒体开展宣传造势，塑造合川春季旅游品牌形象。（合川区文化旅游委）

十四、江津区文化旅游委严把“四道关”确保景区有序开放

一是严把“入园关”。入园游客按照间隔1米严格实行入园“一进一测一登记”制度，全区推行“平安江津”二维码入园和“渝康码”入园制度，实现便捷入园实名登记、轨迹验证和体温检测。二是严把“消毒关”。景区铺设人员、车辆入园消毒专用通道，垃圾实行“一日两消毒”，场所客房实行“一客一消毒、一日全消毒”制度。三是严把“客流关”。景区客流量严格控制在平时瞬时流量、最大客流量的50%进行管控。四面山景区目前执行“仅对重庆游客开放”和“不接待团队游客”政策。鼓励景区借助智慧旅游手段，为游客提供线上购票、分时预约、智慧语音导游等“非接触式”综合服务。四是严把“管理关”。景区人员管理及游客入园严格落实“五个到位”，即口罩佩戴到位、消毒到位、体温检测到位、活动轨迹排查到位、人群分散进入措施到位。（江津区文化旅游委）

十五、丰都“云端漫步”引游客畅游丰都庙会

一是云端赏非遗。创新“互联网＋庙会”新模式,邀请10余名非遗传承人、手工艺人展示绝活，通过线上短视频、大咖直播、电视录播等方式，首次将城隍出巡、夜游鬼城、朱氏麦秆画制作等非遗项目搬到屏幕，传播非遗价值，展现文化魅力。二是云端带人气。精心开展“小白带你游丰都”打卡等线上活动，“白无常”第一视角带游客体验走黄泉路、喝孟婆汤、过奈何桥等独特场景，同步推开“十万门票免费送、百万优惠等你拿”活动，为旅游市场积攒人气，目前累计点击量超500万次。三是云端促脱贫。依托“互联网＋庙会”影响力,倾力打造“春暖花开当吃货”线上庙会市集,由县领导化身“网红”直播带货，带广大网友“品尝”麻辣鸡、恒都牛肉、仙家豆腐乳等上百种知名特产美食，促进丰都优质农特产品触网销售。（丰都县文化旅游委）

十六、“百本好书送你读”活动在重庆图书馆启动

此次活动主要分为四步：第一步，共荐好书。每月向广大市民推荐经专家严格评选的10本好书。第二步，共读好书。通过免费在线阅读、无偿借阅、购书优惠等惠民措施，推进好书“七进”。第三步，共享好书。依托媒体、图书馆、书店、出版社等相关单位，开展阅读品鉴活动。第四步，共创书香之城。以活动带动全社会深耕阅读基础、营造阅读氛围、厚植阅读文化。（重庆图书馆）

十七、市文化遗产研究院围绕“一区两群”建设加强文化遗产保护研究

一是加强都市区文化遗产保护利用。开展以渝中重庆城、合川钓鱼城为代表的考古工作，编制实施旧城改造文物保护规划、革命抗战文物保护规划、川渝石窟寺保护示范项目规划，开展重庆优秀历史建筑核定、文物保护单位与城市规划“一张图”等工作。二是加强渝东北三峡库区文化遗产

发掘整理。实施三峡工程文物保护、三峡后续文化遗产保护等项目，出土各类文物 17.3 万件，建立完善三峡地区的先秦文化发展序列。以白帝城为代表的山城考古、以盐业和炼锌为代表的手工业考古等重庆古代文化研究在全国独具特色。三是协作开展渝东南武陵山区调查研究。与湖南、贵州等省市合作，联合推动武陵山区特色文化研究，新发现各类不可移动文物 180 余处，基本建立了乌江下游的古代文化发展框架，围绕巴文化、渝东南土司民族文化、红色革命文化等，开展专题保护与研究项目 24 项。（市文化遗产研究院）

十八、2020 年一季度全市旅游经济受损估算情况

受新冠肺炎疫情影响，今年一季度旅游经济损失预计达 1232 亿元，含 2020 年春节假期损失 225 亿元（按 2019 年 180.29 亿元同比增长 25% 测算）。其中，旅游住宿消费损失 324 亿元、餐饮消费损失 236 亿元、景区游览消费损失 105 亿元、娱乐消费损失 103 亿元、购物消费损失 201 亿元、交通消费损失 65 亿元，其他消费损失 198 亿元。（科技与大数据处）

十九、市文化旅游委严密跟踪境外返渝旅游团队健康情况

根据文化和旅游部，以及市委、市政府要求，市文化旅游委建立疫情期间旅游团队情况日报告机制，积极指导我市旅行社做好旅游团队行程中安全卫生保障工作，严密跟踪春节期间出境旅游行程结束后团队成员健康情况。疫情暴发以来，共跟踪 293 个团 6817 人，接受重庆千友国际旅行社、重庆洲际国际旅行社、紫锦皇程国际旅行社等 3 家旅行社上报确诊病例 1 例，与确诊病例同航次回国情况 1 起，健康状况异常 2 人。对出现确诊和密切接触确诊病例的团队，督促出团旅行社主动对接其区县文化旅游委、卫生部门及团队其他游客，确保互通信息、及时隔离，有效控制疫情扩大蔓延。（市场拓展处）

二十、重庆有线上线“新冠肺炎实时救助平台”

2 月 3 日，重庆有线在微医互联网总医院推出“新冠肺炎实时救助平台”。平台联合中国医师协会、中国医促会等机构，为用户提供疫情实时播报、免费在线问诊、心理健康咨询、药械物资募捐等服务，目前已在天津市卫健委、武汉市卫健委、中国经济网、腾讯为村等 50 多个平台上线。疫情防控期间，平台所有问诊服务全部免费，用户可通过平台获取处方、购买药物、享受快递配送等服务。现已累计服务 60 多万人次。（重庆广电集团）

二十一、全市播出机构大力开展防疫公益宣传

重庆电视台少儿频道策划制作《保护自己就是保护家人》宣传片并结合融媒体新闻中心“第 1 眼快报”进行推广，宣传效果明显。据统计，2 月 5 日早高峰公交免费卡出行降幅达 13%，比 4 日降低 5 千人次。重视传媒网络矩阵推出抗击疫情原创 MV，发布内容超过 50 条，总播放量近 30 万次。移动电视公交、机场和高速三平台每天轮流播出抗疫公益宣传片 64 条次。区县播出机构新制作“防控小知识”微广播剧 20 个，《戴口罩》《正确洗手》《开窗通风》等电视公益视频短片 46 个，其中万州区广播电视台每天“农村广播村村响”共开辟 6 个播出时段，密集针对农村广大群众宣传防疫知识、注意事项，实现对农村群众的广播宣传全覆盖。（传媒机构管理处、广电节目内容管理处、市广播电视监测台）

二十二、全市旅游投诉处理工作有序展开

疫情发生以来，市文化旅游委及时制定应急预案，依法依规、公平合理规范全市旅游投诉处理口径，实施 24 小时在岗受理涉旅投诉。截至 2 月 5 日，共接到因疫情引发的退团、退费、退订投诉咨询 1600 余个，涉及旅行社 100 余家、民宿或网约房 200 余家、游客 6000 余人，涉及退费纠纷 4000 多万元，全部按程序有序处理。（市文化市场综合行政执法总队）

二十三、市文化旅游委切实加强委机关人员疫情排查工作

及时印发《市文化旅游委关于进一步加强疫情排查工作的紧急通知》。在前期排查的基础上，从“本人及家人赴湖北出差、探亲、休假往返情况，密切接触湖北来渝走亲访友、旅游等人员情况，外出乘坐过飞机、火车、轮船等公共交通工具等情况，参加过亲戚朋友聚餐、聚会等集体活动情况，近期出现过发热、乏力、咳嗽等症状，所居住小区是否出现确诊病例情况，其他很可能被病毒传染的情况”等7个方面，对委机关30个处室（含驻委纪检监察组），287名干部职工（含挂职人员、借调人员、聘用人员等），以及机关物业服务管理等人员进行了拉网式排查，全面摸清了委机关人员的相关活动情况。截至目前，未发现有关疫情方面的问题。（机关党委）

二十四、红岩网上展馆助力群众“宅家抗疫”

一是推出革命遗址全景漫游。利用720°全景采集制作技术、HDR技术、Html5跨平台编码技术等，对2处主体场馆以及所属5处重要革命遗址进行立体展示，实现720°在线全景漫游。二是建立数字展馆联盟。与全国革命类博物馆、纪念馆共同建立“红村联盟”网上展馆，推出数字联展32个。三是推出数字精品展览。对本馆现有实体展览及展示内容进行扫描数据采集，推出数字展览40余个。四是线上展出馆藏文物。对馆藏文物进行数字采集和高清拍摄，实现80余件珍贵文物的网上展示，同时展出每件文物背后故事，建立了馆藏、人物等6个数据库。五是提供在线语音讲解。在“红岩联线”“红村掌媒”“红村网”等微信公众号推出语音讲解服务，让观众安全便捷获取各景点介绍，聆听红岩故事。（红岩联线管理中心）

二十五、委属各单位积极做好自身疫情防控

市歌剧院及时传达上级各项要求，成立工作小组，建立联防机制，实施每日零报告制度。市川剧院大力推行“网上办公”，学生集训队实行停课不

停学，采用线上教学的方式为刚毕业的小演员们授课，教唱腔、教戏、教理论知识。市广播电视监测台多措并举强化疫情防控工作，研究制定《疫情防控期间工作运行保障试行方案》，梳理并搭建了4个党政工作微信群，分层次有力开展疫情防控。市话剧院织牢“管控网、防护网、工作网、业务网”等四张安全网打好防疫阻击战。自然博物馆加强办公区域和人员统一管理，进一步加强排查和防控物资的采购工作。市文化旅游研究院加强“线上＋线下”疫情防控工作，提前做好前期策划、前期研判，疫情一旦解除，即可开展田野调查、野外作业和学术交流，确保不因疫情延误工作。（综合）

二十六、市文化艺术职业学院以“艺”之心携手抗“疫”

积极开展“我们一起打响艺术战‘疫’艺术创作征稿”“凝心聚力 传递抗‘疫’能量文艺作品征集”“‘凝聚青春正能量，众志成城’抗疫情主题作品征集”等系列活动。目前由党员教师带头，师生已录制完成爱心接力短视频710余个，创作手抄报、书法、国画、海报、诗朗诵、歌曲及舞蹈编创等作品127个，以歌传情、以图达意、以画聚心、以舞筑梦，充分发挥文艺抚慰心灵的独特优势，为抗击疫情凝聚精神动力。（市文化艺术职业学院）

二十七、市文化旅游委启动暂退部分旅游服务质量保证金工作

为支持旅行社应对经营困难，我市自即日起启动暂退旅行社80%旅游服务质量保证金工作，预计将退1.8亿余元服务质量保证金到全市676家旅行社进行为期2年的资金周转，缓解当前企业的燃眉之急。此次暂退工作为期1个月，为减少特殊时期的人员接触，将鼓励各区县文旅委创造条件通过网络办理，并以此次暂退工作为契机，建立旅行社服务质量保证金工作台账，通过全国旅游监管服务平台加强对我市旅行社企业的指导和监督。（市场拓展处）

二十八、市区（县）两级图书馆“线上服务”全覆盖

为有效阻击疫情蔓延，全市图书馆自1月24日起暂时闭馆。闭馆期间，市区（县）两级图书馆积极、持续、强力推动线上服务，整合数字资源，增添推送平台，推出疫情专题，做到“线上服务不打烊，精神食粮暖人心”。据统计，全市共42家图书馆开展线上服务，其中市级2家、区县级40家，形成了涵盖38个区县及万盛经开区在内的“重庆数字图书馆集群服务”。目前线上电子书约25万本、有声书和视频资源超过30万小时，受到群众普遍欢迎响应。（公共服务处）

二十九、市文化旅游委全力推进网络视听宣传工作

指导市内网络视听服务机构传播疫情防控知识，透明发布重庆地区疫情信息。华龙网、视界网、爱看网等视听网站推出《把各项防控措施整巴实 坚决遏制疫情蔓延势头》《重庆积极落实疫情防控经费保障》《重庆医疗机构规范设置发热门诊174个 设置定点医院48家》《重庆市内企业正开足马力生产口罩等医疗物资 保障防控物资需求》等200余条信息，截至2月6日累计阅览量高达10万余次。（网络视听节目管理处）

三十、市文化旅游委调动国际文旅交流资源助力抗疫

疫情发生后，市文化旅游委及时向渝籍国际文旅组织发出倡议，积极调动其力量为重庆筹集口罩、防护服、护目镜等紧缺医疗物质。其中：重庆文化旅游明斯克推广中心向重庆捐赠4万只医用口罩；由市文化旅游委管理的社会组织——重庆亚美欧文化交流发展中心，从澳大利亚为重庆对外经贸集团筹集到紧缺医用防护服6000套，并帮助重庆专项慈善信托基金从德国采购防护服、护目镜、呼吸机等紧缺物资，其奥地利办事处员工还以个人身

份组织当地华人华侨采购非医用护目镜3000个，无偿捐赠给国内慈善机构；澳大利亚悉尼和泰国曼谷的两个重庆文化旅游推广中心派出员工采购口罩等医疗防护用品在机场向中国游客发放；西班牙马德里推广中心积极为重庆筹措紧缺医疗物资；日本伊豆地域富士山静冈机场利用促进联络会向市文化旅游委捐赠防疫口罩700个。（国际交流合作处）

三十一、重庆卫视加大疫情防控公益宣传

重庆卫视每天播出23条防控疫情内容的公益片，其中公益广告23条、公益MV2首；每天推出防控疫情游走字幕39条，全天总出屏734次；特别报道《众志成城 防控疫情》挂角共出屏402次，特别节目《全民防控 远离病毒》播出6次，挂角共出屏402次。据统计，2月7日，重庆卫视频道全天累计公益片播出125次，约67分钟。其中黄金时段播出18次，约9分钟，常规时段107次，约58分钟；公益MV2首6次，约30分钟；公益诗朗诵1首2次，约15分钟。（传媒机构管理处、宣传处）

三十二、重庆有线发布热成像体温筛查产品方案助力疫情防控工作

针对不同的使用场所，重庆有线制定了不同方案：一是快速布控筛查产品，适用于医院、学校、公安、政府、企业园区、机场、火车站、客运站、地铁站等安检入口；二是通关体温筛查产品，适用于机场、铁路、车站、海关等核心通道，学校、医院、企业园区等室内主要出入口、大厅；三是手持体温筛查产品，适用于高速出口、车厢、机舱等需要快速布控、灵活巡检的场所。目前，万州、垫江、万盛、南川、云阳、北碚等多家分公司已积极与当地相关部门接洽，为当地政府、群众提供最迅速、可靠、优质的本地化防疫服务。（重庆广电集团）

三十三、重庆代表团圆满完成2020年“欢乐春节”赴外访演任务

在台湾开展为期16天的佛光山春节平安灯会演出和文化旅游推广活动，共上演大型杂技秀《魔幻之都 极限快乐SHOW》27场，接待观众近3万名。在新西兰奥克兰、惠灵顿和北帕墨斯顿3座城市开展12场“欢乐春节”专场演出和“山水之城 美丽之地”重庆文化旅游图片展活动、1场“惠灵顿街头春节大巡游”活动，共接待观众5万人次。访团出访期间严格落实疫情防控有关规定要求，回国后即进行居家隔离和跟踪观察。（市文化旅游国际交流中心、国际交流合作处）

三十四、我市246家旅游景区对医务工作者免费开放

我市A级旅游景区230家，非A级旅游景区16家，将于疫情结束恢复营业后至2020年12月31日对全国医护工作者免费开放，全国医护工作者凭本人身份证和医师证、护士证或与医务工作相关的有效证件均可享受这一政策。部分景区对医务工作者家属及亲属、警察、军人、志愿者等在景区门票、观光车、游船、索道、温泉等消费项目给予不同程度优惠。（资源开发处）

三十五、市文化旅游委谋划三线建设遗产保护利用

一是做好登录建档。建立完善三线建设遗产名录，将价值突出、意义重大的公布为文物保护单位。推动具有一定历史文化价值、较高建筑艺术价值的三线建设遗产，列入优秀历史建筑予以保护；对整体风貌完整、建筑特色突出、具有一定规模的三线建设遗产厂区，推动公布为传统风貌区，加强保护。二是加强保护修缮。分级分类开展有效保护，对中途弃建、整体损毁、价值较小的三线建设遗产，收集整理相关资料，形成档案，存档备查；对价值重大、保存完好、规模较大，且具备再次开发利用条件的闲置遗产，加快编制

专项保护规划，落实保护措施；对存在险情的三线建设遗产，实施抢救性保护工程。三是科学合理利用。按照“分区县、分主题、多形式”的思路，因地制宜活化利用。对正合理利用的三线建设遗产，鼓励管理使用单位可开辟一定空间设置厂史馆或陈列室；鼓励利用三线建设遗产开办专题博物馆、陈列室、文化室、图书室；支持利用城区或近郊三线建设遗产，建设工业遗址公园、健身场所，打造文化旅游小镇。（革命文物处）

三十六、市文化旅游委研究谋划疫后温泉产业发展措施

将 2020 年确定为“温泉惠民康养年”，围绕温泉产业的营销活动、广告宣传和惠民举措“三结合”，策划推出“重庆温泉增强免疫、全民健身抗击疫情”的线上与线下专家研讨推广和“中医与温泉”的康养研讨。筹办“致敬抗疫医务人员 重庆温泉免费康养”、重庆温泉低价折扣、“待到疫情解禁时 康养温泉免费泡”等系列活动，吸引市民走进温泉、体验温泉，进一步培育温泉消费市场。（产业发展处）

三十七、重庆有线监狱疫情防控智能系统平台上线

针对监狱内人员密集、活动集中、场所封闭等特点，重庆有线制定、发布了监狱疫情防控智能系统平台方案。监狱疫情防控智能系统平台由远程会见系统、体温检测系统、疫情监测防控系统组成，帮助监狱建立健康防疫管控体系，实现对进出监狱人员状态严密管控。该平台采用多级管理员模式，直接汇总下级单位上报情况，帮助监狱实现纵向疫情管控。疫情结束后，可继续利用人员轨迹分析、人数分析、身份识别等功能实现监狱信息化管理。目前，江北、九龙坡、万州、南川等地监狱已陆续开始投入使用。（传媒机构管理处）

三十八、重庆 IPTV 新冠疫情期间满足用户全方位讯息及收视需求

开展“隔离病毒，但不隔离爱—大片剧集免费看”“海量课程免费看”“学习强国—在家上学 停课不停学云课堂”“我为疫情防控做贡献”等影视、少儿、教育、新闻专题专区共计 5 大工程，满足用户足不出户就能获取各个板块全方位的讯息及收视需求。经 IPTV 平台专题整合上线，海量内容的聚合与丰富，IPTV 总开机用户数由 2019 年春节期间日均 295.11 万户增长至 2020 年春节日均 461.10 万户；IPTV 开机率为 87%，比平时增长了 30%。2020 年春节后 IPTV 每日户均观看时长为 8 小时，比春节前增加时长 2.5 倍多。（网络视听节目内容管理处）

三十九、市级重大文化设施项目全部复工

由市文化旅游委牵头负责的三峡文物科技保护基地、重庆市青少年活动中心、重庆有线智慧广电数据中心一期（原重庆有线综合业务枢纽基地项目）、重庆国际马戏城二期、重庆广播电视发射新塔（一期）、重庆文化艺术职业学院学生宿舍 D 栋、重庆市红色旅游系列景区内基础设施升级改造建设工程、开埠文化遗址公园 8 个市级重大项目全部复工，复工率达 100%。其中续建项目 3 个全部复工建设，要求今年新开工项目 5 个，已全面恢复前期工作。（规划发展处）

四十、市文化旅游委强化涉疫旅游投诉纠纷处置工作指导

制发《关于妥善处理涉疫旅游投诉纠纷的指导意见》：一是对涉疫旅游投诉性质做出了界定，明确因疫情影响导致旅游合同无法履行的，应认定为不可抗力的情形。二是对涉疫旅游投诉的三种主要处理方式、因疫解除旅游合同退费工作坚持六个原则、因疫解除旅游合同的退费时间和扣费举证等问题作出了明确指引。三是对妥善处理涉疫旅游投诉提出了七点工作要求，进一步强化旅游纠纷行政与行业调节职能，多元化解涉疫旅游纠纷。（市场管理处）

四十一、市文化旅游委稳妥有序推进文旅企业复工复产

深入摸排全市 62527 家文化旅游企业（不含文化旅游行业个体工商户），建立 1052 家规上文旅企业复工信息台账，分类制定文化场所、旅游企业疫情防控和开放经营工作指南。截至 3 月 9 日，全市共 22370 家文化旅游企业复工，复工率 35.8%，其中规模以上文化旅游企业复工 630 家，复工率 60%。对全市 5824 家上网服务营业场所、4180 家文化娱乐场所、99 家备案演出场馆继续暂停经营、不予复工，高风险区县景区暂缓开放。市、区（县）两级执法队伍累计出动近 2.7 万人次，巡查经营主体 12.3 万余家次，全市各区县未发现 KTV、网吧营业和举办演出活动情况，复工复产防控措施落实到位。（产业发展处）

四十二、南岸区文化旅游委“三防范、一化解”打好三大攻坚战

一是防范意识形态事件。联合相关街镇、社区，组织对区内 30 多个重点意识形态场所、阵地进行摸底、排查，更新完善意识形态阵地数据库。二是防范安全生产事故。吸取福建泉州酒店坍塌教训，对 50 多个区内星级酒店、旅行社等住宿业进行全面安全排查，责令 7 家企业对安全隐患进行整改；引导 50 多个文旅企业完善疫情防控设备，尽快恢复安全生产。三是化解负面舆情风险。妥善处理因疫情防控取消旅游团队业务引起的游客投诉 5 件，化解消费者负面情绪；适时关注舆情动向，充分运用文化阵地全面开展防疫期间精神文化建设。（南岸区文化旅游委）

四十三、奉节积极推进白帝城·瞿塘峡创 AAAAA 级景区创建

一是落细任务，严格对标对表国家 AAAAA 级旅游景区标准，按照确定的任务书、路线图和时间表，细化责任，明确分工，实行倒排工期，挂图作战，确保 8 月底前完成各项工作任务。二是全力保障，切实充实攻坚力量，充分

整合人力、物力、财力和精力，组建工作专班，实行集中办公和统一管理，全力推进 AAAAA 级景区创建工作。三是统一思想认识，提高景区管理和服务质量，高起点、高标准、高品质推进创建工作，全力以赴打好白帝城·瞿塘峡景区创 AAAAA 级景区攻坚战，确保顺利通过国家 AAAAA 级景区创建验收。（奉节县文化旅游委）

四十四、市歌剧院坚持疫情防控与创作生产两手抓两不误

一是创作各种形式的文艺作品。目前，已经创作了公益宣传片、顺口溜、歌曲 16 首。二是开展“空中剧院”播放精品剧目。将《尘埃落定》《长江》《辛夷公主》等剧院近年来创作演出的精品剧目，通过云平台向市民免费展播。三是开设云课堂在线精品课程。目前，已经开讲 10 课，深受广泛好评。在人民网、《重庆日报》、新浪网、搜狐网、学习强国 App、优酷视频、腾讯视频、西瓜视频等进行宣传推广。目前，总浏览量超 100 万人次。（市歌剧院）

四十五、市文化和旅游信息中心利用新媒体全力做好疫情防控宣传

截至目前，通过委属官方微博、微信、网站、抖音等新媒体平台，发布全市文化旅游系统疫情防控信息 665 条。其中，官方微博编辑发布信息 337 条，单条微博平均阅读量达 1 万次；官方微信推送信息 100 余条，推出“致敬逆行者”“抗疫进行时 文旅有担当”“宅家也能云游重庆”等专题；官方网站开设《重庆文旅在行动 众志成城抗疫情》专栏，发布信息 125 条；官方抖音平台编辑发布疫情防控情况 12 条，“待春暖花开，我们再看车水马龙，重庆等你来相聚”播放量超过 13 万次。此外，舆情监测平台共监测到一般舆情 12 条，正面舆情 469 条，尤其是疫情暴发前阶段退票退订纠纷等舆情问题，均及时转交处理，确保在防疫抗疫的重要时间节点网络空间清朗和谐，助力全市上下营造凝聚人心、弘扬正气、共同抗疫的良好氛围。（市文化和旅游信息中心）

四十六、市文化旅游委全力抓好全市重点文物保护项目复工

一是抓政策到位。制定实施《重庆市文博单位恢复开放和复工工作指南》，优先保障配合市级重大基本建设项目、已落实资金的重点文物保护项目尽快复工。二是抓考古调查。组织8支考古工作队启动渝湘高速扩能、成渝铁路改造工程、重庆铁路枢纽东站、轨道交通第四期考古调查勘探，配合大型基本建设的文物保护工作有力推进。三是抓有序组织。全市现共复工文物保护项目11个。渝中区老鼓楼衙署遗址等20余个项目计划于3月底前陆续复工。钓鱼城遗址考古发掘（2020年度）、冬笋坝遗址考古发掘（2020年度）、万州天生城、广阳岛抗战遗址修缮工程、南岸弹子石摩崖造像保护修缮等66项重点文物保护项目正开展复工前准备工作。（革命文物处、文物保护与考古处）

四十七、市文化旅游委加强文化文物资产管理

一是督办委系统各单位加强对文化文物资产的现场清理力度。二是按照政府会计制度，分阶段、分批次从固定资产中剥离出文化文物资产。三是单独设立文化文物资产台账。四是各单位文化文物资产做到账账、账实、账册相符。五是结合拟出台的国家文化文物资产管理办法，进一步完善美术作品、古籍图书、不可移动文物、可移动文物、艺术品等各类藏品的资产管理制度，确保文化文物资产安全可控。（财务处）

四十八、重庆有线开启融合运营推动疫情后经营发展

为给广大用户提供不间断、便捷、有温度的服务，尽可能弥补疫情损失，重庆有线构建了实体渠道线上线下融合运营新模式，将实体渠道资源及能力牵引至线上，带动打造实体渠道自有流量，提升实体营业厅的销售能力。目前，重庆有线已组织全市40家分、子公司近500人，对融合运营模式、营业厅

微信社群建立及运营、精准维系营销等开展了培训和试点。共计28家分公司、93个实体营业厅建立了145个用户微信社群，客户数累计超过1万人。（传媒机构管理处）

四十九、巴南区文化旅游委多措并举护航企业复工复产

一是有序推进复工复产。科学制定工作方案，按照分类分批有序复工原则，协助云林天乡等景区实现复工开放。圣灯山康养农旅小镇等全区在建重大文旅项目复工率达100%。二是助力企业渡难关。切实落实“重庆支持中小企业20条”，积极帮助汉海海洋公园等多家企业办理电费缓缴、贷款利息缓缴等手续，全面暂退旅行社质量保证金，缓解企业资金压力。三是强化重点场所管控。加强公共文化服务阵地、文娱场所、网吧、影院等场所日常巡查检查，确保无违规开放经营，累计出动检查人员213人次，检查文旅经营单位、场所2238家（次）。（巴南区文化旅游委）

五十、江北区文旅委强化驻企帮扶推进复工复产效果明显

一是复工效率高。指导企业拟定复产复工工作方案，优化报备流程和精简填报资料，协助企业实现最快一天复产复工。549家直接监管的企业中，除KTV、酒吧、影院、网吧等287家高风险企业继续保持暂停经营外，已实现复产复工248家，复工率达95%。二是政策帮扶准。编制《江北区文旅企业应对疫情政策汇总》，分类梳理税费政策16个、金融政策12个作精准指导，帮助企业解决物资购买、税费减免申报、保险理赔等实际问题和困难35个。三是纾困力度大。加快落实暂退旅行社已依法交纳数额80%的保证金，67家旅行社暂退保证金达2552万元，全市领先。服务旅游企业解决投诉纠纷，累计接待旅游投诉363起，涉及合同人数1417人，合同金额762.9万元。（江北区文化旅游委）

五十一、大足区着力打造“国际文旅城”取得实效

一是深挖石刻文化等本土传统文化精髓，在石刻景区、龙水湖景区和乡村旅游景点植入文化元素3600余处，建成福寿孝廉等主题文化公园4个、乡村文化乐园3个。二是围绕打好“人文”“温泉”“乡村”三张牌，整合文旅农等各类资金6.4亿元，实施文旅融合发展项目106个，推动旅游发展由单一景点景区向全域旅游目的地转变。三是策划创作“一台剧目”，启动与大型演艺公司合作创作高水平演艺节目。办好“一场展览”，推动“走进故宫，牵手敦煌，联动高校，聘请名人”活动，组织好大足石刻巡回展览。举办“一系列赛事”，加快龙水湖环湖公园建设，把龙水湖马拉松办成金牌赛事，组织好“大足石刻杯”国际足球锦标赛。（大足区文化旅游委）

五十二、沪渝联动开展“山水之城·美丽之地”旅游形象推广

推广采取公益展播的形式，于2020年4月1日至5月31日，在上海IPTV平台、重庆网络广播电视台、“学习强国”（重庆）3大平台的14个媒体终端，免费发布我市“1+41+254+X”旅游形象宣传短视频，其中“1”为我市全域旅游，“41”为我市各区县（自治县）、两江新区、高新区、万盛经开区全域旅游，“254”为我市A级以上景区景点，“X”为我市各区县网红景区景点，预计覆盖受众2000万人。（宣传处）

五十三、我市新增11家国家A级旅游景区

近日，我市旅游景区质量等级评定委员会公布，石柱万寿山景区、武隆龙水峡地缝、垫江恺之峰旅游区、铜梁玄天湖景区评定为国家AAAA级旅游景区；中华·梁平柚海景区、开州博物馆、万盛科技馆、云阳月光草坪景区、巫溪观峰村景区、巫溪红池云乡旅游区评定为国家AAA级旅游景区；涪陵四川红军第二路游击队烈士陵园评定为国家AA级旅游景区。截至目前，全

市共有国家A级旅游景区254家，其中AAAAA级9家、AAAA级109家、AAA级80家、AA级55家、A级1家。（资源开发处）

五十四、“惠游码”助力文旅行业复工复产

自2月底以来，全市文旅行业加快推进“惠游码”系统部署，用于游客“一人一码”登记入园，行业“一企一码”线上填报疫情防控工作情况，区县文化旅游委“一区一码”统管所属景区、文博院馆。目前，“惠游码”部署至红岩联线、金佛山等全市60个文旅场所，并持续向全市范围文旅企业推广落地。（市文化旅游信息中心）

五十五、市文化旅游委着眼“三个强化”提升打造“长嘉汇”大景区

一是强化规划引领。编制《重庆“长嘉汇”大景区旅游策划方案》，总策划面积48平方千米，通过提炼核心资源、分析市场流量、构建互联互通、更新业态内容、统筹设施配套，整体推进“长嘉汇”大景区提档升级。二是强化线路带动，策划一日游、两日游、三日游3种时长产品，重点推出巴渝民俗文化游、都市立体山水游、城市立体进程游3条景点线路。三是强化品牌提升。研究推动“长嘉汇”AAAAA级景区创建，建议成立“长嘉汇”大景区管委会，负责统筹推进AAAAA级景区各项创建管理工作；明确景区创建主体，将辖内15个A级景区整体打包创建；完善游客集散中心、标识标牌等旅游基础设施建设，补足设施短板。（规划发展处）

五十六、我市认真贯彻落实国家广播电视总局《全国有线电视网络整合发展实施方案》电视电话会议精神

专题向市委、市政府和市委宣传部汇报会议主要精神，牵头成立重庆有线电视网络整合发展领导小组及办公室，全面负责有线电视网络整合发展工

作，解决历史遗留问题。确定“全国一网”股份公司发起人，积极主动与重庆广电传媒、中信公司及其他股东协调沟通，确定发起人及持股比例。（媒体融合发展处）

五十七、市文化旅游委贯彻全市政务服务工作会议精神深化放管服改革

一是清理规范政务服务事项。配合做好重庆自贸试验区“证照分离”改革全覆盖试点工作，有力破除隐形门槛等制度性障碍，推动“非禁即入”普遍落实。最终保留市场准入负面清单许可类事项34项、禁止性事项6项。二是提高审批服务效率。推进政务服务事项网上运行，网办开通率100%，申报材料平均减少30%，行政许可承诺时限较法定时间减少53%。三是进一步推进简政放权。取消委行政权力15项，向两江新区委托行政许可3项，向高新区下放行政许可3项。（政策法规处）

五十八、我市播出机构利用新媒体大力开展习近平总书记视察重庆一周年报道

《第1眼手绘画卷丨奔跑的中益乡》点击量达1000万次，中央广播电视总台新媒体客户端“央视频”发布推荐了《脱贫攻坚在路上，重庆一刻未停歇》等原创短视频8条，《画说重庆，一滴水的奇妙旅行记》点击量达100万次。截至4月20日，重庆电视台、重庆人民广播电台已累计刊发、转载有关“习近平总书记视察重庆一周年”稿件120篇、总点击量8900万人次。精心策划制作推出融媒体产品68件、H5产品5件、图解图说6件、海报25件、航拍作品1件。其中，10万+新媒体产品20件、100万+新媒体产品5件、1000万+新媒体产品4件。（传媒机构管理处）

五十九、渝中、青羊共谱“成渝双城记”——洪崖洞与宽窄巷子达成战略合作

4月22日，我市渝中区、成都市青羊区共建巴蜀文化旅游走廊的首个项目——洪崖洞、宽窄巷子战略合作签约仪式在重庆洪崖洞举行。渝中区联手成都市青羊区，积极促成洪崖洞与宽窄巷子开展战略合作，基于重庆洪崖洞、成都宽窄巷子两大城市地标级景区各自现有运营体系，在品牌联播、市场营销、产品互推和游客导流等领域达成深度合作共识。并以此为契机，共同促进两地文化和旅游事业融合发展、共赢发展，推动两地文化旅游交流与合作向更宽领域、更深层次、更高水平迈进，以实际行动深入贯彻落实中央、市委关于成渝地区双城经济圈建设的决策部署，为两地巴蜀文化旅游走廊建设注入强大的活力。（渝中区文化旅游委）

六十、市文化旅游委多措并举做好五一劳动节假日文旅市场和旅游景区开放管理工作

一是加强督导检查。成立10个督导组和13个区县交叉检查组，对全市文旅经营场所落实疫情防控措施、旅游市场秩序与服务质量、安全管理开展全覆盖“拉网式”暗访检查。二是强化应急值守。全市文旅系统实施三级24小时值班，将全市AAA级及以上旅游景区视频信号全部接入全市文化旅游产业监测平台，实行全天候动态监测。三是严控景区容量。严格落实疫情期间旅游景区实际接待量不超过最大承载量30%的要求，室内场所暂不开放。排查存在人员聚集风险的景区名单，扎实开展应急预案制定和优化完善。四是强化流量管控。建立各旅游景区分时段预约制度，通过即时通信工具、手机客户端、景区官网、电话预约、“惠游重庆”平台等方式，引导游客按照预约时间入园游览，实行分时段、间隔式入园。（市场管理处、办公室）

六十一、市文化旅游委全面加强离退休干部思想政治建设

一是定实学习教育内容。把学习贯彻习近平新时代中国特色社会主义思想作为离退休干部的首要政治任务，强化理想信念教育、形势政治教育、政治纪律教育、先进典型教育。教育引导离退休干部增强“四个意识”，坚定“四个自信”，做到“两个维护”。二是创新教育活动形式。充分利用离退休干部党支部、老同志活动中心、学习强国、市文化旅游老年志愿服务协会、市老年大学文旅分校等平台和阵地，采取老同志听得懂、记得住、效果好的方式，合理适度、灵活新颖地开展好学习教育。三是强化教育组织保障。加强组织领导，积极为离退休干部学习教育创造良好环境，及时推广学习教育中的好做法、好经验，不断把学习向深处推进、向实处发力。（离退休人员工作处）

六十二、武隆乐山深入合作共唱“双城记”

一是共建共享，加强文旅项目合作。两地景区、旅游企业在对方景区和酒店设立旅游商品旗舰店、主题店；两地共同推出长三角（珠三角）—武隆—乐山—西安、长三角（珠三角）—长江三峡—武隆—乐山等旅游产品；二是互利互惠，形成文旅营销合力。武隆区和乐山市民凭身份证到两地景区享受相关门票优惠；两地联合组团开展文旅宣传推广活动；两地利用景区LED屏幕、大牌广告等公共资源，互投城市及景区宣传视频；三是共参共研，提升文旅活动品质。两地积极组团参加中国·重庆（武隆）绿色发展实践创新国际论坛、仙女山露营音乐节等、四川国际文化旅游节、四川国际文化旅游博览会等活动；两地策划举办乐山、武隆、桂林、贵阳四城文化旅游主题论坛。四是互联互通，建立两地“绿色通道”。加快推进乐山到武隆的飞机、高铁、火车、汽车班车等交通方式的直航、直通。（武隆区文化旅游委）

六十三、梁平、垫江携手四川四区县举办明月山民宿消费季活动

一是规模大规格高。梁平、垫江及四川邻水、达川、大竹、开江等六区县党政联席会议第一次会议在梁平召开，共同签订《共建明月山绿色发展示范带合作协议》，持续深化川东北、渝东北地区一体化发展，明确共同打造明月山践行“两山论”样板地等 5 大类 54 项合作事项，预计总投资 3958 亿元。二是立意新活动多。活动以“共此一轮明月同建绿色家园”为主题，突出“区域性、联动性、融合性”打造川渝地区精品民宿群，共建明月山绿色发展示范带。六个区县共同策划 14 条明月山精品旅游线路，推出白衣天使民宿疗愈计划、邻水五华山大丽花节等 15 场大型活动。三是信心足消费活。本次活动将历时四个多月，六区县联动推出一系列真金白银的举措，为引领文旅潮流、促进文旅消费提供政策保障，全面提升“吃住行、游购娱”的品质水平。同时借助官方宣传平台和社会宣传平台，以主题新闻、广告宣传、网络搜索、现场直播等多种形式进行全方位、全媒体、立体式的宣传报道，释放“能消费”和“敢消费”的强劲信号。（梁平区、垫江县文化旅游委）

六十四、市文物局推进三线建设遗产保护利用

一是摸清资源现状。开展第三次不可移动文物普查和三线建设遗产专项调查，摸清全市三线建设遗产资源底数。据统计，全市现存三线建设遗产 64 处。二是加强保护修缮。划定重庆抗战兵器工业旧址群（海孔洞）文物保护范围，完成《816 地下核工程旅游开发总体策划》《816 地下核工程旅游开发景前服务区修建性详细规划》等专项规划。实施相关遗址洞体测绘、安全结构鉴定、垃圾清理、裂隙水处理等文物保护工作。三是促进合理利用。重点做好 816 工程遗址文化价值挖掘，对参与 816 工程的老一辈建设者进行抢救性采访，开展回忆录编写和整理，发动群众捐赠 816 工程建设相关资料和文物近千件。推动万州区第六机械工业部国营清平机械厂旧址、大渡口区重庆重型铸锻厂旧址等 26 处三线建设遗产，继续承担生产生活、办公居住等功能。（革命文物处）

六十五、市文化旅游委研究推动主城都市区文化旅游发展

一是梳理文旅资源，盘清现有家底。结合旅游资源普查成果，认真梳理主城都市区内文化旅游资源，分析发展现状、产业基础，分类提出资源开发指导意见，引导主城都市区各区县有序开发。二是找准方向定位，厘清发展思路。立足主城都市区山水人文特色，明确形象定位。对标国际化，分析伦敦、东京等国外先进大都市文化旅游发展指标，提出主城都市区的指标体系，确定发展目标，细化目标任务，落实工作责任。三是对接国家战略，带动协调发展。围绕贯彻落实习近平总书记对重庆提出的“两点”定位、“两地”“两高”和发挥“三个作用”指示要求，对接长江经济带、成渝双城经济圈等国家战略，全面推进主城都市区文化旅游融合发展，带动渝东北长江三峡国际黄金旅游带和渝东南武陵山区文旅融合发展示范区协调发展。（规划发展处）

六十六、全市文化旅游系统开展决战决胜脱贫攻坚总攻动员

一是发挥文旅优势，提升贫困户“造血”能力。针对乡村旅游发展不够平衡问题，实施乡村旅游扶贫行动、智慧乡村旅游计划。针对产业扶贫带动不够理想问题，发展乡村扶贫产业项目，实施景区门票减免优惠。针对文博、非遗等文化扶贫实效不高问题，加大文化扶贫力度，加强脱贫攻坚文艺创作。二是完善文旅设施，以文化增强贫困户脱贫动力。针对文化服务中心提档升级还有差距问题，完善文旅扶贫设施建设，加大文化惠民力度。三是调动文旅市场，巩固贫困户脱贫成果。推动文旅市场稳步复苏，深入推进“旅游＋电商”行动，拓展文旅扶贫宣传渠道。（综合协调处）

六十七、市文化旅游委持续强化境外卫星电视执法和宣传力度

4月份以来，我市共出动监管执法人员189人，车辆12台，发放宣传材料约2万份，检查酒店用户53家，保持了稳定持续的执法力度。另外，部

署加强对各类广播电视传输网中境外节目的排查，禁止通过任何途径违规传送境外电视节目。全市各区县共制作播出创建“无小耳朵”小区相关普法宣传公益广告13个、1320条次。（传媒机构管理处）

六十八、市文化旅游委加快推动疫后文旅行业全面复苏

一是抓好行业恢复重振。会同市委宣传部研究制定应对新冠肺炎疫情影响支持文旅企业平稳健康发展的政策措施。全面落实文旅企业纾困政策，加大招商引资和项目投资力度，组织开展国家级文化和旅游消费示范城市和夜间文旅消费集聚区创建。二是激活文旅消费潜能。谋划推进2020年“双晒”活动，以“晒旅游精品·晒文创产品”为主题，创新开展区县长短视频带货、文旅产品设计大赛、线上推荐展销等活动，筹备举办第五届“重庆文化旅游惠民消费季”。三是着力打造精品项目。加快198个文旅重点在建项目建设，推动旅游康养产业发展，重点建设渝东南、渝东北高海拔森林气候康养旅游品牌，加快推进以北碚为核心的“世界温泉谷”项目集群。（综合协调处）

六十九、市文化旅游委加强传媒机构管理成渝双城合作

一是组织开展播出机构交流。筹备成立成渝双城区县融媒体中心联合体，推进2020成渝地区双城经济圈基层媒体协同发展暨助农联合行动，支持开展重大选题联合采访、人才合作交流，加强版权保护等强化交流合作。二是推动公益广告资源整合和传播效益最大化。鼓励引导两地播出机构共同制播以成渝地区双城经济圈建设为主题的公益广告。开换具有对方地域特色的精准扶贫、乡村振兴、旅游推广等公益广告，在两地卫视和地面平台进行展播。三是协同强化广播电视和网络视听阵地管理。建立情报互通机制，共同打击存在违法违规行为的机构及其法人。建立广播电视商业广告协同监管机制，实现两地广播电视监测机构监测数据共享，切断违规违法广告传播链条。（传媒处）

七十、我市出台《关于应对新冠肺炎疫情影响恢复提振文旅企业发展的政策措施》

由市文化旅游委会同市委宣传部制定印发，共涉及4个方面15条措施。一是推动文旅企业减负稳岗有序复工。统筹优化专项资金使用，重点支持平台型项目，加大政府购买服务力度。设立政务服务专岗，加强政企联动防控，推动企业复工复产。二是分类指导帮扶文旅企业。区分文艺、影视、出版、演艺、旅游5个板块，分类加强金融支持、财税纾困、降本增效等工作指导帮扶。三是激发文旅消费内在潜力。推出景区门票“消费券”，制定出台旅游保险政策，持续推进放心消费创建活动，建立健全旅游商品无理由退货制度。四是培育文旅产业高质量发展的新动能。加快推进重点文旅规划、节会和项目。打造国家级文化与科技融合示范基地、艺术品线上大市场和数字影视拍摄制作基地，积极开展智慧文旅应用示范。用心营造关心支持文旅企业发展的社会氛围。（综合协调处）

七十一、市文化旅游委加强预警信息发布和响应工作

针对我市今年降雨量偏多、强对流天气较常年发生频繁、局地暴雨洪涝偏重发生的气象预测，市文化旅游委积极采取措施，预防各类灾害发生。一是加强组织领导。通过召开党委会、主任办公会、节前安全联席会等，专题分析安全形势和受气象影响的安全风险，部署行业安全保障工作。二是加强预警发布。通过微信群、QQ群及时发布预警信息，定期发布工作提醒。三是加强防范应对。部署文化旅游行业防范应对措施，指导区县加强地质灾害风险区域隐患排查。四是加强督导检查。通过委领导带队督查、处室重点抽查、区县交叉检查等形式，对安全风险较大的景区开展防汛抗旱、防地质灾害检查。（安全应急处）

七十二、市群众艺术馆实施“三项工程”助推成渝地区双城经济圈建设

一是群众文化一体化发展系列工程。联合举办群众文化演出活动、群众文艺作品展览、群众文化讲座等系列活动，加强成渝地区文化产品供给；双向开展文化馆（站）干部培训、学习交流等活动；互助开展文艺精品创作、展演、推广活动；联合开展群众文化行业治理制度研究，加强成果分享、经验共享。二是实施“成渝群众文化云”平台互联互通、共建共享工程。加快推进“互联网＋公共文化服务”，打通成渝地区各类各种公共数字文化平台，对接端口、资源共享、数据互联，实现一网服务。三是实施“成渝区域文化馆联盟”建设重点项目工程。培育“成渝地·巴蜀情”区域文化品牌，成立文化馆行业联盟，开展公共文化人才培育交流合作。（市群众艺术馆）

七十三、九龙坡区积极推动成渝双城文化旅游合作

一是唱响成渝“双城记”，发布成渝文旅精品线路，携手四川遂宁、眉山等地推出两地市民免费耍景点互利互惠活动。多渠道、多平台展播成都市成华区文化旅游宣传片。二是联动聚力，推动巴蜀文化旅游走廊建设。开展2020年开放的六月·川美创谷艺术游和“遇见花与禅”华岩荷花展等系列活动，邀请成都市成华区参加现场活动，互助推广文化旅游节会品牌，促进建设成渝地区文化旅游融合发展新高地。三是打造九龙坡区“炫彩九龙门”特色文化品牌活动——乐队之夏城市民谣和“嘻哈一夏”街舞专场活动，成渝同唱一首歌，打造时尚、炫酷、互动性强的夜间特色文化品牌。（九龙坡区文化旅游委）

七十四、彭水三个抓手抓实“双晒·第二季”大型文旅推介活动

一是抓统筹组织。成立双晒工作领导小组，建立工作机构，制定完善云上文旅馆、文旅精品90秒、区长带货直播、《文旅精品荟日报》通版4大板块的工作方案和任务分解表，并聘请3个专业团队分别协助相关筹备工作。二是抓推进落实。召开专题推进会7次，开展会商3次。精选直播带货产品12种，推出精品旅游线路4条，筛选文创产品9类20多种，筹备文艺精品6件，同时在各大板块隆重推出。三是抓特色亮点。立足本县“民族、生态、文化”优势，在展示彭水形象魅力上突出“亮”，在带货直播上落脚“实”，在旅游精品上推出“优”，在文创特产上突显“特”，在文艺精品上亮出“质”，在交互互动中放出“惠”。（彭水县文化旅游委）

七十五、川渝再携手推动成渝地区双城经济圈文旅合作持续深化

一是聚首再谋划。市文化旅游委合同四川省文化旅游厅在蓉召开巴蜀文化旅游走廊建设专项工作组联席会第二次会议，通报第一阶段工作推进情况，聚焦“国际范、中国味、巴蜀韵”三个重点，研究丰富巴蜀文化旅游走廊建设内容。二是领域再拓展。分别签订《成渝地区文化和旅游公共服务协同发展合作协议》和《推动成渝地区双城经济圈广播电视发展战略合作协议》，共商建立工作协作、行业联盟、项目共策、人才互派四项协同机制，筑牢组织、规划、经费三类保障。三是合作再深化。共推川渝文旅公共服务两大重点工程和三大区域品牌，成立成渝地区公共图书馆联盟。确立15项川渝两地广播电视融合发展重点工作，打造区域广电协同发展示范模板。（综合协调处）

七十六、市文化旅游委发挥文旅优势助推脱贫攻坚

一是打好“乡村”牌夯实产业基础。制定《全市乡村旅游重点村名录遴选方案》，遴选首批市级乡村旅游重点村50个。创建乡村旅游A级景区13个，打造乡村旅游线路110余条。启动“周末游重庆”活动，引导市民开展乡村

旅游消费。二是提档升级文化服务中心。建立季度督促制度，开展点对点督促。截至6月底，18个深度贫困乡镇已建好投入使用乡镇基层综合服务中心10个，村（社区）综合服务中心160个。三是对口帮扶加强利益联结。推动车田乡油茶产业发展，新增油茶基地面积4000亩，涉及农户852户。举办“桃源车田　土苗好货”直播带货活动，覆盖受众22万余人次。开展委系统“一对一”结对帮扶，今年以来，消费扶贫超50余万元。（公共服务处）

七十七、市文化旅游委推进构建“一区两群”文旅发展新格局

一是主城都市区品质提档升级。完成《重庆“长嘉汇”大景区线路专项方案》《重庆市温泉康养旅游产业发展总体规划》编制，加快长江艺术湾区、山城步道文旅提升项目工作进度，积极打造以北碚为核心的“世界温泉谷”集群。优化《红岩革命文物保护传承工程实施方案》，展开红色景区基础设施升级改造。二是渝东北三峡库区多点发力。加快编制《“大三峡”旅游一体化发展总体规划》，建立长江三峡一体化宣传营销基金。启动第三届世界大河歌会和长江三峡区域旅游合作渝鄂轮值主席会议筹备工作。推出“两峡一峰”和“黄金金街”游轮等新型旅游产品，三峡游轮实现市域内正常运营。三是渝东南武陵山区全面破题。起草《渝东南武陵山区城镇群文旅融合发展先行先试行动方案（2020—2022年）》，确定3类12项任务，打造乌江画廊旅游示范带和武陵山区民俗风情生态旅游示范区，丰富文旅融合产品业态。（市场拓展处、办公室）

七十八、市文化旅游委多措并举开展民法典学习宣贯

一是委党委专题学，召开党委会传达学习中央政治局第二十次集体学习精神，充分认识颁布实施民法典重大意义。二是法学专家引领学，召开党委理论学习中心组扩大会议，邀请重庆大学博士生导师宋宗宇教授对民法典进行全面解读。三是发放书籍认真学，为全体机关干部职工发放民法典书籍资料，加强机关全体干部学习的主动性和积极性。四是开展活动示范学。全委

系统开展征集民法典法治文化作品活动，首批征集参赛作品共计 14 件，其中法治宣传标语 10 条、海报 3 张、法治故事 1 个。（政策法规处）

七十九、市文化旅游委加大宣传营销奖励力度助企纾困

一是持续强化市场拓展奖励。安排 800 万专项奖励资金，加大旅行社组客奖励。将 2020 年度市场拓展奖励标准上浮 100%，奖励每艘邮轮 20 万元。同时积极协调各区县研究出台宣传营销奖励政策，加大对游轮企业的奖励支持。二是持续推进三峡旅游集散服务奖励。安排年度专项资金近 700 万元，引导整合以万州和巫山为重点的区县旅游宣传营销资金，区分“游轮始发奖、游轮停泊奖、特定线路产品奖”，推进“大三峡”旅游一体化宣传营销。三是持续强化旅游品牌宣传营销。策划开展“周末游重庆”系列活动，推出了三批次共 41 条周末游线路。积极组织市内各主流媒体宣传乡村旅游产品、线路，其中宣传乡村旅游景区（点）300 多个、精品线路 110 多条，指导各区县文化旅游部门组织赏花、采果等节会活动 50 多次，提升旅游消费。（市场拓展处、办公室）

八十、我市“晒旅游精品·晒文创产品”大型文旅推介活动掀热潮

酉阳县以“养心、养胃、养颜”三大锦鲤主题抽奖活动带动直播气氛，11 家直播平台共吸引 1100 余万人次观看，淘宝、抖音及酉阳县云上文旅馆等平台销售总金额达 30 余万元。璧山区推出畅游寓教于乐的亲子之旅、养身养心的康养之旅、时尚前沿的科技之旅，以及“正则秀”“璧山微雕”“来凤鱼”“璧山兔”等 13 款特色好礼。11 家直播平台共吸引 900 余万人次观看，销售总金额 200 余万元。綦江区城市形象公益推广大使张沫凡同步直播助力，四川攀枝花市、广安市、自贡市，贵州遵义市等地市级和 20 余家区县媒体同步宣传、联动卖货，吸引 2000 余万人次观看，178 万点赞，各平台销售总金额 300 余万元。潼南区活动前 60 分钟，以现场直播与虚拟演播相结合的

方式，充分展现了潼南独特的秀美风光、人文风情和当地美食；后30分钟，推出独具特色文创产品和绿色健康农特产品秒杀活动，掀起了乐购热潮。（宣传处）

八十一、市文化旅游委全力推进渝东南武陵山区文旅产业融合发展示范区建设

一是多方联动齐发力。市文化旅游委先后会同市文化旅游发展研究会、市农行农户金融部赴渝东南开展文旅发展战略研究、文旅融合发展示范区金融建设等调研。二是顶层设计高标准。在保护好自然生态和文化生态前提下，认真落实好《武陵山区（渝东南）土家族苗族文化生态保护实验区总体规划》，加快完成《渝东南武陵山区文旅产业融合发展示范区规划》编制，推动区域文旅产业融合高质量发展。三是重大项目强推进。提速武隆阳光童年、石柱冷水康养特色小镇等今年13个市级重点项目建设，1—6月完成投资12.46亿元，占全年计划投资的33.2%。四是联合打造精品线路。为有效应对疫情，积极设计符合游客需求的近郊游、养心避暑游、非遗体验游等主题旅游活动，推出5条精品线路，深受广大游客青睐。（市场拓展处）

八十二、市文化旅游委加快推动温泉康养产业发展

今年以来，市文化旅游委积极开展温泉康养规划、标准制定及衍生品开发及温泉康养课题研究等工作。“世界温泉之都”网站中文版正式上线，英文版拟于9月底前上线。统筹推进温泉宣传营销，成功举办“重庆文化旅游产业发展大讲坛第二期暨2020温泉康养消费年系列活动之‘温泉免疫力讲坛’”活动。加快推进温泉康养项目，完成仙女山康养旅游方案等，为垫江卧龙巴盐康养小镇项目引入国际温泉康养技术，与德国托斯卡纳公司（专业温泉水下音乐系统设计公司）达成初步合作意向。组织重庆温泉康养专家参与由俄罗斯卫生部、俄罗斯国家物理康复和水疗中心、世界温泉与气候养生

联合会、俄罗斯国家SPA协会等机构共同举办的俄罗斯温泉康养在线电视讲座活动，介绍中国温泉康养、重庆温泉康养产业。(产业发展处)

八十三、市文化旅游委加强抗战文物保护利用

一是加强抗战遗址法治管理。在全国率先出台《重庆市抗日战争遗址保护利用办法》，编制《重庆抗战遗址保护利用总体规划》《重庆市主城区抗战遗址定点定位规划》，确立61处187个重要抗战遗址和集中保护的15个抗战遗址片区，将主城区314个抗战遗址点纳入城市控制性规划管理，累计修缮126个抗战遗址。二是加强抗战文化传承。成立抗战大后方历史文化研究中心、抗战文物研究所，完成《中国抗战大后方历史文化丛书》(100卷)，推出《重庆大轰炸》《重庆抗战遗址遗迹保护研究》《重庆抗战时期文献精粹》等研究成果。三是加强抗战遗址活化利用。策划推出“1+5”重庆抗战文化旅游线路，即抗战文化旅游经典线路和抗战军事、抗战兵工、抗战名人、抗战外交、抗战文化教育5条主题线路。举办“重庆谈判”“汇聚各方力量 挽救民族危亡——纪念中国人民抗日战争胜利75周年主题展览”等精品展览。(革命文物处)

八十四、市文化旅游委推进安全生产专项整治三年行动取得实效

一是抓好理论武装，扎实开展“学、看、讲、谈”活动，将习近平总书记关于安全生产重要论述作为重要内容，纳入党委中心组学习和各支部学习，播出安全生产主题公益广告3808条次，发动文艺工作者开展文艺作品创作，组织文化下乡活动100余场，用创新理论统一思想、引领行动。二是坚持源头治理，重点开展消防、涉旅交通安全专项整治，配合相关部门开展交通运输、建设安全、城市运行、城乡接合部中小微企业等专项整治工作。我市《安全

生产专项整治三年行动挂图作战任务（问题）清单》涉及我委今年任务 20 项，已完成 18 项。三是保持高压态势，针对今年全国范围内出现的多起安全事故，举一反三，深入开展大排查大整治大执法，先后责成景区限期整改 13 家。四是坚持固本强基，推进智慧监管，全市 196 家 AAA 级及以上景区完成视频监测系统建设，230 余家上网服务营业场所视频监控系统接入全国文化市场技术监管与服务平台，实现实时监测和调度，不断夯实行业安全管理基础。（安全应急处）

八十五、市文化旅游委深入推进文化市场综合行政执法改革

一是统格式。印发《关于规范文化市场综合行政执法有关工作的通知》，统一全市文化市场综合行政执法机构文书格式和证据规则。二是固流程。出台《重庆市文化市场综合行政执法重大案件办理流程》，界定重大案件范围、审核权限、审核文书、办理流程等事项。三是建组织。制定文化市场综合行政执法重大案件审理委员会成立方案，完善了重大案件分级分类办理运行程序，为重大案件法制审核提供制度保障。四是定基准。明确 8 类 50 个行政处罚事项 227 个裁量基准档次。优化完善抽查事项清单、联合抽查事项清单和随机抽查"两库"，细化随机抽查事项清单 30 项。（市场管理处）

八十六、市文化旅游委加强委系统党员队伍建设

一是扭住目标"基准点"，把握党员队伍建设的正确方向，始终围绕和服务党的中心任务，不断加强和改进党员队伍建设工作。二是占据思想"制高点"，不断增强党员政治能力。持续坚定政治忠诚，持续厚植政治文化，持续严肃党内政治生活，不断促进党员成长进步。三是抓牢教育"根本点"，切实锁定党员思想轨道。充分利用委系统文化教育资源丰富的优势，开展形

式多样的党建活动。四是找准激励“突破点”，始终保持党员精神饱满。把广大党员参与和完成重大工作任务作为检验党员作用发挥的有效阵地，有力提升党员队伍的整体素质和战斗力。五是秉承关爱“着力点”，及时解决党员日常难题。突出物质关爱和政治关爱相结合、亲情关爱和思想关爱相结合，着力构建党内关爱互动格局。(组织干部处)

八十七、市文化旅游委加强系统办公实务培训

本次培训重点围绕档案管理、保密工作、安全管理等方面知识做了专题辅导授课，并对相关工作提出明确要求：一是要以高度的政治警觉，充分认识做好保密工作的极端重要性，切实把保密工作作为一项严肃的政治纪律和工作纪律来抓，增强保密意识，筑牢保密防线，突出抓好保密制度落实、保密常识教育、网络管理、涉密文件管理和涉密载体管理，确保保密工作各项要求落地落实。二是要把档案管理工作作为单位规范化建设的一项基础性工作来抓，增强档案工作的法治意识、责任意识和规范意识，把握档案工作要求，落实档案工作任务，切实抓好制度的规范化建设和档案的收集、整理、利用工作，积极探索档案数字化管理和运用，加快提升档案管理信息化、科学化水平。三是要牢固树立安全发展理念，深刻吸取松藻煤矿、吊水洞煤矿事故教训，始终把人民群众生命安全放在第一位，压紧压实安全工作责任，突出抓好行业安全管理和单位安保工作，常态化开展安全隐患排查整治，坚决守住安全发展这条底线。(办公室)

八十八、市文化旅游委扎实推进全市文博事业再上台阶

一是加强新馆建设。江津博物馆开馆，北碚中共中央西南局缙云山旧址完成陈列布展并对外开放，长寿区博物馆、璧山博物馆等新馆建设加紧推进，巴蜀古代建筑博物馆和合川三江民俗博物馆设立备案，全市博物馆备案总数达 105 家。二是加强文博普惠。我市流动博物馆联盟共开展流动展览 1303 场、教育活动 313 场，惠及群众 47.4 万人次。疫情期间，全市博

物馆线上平台共推出数字展览及互动活动400余个，展示文物82243件／套，在线参与累计450余万人次。三是加强展陈推介。成功举办2020国际博物馆日暨第十一届重庆文化遗产宣传月活动和首届“巴山蜀水”文创精品展，《百年风华——重庆工业发展史》《熊猫时代——揭秘大熊猫的前世今生》分获第十七届全国博物馆十大陈列展览精品奖、优胜奖。7个基本陈列和专题陈列作为国家文物局第一批至第五批博物馆网上展览资源向全国推介。（博物馆处）

2020 年大事记

1 月 4 日，“放歌新时代　文化进万家”——重庆市 2020 年春季送演出进基层活动全面启动。

1 月 7 日，中组部公布了学习贯彻习近平新时代中国特色社会主义思想全国好课程推荐活动评审结果，确定了 176 门全国好课程，红岩联线管理中心选送的理论课程《传承弘扬革命精神　初心使命永驻心间》成为重庆入选的两门课程之一。

1 月 10 日，市文化旅游委与重庆银行举办了“文旅金融服务推介会”。

1 月 14 日，文化和旅游部公布了 2019 年度优秀地方旅游标准遴选活动结果，市文化旅游委申报的地方旅游标准《生态养生旅游景区 DB50/T538—2014》荣获全国优秀旅游地方标准三等奖。

1 月 17 日，2020 年全市文化旅游工作会议召开。

1 月 17 日，“2019 年度中国最具影响力十大纪录片系列推选活动”在京举行，我市纪录片《城门几丈高》获“2019年度中国最具影响力十大纪录片入围作品”奖。

1月18日，国家文化和旅游研究基地重庆市文化和旅游融合发展研究中心在西南政法大学正式挂牌成立。

1月19日,我市启动“革命历史类博物馆教育进校园示范项目”试点工作。

1月24日，市政府启动重大突发公共卫生事件一级响应后，市文化旅游委下发《关于全面加强新型冠病毒感染的肺炎疫情防控工作的紧急通知》，成立新型冠状病毒感染的肺炎疫情防控工作领导小组专项工作组，安排部署文化旅游场所和活动管控措施。

2月4日，重庆代表团圆满完成2020年“欢乐春节”赴外访演任务。

2月8日，我市疫情期间出境游团队共6988名游客全部顺利返程。

2月28日，全国“2019年文化名家暨‘四个一批’人才、宣传思想文化青年英才”入选名单公布，我市演艺集团有限责任公司总裁朱凯入选文化名家暨“四个一批”人才，重庆杂技艺术团有限责任公司总经理陈涛入选宣传思想文化青年英才。

3月5日，我市启动“2020重庆春季线上旅游交易会”助推文旅产业复苏。

3月17日，文化和旅游部公布了中国戏曲音像工程2020年试录制剧目名单，由市川剧院创作排演的川剧《李亚仙》成功入选，全国共有30部剧目入选。

3月19日，中国旅游研究院联合省市文化和旅游部门发布了《国内旅游主要指数排名》，我市入围“2019年旅游服务质量十强城市”，红岩联线红色旅游系列景区入围“2019年游客喜爱的红色旅游目的地排名前十名”。

3月20日，我市旅游景区质量等级评定委员会公布，石柱万寿山景区、武隆龙水峡地缝、垫江恺之峰旅游区、铜梁玄天湖景区被评定为国家AAAA级旅游景区；中华·梁平柚海景区、开州博物馆、万盛科技馆、云阳月光草坪景区、巫溪观峰村景区、巫溪红池云乡旅游区被评定为国家AAA级旅游景区；涪陵四川红军第二路游击队烈士陵园被评定为国家AA级旅游景区。

3月31日，我市启动2020年度文艺创作项目资助工作。围绕“庆祝中国共产党成立100周年”“一带一路”等10类文艺作品进行资助。

4月至10月，市文化旅游委与市妇联联合开展“渝你乡遇·巾帼寻美主题游”“渝你乡遇·巾帼创美评选”“渝你乡遇·巾帼晒美展示”系列活动。

4月1日，沪渝启动“山水之城·美丽之地”旅游形象推广活动。

4月3日,市文化艺术职业学院获批组建重庆文旅（广电）职业教育集团。

4月12日，国家公布20项入围2019年度全国十大考古新发现终评的考古项目，我市江津石佛寺遗址成功入围。

4月14日，2019年全市文化旅游产业增加值公布，全市文化产业实现增加值956.98亿元,增速为10.7%,占GDP比重为4.1%,同比提高0.1个百分点；全市旅游及相关产业实现增加值1028.07亿元,增长9.5%,占GDP比重为4.4%,同比提高0.1个百分点。

4月17日，文化和旅游部公布了文化和旅游公共服务机构功能融合试点单位名单，我市潼南区双江镇综合文化服务中心等 7 个单位入选。

4 月 20 日，市人力社保局、市文联印发《关于表彰第八届重庆艺术奖和首届重庆市中青年德艺双馨文艺工作者的决定》，市川剧《江姐》、市歌舞团原创群舞《慈母手中线》、市曲艺团创作的四川评书《书生说书》、四川竹琴《生日礼物》、方言话剧《十八梯》被授予第八届重庆艺术奖，演员徐超被授予首届重庆市中青年德艺双馨文艺工作者称号。

4 月 23 日，市旅游经济发展领导小组按照国家全域旅游示范区认定标准和程序，开展首批市级全域旅游示范区验收认定工作。经专家组资料审核和现场检查，认定万盛经开区、渝中区、黔江区为首批市级全域旅游示范区。

4 月 23 日，市文化旅游委与市版权局、两江新区（自贸区）法院开展“诉源治理保护版权 · 共同优化营商环境”三方备忘录签署仪式和为“诉源治理合作单位”揭牌活动，共同建立版权风险防控机制、版权纠纷多元化解决机制。

4 月 24 日，我市举办“2020 重庆文旅产业发展大讲坛”，围绕“疫情对文化旅游产业的影响及应对思考”主题，邀请全市文旅行业 11 位重量级嘉宾交流应对疫情举措。

4 月 29 日，市文化旅游委会同四川省文化和旅游厅在渝召开巴蜀文化旅游走廊建设专项工作组联席会第一次会议。会上审议通过《推动巴蜀文化旅游走廊建设工作机制》等“4+2”文件协议。

4 月 30 日，“疫去春来 江山多娇”全国精品主题旅游线路征集展示活动推荐结果揭晓，我市“明月山 · 百里竹海民宿回归之旅”“城市文化艺术之旅”“清新黔江——吸氧洗肺之旅”“玩转奇幻山城之旅”4 条线路入选。

5 月 1 日，鲁渝协作文旅扶贫直通车项目以“旅游 + 扶贫”形式双线齐发，同时奔赴重庆市酉阳县、彭水县、黔江区3个扶贫目的地，以旅游带动帮扶区县、乡镇的经济发展。

5月7日，中国电视艺术家协会电视文艺委员会举办“2020年春节晚会、春节特别节目推优活动”，重庆卫视制作的《2020重庆市春节联欢晚会》荣获“春节文艺晚会最佳作品”称号。

5月9日，市文物局制定出台《重庆市文物局对提供文物违法线索奖励办法（试行）》，鼓励群众提供文物违法线索，营造全社会爱护文物、保护文物的浓厚氛围。

5月9日，市委、市政府公布2019年重庆市乡村振兴贡献奖先进集体和先进个人的名单，奉节县文化旅游委荣获“重庆市乡村振兴贡献奖先进集体”称号。

5月11日，我市公布重庆红色文化及历史人物事件主题文艺创作项目，由市京剧团特邀作者杨立创作的京剧《陈然》入围。

5月11日，《长征国家文化公园（重庆段）建设实施方案》经市委全面深化改革委员会审议通过。

5月12日，大足石刻研究院（大足石刻博物馆）升格挂牌仪式举行，该院由大足区人民政府直属正处级事业单位，调整为市文化旅游委直属副厅级事业单位。

5月13日，我市出台《关于应对新冠肺炎疫情影响恢复提振文旅企业发展的政策措施》。由市文化旅游委会同市委宣传部制定印发，共涉及4个方面15条措施。

5 月 14 日，市旅游经济发展领导小组办公室通报 2019 年度重庆市旅游市场管理水平考评情况，涪陵区、巫山县、秀山县分列主城都市区、渝东北三峡库区城镇群、渝东南武陵山区城镇群第一位。

5 月 18 日，2020 年国际博物馆日暨我市第十一届文化遗产宣传月主会场活动在江津区举办。

5 月 19 日，“诗意白鹤梁”——首届白鹤梁诗词大会成功举办，5 支代表队共计 15 名选手参赛。

5 月 20 日，重庆广电第 1 眼携手 12 家省级主流新媒体，成立全国首个区块链新闻编辑部。编辑部将利用区块链技术，携手做强两会新闻。

5 月 21 日，第十七届（2019 年度）全国博物馆十大陈列展览精品推介获奖项目揭晓，重庆工业博物馆“百年风华——重庆工业发展史”荣获精品奖，重庆自然博物馆“熊猫时代——揭秘大熊猫的前世今生”荣获优胜奖。

5 月 21 日，成渝地区双城经济圈时尚产业联盟正式成立。该联盟由重庆广电、成都传媒集团等 10 家单位发起，联合 54 家与时尚产业相关的企事业单位共同成立。

5 月 21 日，由全市公共图书馆共同举办的“书香渝都 悦读越有味”数字阅读推广活动结束。

5 月 22 日，国家文物局发布 2019 年全国博物馆名录及相关数据，重庆红岩革命历史博物馆全年接待观众 1150 万人次，位居全国博物馆观众参观数量第二名；重庆中国三峡博物馆全年推出展览 75 个，位居全国博物馆展览数量第三名。

5月26日，市文化旅游委联合腾讯启动全国首个城市级文旅行业数字赋能帮扶行动，构建以微信生态为核心的数字营销“新基建”。

5月29日，“巴渝阅读行”——重庆市2020年送文化进基层活动正式启动，辐射20所乡村小学和10个养老福利机构，为基层群众提供更为便捷的公共文化服务。

5月30日，第五届重庆文化旅游惠民消费季开启。

6月3日，市委书记陈敏尔前往北碚区，调研中央生态环保督察反馈问题整改工作。

6月3日，“成渝地·巴蜀情”成渝区域文化馆联盟在渝成立。联盟由我市9个中心城区和成都市6区共15家文化馆组成。

6月4日，市委副书记、市长唐良智先后前往九龙坡区、南岸区、渝中区，深入文化旅游企业和文艺院团，调研生产经营和改革发展情况。

6月5日，第24届重庆都市文化旅游节暨城际旅游交易会在重庆市解放碑步行街和杨家坪步行街举行。

6月7日，文化和旅游部公布了《2020年全国美术馆馆藏精品展出季活动目录》，由重庆美术馆策划、申报的“向前进——重庆美术馆藏李少言《一二〇师在华北》木刻组画展”成功入选。

6月9日，市政府副市长郑向东到市文化旅游委开展工作调研，听取全市文化旅游工作情况汇报，对近年来我市文化旅游发展成效给予充分肯定，深入分析研究存在的困难和问题，并对下步工作提出要求。

6月10日，文化和旅游部公布了2020年度国家舞台艺术精品创作扶持工程评审结果，由重庆市川剧院创作排演的川剧《江姐》、重庆市京剧团有限责任公司创作排演的京剧《秦良玉》成功入选“2020年度全国舞台艺术重点创作剧目名录”。

6月11日至11月24日，市文化旅游委会同市委宣传部、市委网信办开展“晒旅游精品・晒文创产品”大型文旅推介活动。

6月13日,文化和旅游部公布国家舞台艺术精品创作扶持工程入选剧目，我市京剧团创作的京剧《秦良玉》入选。

6月13日，由重庆市文物局、四川省文物局共同策划，联合中国文化遗产研究院在世界文化遗产乐山大佛举办了中国石窟（南方）保护学术研讨会，并同步展出“雕饰山河——巴蜀地区石窟与摩崖造像艺术展”。

6月13日，2020年文化和自然遗产日主场城市活动在广西桂林开幕。重庆中国三峡博物馆《重博文物会说话》系列全媒体传播获评“中华文物全媒体传播十大精品”，重庆文物保护志愿者吴元兵获评“最美文物安全守护人”。

6月16日，2020年全市文化旅游安全应急救援演练暨安全管理工作培训会在万盛经开区举行。

6月18日，市文化旅游委启动“周末游重庆”系列活动。

6月18日，“艺术共振・城市共鸣”——2020年中国城市艺术旅游发展大会在九龙半岛・重庆美术公园举行。

6月18日，万达川渝统筹发展示范区文化旅游交流合作签约仪式暨文旅产品推介会在达州举行。

6月24日，市文化旅游委会同四川省文化和旅游厅在蓉召开“川渝艺术发展合作交流会”，会上川渝12家文艺院团签署合作协议。

6月24日，文化和旅游部公布了“中华优秀传统艺术传承发展计划”2020年度戏曲专项扶持项目入选名单和2020年戏曲艺术人才培养项目高级研修班录取学员名单，我市3个项目和6名青年创作人员入选。

6月29日，建党99周年献礼作品“壮美红岩，心灵之旅”——《歌乐忠魂》实景演艺项目在渣滓洞看守所旧址举行首演。

7月1日，《重庆市文物安全检查督察办法》实施。

7月3日，市文化旅游委部署启动文旅领域安全生产专项整治三年行动。

7月14日，渝中区与市文化旅游委签订《关于共建重庆服务业高质量发展示范区战略合作协议》。

7月24日，由市委宣传部和市文化旅游委会共同主办的2020年重庆视听作品大赛正式启动。

7月26日，中国旅游报社和中国社会科学院联合发布《2020上半年省级文旅新媒体国际传播力指数报告》，我市跻身省级文旅新媒体国际传播力指数TOP 10，位居全国第二。

7月27日，我市2020年文化旅游公共服务工作推进会在大足区举办。

7月28日，中共重庆市文化和旅游行业社会组织综合委员会成立大会暨党员大会在市文化旅游委召开，市委组织部、市文化旅游委以及市文化旅游行业社会组织72名党员参加会议。

7月30日，市文化旅游委与市检察院在铜梁区举行《文化遗产领域检察公益诉讼协作协议》签署仪式。

8月1日，《重庆市实施〈中华人民共和国公共文化服务保障法〉办法》实施。

8月3日，国家文物局副局长宋新潮带队赴渝调研石窟寺保护情况。

8月7日，市文化旅游研究院举行重庆市文化和旅游规划院揭牌仪式暨座谈会，标志着重庆市文化和旅游规划院正式成立。

8月7日，“全国生态文明示范市公共图书馆联合体”在浙江省湖州市图书馆正式成立。渝北、北碚和璧山区图书馆为首批成员馆。

8月7日至9日，第四届重庆青少年模拟联合国大会在重庆图书馆举行。

8月21日，市文化旅游委与重庆经开区、北京趣拿软件科技有限公司签订合作协议。

8月24日，由市文化旅游委、南川区政府共同主办的“成渝地·巴蜀情”2020重庆文旅“大篷车”赴四川巡游营销启动仪式在成都市春熙路步行街举行。

8月25日，国家广播电视总局公布了2019年度国产纪录片及创作人才扶持项目评审结果，市文化旅游委报送的纪录片《城门几丈高》成功入选，获得“优秀系列片”荣誉,《城门几丈高》的主创人员徐蓓、周卉等被评为“优秀导演”。

8月26日至28日，全市文化旅游市场监管现场会暨文化综合执法培训会议在巫山县召开。

8月28日，全市重大文旅项目及旅游度假区提升建设现场推进会在丰都召开。

9月1日，文化和旅游部、国家发展改革委近日发布通知，决定将680个乡村列入全国乡村旅游重点村名录，我市荣昌仁义镇瑶山社区、石柱中益乡华溪村等20个乡村入选。

9月4日至10日，由市文化旅游委、市政府外办、荣昌区人民政府联合主办的2020“重庆好礼”旅游商品文创产品设计大赛在荣昌区夏布小镇举行。

9月8日，全国抗击新冠肺炎疫情表彰大会在北京人民大会堂隆重举行，重庆广电集团（总台）融媒体新闻中心荣获“全国抗击新冠肺炎疫情先进集体”称号。

9月9日，中共中央宣传部、文化和旅游部公布了《关于第二届全国红色故事讲解员大赛优秀单位和个人的通报》，红岩革命纪念馆荣获“优秀活动单位”称号，3名讲解员荣获“全国优秀讲解员”称号。

9月14日至16日，由中国广播电视产业联盟、中国报刊产业联盟、中国广播电视艺术交流协会主办的2020（第八届）传媒中国年度盛典暨百强指数发布会在甘肃酒泉举行，重庆广电集团揽获年度十大综合传播力省级地面频道等五项大奖。

9月16日，《川渝两地旅游口碑大数据分析报告》《2020年重庆暑期旅游大数据报告》在智博会发布，报告多维度分析川渝两地旅游形势，充分揭示川渝两地旅游在游客大众中口碑和印象。

9月20日，2020中国媒体创新论坛暨“影响中国传媒”2019—2020年度全国广播影视推介发布盛典在浙江举行，潼南区融媒体中心荣获“影响中国传媒”2019—2020年度创新力机构，米照奎同志荣获“影响中国传媒”2019—2020年度领军人物。

9月21日至24日，由国家文物局、中国文化遗产研究院主办，大足石刻研究院协办的全国石窟寺专项调查培训班（第一期）在我市大足举办。

9月22日，我市举办首届白鹤梁文化节助力白鹤梁题刻申遗。

9月25日，“2020中国特色旅游商品大赛”在四川省乐山市峨眉山市举办，我市旅游商品共获17个奖项，其中金奖1项、银奖10项、铜奖6项，获奖总数进入全国前十。

9月26日，首届山水重庆夜景文化节暨第五届重庆文化旅游惠民消费季（秋冬）在解放碑十字金街盛大启动。

9月28日，市文化旅游委、巴南区人民政府将联合主办巴风渝韵醉巴南—2020中华山水茶道文化节，弘扬优秀巴渝文化，助推成渝双城经济圈和主城都市区文旅发展。

9月28日，2020年我市广播电视专业技术技能竞赛成功举办，136名选手参赛，18名选手分获监测监管、有线网络、网络安全三个专业一二三等奖。

9月28日，由国家广播电视总局主办的第32届电视剧“飞天奖”暨第

26届电视文艺“星光奖”在河北衡水揭晓，重庆参与制作的重大革命历史题材电视剧《共产党人刘少奇》《绝境铸剑》获“飞天奖”优秀电视剧大奖。

9月29日，重庆文艺广播在解放碑联合国际大厦67楼正式开启城市云端电台。

10月1日，第十二届中国西部动漫文化节在重庆国际会展中心和璧山区同步举行。

10月10日，“山水之城·美丽之地”——“文化中国”重庆微视频大赛颁奖典礼在重庆图书馆举行。

10月12日至14日，全国旅游安全工作座谈会在渝召开。

10月13日，文化和旅游部会同国家发展改革委公布了《红色旅游发展典型案例入选名单》，我市报送的《实施“五大工程”推动红岩文化和旅游创新发展——重庆红岩红色旅游发展典型案例》成功入选。

10月14日，我市启动“巴渝新风景”主题宣传推介活动。

10月15日至18日，2020重庆国际文化旅游产业博览会举办。

10月17日，世界旅游联盟与世界银行、中国国际扶贫中心联合发布了《世界旅游联盟旅游减贫案例》，共100个案例。我市武隆区“旅游+N”多产业融合发展、巫山县“五大举措”探索乡村旅游助推扶贫新模式两案例成功入选。

10月19日，大足学研究院挂牌成立仪式在四川美术学院虎溪校区举行。

10月19日，市委、市政府召开重庆市抗击新冠肺炎疫情表彰大会。市文化旅游委安全应急处被表彰为重庆市抗击新冠肺炎疫情先进集体，市文化综合执法总队石升华同志被表彰为重庆市抗击新冠肺炎疫情先进个人。

10 月 20 日，经重庆市旅游景区质量等级评定委员会组织评定，重庆汉海海洋公园、重庆石笋山景区、重庆江津会龙庄景区、重庆三峡移民纪念馆、重庆忠县白公祠文博景区、重庆奉节三峡之巅景区达到国家 AAAA 级旅游景区标准，批准为国家 AAAA 级旅游景区；重庆垫江李花源景区、重庆奉节茅草坝滑雪场景区、重庆彭水周家寨旅游区、重庆彭水罗家坨苗寨景区、重庆彭水泉水渔都景区达到国家 AAA 级旅游景区标准，批准为国家 AAA 级旅游景区。

10 月 22 日，文化和旅游部发布了 2020 年全国文化和旅游志愿服务项目线上大赛获奖名单，渝中区“母城说——历史文化地标展示志愿服务项目”在全国 286 个项目中脱颖而出，获得全国三等奖。

10 月 22 日至 24 日，在广西南宁召开的 2020 中国地理信息产业大会发布了 2020 地理信息产业优秀工程奖。市文化旅游委实施的重庆市旅游资源普查及综合管理平台开发项目荣获 2020 地理信息产业优秀工程银奖。

10 月 23 日，文化和旅游部公布了 2020—2021 年度“中国民族歌剧传承发展工程”重点扶持剧目名单，由我市歌剧院创作的歌剧《一江清水向东流》成功入选，是西部地区唯一入选的作品。

10 月 23 日至 25 日，由中国旅游研究院、无锡市人民政府共同主办的“2020 中国夜间经济论坛”在无锡市举行。重庆荣获“2020 中国夜间经济二十强城市”称号，洪崖洞荣获“2020 游客喜爱的十大夜市”称号。

10 月 24 日，全国妇联公布了“2019 年度全国三八红旗集体”和“2019 年度全国三八红旗手标兵荣誉称号”，市文化遗产研究院女子考古队和大足石刻研究院文物保护工程中心主任陈卉丽获此殊荣。

10月24日，全国第二届“非遗进校园”十大优秀实践案例正式发布，我市报送的“铜梁龙舞”进校园实践案例入选“非遗进校园”十大优秀实践案例。

10月25日，国家市场监督管理总局公布了“2019年全国公共服务质量监测结果”，重庆市公共文化服务满意度位居全国第五，仅次于江苏省、上海市、福建省和浙江省。

10月27日，文化和旅游部公布了第六批《国家珍贵古籍名录》推荐名单，我市共有10部珍贵古籍入选，其中重庆图书馆5部、西南大学图书馆3部、重庆市北碚图书馆2部。

10月28日至29日，第九届重庆市乡村文艺会演举行。

10月30日，2020“欢跃四季·舞动巴渝”重庆市广场舞展演活动举办。

11月2日，川渝签订《成渝地区双城经济圈革命旧址纪念馆合作发展协议》。

11月2日，文化和旅游部产业项目服务平台精品项目交流对接会在渝举行。

11月3日至4日，2020年度文物保护装备产业化及应用协同工作平台理事会暨会员大会在渝召开。

11月6日，文化和旅游部公布了“庆祝中国共产党成立100周年舞台艺术精品创作工程”重点扶持作品名单，我市共有6个作品成功入选。

11 月 7 日，第六届中国诗歌节闭幕式在重庆市弹子石广场落下帷幕。

11 月 7 日至 8 日，重庆杂技艺术团承办首届“技炫巴蜀”川渝杂技魔术展演活动。

11 月 8 日，2020 中国旅游商品大赛在义乌举行，全国共有 448 套，3623 件商品参加比赛，我市臻商品麻系列袜获得银奖、合香香坐垫山茶花系列获得铜奖。

11 月 12 日，经市文化旅游委按程序评定和公示，我市百里竹海、彭水摩围山、开州汉丰湖、南山、潼南太安休闲农业、云阳清水等 6 家旅游度假区被认定为市级旅游度假区。

11 月 12 日，“2017—2018 年度中国广播电视大奖·广播电视节目奖”评选结果揭晓，巫溪县广播电视台创作的《陡崖植树人：森林“长”在肩背上》入选电视节目大奖名单，重庆广播电视集团（总台）创作的《环保回头看上演“甩锅”大战》入选广播节目大奖名单。

11 月 13 日，第七届重庆市曲艺大赛在白市驿川剧院圆满落幕。

11 月 14 日至 20 日，2020 博鳌国际文创论坛暨首届文创周在琼海举办，发布了中国地图系列榜单，荣昌夏布小镇、安陶小镇分别上榜中国文创地图“线下实体活动及场景榜样”和“非遗文创榜样”，武隆荣获“乡村振兴产业创新实践县”称号，荣昌安富通安村、河包经堂村荣获“乡村振兴创新示范村”称号，通安村上榜中国旅游金榜《金选美好乡村》。

11 月 15 日，“巴渝工匠”杯重庆市第四届文化艺术行业技能大赛暨第七届重庆市舞台艺术之星选拔比赛落幕。

11月15日，第二届“黄炎培杯”中华职业教育非遗创新大赛暨非遗职业教育成果展示会在重庆女子职业高级中学举行。

11月16日，国家广电总局公布了智慧广电示范案例评选结果。重庆广播电视监测台《智慧 App 与大数据平台在黑广播监测中的应用》被评为运行监管类入围案例；重庆有线网络万盛分公司《万盛经开区智慧社区融合平台建设及应用》被评为生态建设类优秀案例。

11月18日，文化和旅游部关于公布第二批国家全域旅游示范区名单，认定全国97家单位为国家全域旅游示范区，我市渝中区、万盛经开区入围。

11月18日，“成渝十大文旅新地标”颁奖典礼暨成渝文旅发展交流活动在成都市举行。

11月19日，第十一届中国长江三峡国际旅游节在重庆市万州区启动。

11月21日，2020年重庆英才大会开幕仪式在渝举行，市川剧院院长沈铁梅、四川美术学院院长庞茂琨获重庆市杰出英才奖，10名文化旅游人才入选2020年重庆英才。

11月23日，在北海召开重庆市与北海市文化旅游产业发展战略合作会议。

11月24日，中国旅游研究院（文化和旅游部数据中心）公布2020年文化和旅游优秀研究成果。市文化旅游信息中心联合重庆师范大学拟制的《重庆市智慧旅游发展报告》入选2020年文化和旅游优秀研究成果，获研究报告类三等奖。

11月24日，2020年全国劳动模范和先进工作者表彰大会在北京隆重召开。大足石刻研究院陈卉丽被中共中央、国务院表彰为“全国先进工作者”。

11 月 25 日，全国“2015—2019 年度博物馆研学课程及线路推介活动”公布评选结果。红岩革命历史博物馆报送的《红岩村教学区研学线路》《新华方面军》两个案例分别获评“优秀路线”和“优秀课程”。

11 月 25 日，文化和旅游部公布了首批创建成功的 9 个国家级文化产业示范园区名单，重庆南滨路文化产业园区位列其中，成为我市首个创建成功的国家级文化产业示范园区。

11 月 26 日，第七届温泉推广季暨第三届研讨会在北碚区举行。

11 月 27 日，由市文化旅游委、巫山县政府联合主办的第二届长江三峡旅游一体化宣传营销大会在巫山成功举办。

11 月 30 日，2020 年全国广播电视技术能手竞赛决赛在北京落下帷幕，我市 4 名选手分获 2 个一等奖、1 个二等奖、1 个三等奖，获奖情况位居全国各省市、自治区之首，创下全国广播电视技术能手竞赛举办 25 届以来重庆市的最好成绩。

11 月 30 日，《重庆市・阿坝州“9+3”精品旅游景区战略合作协议》在重庆市签署。

11 月 30 日，文化和旅游部发文公布了今年认定的 15 家国家级旅游度假区名单，我市丰都南天湖旅游度假区上榜，这是我市继仙女山国家级旅游度假区之后又一国家级旅游度假区。

11 月 30 日，中国西部游戏产业交易大会在南岸区举办。

12 月 4 日，“这就是中国”——第三届“阅读之星”重庆市民诵读大赛总决赛举行。

12月5日，全国广电融媒体先导单位、典型事例、成长项目评选活动举行。重庆有线电视网络股份有限公司入围先导单位终评，重庆广电·重视传媒MCN机构（重庆广播电视集团（总台））入围成长项目终评。

12月10日，由重庆市人民政府主办，重庆市文化和旅游发展委员会、万州区人民政府承办的世界大河歌会在万州区三峡文化苑举行。

12月16日，首届DMC“舞动山城”国际街舞大赛收官。

12月17日，由中国演出行业协会、市文化旅游委主办，重庆演出公司、重庆演出行业协会承办的西部演艺推介会在渝举行。

12月17日，2020年（第十三届）全国地市新媒体创新发展峰会在湖南省株洲市举行。江津区融媒体中心获2020全国地市融媒体传播力十强奖、2020年全国地市融媒体客户端十强奖、2020年度全国地市主流媒体视频直播影响力十强奖等三项大奖。

12月21日，经报国家文物局备案，中国博物馆协会发布了第四批全国博物馆定级评估结果，重庆12家博物馆入选，三峡移民纪念馆（重庆市万州区博物馆）和大足石刻博物馆被核定为国家一级博物馆。

12月22日，2020“中国非遗年度人物”推选活动经组委会专家委员会评审，确定了100名候选人名单。彭水市级非遗项目“彭水苗绣”传承人李绍玉和文化馆非遗工作者刘淇境入选。

12月22日，重庆市第二届“山水之城·美丽之地”导游词讲解大赛暨第五届全国导游大赛重庆选拔赛专业组决赛举行。

12月23日，文化和旅游部发布2021年全国“村晚”示范展示点名单，全国共评选16个村合川区双槐镇河马村作为全市唯一示范点入选。

12月25日，重庆（西永）对外文化贸易基地挂牌仪式举行。

12月30日，文化和旅游部宣布了首批国家文化和旅游消费示范、试点城市名单，我市渝中区成功创建为示范城市，沙坪坝区、北碚区成功创建为试点城市。

12月31日，经文化和旅游部、市文化旅游委评审认定，我市新增14家A级旅游景区，其中，黔江濯水景区获评国家AAAAA级旅游景区，黔江官村景区、江津中山古镇旅游景区、开州龙头嘴森林公园、万州三峡平湖旅游区、潼南陈抟故里景区、武隆芙蓉江景区、石柱西沱古镇景区、奉节青龙镇大窝景区等8个景区获评国家AAAA级旅游景区，江津骆崃山景区、垫江仙草园中医文化旅游区、城口乡土岚天景区、万州七星谷景区、万州桐花湾美人谷景区等5个景区获评国家AAA级旅游景区。

后 记

重庆蓝皮书之文化和旅游发展报告，每年编辑出版1辑，旨在贯彻全面展示重庆文化旅游业的发展现状，客观分析重庆文化旅游业的发展形势，积极探索重庆文化旅游业的改革发展规律，追求视角全面性、内容真实性、数据可靠性，是全方位、多角度了解重庆文化旅游业发展现状及未来趋势不可或缺的工具书。《重庆文化和旅游发展报告（2020）》主要内容分为综合篇、专题篇、区县篇、特载篇等4个部分，共收录84篇文章、4个重要文件、88条专报和全年12个月的大事记。

市文化旅游委高度重视《重庆文化和旅游发展报告（2020）》的编辑出版，党委书记、主任刘旗和其他委领导分别担任主编、副主编，为本书倾注了大量心血。市文化旅游委相关处室、部分委属单位以及各区县（自治县）文化旅游委积极提供文稿。在此，谨向为本书编辑出版工作付出辛勤劳动的领导和同志们表示衷心感谢！

由于编辑人员能力和水平所限，难免存在疏漏与不足，敬请广大读者批评指正！

《重庆文化和旅游发展报告（2020）》编辑部

2021年11月